Voy. exam. de l'apologie de
l'ab. de Prades, par le A. L. Brotier,
jésuite. 1753, in 8°.

autre, sous le même titre,
par M. ab. Gourlin. 1755, in 8°.

La rétractation de l'abbé de Prades, est
datée de Postdam l'an 1754, le 6. d'avril
et mandement de l'archevêque de Paris qui
la publie est du 26 juillet 1754.

(1-3)
1880

APOLOGIE

DE MONSIEUR

L'ABBÉ DE PRADES.

Nil conscire sibi, nullâ pallescere culpâ.
HORAT. *Epist. I. Lib. I.*

PREMIÉRE PARTIE.
Par l'auteur, l'abbé Yvon, &c.

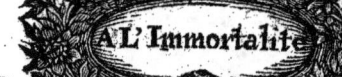

A AMSTERDAM,
Chez MARC MICHEL REY.
M DCC LIII.

PRÉFACE.

L n'est point permis, dit Saint Jérôme, à un Chrétien, & moins encore à un Prêtre, d'être patient lorsqu'on l'attaque sur sa Foi. On ne doit donc point être surpris que ma réputation, si cruellement calomniée du côté de la Religion, me fasse réclamer ici les droits d'une défense légitime. Je ne chercherai point à prévenir le Public par une déclamation artificieuse: ma Cause, j'ose le dire, n'a besoin que de la Raison.

La Faculté de Théologie de Paris a prononcé contre moi les plus terribles Censures. Les allarmes de quelques Docteurs, portées & répandues dans tout Paris par un zéle plus ardent qu'éclairé, m'ont attiré l'indignation publique. Cette indignation s'est réveillée sur-tout au bruit d'un Mandement, qui, émané du Siége de la Capitale du Royaume, a mis le comble à mes peines. C'est dans cette cruelle situation que j'ai abandonné ma Patrie, cherchant dans les Pays étrangers un repos dont je ne pouvois plus jouir en France. Rendu à moi-même dans le silence de la retraite, & revenu de cette espéce d'étourdissement où m'avoit jetté tout ce qui s'étoit passé, j'ai gémi

PRÉFACE.

dans mon cœur de me voir déclaré ennemi de la Religion, après en avoir fait toute ma vie mon unique étude. Tranquille toutefois dans mon innocence, je coulerois paisiblement mes jours dans une terre étrangére, si je n'étois comptable de ma Foi aux Docteurs qui m'ont condamné, au Prélat que son amour pour la Religion a armé contre ma Thèse, à l'Eglise dont on a voulu, pour ainsi dire, me faire sortir malgré moi, & au Public, qui, sur cet appareil de condamnations, a dû me juger & me croire impie.

L'Apologie que je présente ici, est donc moins la production d'un esprit inflexible dans ses premiers sentimens, que d'un esprit instruit par la Religion-même. Je ne la puis mieux honorer, qu'en prouvant à toute la Terre, que si je me suis trompé (ce qui est le partage de l'humanité) je n'ai jamais laissé éteindre la Foi dans mon cœur. C'est de mon amour pour la Religion Chrétienne que cette Apologie va devenir un monument public. Le principal objet que je m'y propose, est de détruire ce complot imaginaire d'Irreligion, qu'on m'accuse si injustement d'avoir tramé de concert avec les prétendus Esprits-forts. On se fonde en partie sur ce que j'ai travaillé au *Dictionnaire raisonné des Arts & des Sciences* (1), & en partie sur les Propositions extraites de ma Thèse, & censurées avec tant d'éclat par la Faculté de Théologie de Paris. C'est donc sur ces deux Chefs d'accusation que j'ai à répondre. Il me sera facile de détruire le premier, parce que c'est un Fait: le second exige une discussion très-épineuse, mais dans laquelle j'entrerai avec d'autant plus de confiance, que de l'exposition de mes raisons il en résultera cet avantage pour moi, que si j'ai blessé

la

(1) *Qu'on trouve à Amsterdam chez Marc Michel Rey.*

la Vérité, c'étoit du moins en la cherchant. Au reste, quand je me permets d'examiner les décisions de la Sorbonne, c'est avec un esprit de docilité. Je sais quelle soumission on doit à ses Oracles; mais je n'ignore pas que souscrire aveuglément à une Doctrine qui nous est proposée par des gens plus éclairés que nous, ce seroit, sous prétexte de rendre hommage à leurs lumiéres, les égaler à l'Eglise. Une histoire abrégée de ce qui s'est passé dans cette malheureuse affaire, va composer la première Partie de cette Apologie.

PREMIE'RE PARTIE.

Le complot d'impiété qu'on m'a prêté, bien moins pour avoir fait ma Thése, que pour avoir travaillé à l'Encyclopédie, est une de ces malheureuses circonstances que la prudence humaine ne sauroit prévoir. Je ne m'imaginois pas que je dusse un jour être condamné dans les Assemblées de Sorbonne pour avoir mis la main à un Ouvrage qui, entrepris sous les auspices du Gouvernement, ne devoit paroître que muni de l'Approbation des Censeurs Royaux & du Privilége du Prince, & dont la partie Théologique a été faite par un Professeur de Navarre & approuvée par un Docteur de Sorbonne. Cependant après les différentes scénes dont Paris a été témoin, après les divers mouvemens qu'elles ont produits dans des esprits peu pacifiques, on ne peut plus douter que ma Thése n'ait payé pour ce trop fameux Dictionnaire, & qu'on n'eût jamais pensé à la condamner, si sa censure (je ne sais pas trop pourquoi) n'eût entraîné celle de cet Ouvrage.

En effet, si l'on n'avoit en vue précisément que de condamner ma Thése; si l'art adroit &

politique de certaines personnes (1) qui répandoient sourdement qu'elle ne pouvoit être que très-dangereuse, puisqu'elle étoit liée aux erreurs de l'Encyclopédie, n'a pas empoisonné les choses les plus innocentes : je demande pourquoi la Sorbonne a attendu que ma Thése parût pour proscrire en elle des erreurs, qui se lisoient, les unes dans les Léttres Théologiques de Mr. de *Bethléem* & le Traité Dogmatique de Mr. *le Rouge*, les autres dans des Cahiers dictés en Sorbonne & dans toutes les Ecoles de l'Université, quelques autres jusques dans les Ecrits du docte *Melchior Canus* & du célébre *Bossuet*; toutes enfin, à la Chronologie près, que j'avoue m'être particuliére, dans plusieurs Théses, qui, selon la remarque d'un Ecrivain Janséniste, avoient préparé les voyes à la mienne. Je n'avance ici rien que je ne sois en état de prouver.

Si l'on a fait beaucoup d'honneur à ma Thése en la mettant sur le compte des (2) Auteurs de l'En-

---

(1) *Les Personnes qui répandoient sourdement que la Thèse étoit impie, sont principalement les Jésuites, qu'on a ici en vue : leur haine contre l'Encyclopédie vient en partie de ce qu'ils ont prévu que ce Dictionnaire feroit tomber celui de Trévoux, dont ils sont les auteurs, & en partie de ce qu'ils ont été éconduits, quand ils se sont proposés pour la Théologie & pour la Morale, on n'a voulu ni d'une Théologie ni d'une Morale de Jésuites. L'une & l'autre se fussent ressenties des opinions de la Société; & c'est ce qu'on vouloit éviter dans un Ouvrage, où l'esprit Philosophique doit donner le ton.*

(2) *On l'a donna d'abord à tous les Auteurs ensemble, ensuite on la promena sur la tête de différens particuliers. Dans un quartier de Paris, on assuroit que Mr.* Diderot *l'avoit faite; dans un autre, c'étoit Mr.* d'Alembert. *Ceux qui croyoient être*

PREMIE'RE PARTIE.

l'Encyclopédie, on m'en a fait à moi très-peu, en voulant que je n'en fusse pas l'Auteur. Mais sur quoi tous ces bruits étoient-ils fondés? Le deshonneur de la Sorbonne étoit-il suffisamment avéré? Les tems étoient-ils venus où le mystère d'iniquité devoit être révélé? Pour des gens qui avoient formé un complot d'impiété, & qui s'é-toient appliqués à en composer un systême avec beaucoup d'art, c'auroient été là des suppositions bien absurdes, une indiscrétion bien déplacée. Mais quand la passion s'en mêle, & que l'esprit de cabale agit, il ne s'agit pas d'avoir raison, mais de perdre celui qu'on persécute. Il est constant que les Auteurs Encyclopédistes n'ont eu d'autre part à ma Thése, que celle d'avoir été décriés à son occasion comme des gens abominables, qui avoient formé des desseins pernicieux contre la Religion. Mais il n'est pas moins certain, qu'entiérement occupés de leur travail, ils n'ont appris l'existence de ma Thése qu'avec le Public, quinze jours après qu'elle eut été soutenue; & je dois d'ailleurs cette justice à ceux qui sont à la tête de l'Ouvrage, qu'ils m'avoient engagé à leur fournir tout ce que je croirois de plus favorable à la Religion. Je ne prétens point au reste justifier les choses qui ont paru reprehensibles dans le Dictionnaire, mais ma Thése n'a rien de commun avec elles.

Voici

être les mieux instruits, l'attribuoient à Mr. de Buffon ou à Mr. le Président de Montesquieu, quoique quelques-unes de leurs opinions y soient proscrites. Mr. l'Abbé Yvon y eut aussi sa part, comme étant ami de l'Auteur: il y en eut qui poussérent le fanatisme jusqu'à le croire d'un Juif, apparcemment parce qu'on y fait un grand éloge de Moïse, pour qui l'Auteur est accusé par la Sorbonne d'avoir manqué de respect.

PREMIÈRE PARTIE.

Voici dans l'exacte vérité ce qui a occasionné ma condamnation. (1) Un Docteur fut révolté de

---

(1) *Le Docteur dont il est ici question, c'est le Sieur* Ribalier *de la Maison de Sorbonne, & Procureur du Collège des quatre Nations. Ardent & infatigable comme il est, il eut bientôt formé un parti contre Mr. l'Abbé* de Prades, *qu'il n'aimoit pas : il fut d'abord frapper aux portes de ceux qui ne demandent qu'à aboyer, & fut très-bien servi sur sa parole; plusieurs émissaires se dispersérent dans Paris, & dirent partout que la Thèse étoit impie. Le Sieur* Galliande, *neveu du fameux* Galliande, *& l'héritier de l'ardeur de son oncle plus encore que de ses lumières, fut lancé des premiers; depuis ce tems on ne le vit plus rentrer chez lui, que lorsqu'il étoit trop tard pour aller solliciter quelques Docteurs. Son zéle ardent le faisoit voler plusieurs fois dans un jour d'un bout de Paris à l'autre. C'est lui qui extorqua des mains de Mr.* de Bethléem *une lettre, qu'il suffit de rapprocher de ses Lettres Théologiques, pour se convaincre des injustices criantes que l'esprit de parti fait quelquefois commettre. C'est ce même Docteur, qui trouvoit mauvais que dans une Thèse de Théologie on y parlât des Chinois. Sont-ce donc là, disoit-il, des gens à citer à des Théologiens! Effectivement, un Théologien de la trempe d'esprit de Mr.* Galliande, *n'est pas obligé de s'occuper à détruire les faits par lesquels un Chinois lui prouveroit que sa Nation est plus ancienne que le Déluge de Noé ne l'est dans la Chronologie du Texte Hébreu; parce que, comme il le dit fort bien, les Chinois sont des Idolâtres qui ne doivent point influer dans les sentimens de Théologie. Il a pour lui la Bible, & avec cela il répond à tout. Peu lui importe qu'un Déiste lui fasse des objections contre ce Livre Sacré, & qu'il s'arme de toutes les difficultés que lui fournissent les Annales des Chinois & les Dynasties des Egyptiens. Il est Théologien,*
dit-

de la Proposition des Guérisons, & selon la coutume où plusieurs sont de trouver impie tout ce que leur esprit ne goûte pas, il cria aussi-tôt à l'*impiété* contre moi. Des Personnes habiles à profiter de tout, se servirent de ce premier cri pour en pousser de plus forts contre ma Thése & contre l'Encyclopédie; car elles eurent bien soin de ne séparer jamais l'une d'avec l'autre; afin que si l'on venoit à condamner ma Thése, le même coup frappât en même tems sur l'Encyclopédie, contre laquelle elles étoient fort animées. Dèslors on ne me jugea plus que rélativement à l'Encyclopédie. Plusieurs Docteurs qui avoient lu ma Thése sans y trouver d'erreurs, commencérent à y en appercevoir un grand nombre, lorsqu'on leur eut fait entendre que c'étoit la Doctrine de l'Encyclopédie, qu'ils n'ont jamais lue.

Mais c'est de cette Encyclopédie même qui paroît à bien des gens une preuve non suspecte de mon impiété, parce qu'on le leur a dit, que je prétens tirer ma propre justification. Laissons ici les reproches vagues d'Irreligion, qui sont les armes de ceux qui ont tort, & voyons quel appui j'ai prêté à l'impiété, en insérant dans cet Ouvrage une Dissertation sur la Certitude des Faits historiques. Oublions, s'il se peut, qu'elle fait partie de l'Encyclopédie; oublions même que j'en suis l'Auteur. Les préjugés ainsi déposés, je demande maintenant si celui qui parle dans cette Dissertation, a pu se liguer avec les ennemis de

---

dit-il, & un Théologien n'est pas fait pour répondre aux Impies, mais aux Hérétiques. Voilà pourquoi l'Abbé de Prades ne lui paroissoit nullement Théologien dans sa Thése. Ce sentiment, au reste, lui est commun avec plusieurs de ses Confréres, qui lui ont fait le même reproche.

de la Religion contre la Religion elle-même. Il ne faut jetter qu'un coup d'œil sur ce morceau, pour y lire l'injuſtice de mes ennemis, & la juſtification de mes ſentimens. Il ſuffit ſeul pour confondre l'Auteur des Nouvelles Eccléſiaſtiques, qui n'a pas craint d'avancer dans ſa Feuille du 27. Février 1752, qu'on avoit découvert par différentes circonſtances, & par des faits certains, que ma Théſe étoit l'effet d'une conſpiration formée par de prétendus Eſprits-forts. Cet Auteur, qui paroît ſi bien inſtruit, qui eſt en poſſeſſion de déchirer pieuſement & ſans eſprit les perſonnes les plus reſpectables, & qui à force de prêcher l'Amour de Dieu, a certainement oublié celui du Prochain, auroit bien dû déſigner ces circonſtances & ces faits. Mais laiſſons ce Satyrique obſcur médire en paix du Genre humain, & jouir du Ciel irrité qui le condamne. Il a conçu que ſi le complot dont il s'agit eſt certain, la Faculté de Théologie eſt deshonorée, & il fait tout ce qu'il peut pour réaliſer ce phantôme. Ce n'eſt point à moi qu'il en veut, il ne me connoît pas. Ce n'eſt point la gloire du Nom Chrétien qui le touche, il ſe ſoucie bien de ce nom. C'eſt la honte de la Sorbonne qu'il pourſuit, & les calomnies les plus atroces ne lui couteront rien pour atteindre à ſon but.

Ma Théſe n'eſt donc point l'effet d'une conſpiration formée par les Encyclopédiſtes contre la Religion; il n'eſt pas moins conſtant qu'elle ne préſente point une ſuite de ſyſtême contraire aux principes du Chriſtianiſme. Si ceux qui m'en font le cruel reproche, pouvoient lire au fond de mon cœur, que je ſerois bientôt juſtifié à leurs yeux! Il eſt impoſſible qu'un plan d'Impiété réſulte d'un Syſtême que j'ai moi-même combiné & réfléchi en faveur de la Religion. Tout au plus, il auroit pu m'échaper, en voulant la défendre, quelques Propoſitions dangereuſes, quelques Maximes

ximes hardies exprimées sans précaution : mais la Thése elle-même, qu'on lira dans cet Ouvrage avec sa traduction à côté, fera l'Apologie de mes sentimens. Je ne demande pour cela que des yeux non prévenus. C'est une justice que je ne puis espérer des deux Docteurs qui n'ont pas craint d'avancer dans les Assemblées de la Faculté, l'un que j'avois donné dès le Séminaire même des preuves de mon irreligion, & l'autre que j'étois un impie décidé. Ces deux *Hommes* sont Mr. *Favier* Vicaire de Saint-Jacques du Haut-Pas, & Mr. *le Seigneur* Principal du Collége de Lizieux. Le premier, dans l'avis qu'il ouvrit, avertit que j'irois en Hollande, & que j'y changerois de Religion. Cela lui paroissoit si certain, que sans attendre que les circonstances m'eussent conduit dans ce Pays, il déplora d'avance mon sort par un esprit prophétique, & remercia Dieu de ne m'avoir jamais connu.

Il me semble que sur des accusations de cette espéce, qui ne sont pas moins vagues que cruelles, on devroit prendre le parti si sagement proposé par Mr. *Gervaise* Grand-Maître de Navarre. Ce Docteur requit en pleine Assemblée, que Mr. *Favier*, après lequel il opina immédiatement, mit par écrit & signât les accusations odieuses qu'il venoit de former contre moi, afin qu'on pût l'obliger à les prouver en tems & lieu. Nous sommes ici, ajoûta Mr. *Gervaise*, non pour noircir la réputation d'un Prêtre, mais pour examiner sa Doctrine : il n'est jamais permis de deshonorer quelqu'un, & quand on est assez passionné pour s'échaper jusques-là, le moins qu'on puisse exiger de celui qui se porte pour accusateur, c'est de prouver ce qu'il avance. Cet avis, tout sensé qu'il étoit, fut applaudi de l'Assemblée ; c'étoit le cri de la nature. Mr. *Favier* n'osa compromettre sa probité dans une affaire aussi délicate.

C'est apparemment le parti qu'auroit pris aussi Mr. *le Seigneur*, s'il avoit été sommé par la Faculté de Théologie de vérifier l'accusation odieuse qu'il avoit intentée contre moi. Ni *Saint-Sulpice*, ni *Saint-Nicolas du Chardonet*, ni *les Bons-Enfans*, qui sont les trois Séminaires où j'ai été élevé, ne lui auroient fourni des Mémoires pour instruire mon Procès sur le prétendu crime d'Irreligion. Tois mois avant que je sortisse du Séminaire des *Bons-Enfans*, j'avois été nommé au Soûdiaconat; & pendant tout le tems que j'y ai demeuré, au lieu de m'empoisonner dans les Livres des Déïstes, j'en cherchai le contre-poison dans la *Démonstration Evangélique* de Mr. *Huet*, que je m'occupai à traduire toute entiére sur l'Exemplaire de la Maison. Mes affaires ne me retenant plus à Paris, je retournai dans ma Patrie; je passai le peu de tems que j'y fus dans le Séminaire de Montauban, gouverné par des Lazaristes, comme celui des *Bons-Enfans* l'est à Paris. Pour peu que le soupçon d'impiété m'eût suivi, on en auroit été informé à Montauban, & mon Evêque avoit trop de Religion pour Ordonner en moi un Impie. Je ne fus pas plutôt Prêtre, que je revins à Paris pour faire ma Licence. En entrant dans cette carriére, mon zéle pour la Religion, échauffé par la lecture des bons Livres qui en ont traité, sembla prendre de nouvelles forces. Mes Confréres de Licence, avec lesquels j'ai souvent eu occasion d'en parler, me rendront cette justice, que toute ma vivacité étoit, pour ainsi dire, ramassée de ce côté-là. Le Parlement de Paris, qui, à l'occasion de ma malheureuse Affaire, en a cité quelques-uns à son Tribunal, pour y répondre de mes sentimens, a eu la satisfaction qu'il se promettoit, d'entendre de leur bouche, que loin de me permettre la moindre liberté sur la Religion, j'en avois toujours défendu avec vivacité les intérêts.

Si depuis long-tems mon cœur étoit infecté du venin du Déïfme, comment avois-je pu le contenir au dedans de moi-même, fans jamais l'exhaler au dehors? Par quel étrange bonheur mon cœur ne s'étoit-il jamais trahi, fur-tout dans ces momens où n'étant plus gêné par une contrainte rigoureufe, il s'épanche fi volontiers dans le fein de fes amis? Mais je veux pour un moment, avoir été tel qu'on n'a pas craint de me peindre: après avoir, par une hypocrifie rafinée & profonde, déguifé fi long-tems mes fentimens pervers fous le voile facré de la Religion, par quelle fatalité me fuis-je déterminé tout à coup à les manifefter au grand jour? On ne concevra jamais qu'étant ce que je fuis, c'eft-à-dire, initié dans les Ordres Sacrés, afpirant à l'honneur du Doctorat, annoncé au Public comme un homme qui confacre fes talens & fes veilles à défendre la Religion, j'aye pu lever le mafque & me déclarer Impie. Si j'étois homme du monde, & que je ne tinffe par aucuns liens à l'Eglife, j'aurois pu fans doute, dans des accès de phrénéfie, m'égayer aux dépens de la Religion, & effayer contre elle mes malheureux talens. Mais dans l'Etat où je fuis, que pouvois-je gagner à me déclarer Impie? Si l'on m'ôte ma Religion, du moins faut-il laiffer à mon ame quelque reffort qui l'excite. Je ne ferois pas Chrétien par conviction, que j'aurois dû le paroître par prudence & par intérêt.

Mais encore, à qui prétendois-je en impofer? A la Faculté de Théologie de Paris, la plus célébre, comme la plus ancienne de l'Univers. Et dans quel tems encore? Dans celui-là même, où je la favois occupée de l'examen & de la condamnation des Livres qui donnent atteinte à la faine Doctrine. En la voyant fi attentive à pourfuivre le Déïfme, pouvois-je avoir une imagination auffi fauffe & auffi injurieufe que celle

celle d'introduire impunément l'erreur dans le Sanctuaire de la Vérité ? Quelle étoit d'ailleurs mon imprudence de choisir pour Président de ma Thése un Docteur tel que Mr. *Hooke*; qui faisoit alors imprimer en Latin un grand Ouvrage sur la Religion, ou tel que Mr. *Tamponet* lui-même, si le sort en avoit décidé autrement (1).

Votre Thése, me dira-t-on, constate votre impiété. Vous y donnez à entendre que l'ame est purement matérielle, en supprimant le terme de *spirituel*, consacré pour exprimer la nature de l'ame : au lieu des véritables notions du bien & du mal moral, vous en présentez de fausses & tout-à-fait étrangéres : vous traitez de droit peu conforme à la raison, l'inégalité que l'Auteur de la nature a établie entre les Hommes. Vous avancez qu'il n'y a point d'autre Religion véritable que la Loi naturelle, pourvu qu'elle soit plus développée, d'où l'on pourra conclure que les Mystéres sont étrangers à la véritable Religion. Vous placez, par une indécence extrême, sur la même ligne le Christianisme avec toutes les autres Religions, pendant que vous relevez avec affectation le Déïsme : vous bornez l'Oeconomie Mosaïque aux seules peines & aux seules récompenses temporelles : vous avancez qu'aucune des trois Chronologies n'a Moïse pour Auteur, & qu'elles ont été insérées après coup par des mains étrangéres : vous anéantissez la preuve des Miracles en faveur de la divinité de la Religion Chrétienne, en disant qu'on ne peut à présent en tirer aucune preuve certaine pour connoître at-

───────

(1) Mr. *le Coq Vicaire de Saint-Pierre aux Bœufs me rendra cette justice, qu'il n'a pas tenu à moi que je n'eusse pour Président de ma Thése Mr. Tamponet. J'avois jetté les yeux sur ce Docteur, parce qu'on m'avoit dit que Mr. Hooke avoit été retenu.*

attester la volonté de Dieu: enfin, ce qui révolte les oreilles Chrétiennes, vous poussez l'impiété & le blasphême jusqu'à ne pas rougir de mettre en paralléle des prétendues Guérisons miraculeuses attribuées à Esculape avec celles que Jésus-Christ a opérées.

Cette Doctrine, digne de tous les anathêmes, ne se trouve dans ma Thése que par le Commentaire qu'en a fait (1) l'Auteur de la Préface de sa Censure. Mais j'atteste le Dieu de vérité qui lit dans le fond de mon ame, que j'ai toujours détesté toutes ces erreurs. Oui, je crois, & j'ai toujours cru que l'ame est spirituelle dans toute la rigueur de ce terme; qu'il y a une différence essentielle entre le bien & le mal moral; que la Loi naturelle, cet écoulement de la Loi éternelle, est, ainsi que Dieu-même, fixe & invariable; que nous devons une obéissance respectueuse aux Souverains; qu'il n'est jamais permis de nous révolter contre eux, parce que c'est Dieu lui-même qui les a armés de son glaive; que la Religion Chrétienne, avec tous les Mystéres augustes, objet de sa Foi, est la seule véritable; que le Déïsme, bien différent sans doute du Théïsme, avec lequel on l'a malignement confondu, attaque en vain la certitude des Vérités révélées; que les Miracles

font

(1) *Le Docteur Millet, comme Syndic dans toute cette affaire (il en a fait les fonctions à la place de Mr. Dugar), fut chargé de travailler à la Préface de la Censure; mais, parce qu'il n'y disoit pas éloquemment des injures à l'Abbé de Prades, on la reprouva. Le Docteur Tamponet, échauffé par les discours des Jésuites, auxquels il a vendu son ame, en composa une autre, qui fut d'autant mieux accueillie du parti, qu'elle étoit teinte de tout le fiel, qu'il n'a cessé de distiller contre une Thése qu'il n'entendoit pas.*

font dans tous les tems l'organe de la Divinité, & un des plus fermes appuis de la Religion Chrétienne; en un mot, que les Guérisons de Jesus-Christ rapportées dans l'Evangile, sont vraiment miraculeuses & opérées par une vertu Divine, bien différentes sans-doute des Guérisons attribuées à Esculape, lesquelles ne pouvoient avoir qu'une fausse apparence de Miracle, puisqu'elles étoient l'effet d'une vertu Diabolique. Doctrine, comme l'on voit, diamétralement opposée à celle que des yeux prévenus y ont lue. La justification des dix Propositions déchirera le bandeau qui les couvre, pour ne laisser voir dans ma Thése que cette Doctrine que je viens d'exposer.

J'avouë que je différe de la Faculté dans ce que je dis des trois Chronologies que nous présentent les différens Textes de l'Ecriture, & de l'Oeconomie Mosaïque, si pourtant c'est différer d'elle, que de soutenir ce dernier sentiment, enseigné publiquement dans ses Ecoles. Aussi ne prétens-je point soutenir opiniâtrement ces deux sentimens. Je me propose seulement d'exposer les raisons qui me les ont fait embrasser. Si par elles-mêmes elles n'ont pas assez de poids pour faire adopter mes idées, du moins elles justifieront la pureté de mes intentions. Tout ce que je puis dire, c'est que je n'ai inféré dans ma Thése mes sentimens sur l'Oeconomie Mosaïque & sur les trois Chronologies, que pour tirer du premier Systême une preuve démonstrative en faveur de la Divinité de la Légation de Moïse, & de l'autre une réponse tranchante & décisive à la plus grande difficulté que les Déïstes puissent faire contre l'authenticité du Pentateuque. Quand j'aurai sur cela développé mes idées, je prendrai alors la Faculté de Théologie pour Juge entre elle & moi, pour qu'elle prononce elle-même sur ces deux Questions.

Si telle est la Doctrine de ma Thése, pourquoi donc

donc cette horreur, dont la Faculté fut frappée subitement à sa première vue, & qu'on peint avec des traits si énergiques dans la Préface de la Cenfure? Elle ne frappa aucun des Docteurs dans le grand nombre de ceux qui me firent l'honneur d'affifter à ma Théfe. Tranquilles fpectateurs des difputes vives & animées qui s'excitoient fur les Propofitions depuis cenfurées, il ne leur venoit pas feulement dans l'efprit qu'elles puffent être mauvaifes. Par quel enchantement ces Propofitions, d'innocentes qu'elles étoient alors pour eux, font-elles devenues tout à coup horribles, impies, affreufes, blafphématoires, ébranlant la Religion jufques dans fes fondemens? On peut, il eft vrai, approuver par furprife des Propofitions captieufes, équivoques, parce qu'elles préfentent d'abord à l'efprit un fens Catholique, & qu'elles en renferment un mauvais, plus caché, & qui demande pour être faifi, une certaine pénétration d'efprit. Mais la furprife ne peut avoir lieu, quand il s'agit de Propofitions *évidemment* impies, qui font friffonner ceux qui les entendent. Or telles font mes Propofitions, fi l'on en croit ces mêmes Docteurs. Ils les avoient néanmoins approuvées d'abord, non feulement par un filence, qu'ils auroient dû rompre en cette occafion, puifque ne pas reclamer, lorfqu'on a droit de le faire, c'eft conniver à l'erreur, mais encore par les bons billets, dont ils fcellérent ces mêmes erreurs qui les font frémir aujourd'hui.

Pour fe juftifier, on a recours à la petiteffe des caractéres, inconvénient très-léger auquel m'a forcé le grand nombre de chofes que je voulois expofer dans ma Théfe, & qui n'a point empêché de la lire, ceux qui ont voulu prendre cette peine pour me condamner. D'ailleurs quel fubterfuge! Quoi donc la Sorbonne ne fait-elle plus diftinguer la vérité de l'erreur, que quand l'erreur eft imprimée en gros caractéres? Mais qu'ont de com-

commun les caractéres de ma Théſe avec les réponſes que je donnois d'une voix claire & diſtincte aux difficultés qu'on me faiſoit en préſence des Cenſeurs prépoſés pour juger de ma capacité & de pluſieurs autres Docteurs ? Je développois dans le cours de la diſpute, ces germes d'erreurs & d'impiété, comment ne les voyoient-ils pas alors, eux qui les ont ſi bien apperçus depuis dans ma Théſe, quoiqu'ils n'y ſoient pas développés ? La petiteſſe des caractéres ne pouvoit alors leur en impoſer. Dans la Licence qui a précédé la mienne, un Religieux ſoutint quelques Propoſitions qui avoient une teinture de Janſéniſme. Les Cenſeurs exigérent ſur le champ que le Bachelier ſe retractât, ce qu'il fit en effet ; pourquoi n'ont-ils pas tenu une conduite ſemblable à mon égard ?

Mais, depuis même que le prétendu charme a été diſſipé, il s'eſt trouvé une foule de Docteurs qui n'ont point apperçu dans ma Théſe ce Syſtême d'impiété qui révoltoit ſi fort les autres. Les uns l'ont défendue toute entiére, & les autres l'ont fait en partie. Qu'il me ſoit permis de m'appuyer ici ſur l'autorité de ces Théologiens, & de mettre mes ſentimens à l'ombre de leur Foi, qui n'a jamais été ſuſpecte en matiére de Religion.

Mr. *Montagne*, ſi connu par ſes lumiéres Théologiques, quoiqu'il fût un peu révolté de la Propoſition des Guériſons qui lui paroiſſoit dure, ne croyoit pourtant pas que ma Théſe méritât d'être déférée. C'eſt ce qu'il a ſoutenu à tous ceux qui lui en ont parlé.

Mr. *le Grand*, dont le nouveau Traité ſur l'Incarnation annonce un eſprit également verſé dans la Poſitive & dans la Métaphyſique, étoit du même avis, quoiqu'il ne penſât pas comme moi ſur la Chronologie. La nouveauté de ce ſentiment alluma entre nous une vive diſpute, qui me donna lieu d'expoſer une partie des raiſons qui me le rendoient plauſible. Si ces raiſons ne le convain-

PREMIE'RE PARTIE. 19

quirent pas, du moins elles furent assez fortes pour lui arracher cet aveu, que mon Systême, encore qu'il fût nouveau, ne méritoit aucune censure. Je n'en demandois pas davantage; je n'en étois pas assez idolâtre, pour chercher à lui faire des Profélytes. Et ne savois-je pas d'ailleurs qu'en fait d'opinion Théologique, la nouveauté lui est aussi contraire qu'elle est favorable à une opinion Philosophique? J'attendois donc du tems le sort de mon Systême de Chronologie.

Mr. l'Abbé *Digautrai*, ancien Syndic, & depuis Chanoine de la Sainte-Chapelle, prit hautement le parti de ma Thése: ce Docteur qui s'exprime en Latin avec autant d'énergie que de facilité, dissipa par l'Analyse qu'il en fit ce Systême d'Irréligion que quelques-uns qui ne l'avoient pas seulement lue, disoient hardîment s'y trouver. Sa rapide éloquence lui en fit discuter les différentes Propositions, & s'il ne les justifia pas toutes, la Thése du moins lui parut plus digne d'Eloges que des Censures. Il finit son discours par ces mots: je conclus que tous les Docteurs qui opineront discutent la Thése, & motivent leur avis; car on n'est pas Docteur précisément pour opiner. Il eût été à souhaiter pour moi, qu'on eût eu plus d'égard à une représentation si juste.

Mr. l'Abbé *le Gros*, Chanoine de la Sainte-Chapelle, & Confrére de Mr. l'Abbé *Digautrai*, s'étoit montré depuis quelque tems dans plusieurs occasions trop ardent défenseur de ma Thése, pour qu'on n'en attendît pas une Apologie, lorsque son tour d'opiner viendroit. Voilà ce qui faisoit trembler ceux qui en poursuivoient la condamnation. Frappés de sa réputation, ils ne pouvoient se dissimuler qu'il étoit un des plus grands Théologiens de Paris; que feu Mr. le Cardinal *de Rohan* l'avoit choisi pour son Docteur dans la partie même qui concerne les matiéres de Religion, qu'il l'avoit souvent mis aux prises avec

les

les plus célébres Déïstes, & que les différentes victoires qu'il avoit remportées fur eux l'avoient illuftré. Mr. le Gros, dont les raifonnemens mâles & folides m'avoient gagné plufieurs Partifans (entre autres Mr. *Foucher* de Navarre, qui eut le courage d'avouer qu'il avoit eu tort de me condamner). Ce Docteur, dis-je, après avoir écarté tout foupçon de Déïfme, par une profeffion expreffe des Myftéres de la Religion, fit en pleine Faculté l'Apologie de ma Théfe, expofa le plan que je m'y étois propofé, traça la marche que j'avois fuivie dans la gradation de nos connoiffances, développa le tiffu & l'enchaînement des vérités, qui, comme par autant de nuances, conduifent l'Homme jufqu'à l'Eglife Catholique.

Meffieurs *le Fevre* & l'*Advocat*, l'un Bibliothécaire de Sorbonne, & tous deux Profeffeurs, ainfi que Mrs. *Buret* & *Plunket*, tous deux Profeffeurs de Navarre, juftifiérent quelques-unes de mes Propofitions, fe déclarant contre tout Syftême d'impiété. Par qui ce Syftême étoit-il donc apperçu? Quelques Docteurs le trouvoient fi clairement exprimé dans ma Théfe, qu'ils ne fe donnoient pas feulement la peine de le faire voir par leurs raifonnemens. Tel étoit entre autres Mr. *d'Aireaux* Principal du Collége des Graffins; c'étoit pour lui une énigme qu'il ne pouvoit deviner, que l'horrible Syftême de ma Théfe eût pu échaper à la pénétration des fages Maîtres chargés de l'examen. Le corps du délit étoit, felon lui, évident. Il n'étoit plus queftion que de prononcer fur le coupable.

Mr. *Varré* de la Maifon de Sorbonne, jeune Docteur fort eftimé, demanda qu'on retranchât du nombre des Propofitions à cenfurer, la premiére, qui fait éclore toutes les connoiffances de l'Homme de fes fenfations; la feptiéme, qui établit que dans la Loi ancienne Moïfe a eu uniquement en vue les biens temporels; & la huitiéme, où je
dis

dis que la preuve des Miracles perd toute sa force entre les mains de certains Ecrivains, dont le grand talent est d'obscurcir par leurs misérables subtilités ce qu'il y a de plus clair & de plus lumineux.

Mr. Millet, Ex-Syndic & un de ceux qui ont le plus influé dans la condamnation de ma Thése, n'avoit point éprouvé en la lisant cette secréte horreur que l'Impiété inspire. Avant qu'elle eût été déférée, il m'avoit assuré qu'elle ne le seroit jamais. La Proposition des Guérisons n'avoit besoin, selon lui, que de quelques correctifs qui en adoucissent la dureté. Il avoit ri du venin qu'on avoit découvert dans cette comparaison, *ceu rami ex trunco.* Il m'avoit dit qu'il étoit ridicule de me chicaner sur mon expression de *mens ignea*. J'en pourrois nommer d'autres, qui, quoiqu'ils trouvassent ma Thése reprehensible par quelques endroits, ne la jugeoient pourtant pas impie (1). L'Auteur des Nouvelles Ecclésiastiques, éton-

---

(1) *Mr. Ribalier, Censeur de Discipline, étoit présent lorsqu'on argumenta sur les Guérisons, & le lendemain il me dit à la vérité qu'il trouvoit cette Proposition impie; mais sur ce que je lui représentai qu'elle étoit dans Mr. le Rouge, il me repliqua qu'il le savoit bien, & que Mr. le Rouge avoit aussi fait beaucoup crier contre lui.*

Le P. Morel Augustin, un des Députés pour l'examen de ma Thése, étoit présent aussi lorsque je répondis sur la même question; pendant tout le tems que dura l'Argument, il applaudit à mes réponses: l'ayant rencontré quelques jours après que ma Thése fut déférée, je lui dis qu'il avoit eu tort de ne pas m'avertir que je défendois un mauvais sentiment, au lieu d'applaudir à mes réponses; il me répondit, en présence de Mr. l'Abbé de Maufoult, qu'il croyoit mon sentiment sur les Guérisons évident: vous me dé-

étonné du nombre de ceux qui m'ont été favorablés, ne peut s'empêcher de faire cette remarque, que

défendrez donc, lui repliquai-je, lorsqu'on examinera cette Proposition : non, me dit-il, on crie trop haut; vous paroissez avoir trop d'ennemis pour que je puisse prendre votre défense sur quoi que ce soit, & je vous condamnerai sur tout ce qu'on voudra vous condamner.

Mr. Lambert, Vicaire de Saint-Severin, Censeur, y vint, à ce qu'il avoue lui-même, dans l'intention de me donner un mauvais billet, parce qu'on le lui avoit fait promettre: il m'entendit répondre sur les Guérisons, & fut si content qu'il crut pouvoir manquer à sa parole.

Mr. Fouchet, Principal de Navarre, reprocha en pleine Faculté à Mr. Grajon qui venoit de déclamer horriblement contre ma Thése, qu'il lui avoit dit lui-même ne l'avoir jamais lue.

Mr. Lamare, Chanoine du Sépulcre, m'a assuré qu'étant dans une Assemblée à côté d'un Docteur, il lui avoit dit qu'il ne comprenoit pas comment on pouvoit délibérer si l'on devoit m'entendre; que le Docteur lui repliqua, cela m'étonne comme vous; car il ne faut consulter pour cela que les premiers principes du Droit naturel; & que cependant ce Docteur appellé tout de suite pour donner son avis, opina, au grand étonnement de Mr. Lamare qui le lui reprocha assez haut, à ne pas m'entendre.

Mr. de Bethléem, dans les deux visites que je lui fis, me répéta ce qu'on lit en cent endroits de ses Lettres imprimées, que si je considérois chaque Guérison de JESUS-CHRIST en particulier, il étoit évident qu'elles ne prouvent que dépendamment des Prophéties.

Mr. Robinet, Grand-Vicaire, consulté sur ma Thése, répondit, après l'avoir examinée, qu'il n'y avoit que des Vetilleurs qui pûssent y trouver quelque

PREMIERE PARTIE. 23
que ma Théfe a trouvé dans la Faculté bien des défenseurs. Ce font, il est vrai, des gens horribles, des complices de mon impiété; mais il est facile de s'appercevoir que ces Docteurs payent ici pour leur zéle contre le Janfénifme.

D'autres, auxquels Mr. d'Aireaux devroit bien fe charger de répondre, diront peut-être que fi ma Théfe

que chofe de mauvais; & ce n'eft que parce qu'on lui vint perfuader dans la fuite que les Auteurs de l'Encyclopédie l'avoient faite, qu'il la trouva mauvaife; encore n'ofa-t-il fe fervir que de cette phrafe, elle pourroit bien être mauvaife.

Je tiens d'un Docteur, dont le nom ne me revient pas, mais qui eft Chanoine de Saint-Thomas du Louvre, que dans une Affemblée il avoit dit à Mr. Machet qu'il y avoit de très-bonnes chofes dans ma Théfe, entre autres ce que j'avançois fur les Faits: cela eft vrai, répondit Mr. Machet, j'étois Cenfeur de fa Théfe, je l'ai entendu répondre là-deffus, & j'en ai été fort content: mais, Monfieur, lui repliqua-t-on, cette Propofition eft du nombre de celles qu'on cenfure: je ne le favois pas, dit-il, & il en refta là.

Mr. Tamponet, après plufieurs Affemblées particuliéres, me confia que j'avois beaucoup d'ennemis, qu'on le défoloit fur mon affaire, mais qu'elle étoit trop bonne pour qu'il pût en rien arriver. Auffi dans la première Affemblée & dans celle du quinze, il fe déclara abfolument en ma faveur; & dans la fuite qu'il opina fi rigoureufement contre moi, il ne put s'empêcher de dire qu'il ne le faifoit que parce qu'il avoit appris bien des chofes depuis. La Gouvernante de ce Docteur fe plaignoit à tout le monde qu'on ne ceffoit d'importuner fon Maître, & qu'elle entendoit toujours mon nom. Ces importuns étoient des Jéfuites. On omet beaucoup d'autres faits de la nature de ceux qui précèdent.

Théfe n'a pas d'abord excité toute l'horreur qu'elle méritoit de caufer, c'eft parce qu'elle eft faite avec beaucoup d'art; que le poifon en eft fubtil & préparé par des mains habiles; qu'il eft tellement enveloppé avec la faine Doctrine, qu'il faut beaucoup d'attention pour l'appercevoir. L'erreur n'eft jamais plus dangereufe, que lorfqu'elle s'infinue fous le mafque de la vérité. Le Déïfme, pour faire des progrès rapides, doit fe montrer revêtu de l'apparence du Chriftianifme. On ne vous contefte pas, ajoûtera-t-on, d'après l'Auteur du Mandement, que vous n'ayez jetté dans votre Théfe plufieurs vérités. Mais à quel deffein (1) ? Pour y gliffer, à l'aide de ces vérités, les principes pernicieux que vous avez puifés dans des fources empoifonnées, pour y étaler une foule de conféquences dangereufes, quelquefois claires, d'autres fois ambigues, un plan d'incrédulité réfléchi, combiné, foutenu: en un mot, une infinité de traits qui décélent & annoncent l'Irreligion. Mais la Faculté de Théologie de Paris, attentive à combattre l'erreur, & accoutumée d'en triompher, a fu non feulement fe garantir de vos piéges, mais encore enfeigner à les découvrir & à les éviter. C'eft ce qu'elle a fait dans plufieurs Affemblées particuliéres & onze générales, & elle ne s'eft déterminée à condamner les Propofitions extraites de votre Théfe, qu'après avoir examiné avec toute l'attention & l'exactitude poffible ces Propofitions, qu'après les avoir comparées les unes avec les autres, & avec toute la Théfe; enfin, qu'après avoir entendu les avis de cent quarante-fix Docteurs.

Que de réflexions à faire fur tout ceci ! Quand le zéle pour la Religion réduit fes Miniftres à

la

_____
(1) *Page 5 du Mandement.*

la triste nécessité de peindre des couleurs les plus affreuses, ceux qui par leurs écrits ou par leurs discours donnent atteinte à ces vérités, cette même Religion veut & ordonne qu'on soit bien assuré de leurs attentats. Ma Thése, dit-on, présente un plan d'Impiété; voilà ce qu'on ne craint point d'avancer malgré la reclamation de plusieurs Docteurs, l'élite de la Faculté (je ne crains point qu'on me desavoue sur cet éloge) lesquels en ont fait l'Apologie, & lui ont prodigué des loüanges que la modestie m'oblige de supprimer. Mais a-t-on pris toutes les mesures que suggére l'amour de la vérité, pour ne pas se tromper dans l'accusation odieuse de Déisme réfléchi? La passion confondue avec le zéle n'a-t-elle point entraîné les esprits au-delà des bornes qu'ils auroient dû respecter? Le cri de la conscience n'a-t-il rien reproché à mes Censeurs, dans le moment même où leur bouche prononçoit tranquillement ma perte? Et ne serois-je pas fondé à dire de la Sorbonne, qu'au fond de son cœur elle me rend plus de justice.

On a, direz-vous, examiné ma Thése près de deux mois dans plusieurs Assemblées particuliéres & onze générales (1); mais, pour examiner une Thése où vous aviez remarqué tant d'artifice, & qui renfermoit tant de matiéres, ce tems & ce nombre d'Assemblées suffisoit-il? Lorsque vous portâtes vos regards sur l'*Histoire du Droit Public Ecclésiastique François*, elle vous occupa dix-huit mois entiers, quoiqu'elle ne

con.

___
(1) *Le terme vague de plusieurs se réduit tout au plus à six ou sept Assemblées tenues par les Commissaires.*

contînt qu'un petit nombre de Questions agitées depuis très-long-tems, & discutées avec étendue: vous crûtes, qu'il étoit de votre prudence de procéder lentement dans la condamnation de cet Ouvrage: pourquoi, lorsqu'il a été question de ma Thése, une si sage lenteur a-t-elle dégénéré de votre part, en une précipitation qui n'avoit point encore eu d'exemple dans la Faculté? Vous avez cru, dites-vous, pouvoir brusquer les choses, parce que c'étoit une Thése. Mais vous ne faites pas attention, que la circonspection étoit ici d'autant plus nécessaire, qu'une Thése est toujours plus difficile à saisir, qu'un Livre dont les principes sont développés. A cette raison s'en joignoit une autre, qui auroit bien dû suspendre votre jugement: elle est tirée des matiéres qui entrent dans le tissu de ma Thése. Il y a telle Proposition, qui, pour être approfondie, demanderoit des années entiéres. Le Systême Chronologique par exemple, qui a fait le supplice des *Petaux*, des *Usserius*, des *Scaliger*, des *Marsham* & de tant d'autres; l'Oeconomie Mosaïque, qui, de la maniére dont je l'ai développée, semble prêter un appui si puissant à la Religion; la vérité des Guérisons d'Esculape constatée par les Péres, & leur paralléle avec celles de Jesus-Christ, paralléle qu'ils n'ont jamais détruit que par des circonstances prises d'ailleurs, & principalement des Prophéties; les Régles que j'ai tracées, pour appuyer sur elles comme sur une base immobile la Certitude des Faits Évangéliques: toutes ces Questions, & plusieurs autres, devoient sans doute étonner les plus intrépides Théologiens; & pour être dans une Thése, elles n'en étoient pas moins importantes.

Votre Censure, continuez-vous, n'a porté que sur un Examen réfléchi de toute la Thése.

Je le crois de quelques-uns de vous ; mais pouvez-vous vous en flatter par rapport au grand nombre ? On fait (& pourquoi le diſſimulerois-je ?) que des Docteurs, qui ne venoient jamais aux Aſſemblées de la Faculté, s'y ſont rendus exprès, pour balancer ou même ſurpaſſer le nombre des voix, qui auroient pu ſe déclarer pour moi. Ces Docteurs, qui n'avoient pas daigné jetter les yeux ſur ma Théſe, étoient de l'avis de Mr. *Tamponnet*, parce qu'on leur avoit dit d'en être, quoique de leur aveu ils ignoraſſent abſolument ſur quoi portoit l'avis de ce Docteur. Ma réputation, ma probité, ma Religion, leur ont paru des choſes trop frivoles pour ne pas les ſacrifier au crédit de mes perſécuteurs, & au travail que leur auroit (1) coûté l'examen de ma Théſe. Cette in-

---

(1) *Parmi ces Docteurs, qui n'ont pas daigné jetter ſeulement les yeux ſur la Théſe, on peut nommer le Curé de St. Germain l'Auxerrois. Ce Docteur, qui ne venoit jamais aux Aſſemblées de la Sorbonne, y vint exprès pour dire qu'il étoit de l'avis de Mr.* Tamponnet, *pour le ſigner, & pour s'en aller tout auſſitôt, parce qu'il avoit, diſoit-il, affaire. Mais vous ne ſavez pas, lui dit-on, ſur quoi porte l'avis de Mr.* Tamponnet. *Cela ne fait rien, répond-il, on m'a ordonné d'être de ſon avis, & cela me ſuffit, j'obéis. On vit venir de tous côtés grand nombre de Docteurs, non pour raiſonner ſur la Théſe qu'ils n'avoient jamais lue, mais pour groſſir le nombre des voix qui ſe déclaroient contre elle. C'eſt ici ſurtout qu'a lieu ce que le ſatyrique* Paſcal *diſoit des Aſſemblées de la Faculté, à l'occaſion de la condamnation de Mr.* Arnaud, *qu'il eſt bien plus aiſé de trouver des Moines, que des raiſons.*

B 2

injuſtice criante dont ils ſe ſont rendus coupables aux yeux même de la Faculté, croient-ils l'excuſer par la bonne opinion qu'ils avoient de la probité & de l'honneur de Mr. *Tamponnet*? A Dieu ne plaiſe que je refuſe à ce Théologien ces deux qualités! Mais n'y avoit-il pas des Docteurs, également recommandables par leur ſcience, leur eſprit & leur Religion, qui croyoient en me défendant prendre le parti de la vérité? Si l'on ne comptoit que les voix des Docteurs qui ont prononcé avec connoiſſance de cauſe, j'oſe aſſurer que le plus grand nombre m'a été favorable. Il n'en eſt pas des Aſſemblées de la Sorbonne ainſi que des Conciles Généraux. De quelque manière que ſe donnent les voix dans les Conciles, je n'ai rien à craindre pour la vérité; parce que le Saint-Eſprit dont l'aſſiſtance leur eſt promiſe, gouverne tellement les paſſions humaines, qu'elles n'étouffent jamais ſa voix au moment de la déciſion. Mais, dans ces autres Aſſemblées, où le Saint-Eſprit ne s'eſt pas engagé de préſider, quelque recommandables qu'elles ſoient d'ailleurs par les perſonnes qui les compoſent, il eſt arrivé quelquefois que les paſſions ont prévalu ſur les meilleures intentions, & que la vérité s'eſt réfugiée dans le petit nombre.

Que n'aurois-je point à dire ſur cet ordre ſollicité pour défendre à tout Docteur de parler plus d'une demi-heure? On ſait qu'il fut occaſionné par les différentes Apologies qu'on avoit déjà faites de ma Théſe, & par la crainte qu'on eut que la nouvelle fermentation qui commençoit à agiter les eſprits, ne me devînt favorable, ſi elle étoit échauffée par de nouvelles Apologies. C'eſt en conſéquence d'un ordre ſi inouï, que Mr. *Plunket* Profeſſeur de Navarre, qui avoit commencé mon Apologie,

fut

fut interrompu tout à coup, lorsqu'entraîné par la matiére, il alloit continuer. Agir ainsi, n'étoit-ce pas craindre que la vérité ne parût & ne sortît enfin de cette injustice où elle étoit détenue ? Cette conduite si contraire aux Loix de l'équité, fit dire dans Paris qu'on en vouloit bien plus à ma Personne qu'à mes Erreurs. L'Eglise, toujours dirigée par l'Esprit-Saint, a-t-elle jamais ainsi précipité ses décisions ? Elle s'est toujours fait un devoir d'écouter les Juges de la Foi, & même les Théologiens admis dans ses Assemblées.

Mais encore, ce tems si limité & dès-là si précieux, à quoi la plupart des Docteurs l'employoient-ils ? Le dirai-je ? A m'accabler d'injures, qu'ils me prodiguoient d'autant plus volontiers, qu'ils se croyoient dispensés à mon égard de la moindre bienséance. *Ejiciatur, & tradatur mactandus Gladio Civili*; qu'il soit exclus & livré à l'Exécuteur, disoit Mr. *Salmon* avec une éloquence & une charité dignes des tems malheureux de la Ligue.

Que n'aurois-je point encore à dire sur ce refus constant de m'entendre, quoique je l'aye sollicité si souvent & avec tant d'instance ? Il étoit d'autant plus injuste de la part des Députés, qu'ils étoient les premiers à se plaindre que ma Thése étoit obscure. Qui pouvoit mieux que moi fixer le véritable sens de ce qui leur paroissoit équivoque ? Ils ont dit assez haut, pour que tout Paris en soit instruit, que ma première Position les avoit surtout embarassés; & quoiqu'ils ayent passé le plus grand nombre de leurs Assemblées à l'examiner, il ne paroît pas, par la maniére dont ils ont extrait la seconde Proposition censurée, qu'ils ayent pris tant soit peu le sens de ce que j'y ai exprimé. C'est ce qui sera mis en évidence lorsque je traiterai de cette Proposition. Mes passages brus-

brusques & fréquens d'une matière à l'autre les étonnoient, ils ne pouvoient sur-tout me pardonner les différens *hinc* que j'ai placés dans ma Thése pour y conserver une espéce de liaison, & ne suppléant pas d'eux-mêmes les conséquences intermédiaires, souvent supprimées à dessein, parce que j'étois resserré dans les bornes étroites d'une Thése, ils n'y appercevoient par-tout qu'un cahos confus d'irrégularités. Pour le débrouiller ce cahos, ils devoient naturellement m'entendre; & c'est pourtant ce qu'ils ont constamment refusé.

La division qui a régné parmi Messieurs les Députés, quand il a été question d'extraire de ma Thése des Propositions qu'on pût censurer, est un fait public & éclatant. Las d'examiner la première Position, qui les mettoit perpétuellement aux prises les uns contre les autres, ils décidérent entr'eux, que, pour terminer tous les débats, il falloit s'en rapporter à un petit nombre de Commissaires, pour faire choix des Propositions qu'on soumettroit à la Censure. La division n'eut pas plutôt cessé dans les Assemblées particuliéres de Messieurs les Députés, qu'elle recommença avec plus de force dans les Assemblées générales de la Faculté. Ce que l'un trouvoit digne de tous les anathêmes, étoit pour l'autre une vérité qu'on ne pouvoit proscrire, sans mériter ces anathêmes dont on vouloit la foudroyer. Ce flux & reflux de sentimens opposés les uns aux autres fit dire à Mr. *Rolland* de Saint-Sulpice, que ma Thése dont on avoit été scandalisé de toutes parts, se trouveroit insensiblement irreprehensible. En un mot, les divisions étoient telles parmi les Docteurs, que Messieurs *Chevalier* Chanoine de Saint-Honoré, *le Mercier* Professeur de Sorbonne, &

Du

Duranthon, l'Auteur des Lettres en faveur du Clergé, opinérent que pour remédier à la diverſité des jugemens de chaque Docteur ſur les Propoſitions extraites par les Commiſſaires, & pour les réduire à l'unanimité, il falloit condamner toute la Théſe d'une manière vague & générale, ſans ſpécifier aucune Propoſition. Les eſprits ainſi diviſés ſur le ſens de mes Propoſitions, qui n'eût cru qu'on m'auroit entendu pour faire ceſſer toutes ces diviſions? Mais on prit un parti bien différent. Des ordres ſupérieurs intimés à ceux qui avoient donné leur voix pour qu'on m'entendît, les obligérent à la retracter; &, quoiqu'on ne ſût pas trop ce que l'on condamnoit, on pourſuivoit la condamnation de la Théſe avec une chaleur & une impétuoſité qui étoit l'effet du mouvement dont tous les eſprits étoient ébranlés.

Je dois placer ici une Anecdote, qui fera voir combien il eût été raiſonnable de me conſulter quelquefois pour s'aſſurer de ce que je vouloir dire. Un des Députés, en jettant les yeux ſur ma Théſe, avoit remarqué ce que je dis de la petiteſſe de l'Arche. Il ſe rappella que ce que je donnois pour une preuve de l'histoire de Moïſe, paſſoit de ſon tems pour une objection à laquelle on n'avoit rien à répondre, ſinon que c'étoit un de ces endroits difficiles de l'Ecriture qui exercent notre Foi. Depuis ce tems les Calculs de *Pelletier* ont fourni une réponſe plus raiſonnable. Comment, d'une objection auſſi forte que celle de la petiteſſe de l'Arche, pouvois-je en effet tirer une preuve qui ſervît à confirmer le récit de Moïſe? Voilà ce que le Docteur ne pouvoit comprendre. Puiſque ce Bachelier, diſoit-il, ſait trouver des preuves où nous autres Docteurs ne voyons que des objections, il faut aſſurément qu'il cherche à jetter un ridicule ſur les réponſes que nous donnons. La réflexion parut judicieuse; & l'on me condamna en conséquence comme un homme qui cherchoit plus à se jouer de la Religion qu'à la défendre : *ut irrisor, non defensor Religionis*. Cette conséquence avoit passé, lorsqu'un des Commissaires leur dit : Voilà un tems considérable que nous employons à deviner le sens de cette Proposition; que ne faisons-nous monter le Bachelier, & que ne lui demandons-nous qu'il développe lui-même la preuve qu'il prétend tirer de-là ? Car enfin, ajoûta le Docteur, que ne diroit-on pas de nous, si pour toute réponse à notre Censure le Bachelier, à notre grand étonnement, apportoit la preuve qu'il annonce dans sa Thése, preuve qui n'auroit eu d'autre défaut que d'être ignorée de nous ? On trouva encore plus de prudence dans cette réflexion, qu'on n'avoit trouvé de sagacité dans l'autre : les mots *irrisor non defensor* furent supprimés, & on laissa subsister ma Proposition sur l'Arche.

Ma Thése n'est proprement que la Table des Chapitres d'un grand Ouvrage que je préparois sur la Religion. Est-il équitable de condamner un Auteur sans l'entendre sur la seule lecture d'une Table des Chapitres, sur-tout lorsqu'on croit trouver dans cette Table des choses obscures ? Aussi je ne crains point de dire à Messieurs les Docteurs & à Mr. *l'Archevêque* même, qui n'a que trop appuyé de son crédit l'avis de ne pas m'entendre ; non seulement vous n'avez point refusé de recevoir les explications de Mr. le *Président de Montesquieu* sur son Livre de l'*Esprit des Loix*, vous avez même député vers lui des Docteurs pour le consulter sur le sens de quelques Propositions. La Religion ne paroît jamais plus vraie, & ses Ministres plus respectables, que lorsqu'ils recherchent avec une sorte d'inquiéquiétude les raisons qui peuvent blanchir à leurs yeux ceux qui sont accusés. En parlant ainsi, je n'ai pas la vanité de m'égaler à cet Ecrivain célébre, que je ne prétens point d'ailleurs justifier dans les choses où il peut s'être trompé; & si je cite son exemple, c'est parce que le Droit naturel ordonne indifféremment, à l'égard de tous les Hommes, les recherches les plus exactes pour que l'innocence ne soit pas opprimée.

Mais puisque par une fatalité singuliére, qui semble n'avoir eu lieu que pour moi, il étoit décidé qu'on ne m'entendroit pas, il falloit du moins ne condamner mes Propositions que relativement au sens qu'elles présentent dans ma Thése. Vous l'avez fait, dites-vous, & vous n'avez censuré mes Propositions qu'après les avoir comparées avec toute l'attention possible les unes avec les autres, & même avec la Thése. On l'annonce, il est vrai dans la Préface de la Censure; & le dire, c'est du moins reconnoître qu'on devoit le faire. Mais qu'aurez-vous à me répondre, lorsque, discutant avec vous ma Thése, & vous en développant le tissu, je vous ferai voir avec évidence dans la seconde Partie de cette Apologie, que les erreurs que vous m'attribuez sont non seulement étrangéres aux Propositions auxquelles vous les liez; mais qu'elles sont encore démenties par l'enchaînement des idées qui la composent.

Après avoir attaqué le fond de ma Doctrine, on attaqua aussi les expressions de la Thése, parce qu'il étoit bien décidé que je devois avoir tort en tout. On me reprocha une multitude de termes figurés, d'expressions Poëtiques, de métaphores audacieuses. On trouva mon stile indécent, choquant les oreilles Chrétiennes, peu propre sur-tout à exprimer la sainteté &

la divinité de nos Myftéres. J'avoue que ma Théfe n'eft pas écrite de ce ftile, dont on écrit ordinairement les autres; mais cela même, loin de m'attirer des reproches, auroit peut-être dû être à mon avantage; puifque mes expreffions, par cela feul qu'elles ont été confacrées par les meilleurs Auteurs, en ont plus de force & d'exactitude. Plein de mes Auteurs Latins, & principalement de ceux qui ont fleuri fous le régne d'Augufte, j'avois cru que puifque j'écrivois en Latin, je ne pouvois mieux faire que de les prendre pour modéles dans le ftile, me conformant d'ailleurs aux Péres pour mes fentimens. Je ne me ferois jamais imaginé que le refpect pour les Scholaftiques, dont on trouve que j'ai bleffé l'autorité, dût encore s'étendre jufques fur leur façon d'écrire. Mais mon ftile métaphorique n'eft-il pas indigne de la Sainteté des matiéres que je traite dans ma Théfe? Demandez-le au grand *Boffuet*, lui qui, dans tout le cours de fon *Hiftoire Univerfelle*, employe pour les peindre le pinceau le plus hardi & le ftile le plus figuré: & pour dire quelque chofe de plus fort, demandez-le aux Prophétes-mêmes, dont les expreffions, dictées par l'Efprit-Saint, ne font que Figures & Métaphores, & forment la plus belle Poëfie du monde, quand on ne reftreint pas ce terme à la verfification?

Quoique la maniére dure & violente avec laquelle on avoit procédé contre moi dans les différentes Affemblées, eût dû me préparer à tout, je l'avouerai pourtant; je fus frappé comme d'un coup de foudre à la vue de cet amas de qualifications odieufes. Meffieurs les Députés les avoient raffemblées contre moi en fi grand nombre, que je doute qu'ils ne les ayent pas toutes épuifées, & qu'il en refte encore

core quelques-unes dont ils euſſent pu me flétrir. Ma plume ſe refuſe à en noircir cette Apologie. Pluſieurs Docteurs mêmes en ont eu horreur. On ſait que Meſſieurs *Buret* & *le Mercier*, tous deux Profeſſeurs, ſe préſentérent à l'Aſſemblée de Meſſieurs les Députés dans le tems qu'ils étoient occupés à compoſer la Préface de la Cenſure & à en rédiger les qualifications, pour les engager, au nom d'un grand nombre de Docteurs dont ils portoient les vœux, à ſupprimer du moins quelques-unes des Propoſitions qui ne leur paroiſſoient mériter aucune note, & à tempérer les qualifications de toutes les autres. L'honneur de la Faculté, diſoient-ils, en dépendoit; c'étoit par leur bouche qu'elle leur demandoit cette grace. Mais, Meſſieurs les Députés, ſoit qu'ils fuſſent raſſurés par le grand nombre de voix qui avoient prononcé contre moi, ſoit qu'ils craigniſſent de compromettre leur réputation s'ils venoient à légitimer des Propoſitions qui leur avoient paru cenſurables, ſoit enfin qu'ils ayent cru rendre un ſervice immortel à la Religion, marquérent des notes les plus flétriſſantes ma condamnation, en même tems que celle des Docteurs leurs Confréres qui m'avoient juſtifié.

Je ne ferai ici aucun reproche à la Faculté ſur la condamnation *in globo* & reſpective des Propoſitions de ma Théſe, quoique ce ſoit la première fois qu'elle prononce ainſi. Mais ne puis-je pas lui en faire un autre d'avoir publié la Traduction de la Cenſure Latine, afin que le Peuple pût être inſtruit des Erreurs de ma Théſe. Puiſqu'elle n'avoit pas jugé à propos de placer à côté de mes Erreurs, les raiſons qui les auroient combattues, n'étoit-il pas à craindre que le Peuple ne s'en infectât? Voilà les

les réflexions que cette Traduction inattendue, & si hors de saison, fit naître alors dans l'esprit des Personnes sensées.

Mais quelles sont ces Erreurs que la Faculté, toujours animée de zéle pour la gloire de la Religion & pour la conservation de son propre honneur, s'est hâtée de proscrire par sa Censure imprimée, pour réparer le plus promptement qu'il étoit possible le scandale que j'avois excité ? Les voici : j'ai favorisé le Matérialisme, parce que j'ai soutenu le Systême de presque tous les Théologiens & les Philosophes sur l'Origine des Idées. J'ai avancé des Maximes pernicieuses à la Société & à la Tranquillité publique, parce que de ce principe, extrait *du Droit de la Guerre & de la Paix* du célébre Grotius, savoir, *que la Violence n'est permise que quand les Loix sont foulées aux piés, & qu'il n'y a point de Juge pour les venger*, j'ai conclu que les seuls Princes avoient droit de faire la Guerre; que Saint Louis avoit autant consulté la Loi naturelle que la saine Politique, quand il avoit éteint le feu des Guerres Civiles, allumé par les grands Vassaux de sa Couronne; que se révolter contre son Prince, étoit un crime de Léze-Majesté au premier chef. J'ai donné de fausses notions du Juste & de l'Injuste, du Vice & de la Vertu, parce que j'ai dit que le Bien & le Mal étoient séparés par une barriére que rien ne sauroit jamais franchir, & que le Cri de la nature qui retentit dans tout Homme, & qui se fait entendre chez les Peuples les plus barbares & les plus sauvages, s'opposeroit à une telle violation. J'ai soumis au caprice des Humains la Loi naturelle, parce que je l'ai représentée comme gravée au dedans de nous-mêmes, & comme le modéle invariable & éternel de toutes les Loix que les Hommes ont dû former. J'ai renversé la Religion surnaturelle,

parce

PREMIERE PARTIE. 37
parce que j'ai dit que le Théïsme étoit insuffisant, & que la Religion Chrétienne est divine. Je donne atteinte à la gloire de la Loi ancienne, parce que j'ai enseigné qu'elle a Dieu pour auteur, & que Moïse, le Législateur des Juifs, en la leur proposant, avoit été le fidéle interpréte des Volontés Célestes. J'ai aussi donné atteinte à la bonté de Dieu dans l'Alliance qu'il a faite avec le Peuple Juif, parce que, sans anéantir les Récompenses éternelles attachées à la Religion des Patriarches ses ancêtres, j'ai peint Israël tiré des trésors de la Providence, pour être un monument éclatant de l'attention particuliére avec laquelle elle veilloit sur lui, & que j'ai dit que Dieu, par le serment le plus solemnel, lui avoit promis des Récompenses temporelles, toutes les fois qu'il seroit fidéle aux conditions de l'Alliance jurée. J'ai dérogé à l'intégrité & à l'autorité des Livres de Moïse, parce que pour en établir l'intégrité & l'autorité contre les Impies, qui prennent occasion de la diversité des Chronologies pour les combattre, j'ai cru qu'on pouvoit les arrêter tout d'un coup, en leur disant que Moïse n'étoit l'auteur d'aucune des trois que présentent les différens Textes de l'Ecriture. J'ai renversé les fondemens de la Religion Chrétienne, parce que j'ai appuyé sur des Régles qui forcent le Déïste Pyrrhonien dans ses derniers retranchemens, la vérité des Miracles rapportés dans les deux Testamens, & que j'appelle l'organe de la Divinité. J'ai blessé avec impiété la vérité (non des Miracles de JESUS-CHRIST en général) mais de ses Guérisons en particulier; parce que, d'après les Péres, j'ai dit qu'Esculape avoit opéré réellement des Guérisons par une vertu Diabolique. J'ai aussi blessé leur Divinité, parce que j'ai conclu avec les Péres, que les Guérisons de JESUS-CHRIST, toutes divines qu'elles sont

B 7 en

en elles-mêmes, avoient besoin des Prophéties qui les annonçoient, pour se distinguer de celles que le Démon se plaît à contrefaire. J'ai fait une injure aux Théologiens, parce que marchant sur les traces de *Melchior Canus* & de *Bossuet*, j'ai prétendu que pour se décider en fait d'Opinion Théologique, il ne falloit pas s'arrêter à leur nombre, mais peser leurs raisons (1).

Que le zéle pour la Religion est quelquefois dangereux! En répandant par-tout que ma Thése étoit horrible, on effraya Mr. *l'Archevêque de Paris*, on surprit sa Religion, on lui extorqua un Mandement contre ma Thése & contre ma Personne. C'est ce Mandement qui, sous un nom respectable, me peint des couleurs les plus noires, & prononce contre moi les peines les plus terribles. C'est ce Mandement qui met le comble à mes malheurs, en me traduisant, aux yeux des Fidéles, comme un monstre d'impiété, qui veut leur arracher leur Foi, les accabler sous les ruines de la Religion.

Trois Docteurs avoient signé ma Thése; & il feroit superflu de prouver ici que je ne les avois pas

―――――――――――――

(1) *Rien ne prouve mieux la vérité de cette maxime de* Melchior Canus, *que pour soutenir une Opinion Théologique, on ne doit pas compter le nombre de ceux qui la défendent, mais peser leurs raisons, que la condamnation de cette Thése. En effet, que resteroit-il de tout ce qui a été dit contre le Bachelier dans les assemblées tumultueuses de la Faculté, si l'on en ôtoit les injures? Bien peu de chose sans-doute, & qui ne seroit pas capable de donner la moindre inquiétude à un homme de bon sens.*

pas surpris. Je suis vengé dans l'esprit du Public contre ce trait de la Préface de la Censure, où l'on dit avec une confiance qui doit étonner aujourd'hui ceux qui sont au fait de cette Affaire, que la signature de ces Docteurs étoit un effet de leur surprise. Huit Censeurs avoient scellé de leurs suffrages mes Propositions, par les bons billets qu'ils m'avoient donnés. Etois-je donc plus coupable qu'eux ? Un Disciple doit-il être puni pour les fautes dont ses Maîtres ne le reprennent pas ? Une Thése approuvée par trois Docteurs, & soutenue avec le suffrage des Censeurs nommés par la Faculté, est moins la Thése du Bachelier, que celle de la Faculté, sous les auspices de laquelle il soutient. Autrement la situation des Bacheliers seroit bien triste. Car enfin, puis-je dire à la Faculté, il dépend des Docteurs que vous chargez d'examiner les Théses, d'y changer ce qu'ils jugent à propos, soit en y ajoûtant, soit en y retranchant; & si le Bachelier ne se conforme pas en tout à leurs changemens, il est *ipso facto* exclus de la Licence. Or je le demande, dois-je répondre d'une Thése, dont par vos Statuts je ne puis disposer ? Si vous êtes en droit de me punir pour les Erreurs que vous trouvez dans ma Thése, permettez au moins que ces Erreurs soient les miennes, & non celles des Maîtres que vous me donnez pour m'instruire. Il est nécessaire, dites-vous, qu'il y ait des Docteurs préposés pour veiller à ce que les Bacheliers ne mettent rien dans leurs Théses qui ne soit exact. Jeunes & sans expérience, de combien d'Erreurs ne les rempliroient-ils pas ? Je ne puis sans-doute que louer votre prudence : mais c'est cela même qui prouve que je ne suis responsable de rien, dès-là que, conformément à vos Loix, j'ai soumis ma Thése à la critique des Docteurs, &

que

que je me suis prêté à tous les changemens qu'ils y ont voulu faire.

Cependant, quoique je ne fois pas plus coupable qu'eux, la Faculté s'est contentée à leur égard d'une simple reprimande, (1) tandis qu'elle m'a rayé du Catalogue de ses Bacheliers, & qu'elle m'a privé de tous les Priviléges dont elle fait jouir ceux qui lui appartiennent. Monseigneur *l'Archevêque* a réfervé pour moi seul tous les traits de sa rigueur, & n'a pas dit un seul mot des Docteurs, dont la prudente sévérité, en retranchant de ma Thése toutes les Erreurs échappées à mon peu d'expérience, m'auroit épargné cette longue suite de malheurs auxquels je suis en bute. Les Docteurs, dites-vous, se font retractés. Et quoi, si pour les justifier il ne falloit qu'une retractation, pourquoi ne l'ai-je pas été moi-même, après avoir promis si solemnellement de le faire? Effrayé de ce grand nombre de Docteurs qui se déclaroient avec chaleur contre ma Thése, je doutai en moi-même si je n'étois pas dans l'erreur. Ma conscience, dont la voix me défendoit contre les cris d'impiété qui retentissoient de toutes parts, ne me rassuroit pas contre la crainte que j'avois de m'être trompé. Dans le doute qui m'agitoit, j'écrivis à Mr. *Tamponet* une Lettre où j'exprimois ma parfaite docilité. Mr. *Tamponet*, suivant que je l'en avois prié, eut la bonté de la lire dans l'Assemblée du 15 de Décembre. J'écrivis auffi dans le même tems à ce sujet deux Lettres, l'une à Mr. *l'Archevêque de Paris*, & l'autre à Mr.

l'an-

---

(1) Mr. *Hooke a perdu sa Chaire depuis; mais par l'autorité seule de Mr. le Curdinal de Tencin, & non par une Délibération de la Faculté.*

l'ancien *Evêque de Mirepoix.* Elles ne respirent toutes deux qu'une soumission entière. La tempête, qui devenoit de jour en jour plus violente, m'obligea d'en écrire une seconde à Mr. *de Mirepoix.* On les trouvera toutes quatre ci-après. Pourquoi, en parlant de la Retractation des trois Docteurs, a-t-on affecté de ne point faire mention de ces différentes Lettres où ma Rétractation est si clairement énoncée ? Pourquoi Mr. *l'Archevêque de Paris* n'a-t-il pas usé envers moi de la même indulgence qu'envers le *P. Pichon* ? Le *P. Pichon* a-t-il montré dans sa Retractation plus de docilité que moi ? Les Evêques de France qui ont jugé cette Retractation insuffisante, & qui en conséquence ont cru n'en devoir faire aucune mention dans leurs Mandemens contre lui, seront à portée de la comparer avec la mienne. A Dieu ne plaise au reste que je prétende blâmer la charité que Mr. l'Archevêque a montrée pour ce Jésuite, quoiqu'il fût question non de simples Propositions destinées à mourir dans les Ecoles, mais d'un Système développé & d'un Ouvrage extrêmement répandu dans l'Eglise. J'ose seulement demander pourquoi ma sincérité sans appui, je l'avoue, & sans protection, n'a pas trouvé la même grace aux yeux de ce Prélat.

Quelle docilité, direz-vous, de rétablir dans ma Majeure la Proposition de l'Oeconomie Mosaïque, que Mr. *Millet*, ci-devant Syndic, m'avoit fait supprimer dans ma Sorbonique, où je l'avois inférée ! Ce reproche que mes ennemis ont tant fait valoir, & par lequel ils n'ont que trop réussi à donner de moi l'idée desavantageuse d'un homme épris jusqu'à l'entêtement de ses propres opinions, n'a de force que par la malheureuse circonstance où je me trouve. Dans toute autre situation, je n'aurois pas daigné

y

y répondre. On ignore sans-doute que Messieurs les Syndics font assez dans l'usage de ne laisser guéres dans les Théses que leurs propres sentimens. On ne doit donc pas être surpris qu'en passant sous un nouveau Syndic on soutienne des opinions que son Prédécesseur avoit proscrites, on y est même quelquefois obligé. J'avoue qu'il seroit mieux de laisser aux Licentiés un champ libre sur toutes les Questions Théologiques controversées dans les Ecoles, que de les plier à sa façon de penser, ce qui ne peut que gêner & retrecir inutilement l'esprit. Mais il n'est pas ici question de ce qui seroit le plus avantageux pour les progrès de la Théologie: & pour revenir à mon sentiment sur l'Oeconomie Mosaïque, Mr. *Millet*, en l'effaçant de ma Sorbonique, n'a pas plus fait contre lui, que Mr. *Dugard* n'a fait depuis pour lui en le laissant dans ma Majeure. Cela prouve seulement que ces deux Syndics ont eu des opinions différentes. Je dois cette justice à Mr. *Millet*, que quand il le reprouva, il ne me dit point qu'il le crût pour cela mauvais. Il ne le rejettoit, disoit-il, que parce que ce sentiment étoit nouveau pour lui, & qu'il n'avoit pas le tems de l'approfondir, ni d'en pénétrer toutes les conséquences. Peut-être l'auroit-il traité plus durement, si je n'avois eu soin de lui dire que Mr. *Hooke* l'avoit dicté en Sorbonne.

Ce sentiment, au-reste, auroit pu être traité d'hérétique, d'impie, &c. par Mr. *Millet*, que ce n'auroit point été une raison pour m'empêcher de le soutenir sous un autre Syndic. On ne voit autre chose dans toutes les Licences que des Opinions soutenues comme vraies, contre lesquelles on a crié à l'impiété. Cet inconvénient vient de ce qu'il y a beaucoup de Théologiens qui, ne connoissant point les bornes sacrées de la la Foi, érigent en Dogmes leurs propres sentimens. Ce sont ces Personnes, que *Canus* a très-bien peintes, au jugement de Mr. *Bossuet*, quand il a dit d'elles, que *poussées tout à coup, je ne sais par quel esprit de vertige & de fanatisme, elles décident témérairement & au hazard les Questions les plus importantes. Plus ces Théologiens*, ajoute le Prélat François, *se portent avec véhémence & avec fureur à condamner les autres, plus ils montrent clairement, non que le sentiment qu'ils proscrivent est hérétique ou erroné, mais qu'eux-mêmes ont beaucoup d'ignorance & de témérité*. Chap. 19. tiré de l'Appendix à la défense de la Déclaration du Clergé. Liv. II.

Je ne veux point ici réveiller les cendres d'un *Stapleton*, d'un *Bellarmin*, d'un *Christianus Lupus* Docteur de Louvain, d'un autre nommé *du Bois*, d'un certain *Cévoli* Sénateur Romain, & même d'un *Archevêque de Strigonie*, qui ont censuré durement la Doctrine des Docteurs de Paris sur les quatre Articles du Clergé de France, jusques-là que *Stapleton* & *Bellarmin*, les plus modérés de tous les Théologiens, la traitoient de Doctrine tout-à-fait erronée & approchante de l'*Hérésie*; l'*Archevêque de Strigonie*, de Doctrine détestable & schismatique; le Sénateur *Cévoli*, de Doctrine qui devoit faire bruler ses Auteurs & Défenseurs: sans réveiller, dis-je, les cendres de tous ces Théologiens qui se sont livrés avec trop d'impétuosité à leurs prétentions, ne sortons point de la Faculté de Paris, où se renouvellent, par le zéle emporté de quelques Docteurs, des scénes toutes semblables à celles que je viens de rapporter. On sait que dans notre derniére Licence Mr. *l'Evêque de Nitri* voulut faire condamner comme hérétique le sentiment de Mr. *Bossuet* sur l'Amour de Dieu, soutenu par un Sorboniste, & approuvé
par

par Mr. *Millet*. Mr. *le Large* de Saint-Nicolas, autre Sorbonifte, cria dans la même Licence au Janfénifme, à l'occafion du fentiment du *Cardinal Noris* fur la Délectation, qu'un Bachelier avoit mis dans fa Théfe, & donna en conféquence un mauvais billet au Répondant. Quelques années auparavant il n'avoit pas tenu à ce Docteur qu'on ne déclarât hérétique le fentiment qui rejette les Accidens abfolus, & il ne fallut pas moins que le zéle éclairé de feu Mr. *de Saint-Laurent* pour rendre inutiles les mouvemens que fe donna Mr. *le Large*. C'eft le même zéle qui avoit dénoncé à Mr. *l'ancien Evêque de Mirepoix*, comme Janféniftes deux Propofitions qui fe trouvoient dans une Théfe approuvée de Mr. *Tamponet*. Ce Docteur, pour toute juftification, les envoya extraites de *Tournely* à Mr. *de Mirepoix*, & lui manda qu'il fouhaitoit à fon Délateur un peu plus de prudence avec moins d'ignorance. C'eft de lui-même que je tiens cette anecdote. Le Syndic Mr. *Dugard*, qu'on accufe de trop de facilité pour avoir laiffé paffer ma Théfe, s'eft pourtant élevé avec force contre le Syftême de *l'Abbé Houtteville* fur les Miracles, & contre celui qui n'attribue à l'Eglife d'autre infaillibilité dans la Canonifation des Saints qu'une infaillibilité Morale; fentimens que le févére Mr. *Millet* avoit approuvés dans des Théfes foutenues pendant fon Syndicat. En voilà bien affez pour prouver que, quoique mon fentiment fur l'Oeconomie Mofaïque eût été rayé de ma Sorbonique par Mr. *Millet*, j'avois droit, fans qu'on pût le trouver mauvais, de le remettre dans ma Majeure, d'autant plus que ce fentiment, fi mal accueilli par ce Docteur, étoit celui de mon Préfident, avoit été foutenu par deux Licentiés avant moi, & qu'il me paroiffoit très-bien prouver la divinité de la Légation de Moïfe. *

Il ne me reste plus qu'à justifier mes sentimens par la discussion exacte & détaillée de toutes les Propositions censurées ; & afin qu'on ait devant les yeux toutes les Piéces du Procès que je vais instruire, je placerai d'abord ma Thése accompagnée de sa Traduction, avec les Lettres écrites à ce sujet. Sa simple lecture, si je ne me trompe, dissipera ce système d'Impiété qui a fait mon grand crime, pour ne laisser voir à sa place qu'un Plan de Religion, magnifique, j'ose le dire, suivi & lié dans toutes ses parties, tel, en un mot, qu'il faudroit peut-être le remplir, pour confondre l'Impiété, devenue de jour en jour plus fiére des traits impuissans qu'un zéle ignorant lance contre elle.

Quelque soin que j'aye pris pour abréger cette Apologie, peut-être la trouvera-t-on trop étendue en certains endroits ; mais, indépendamment de l'importance des Matiéres que j'y traite, les malheureux ont, ce me semble, acquis le triste droit de parler long-tems de ce qui les touche ; & si, en donnant à ma défense toute la solidité dont je suis capable, je n'ai pu y mettre tout l'ordre, qui est le fruit d'une situation d'esprit tranquille, j'oserai dire à mes Lecteurs avec Mr. *Fléchier*, dans une occasion bien différente : *pardonnez un peu de confusion dans un sujet qui nous a causé tant de trouble :* qu'il me soit du moins permis en finissant, d'adresser à tous mes Concitoyens ces paroles que Cicéron fait dire à Milon : *Valeant Cives mei, valeant, sint incolumes, sint florentes, sint beati : stet urbs hæc præclara, mihique patria carissima quoquomodo de me merita erit. Tranquillâ republicâ Cives mei, quoniam mihi cum his non licet, sine me perfruantur. Ego cedam atque abibo : si mihi republicâ bonâ frui non licuerit, at carebo malâ ; & quamprimùm tetigero bene moratam ac liberam civitatem,*

tem, ... conquiescam. O frustra suscepti mei laboret! O spes fallaces! O cogitationes inanes meæ!

Qu'il seroit heureux pour moi, que chacun de mes Lecteurs, après avoir vu mon innocence, mes sentimens & la précipitation de mes Juges, pût leur dire comme Cicéron: *Me quidem, judices exanimant & interimunt. Hæ voces Milonis.*

COPIE
DES DIFFÉRENTES LETTRES
écrites au sujet de ma Thèse.

LETTRE
A M. TAMPONNET,
Qui a fait le rapport de ce qui s'est passé dans les Assemblées de Messieurs les Députés.

MONSIEUR,

IL n'est pas de situation plus triste que la mienne. Je me suis présenté deux fois à la Faculté, pour lui marquer ma soumission à toutes ses décisions. Malgré cela, j'apprends de tous côtés qu'on me traduit dans le Public comme un opiniâtre. Ce bruit a fait une très-mauvaise impression sur l'esprit de la plupart des Docteurs, trop équitables pour vouloir perdre un Homme parce qu'il s'est trompé. Mon ob-

obstination prétendue est le seul motif qui les anime contre moi. J'ose me flatter que vous voudrez bien leur faire connoître, en lisant ma Lettre au commencement de l'Assemblée de Mécredi prochain, combien je suis soumis à tout ce qu'ils décideront. Je donnerai des explications aux Propositions qu'ils jugeront en avoir besoin, & je retrancherai celles qu'ils croiront devoir être retranchées. Je désavoue tous les propos qu'on me fait tenir, qui ne s'accordent point avec ces sentimens. J'attens tout, MONSIEUR, de votre bonté & de votre justice.

Je suis, &c.

LETTRE

A Mr. L'ARCHEVÊQUE DE PARIS.

MONSEIGNEUR,

JE suis battu depuis long-tems de la plus violente tempête. Il est bien triste pour moi, que mon innocence même ne puisse pas me rassurer. J'aurois eu l'honneur de me présenter devant vous, & de me justifier à vos yeux, si je ne vous avois cru prévenu contre moi. Je me suis déterminé, en attendant vos ordres là-dessus, à vous faire connoître que, si je me suis trompé, on ne peut pas me reprocher d'avoir été attaché un instant à mon Erreur. Quoique jeune, j'ai lu souvent l'Histoire Ecclésiastique, parce que c'est le Livre de mon état. J'y ai vu des Erreurs avancées par différentes personnes. Par-tout j'ai remarqué que l'Eglise n'avoit agi contre les Auteurs de ces Erreurs, que lorsqu'opiniâtres ils avoient refusé constamment de les rétracter. C'étoit des Maîtres qui parloient. Qu'eût-ce été, si simples Ecoliers ils avoient présenté leurs Ouvrages à des Maîtres préposés par l'Eglise pour les examiner? Leur auroient-ils fait un crime des choses

choses défectueuses qui s'y seroient rencontrées après un tel examen ? C'est-là précisément la circonstance où je me trouve. Je n'ai surpris personne. Si mon grand Maître d'étude a signé ma Théfe sans l'avoir lue, il n'a dépendu que de lui de la lire. Mais mon Président l'a lue, ou me l'a écouté lire très-attentivement. Je ne l'ai nullement pressé. Nous avons même parlé ensemble des Propositions qui font le plus de bruit, notamment de celle des Miracles. Mr. le Syndic l'a lue, & il ne le desavoue pas. J'ai soutenu ma Théfe, tous les Censeurs y sont venus, & leurs bons suffrages ne me permettent pas de douter de leur approbation. J'ai répondu pourtant une heure de suite sur la Proposition des Miracles en présence de cinq Censeurs, aucun ne s'est récrié. Après cela comment les Docteurs ont-ils pu se déterminer à répandre dans tout Paris que ma Théfe est évidemment impie ? Le coup dont ils ont voulu m'écraser, ne retombe-t-il pas sur le corps de la Faculté avec plus de force ? Que veulent-ils qu'on pense d'eux ? Leur Syndic, & un de leurs plus célébres Professeurs, ont laissé passer une Théfe, selon eux, évidemment impie, & cette Théfe a été soutenue en Sorbonne pendant dix heures de suite. Presque tous les Docteurs de cette Maison y sont venus, & d'autres que je serois en état de nommer. Ils ne consultent assurément en cela ni leur intérêt, ni la justice qu'ils me doivent. Ma docilité
auroit

aurait dû étouffer cette affaire; & depuis même qu'elle s'est si fort ébruitée, mon silence & ma retenue auroient dû adoucir les esprits les plus envenimés contre moi. Tout Paris, peu instruit de ce qui se passe, me donne les noms les plus odieux. Je pouvois le dissuader aisément. Je n'ai voulu d'autres armes que ma soumission. Devois-je attendre qu'elles seroient si longtems inutiles? J'ose vous protester que je n'ai eu aucune mauvaise intention, en couchant ma Thèse. Les desseins qu'on me prête sont trop extravagans. Je suis tranquille de ce côté-là. Je suis convaincu que vous avez méprisé de telles idées. Je me jette entre vos bras, j'ai recours à votre protection, je ne vous ferai solliciter par personne. On m'attaque sur ma Foi, je me défens par ma docilité; & je les défie de m'attaquer sur mes Mœurs.

Je suis, &c.

LET-

LETTRE
A M. L'ANCIEN EVÊQUE DE MIREPOIX

MONSEIGNEUR,

La place diſtinguée que vous occupez dans le Clergé de France, ne me permet pas de vous laiſſer davantage en ſuſpens ſur ce qui regarde ma Foi. Les bruits injurieux qui courent ſur mon compte, ont pu vous faire naître des ſoupçons légitimes, parce que juſqu'ici vous avez ignoré le vrai de cette affaire. J'ai ſoutenu cette malheureuſe Theſe, après l'avoir, ſelon la coutume, ſoumiſe à la cenſure de trois Docteurs. Je ne dois pas vous cacher que mon grand Maître d'étude l'a ſignée ſans l'avoir lue; mais il ſuffit qu'il ait donné ſon ſeing, pour qu'il ſoit évident qu'il n'a tenu qu'à lui de la lire. Mon Préſident Mr. Hooke, Profeſſeur de Sorbonne, en lut une partie très-attentivement, & m'écouta lire le reſte. J'y fis les corrections qu'il jugea à propos. Il dépendit de lui de la garder encore juſques au lendemain, car je ne la portai que ce jour-là à Mr. le Syndic, qui m'y fit encore corriger quelque choſe. Il eſt honnête homme, & il ne prétend pas faire retomber la faute ſur moi, en alléguant diverſes raiſons,

sons, qui dans cette occasion ne peuvent être que mauvaises. Devois-je craindre de la soutenir, après de telles approbations ? Je fus pris sur la Proposition même des Miracles qui fait tant de bruit. Mon Président m'appuya; & les Censeurs qui se trouvèrent alors sur les bancs, me firent des complimens. Personne ne se recria, je ne prétens pas justifier la Thése, il suffit que ma conduite soit à l'abri de tout reproche. Je suis au désespoir du scandale qu'elle a causé, & qu'elle cause encore, je ne pouvois pas le prévoir. Je suis prêt à faire tout ce que doit un Ecclésiastique convaincu de sa Religion. J'ai offert des Explications, des Rétractations, en un mot, tout ce qu'on croira nécessaire pour conserver le dépôt de la Foi, que personne n'a plus à cœur que moi. La charité est sans doute satisfaite de pareilles dispositions, mais la charité n'anime pas tous ceux qui font paroître le plus de zéle. Je ne vous marque ici que ce qui est vrai, & ce que je pense; & ceux qui prétendent lire autre chose dans mon cœur, ne voyent que par des yeux vitiés ou aveuglés par la passion.

Je suis, &c.

SECONDE LETTRE
AU MÊME PRÉLAT.

MONSEIGNEUR,

VOTRE équité & votre prudence peuvent seules me rassurer contre le Parti puissant qui s'est formé contre moi, je ne sais par quels motifs. Ma Thése n'étoit point assez répandue pour pouvoir faire le bruit qu'elle a excité, si certaines gens n'avoient pas soufflé le feu, pour embraser plus vite tout Paris. On m'a prêté des motifs que je n'ai jamais eu, & que je n'aurai jamais. Il étoit si facile de s'assurer de mes sentimens. On n'avoit qu'à jetter les yeux sur ma conduite, on n'avoit qu'à interroger ceux qui me voyent & m'ont vu le plus familiérement. Si j'avois eu du poison dans le cœur, il se seroit exhalé quelquefois avec ceux sur-tout avec qui je me croyois en liberté. Ils peuvent me rendre justice, ils témoigneroient tous en ma faveur, si on les consultoit. Est-ce un Homme qui ne me connoît pas même de vue, qui peut savoir ce que je pense ? Au-reste j'ai la satisfaction de voir que tous ceux qui passent pour les plus habiles dans la Faculté, n'ont pas apperçu ce Système suivi d'impiété qu'on ne rougit pas de m'attribuer. Je puis les nommer, Messieurs le Gros, Digautrai, Gervaise, Burette, Ladvocat, Plunket, le Févre, & bien d'autres que vous connoissez sans-doute. On délibére aujourd'hui pour savoir si l'on doit m'entendre. Je ne croyois pas que cela pût être mis en délibération. Qu'a-t-on à craindre? A-t-on peur que je ne fasse voir la pureté de mes intentions? Craint-on de reconnoître mon innocence? La plupart de ceux qui refusent de m'entendre, n'ont pas même encore lu la Thése. Des personnes respectables, autant par leur prudence que par leur savoir, opinent qu'il faut m'entendre, Mr. l'Abbé Renaud & Mr. Millet; on suit ordinairement leur avis, & on se roidit contre celui-ci, dont les premiers principes du Droit Naturel font sentir la justice! J'aurai l'honneur de me présenter demain à votre porte pour recevoir vos ordres, ou même vos conseils. Permettez-moi ce terme, un Evêque est le Pére des Ecclésiastiques; & je me crois digne de vos conseils par ma douceur & ma docilité. Je ne choisis pas l'audience publique, parce que je crois que si vous voulez me faire l'honneur de m'entendre, ce seroit plutôt en particulier. Je vous prie d'agréer des explications qu'on m'a demandées. Je ne

dois

dois pas vous prévenir contre certains bruits indignes. On n'a pas craint de dire en pleine Assemblée que je passerois en Hollande pour y changer de Religion, & qu'il falloit s'assurer de moi. Je frémis en écrivant ces horreurs. Croit-on que je sois assez malheureux pour tenir si peu à ma Religion ?

Je suis, &c.

THE'SE

THÈSE

Soutenue en Sorbonne

le 18 Novembre 1751.

PAR MONSIEUR

JEAN-MARTIN DE PRADES,

Prêtre du Diocése de Montauban, Bachelier en Théologie de la Faculté de Paris.

À AMSTERDAM,
Chez MARC MICHEL REY.

THESE SOUTENUE

JERUSALEM COELESTI.

Quis est ille, cujus in faciem Deus inspiravit spiraculum vitæ? Gen. cap. 2. vs. 7.

HOMO cujus ideæ rudes adhuc & informes sese produnt per sensationes, ergò ex sensationibus, ceu rami ex trunco omnes ejus cognitiones pullulant. Quæ prima nascitur in illius mente cognitio, versatur circà ipsam sensationum existentiam, adeòque mens ubi primùm suas replicat ideas, incipit in se ipsam revolvi, suæ prorsùs existentiæ conscia; ergò datur aliquid veri, eoque ipso Pyrrhonismus exsufflatur. Quæ statim insequitur altera cognitio, fertur in externa objecta, quibus accenseri debet proprium corpus, utpotè sibi extraneum, vel antequam principii in se cogitantis naturam sedulò rimatus fuerit. Illa sensationum turma; quæ, velut agmine facto, quâ data porta, constanter & uniformiter arruunt in animam; illi quos patitur invitus, affectus: hæc omnia cæco ac mechanico quodam impetu rapiunt ejus assensum ad realem objectorum existentiam quibus suas refert sensationes, quæque profluere ex illis videntur. Talis impetus est ipsummet opus entis supremi, realisque objectorum existentiæ monumentum stat inconcussum. Quælibet sensatio nil

A LA JERUSALEM CÉLESTE.

Quel est celui, sur la face duquel Dieu a répandu le souffle de vie ? Genes. chap. 2. vs. 7.

L'HOMME, cet Etre dont les premiéres idées encore informes & à peine ébauchées naissent des sensations. C'est-là que prennent leur source toutes nos connoissances, parce qu'elles sont le premier germe, d'où nous voyons éclore toutes nos idées réfléchies, & qu'elles en sortent, ainsi que les rameaux naissent du tronc d'un arbre fécond. La première connoissance que les sensations excitent en nous, sert à nous en réaliser l'existence. En se repliant sur ses idées, l'Esprit retombe nécessairement sur lui-même; & la conviction la plus intime de sa propre existence est le fruit de cette réflexion. Le premier pas que fait notre Esprit le conduit donc à la vérité, & anéantit sans ressource toutes les vaines subtilités du Pyrrhonisme. La seconde connoissance que nous devons à nos sensations, dévoile aux yeux de l'Esprit des objets qui ne sont plus lui-même, & parmi lesquels notre propre corps doit être compris, puisqu'il nous est, pour ainsi dire, extérieur, même avant que nous ayions démêlé la nature du principe qui pense en nous. Cette multiplicité de sensations qui nous assiégent de toutes parts, & qui trouvant toutes les portes de notre ame ouvertes, y entrent sans résistance & sans effort; cet effet puissant & continu qu'elles produisent sur nous; ces nuances que nous y observons; ces affections involontaires qu'elles nous font éprouver, tout cela forme en nous un panchant insurmontable à assurer l'existence des objets, auxquels nous rapportons nos sensations, & qui nous paroissent en être la cause. Ce panchant est l'ou-

habet germanum cum objecto ex quo nascitur, ergò ratio sibi relicta, filo, quod utrumque consociat, impar erit assequendo, ergò solus instinctus à numine impressus intervallum adeò immensum trajicere poterit; ergò non nos larvæ tangunt sed objecta extrà nos posita. Inter hæc autem innumera, quæ nos undique circumstant objecta, omnium maximè nostrum corpus suopte motu nos afficit; sexcentis opportunum malis actione & reactione cæterorum in se corporum, citò dissolveretur, nisi vigiles arrectique ejus saluti provideremus. Hinc nobis incumbit necessitas ea seligendi potissimùm objecta quæ in nostram vergant utilitatem. Vix autem ea circumspeximus, cum plura nobis obversantur objecta nos in omnibus referentia. Hinc meritò conjicimus sua illis æquè ac nobis innata esse desideria, nec minoris eorum interesse illis facere satis. Nobis ergò conducit fœdus cum illis initum. Hinc origo societatis, cujus vincula magis ac magis stringere debemus, ut ex ed quam plurimam in nos derivemus utilitatem. Cum autem quodlibet societatis membrum omnem ac totam utilitatem publicam in se velit convertere, æmulis hinc & indè certatim illam ad se trahentibus, omnes ac singuli nati cum eodem jure, non idem sortientur commodum. Jus ergò tam rationi consonum obmutescet antè jus illud inæqualitatis barbarum, quod vocant æquius quia

vrage d'un Etre suprême, & en même temps l'argument le plus convaincant de l'exiſtence de ces objets. Il n'y a aucun rapport entre chaque ſenſation & l'objet qui l'occaſionne;& par conſéquent il ne paroît pas qu'on puiſſe trouver par le raiſonnement de paſſage poſſible de l'un à l'autre. Il n'y a donc qu'une eſpéce d'inſtinct ſupérieur à notre raiſon, qui puiſſe nous forcer à franchir un ſi grand intervalle. L'Univers n'eſt donc point une vaſte ſcéne d'illuſions, où nous ne ſaiſiſſions que des ombres & des fantômes; il eſt réel ainſi que les objets qu'il enſerre dans ſon ample ſein. Mais de tous les objets qui nous affectent par leur préſence, notre propre corps eſt celui dont l'Exiſtence nous frappe le plus. Sujet à mille beſoins, & ſenſible au dernier point à l'action des corps extérieurs, il ſeroit bientôt détruit, ſi le ſoin de ſa conſervation ne nous occupoit. La nature nous fait donc une loi d'examiner parmi les Objets extérieurs ceux qui peuvent nous être utiles. Mais à peine commençons-nous à parcourir ces Objets, que nous découvrons parmi eux un grand nombre d'Etres qui nous paroiſſent entiérement ſemblables à nous. Tout nous porte donc à penſer qu'ils ont auſſi les mêmes beſoins que nous éprouvons, & par conſéquent le même intérêt à les ſatisfaire; d'où il réſulte que nous devons trouver beaucoup d'avantage à nous unir avec eux. De-là l'origine de la ſociété, dont il nous importe de reſſerrer de plus en plus les nœuds, afin de la rendre pour nous le plus utile qu'il eſt poſſible. Mais chaque membre de la ſociété cherchant ainſi à augmenter pour lui-même l'utilité qu'il en retire, & ayant à combattre dans chacun des autres un empreſſement égal au ſien, tous ne peuvent avoir la même part aux avantages, quoique tous y ayent le même droit. Un droit ſi légitime eſt donc bientôt enfreint par ce droit barbare d'inégalité, appellé la Loi du plus juſte, parce qu'il eſt la Loi du plus fort. Ce ſyſtême qui donne droit à tous contre tous, & qui les arme les uns contre les autres, eſt, par ſes dangereuſes conſéquences,

A 3 digne

validius. *Nefarium sanè systema, dirisque omnibus devovendum, ex quo nascitur* jus omnium in omnia, *&* bellum omnium in omnes. *Hinc origo legum civilium à quibus imprimuntur motus interni quibus cietur Respublica, hinc origo legum politicarum quæ veluti in excubiis positæ sunt ut societas non transiliat limites jure gentium positos, hinc origo juris gentium quod nihil humani à se putat alienum. Quò sævior est Tyrannis, cui vis imbecillitatem submittit, eò magis indocillis est jugum pati, haud ignara sibi rationem contrà vim ipsam militare. Hinc injusti notiones, proindèque boni & mali moralis, quibus interjacent limites nusquàm violandi. Huic obstaret naturæ clamor, qui vel apud gentes feras, barbaras & immanes usque personat. Hinc etiam lex naturalis, quam menti nostræ altiùs inscriptam inspicimus, vera quidem norma, ad quam homines componere suas leges debuerunt; sicque malum quod in nobis humana procreant vitia, nobis ingenerat ideam virtutum illis oppositarum. Hinc vis licita tantùm ubi nullus judex, legesque proculcantur. Hinc soli Principes jus habent belligerandi: hinc Ludovicus nonus legem naturalem simul & politicam consuluit, dum Optimatibus sibi subditis mutuum interdixit bellum: hinc bellum vetitum contrà legitimum Principem. Nobis tandem justi simul & injusti notiones*

adep-

digne de l'exécration publique. Pour en reprimer les terribles effets, on a vu sortir du sein même de l'Anarchie les Loix Civiles, les Loix Politiques, & les Loix qui concernent le Droit des Gens. Les Loix Civiles tendent tous les ressorts du Gouvernement, & lui impriment le mouvement nécessaire à son action. Les Loix Politiques, ainsi qu'une sentinelle vigilante, font respecter aux différentes Nations les bornes sacrées qui ont été posées par le Droit des Gens; & le Droit des Gens, embrassant tout le Genre humain, veille à ses plus chers intérêts. Plus la tyrannie qui soumet la foiblesse à la force est violente, plus la foiblesse se révolte contre un joug qu'elle sent que la raison ne sauroit lui imposer. De-là nous vient la connoissance du Juste & de l'Injuste, & par conséquent du Bien & du Mal moral, qui sont séparés par une barriére que rien ne doit jamais franchir. Le Cri de la nature, qui retentit dans tout Homme, & qui se fait entendre chez les Peuples les plus barbares & les plus sauvages, s'opposeroit à cette violation. De-là aussi cette Loi naturelle, que nous trouvons au dedans de nous, source des premiéres Loix que les Hommes ont dû former. C'est ainsi que le mal que nous éprouvons par les vices de nos semblables, produit en nous la connoissance réfléchie des vertus opposées à ces vices. Dans le système où les Loix gouvernent les sociétés, ceux-là seuls qui ne reconnoissent point de Juge qui les domine, peuvent employer la force pour venger leurs droits blessés, lorsqu'ils réclameroient en vain les Loix que foule impunément à ses pieds l'indépendance de leurs égaux, d'où il résulte que les Puissances souveraines jouissent seules du droit de se faire la guerre; que Saint Louis consulta autant la Justice naturelle que la saine Politique, lorsqu'il arrêta par son autorité le feu des guerres qu'allumoient entre eux les grands Vassaux de sa Couronne; que c'est un crime de Lèze-Majesté qu'une guerre entreprise contre son Prince légitime. Par l'idée acquise du Juste & de l'Injuste, nous sommes

adeptis, pronum est inquirere sedulò quæ natura sit principii in nobis cogitantis. Immane quantùm dispar à naturâ corporis, quod multis è partibus conflatur, undè caducum ac fragile, per se brutum & iners ac nullo sensu præditum. Mens ignea terrenæ fæcis nil habet: hinc immortalis, libera & nata veritati. Hinc mens & corpus diversa essentialiter, ità miris tamen consociata vinclis, ut motus inter unius & alterius affectiones mutuum usque vigeat commercium, quod suspendere tantillùm ac retardare non nos pènes est; ergò rejicienda Præstabilita Leibnitii Harmonia, in boc præsertim culpanda quod libertatem è medio penitùs tollat. Servitium illud, junctum simul cum utriusque imperfectionibus, nos erigit ad mentem cuncta summæ consilio providentiæ moventem ac temperantem. Hinc Deus, cujus existentia tam molli lapsu subit animos nostros, ut eam constanter retineremus, vel si cæteri homines in hanc rem unanimi sensu non conspirarent. Orbis universus quantus quantus est, extat nobis ad instar libri, in quo qui ejus existentiam splendidis inscriptam characteribus non legerit, omnino vecors ac stupidus sit oportet. Tempore quo hæc inerat Philosophis persuasio, mundum esse opus fortuitum & incogitatum quod naturæ exciderat, aut omnia nasci ex corruptione, ipsa quidem providentia pessumdabatur: posteaquam verò subobscu-

naturellement amenés à examiner quel est en nous le principe qui pense. Que la distance qui le sépare du corps est grande! De lui-même le corps est composé de plusieurs parties, dont la dissolution entraîne nécessairement sa mortalité. C'est par une suite du même principe qu'il est de sa nature sans force, sans activité, sans sentiment. L'Esprit plein de feu & d'activité, n'admet rien dans sa nature qui ait le moindre rapport avec ce mélange grossier qui constitue la nature du corps. C'est pourquoi il est immortel, libre & né pour la vérité. Malgré son extrême opposition avec le corps qui en diffère essentiellement, il lui est pourtant uni par des ressorts si secrets & si puissans, qu'il régne entre les mouvemens de l'un & les affections de l'autre une correspondance, qu'il n'est pas en notre pouvoir d'arrêter ni de suspendre un moment. L'impression en est si forte en nous, & l'instinct si vif, que l'Esprit ne sauroit même pour un instant se prêter à l'Harmonie préétablie de Leibnitz, qui d'ailleurs a encore le défaut de détruire toute liberté. Cet esclavage si indépendant de nous, joint aux réflexions que nous sommes forcés de faire sur la nature des deux Principes qui composent notre Etre, & sur leur imperfection, nous éléve à la contemplation d'une Intelligence toute puissante, qui gouverne cet Univers par des Loix sages & invariables. Il y a donc un Dieu, & son Existence s'insinue si naturellement dans nos Esprits, qu'elle n'auroit besoin pour être reconnue que de notre sentiment intérieur, quand même le témoignage universel des autres Hommes ne s'y joindroit pas. La Nature entiére est pour nous un Livre écrit en caractéres si intelligibles, que celui qui n'y lit pas l'Existence de Dieu, a nécessairement l'esprit fermé à toute vérité. Pendant tout le temps que les Philosophes ont cru que le Monde étoit un Ouvrage fortuit, échappé à l'aveugle Nature, ou que tout naissoit de la corruption, on pouvoit alors ne pas croire à la Providence, dont on détruisoit toutes les idées. Mais depuis qu'on a commencé d'entrevoir

scurè visa fuit natura quæ prorsùs antiquos latebat, posteàquam oculati Philosophi deprehenderunt cuilibet enti organis instructo suum inesse germen, jam tùm ibi pronis adorare animis ubi veteres blasphemi fuerant. Hinc explode malè cocta Cartesii principia, cujus hæc erat opinio ex materiâ motuque sibi datis exurgere mundum omninò similem illi quem volvi agique videmus. Ad hunc scopulum Newto, dum vim attractivam sagax indagator explorat in mundi phænomenis, nec per eam mundi genesim explicare aggreditur, allisus non fuit. Baylius rectè animadvertit Stratoni & Spinosæ patrocinari Cudwortum cum suis formis plasticis. Malpighyus, Newto, Muschenbroek, Hartzoeker, Nieuwentyt, divinæ providentiæ præcones facti fuére, dum Cartesius, Clarkius & Malebranca telum minùs validum in Materialistas conjiciunt. Atqui si Deus existit, pro summo jure suo & quia ipse postulat ordo, nostrum sibi cultum vindicat. Hinc Religio.

Cultus quem imperat Religio, non internus tantùm, sed externus etiam sit oportet, pro naturâ & indole corporis, quod properat in partem Religionis pro suo modulo venire Corpus in Religione vices gerit Ministri & Sacerdotis, in martyrio testis adest fidei visibilis, statque contra insolentes ac superbos Religionis hostes propugnator veritatis acerrimus. Omnis Religio hæc tria supponit, sine quibus consistere nequit, alicujus Numinis

la Nature, qui étoit absolument inconnue aux Anciens, depuis qu'on s'est apperçu que chaque corps organisé avoit son germe, dès-lors on a commencé à adorer là où les Anciens avoient blasphémé. Quelle étoit donc la prétention de Descartes, lui qui ne demandoit que du mouvement & de la matiére, pour former un Monde tout semblable à celui où nous vivons? C'est un écueil que sut éviter le sage Newton. Content d'épier avec des yeux philosophiques, & de rechercher avec soin si la vertu attractive est une force répandue & agissante dans toute la Nature, il n'a pas eu la folle présomption de l'ériger en cause finale des desseins de Dieu, ni d'en faire dépendre le Systême du Monde entier. Bayle a remarqué avec beaucoup de sagacité, que Cudworth avec ses Formes Plastiques prêtoit un puissant appui à l'aveugle Nature de Straton & de Spinosa. Malpighy, Newton, Muschenbrok, Hartzoeker, Nieuwentyt sont devenus les hérauts de la Providence, tandis que Descartes, Clarke & Malebranche ne lancent guéres que des traits impuissans contre les Matérialistes. Or si Dieu existe, il exige notre Culte; & l'Ordre, dont il est lui-même l'auteur, nous demande pour lui tous les hommages de notre cœur. De-là la Religion.

Le Culte que la Religion commande, ne se renferme pas seulement dans l'intérieur de l'ame, mais il doit encore se rendre sensible en faveur du corps, que l'ame semble moins associer à sa Religion, qu'il ne se hâte lui-même de venir à son secours, & de suppléer ce que l'esprit ne sauroit faire. Le corps en effet est le pontife de la Religion; il est le témoin qui dépose pour la vérité; il est le soldat qui combat pour sa cause. Toute Religion suppose nécessairement ces trois choses qui en sont comme l'ame, savoir la notion d'une Divinité, l'Immortalité de l'ame, & le Dogme des peines & des récompenses d'une autre vie. Ces vérités n'ont peut-être rien de si abstrus &

nis notionem, immortalitatem animarum, &
dogma pœnarum (1) ac præmiorum in alterâ
vitâ sperandorum. Ratio quidem, doctrinâ
& studiis exculta, hæc fidei fundamenta forsan attingere valebit, sed huic imparem operi dicat se ac sentiat ratio rudis, inculta, abnormis, horrida, qualem se prodit in viris è plebe. Hinc revelatio necessaria vel in systemate Religionis merè naturalis. Hic enim maximè distinguendum inter Religionem supernaturalem & Religionem revelatam: ergò revelatio, Deo itâ providente ac ordinante, ipsi mundo coæva non secùs ac ipsa Religio; ergò Theismus insufficiens, quantumvis verus. Per omnes ubique gentium Religiones spargitur instar metalli, quod amicum cæteris omnibus amat sese immiscere, venæque illius feraces per omnes terrarum tractus protenduntur. Omnes Religiones (si unam excipias veram) præstat sanè Theismus; illæ si quidem a veritate degeneres, lexque naturalis in Theismo non est decolor. Vel ipsa vera Religio revelata, nec est nec esse potest alia à lege naturali magis evolutâ. Theismus itaque rectus est animi sensus, uberiori revelationis lumine nondum adjutus, cteæræ verò Religiones sunt quidem rectus animi sensus, sed pravâ superstitione mirum in modum

(1) J'ai effacé le mot *æternarum*, parce que ce sentiment n'a jamais été le mien. C'est Mr. le Syndic qui me fit ajoûter ce mot, que je desavouai en pleine Assemblée lorsque je soutins ma Thése. En effet, je n'ignore pas qu'une Religion ne suppose pas nécessairement le Dogme des Peines eternelles. Dieu n'en mérite pas moins notre Amour, parce qu'il se relâche de ses droits.

de si difficile, à quoi ne puisse atteindre une raison cultivée par l'étude, perfectionnée par l'expérience, & fortifiée du puissant secours de la Philosophie; mais elles surpassent de beaucoup tous les efforts d'une raison informe & grossière, brute & sauvage, telle en un mot qu'elle se montre dans l'esprit stupide du vulgaire ignorant. De-là la nécessité d'une révélation même dans le système d'une Religion purement naturelle; car il faut ici bien distinguer entre ce qu'on appelle Religion surnaturelle & ce qu'on nomme Religion révélée. Mais si telle est la nécessité d'une révélation, l'idée que nous avons aujourd'hui d'un Etre qui prépare de loin les effets dans leurs causes, ne nous permet pas de douter que la révélation ne suive d'un même pas la Religion, & qu'elle ne soit par conséquent aussi ancienne que le Monde même. Il suit de-là que le Théïsme, tout vrai qu'il est, ne peut suffire aux besoins de l'Homme. Semblable au métail, qui s'allie à tous les autres métaux, il s'incorpore avec toutes les Religions du Monde, & ses veines fécondes se répandent dans toutes les parties de ce vaste Univers. Le Théïsme l'emporte sur toutes les Religions qui se disent révélées, si on en excepte la seule véritable. Elles ont toutes corrompu la vérité, au lieu que le Théïsme conserve dans toute sa pureté la Loi naturelle. La Religion révélée n'est elle-même, & ne peut être que la Loi naturelle, avec ce que les lumières de la révélation peuvent y ajoûter. Le Théïsme peut donc être regardé comme le bon sens de la raison qui n'est pas encore éclairé de la révélation; & les autres Religions sont ce même bon sens étrangement défiguré par la superstition. Quelle peut être cette Religion que Dieu a rendu la fidèle dépositaire de sa révélation? Ici se présentent le Paganisme, le Mahométisme, le Judaïsme, en un mot le Christianisme, toutes Religions qui se disputent d'autant plus vivement cette auguste prérogative qu'elles pensent toutes que leur Divinité est si fortement liée à la révélation, que le même coup qui dé-

dum deformatus. Quænam porrò sit illa Religio, quam fidam suæ revelationis custodem Deus instituit? scaturiunt hinc indè Religiones, Polytheismus, Mahumetismus, Judaïsmus, uno verbo Christianismus, pro eâ tanquam pro aris ac focis dimicantes. Ex eâ namque suam divinitatem esse suspensam putant, & in eâ firmamentum habere : adeò revelatio Religioni intima est atque essentialis. Sua quæque Religio nimis ambitiosè miracula ostentat, sua oracula, suos Martyres, sed ubi hæc inesse putantur omnia, non adest continuò veritas. Ut ne suspensus fluctues accipe characteres, quibus certò dignoscas, quæ & qualia facta fidem omnimodam mereantur, & quorum veritati nihil quidquam detrahat præteriti temporis interfusa caligo. Vel testes oculati sumus factorum, vel rumor aliquis ex nostras ad aures detulit. Si primum, ne minimum quidem dubium illis adhærescere potest: sensus hâc in parte tuti sunt rerum interpretes ac nuntii. Si secundum non in uno quidem duobusvè ac tribus testibus veritatem comperiemus, nec in concursu plurimum testium seorsim interrogatorum. Hâcce methodo singulorum testium exploras probitatem, quæ tibi probabiliter tantùm cognita nusquam dabit nisi probabilem facti cognitionem. Ut ergo summam attingas certitudinem in se indivisam nec ex distractis hinc & indè probabilitatibus ortam, illam metiare diversâ studiorum combinatione : tunc enim manus tuæ veritatem contrectabunt, ubi numerus testium tibi aperiet campum satis amplum in quo sibi invicem occurrant varia hominum studia, variæque propensiones inter se prælientur. Mu-

rus

détruiroit l'une, renverferoit l'autre : tant la révélation entre effentiellement dans la conftitution d'une Religion! Toute Religion fe vante d'avoir fes Miracles, fes Oracles, fes Martyrs; mais la vérité ne fe trouve pas toujours là où l'on fe vante de ce faftueux appareil. Pour favoir à quoi vous en tenir en fait de Religion, apprenez quels font les caractéres dont doivent être revêtus les faits qui méritent toute votre confiance, & quels font ceux dont la vérité, quoique cachée dans la nuit des tems, ne fouffre aucune atteinte. Ou nous fommes témoins oculaires des faits, ou nous en avons feulement ouï parler. Si nous les avons vus, toute défiance doit être bannie auffi-tôt de notre efprit, parce que nos fens, ces organes de la vérité, font toujours les fidéles interprétes des chofes qu'ils nous apprennent. Si nous ne connoiffons un fait que par le bruit qu'il aura excité, deux ou trois témoins, ni même le concours de plufieurs, ne pourront nous en garantir la vérité. Cette méthode eft bonne tout au plus à nous en faire étudier le génie & le caractére; mais comme leur probité ne nous fera jamais parfaitement connue, jamais auffi nous ne connoîtrons parfaitement la vérité du fait. Pour parvenir donc à la fuprême certitude, qui de fa nature eft indivifible, & qui ne réfulte pas de l'affemblage de différentes probabilités éparfes & defunies, il faut la chercher dans la combinaifon des intérêts divers qui agitent les Hommes. Que le champ, que m'ouvrira le nombre des témoins qui me feront donnés, foit affez vafte pour que j'y puiffe voir les différentes paffions des Hommes aux prifes les unes avec les autres; mes mains alors, mes mains, dans ce choc tumultueux de paffions & d'intérêts, faifiront la vérité. De leur oppofition mutuelle fe forme comme une efpéce de mur d'airain, que la fraude ne fauroit renverfer. La certitude des faits, fans être appuyée fur les mêmes fondemens que la certitude Métaphyfique, en a toute la force. Que les événemens, qu'elle fcelle dans l'Hiftoire, foient naturels ou non, il n'importe: les uns

&

rus abæneus adstant contrà fraudem perstrepentes hominum cupiditates. Talis certitudo non metaphysica quidem, sed metaphysicæ æquiparanda. Facta sint effectus merè naturales an supernaturales, nil interest, utrique iisdem circumscribuntur cancellis. Si facta è longinquo nobis asportata fuerint, si per immensos sæculorum tractus ad nos usque pervenerint, unde suam haurient certitudinem? ex triplici fonte, ex Traditione vivâ & orali, ex largis historiæ amnibus, ex omnigenis monumentis, cujusmodi sunt pyramides, arcus triumphales, æra mollius spirantia, numismata deformi vetustatis situ obscurata, marmora insigni elaborata artificio imis terræ visceribus defossa &c. Ne te moveant veteres Ægyptiorum dynastiæ, ridiculæ Divûm & Semideorum genealogiæ, fabula lupæ Romulum & Remum lactantis, nec templa nec statuæ &c. erecta in monumentum præclari facinoris, quo se Dii gentium nobilitaverunt. Traditionem veram à falsâ hoc uno secernes: vera Traditio per temporum nebulas incedit, pluribus immixta lineis collateralibus, quæ quidem omnes aut ferè omnes tàm late quàm ipsa Traditio porriguntur, ast ubi de falsâ Traditione agitur, lineæ parallelæ quibus insistit, prius usque terminantur, quam ipsa Traditio totum iter suum confecerit. Quod spectat vetustos codices, hos habe sinceros ac genuinos, qui citantur ab antiquis Scriptoribus, quos adduxit ad nos haud intercisum Traditionis filum, qui referunt annales gentium, usus & consuetudines, leges & ipsam Religionem quos demùm ab antiquâ possessione disturbare nunquàm potuerunt omnes artis criticæ molitiones. Forsan times ne adulteratus fuerit ope-

& les autres, parce qu'ils rentrent dans l'ordre des faits, sont assujettis aux mêmes Loix de critique. Mais si les faits se sont passés dans des climats éloignés, si même ils ne sont parvenus à nous qu'à travers l'espace de plusieurs siécles, d'où tireront-ils pour nous leur certitude? De trois sources que je vais indiquer. 1. De la Tradition orale & vivante. 2. Des sources abondantes de l'Histoire. 3. Des Monumens de tout genre, tels que sont les Pyramides, les Arcs de triomphe, les Bronzes, les Médailles, les Statues, les Bas-reliefs, &c. D'abord la vraie tradition ne craint point qu'on lui oppose ni les fabuleuses Dynasties des Egyptiens, ni les ridicules Généalogies des Dieux & des demi-Dieux de la Gréce, ni la Fable de la Louve qui allaita Romulus & Remus, ni ces Temples ou autres Monumens érigés en mémoire de quelque belle action qui avoit signalé la valeur de quelques-uns des Dieux de l'ancien Paganisme. Voici la marque à laquelle elle se fait reconnoître entre toutes celles qui n'en ont qu'une fausse apparence. Elle marche à travers les nuages des temps, appuyée sur plusieurs lignes collatérales, qui toutes, ou presque toutes s'étendent aussi loin que la Tradition elle-même. Mais s'agit-il d'une fausse Tradition ? Les Lignes parallélès, sur lesquelles elle s'appuye pour venir à nous, finissent toujours avant que la Tradition ait parcouru tout son chemin. Pour ce qui regarde les anciens Manuscrits, n'ayez aucun soupçon sur l'authenticité & la sincérité de ceux qui sont cités par d'anciens Auteurs, qu'une Tradition constante & non interrompue a amenés jusqu'à nous, qui contiennent les Annales des Nations, leurs Usages & leurs Coutumes, leurs Loix & leur Religion, qui sont tels enfin qu'ils demeurent immobiles dans leur ancienne possession, sans que tous les efforts de la Critique la plus pointilleuse ayent pu les en chasser. Vous craignez peut-être que le Texte n'en ait été corrompu & altéré; mais éloignez de votre esprit une crainte si mal fondée, sur-tout lorsqu'il s'agit

des

peris textus, sitque spurius & adulterinus; sed appage timorem tam intempestivum, præsertim ubi de sacris codicibus agitur. Crede mihi, Religio ipsa vel superstitio illos tuebuntur integros & illibatos contrà varias temporis vices & injurias, atque contrà gliscentem corruptelam velut sepimento munient. Quod attinet ad monumenta, nusquam tibi mentientur, si fidem iis tantum habeas, quæ statim ab eventu quem consignant, erecta fuerint. Age vero, nunc simul in facta conspirent Traditio, historia, monumenta; credas revoluto sæculorum ordine, & contracto locorum spatio, te repente in eâ translatum esse loca & tempora ubi res actæ fuerunt. Huc vero accedant omnes Religiones & sui periculum faciant in portentis quæ magnificè prædicant. An sua nobis obtrudet Paganismus miracula? an lituum Romuli, quem in maximo incendio negat potuisse comburi? An ipsum Romulum quem fabulatur sublimem raptum procellâ & in cœlos avolantem, fragores inter ac tonitrua subitò coortæ tempestatis? an cotem Accii Nævii, quam novaculâ discissam, ac propè illius statuam quo in loco res acta est, sitam fuisse memorant, ut esset ad posteros miraculi ejus monumentum &c? Omittamus ista cum Tullio & contemnamus miracula Vespasiani & Apollonii Tyanæi, ad fraudem vel adulationem conficta. Nil debet esse in Religione fabellis commentitiis loci. Ubi hæc facta perpenduntur ad lydium lapidem, quem omni Religioni objicimus, eorum error statim in propatulo ponitur. Numquid etiam suum nobis obtrudet deformatum istud ac portentosum Judaïcæ Religionis simulachrum, iste fraudulentus Arabs, qui

unâ

des Livres sacrés d'une Nation. Croyez-moi, vous pouvez vous en repoſer ſur la vivacité de la Religion, ou même de la Superſtition. L'une & l'autre ſont trop intéreſſées à les conſerver dans toute leur pureté, & leur intégrité, pour qu'elles ne veillent pas attentivement, afin que ni les injures du temps, ni les révolutions humaines, ni la malice ou la négligence des Hommes y produiſent quelque altération. Pour les Monumens, ils ne ſeront jamais menteurs, ſi vous n'en croyez que ceux qui auront été immédiatement érigés après l'événement auquel ils ſervent de preuve. Raſſemblez maintenant la Tradition, l'Hiſtoire & les Monumens, pour conſtater des faits, & faites que ces trois canaux ſe joignent pour les amener, vous croirez alors que par un enchantement ſubit les ſiécles retrogradent, les intervalles des lieux ſe reſſerrent, & que par ce double charme vous êtes tranſporté dans les climats & dans les temps où ces faits ſe ſont paſſés. Ici toutes les Religions peuvent s'approcher, & venir faire l'eſſai de tous les Miracles qu'elles vantent avec tant d'emphaſe, contre ces mêmes régles que nous venons d'établir pour les Faits. Le Paganiſme oſera-t-il bien nous vanter les ſiens? Oſera-t-il nous parler du Bâton de Romulus, & nous dira-t-il qu'il ne put être brulé dans un grand incendie qui arriva à Rome? Nous croit-il aſſez imbécilles pour croire avec lui que Romulus, lorſqu'il diſparut d'entre les Romains, n'avoit point été frappé de la foudre, ou maſſacré par les Sénateurs, mais qu'il s'étoit élevé dans les airs, au milieu des éclairs & au bruit du tonnerre? Penſe-t-il nous perſuader que le Caillou d'Accius Nævius céda, contre toute attente, au tranchant du Raſoir qui lui fut appliqué, en nous parlant de la Statuë qu'on avoit érigée à cet Augure dans le lieu même où cette ſcéne ſe paſſa? Laiſſons avec Cicéron croire toutes ces choſes au Peuple imbécille, & mépriſons de même les Miracles de Veſpaſien, d'un Apollonius de Thyane; les uns comme étant l'ouvrage d'une baſſe adulation, &

les

unâ manu cruentum martis gladium, alterâ venenatum Circes poculum præ se ferens, barbaras gentes perculit formidine, aut voluptate inescavit ? Quam invexit superstitionem hic sublimis & audax impostor, non velavit mysteriis, sed deliriis involvit, non asseruit miraculis, sed præstigiis induxit. Ergò nec Paganismus, nec Mahumetismus nobis offerunt puros & illimes revelationis fontes, ergò neuter verus ac divinus.

At ecce nobis adest Moses gentis Judaïcæ legislator & historicus, miraculorum splendore insignitus, ore fatidico pandens oracula. Hæc omnia modò vera sint, missionis divinæ tesseram arguunt. Sed ut illa magis elucescat ac ponatur in aprico, nos contrà Deistas authenticitatem Pentateuchi, veritatem simul & divinitatem vindicabimus. Hæc tria ità se mutuò sustinent, ut unum si desit, ambo corruant necesse est. Hoc igitur ordine procedit nostra demonstratio. Pentateuchus librorum omnium antiquissimus, coætaneus est Mosi, personæ haud fictitiæ, & ab eo exaratus fuit in omnibus ac singulis partibus, quidquid calumnientur Aben-Ezra, Pereyrius,

Spino-

les autres celui d'une imposture adroitement préparée. La Religion ne doit pas recourir aux Fables. La fausseté de tous ces faits miraculeux du Paganisme se manifeste, sitôt qu'on les expose à cette pierre de touche que nous présentons à toutes les Religions. Cet Arabe menteur, qui tenant d'une main le Glaive sanglant de Mars, & de l'autre la Coupe enchantée de Circé, a frappé d'épouvante les Nations barbares, ou les a amollies par les charmes de la volupté, nous vantera peut-être sa Religion, simulacre affreux de la Religion des Juifs. Ce sublime & hardi Imposteur n'a point caché sous le voile sacré des Mystéres, mais sous l'enveloppe des Fables les plus ridicules, la superstition qu'il est venu apporter au Monde; les Prestiges lui ont tenu lieu de Miracles, dans la maniére dont il l'a fait recevoir à l'Esprit foible des crédules Humains. Ce n'est donc ni chez les Payens ni chez les Musulmans que coulent les sources pures de la révélation, & par conséquent aucune de ces Religions n'est marquée du Sceau de la Divinité.

Mais voici Moïse, cet Historien & ce Législateur de la Nation des Juifs, qui se montre à nous environné de l'éclat des Miracles, & prononçant des Oracles avec ce ton imposant que donne l'inspiration. Cet appareil sans doute, s'il n'est pas préparé par les mains de la fraude, annonce dans la personne de Moïse l'Envoyé d'un Dieu. Pour dissiper ici tous les doutes qui pourroient naître sur la divinité de sa Légation, nous prouverons contre les Déïstes, que le Pentateuque est authentique dans toutes ses parties, vrai dans tous les faits qu'il contient, & divin dans les conséquences qui en naissent naturellement. Ces trois choses sont si intimement liées, que le même coup qui frapperoit sur l'une frapperoit encore sur les deux autres. Voici donc quelle est la marche de notre démonstration. Le Pentateuque, dont l'antiquité est supérieure à celle de tous les Livres, remonte, par une chaîne de tradition non interrompue,

jus-

Spinosa, *Hobbesius*, & *ipse Richardus Simon*, *hâc in parte discedens à Christianis*, *ut convalet in castra hostium sibi infensorum*. *Ità quidem Mosi tribuimus Pentateuchum*, *ut non sentiamus cùm illustrissimo Huetio*, *quidquid apud antiquissimas gentes*, *& ingenii ac doctrinæ laude imprimis florentes*, *divinum*, *præstans*, *illustre ac valdè vetustum habitum est*, *Deos puta*, *Diisque prognatos Heroas*, *conditores etiam urbium ac legum latores*, *nihil fuisse*, *quàm expressas ad Mosis exemplar imagines*. *Doctum ejus cerebrum*, *de Mose unicè cogitando*, *ità videlicèt incaluerat*, *ut ipsum ubique videret sub larvâ Deorum ac Heroum delitescentem. Sed detrahendo tot commentitiis Heroïbus ac Diis larvam*, *quam iis prisci ævi superstitio imposuerat*, *Mosem Mosi non videtur nobis restituisse. Pentateuchum habemus germanum ac sincerum. Num ubique color veritatis illi inspergitur? ea tantùm facta delibemus quæ veritati Religionis conducunt cæteris ad morum emendationem amandatis. Cujusmodi sunt tres epochæ celebres, creationis, diluvii universalis, & hominum in omnes terras dispersionis, omnia demùm portenta, quibus se Deum Pharaonis attonitâ Ægypto Moses probavit. Quòad primum. Moses primus & quidem solus in totâ retrò antiquitate Deum nobis adumbrat ipsi nihilo potenter imperantem, mundumque ex ejus sterili ac inani gremio producentem: sed si materia Deum habuit opificem*

at-

jusqu'à Moïse, personnage réel & non chimérique, ainsi que quelques-uns l'ont imaginé. Il est tout entier de la composition de cet Auteur. Ici nous bravons tous les effors que font pour le lui ravir Aben-Ezra, la Peyrére, Spinosa, Hobbes & Richard Simon, auquel on ne sauroit pardonner d'avoir trahi la Cause Chrètienne, pour prêter les mains à l'impiéte. Quand nous attribuons à Moïse le Pentateuque, nous sommes bien éloignés de croire avec Mr. Huet que tout ce qu'il y a jamais eu d'illustre & de remarquable par le savoir & l'esprit chez les Nations les plus anciennes, que les Dieux & les Héros, Enfans des Dieux, que les Légistateurs & les Fondateurs de Villes, ne soient que des copies formées sur le modéle de Moïse. Ce savant Prélat s'étoit tellement échauffé l'imagination de l'idée de Moïse, qu'il le voyoit par-tout caché sous le masque des Dieux & des Héros de l'Antiquité. Mais en faisant tomber le masque qu'une vieille superstition lui avoit donné, il ne nous paroît pas qu'il ait rendu Moïse à Moïse même. L'authenticité du Pentateuque est donc une chose absolument décidée. Il n'est plus question que de savoir si le ton de la vérité s'y fait par-tout sentir. Nous ne nous attacherons pour le présent qu'aux faits qui ont une liaison plus intime avec la Religion ; laissant aux Moralistes le soin de tirer des autres faits des exemples pour la correction des Mœurs. Les faits qui servent à prouver l'Histoire de la Religion, sont les trois fameuses époques de la Création, du Déluge, & de la Dispersion des Hommes, que Moïse a marquées si positivement. Nous pouvons y joindre tous les Prodiges par lesquels il s'est montré le Dieu de Pharaon, & a étonné toute l'Egypte, théâtre de sa gloire. Et 1. quant à ce qui regarde la Création, Moïse est le seul d'entre tous les Philosophes, dont se glorifie l'Antiquité, qui nous représente Dieu commandant au néant d'une voix impérieuse & dominante, tirant le Monde d'un sein vuide & stérile. Mais si la Matiére, pour sortir du néant, a eu besoin

de

atque architectum, forsan aliqud necessitate Deus impulsus fuerit ad illam procreandam. In hunc errorem plerique Philosophorum impegerant, asserentes ipsum mundum æternitate gaudere. Ast ipsum creatorem brutæ quidem & ferreæ necessitati subjicere, quid aliud est quàm ipsam negare creationem? Deus Mosis, nostri nil indigus, suisque pollens opibus, ad mundum in tempore condendum se accingit, utque suam magis ostentet supremam quâ potitur libertatem, non statim è manu divinâ prodit numeris omnibus absolutus, sed suam pro nutu potentiam temperans huic fabricando proludit, atque per varias inchoationes ad summum perfectionis gradum perducit. Cui splendido facto fidem faciunt omnes omnium populorum cosmogoniæ simul & theogoniæ, quæ nobis exhibent terram in cunis adhuc positam, uti rudem & informem molem atque demùm utì cahos indigestum. Hanc Traditionis seriem omnia tempora complectentis texunt non Theistæ tantùm sed & Athei Philosophi, nimirùm Epicurei. Cui puncto æternitatis mundus addictus fuerit non præcisè nobis dicunt annales populorum, Poëtarum fabulæ, systemata Philosophorum. Ex bis hoc unum conficitur mundum ab æterno non volvi. Moses cæteris historicis audentior hanc epocham determinare non dubitavit. Hæc suam habet probationem in hebdomade, juxtà quam apud omnes gentes tempora decurrebant. In rem tam arbitrariam nusquam veluti ex condicto consensissent, nisi

illa

de la main de ce puissant Architecte, qui nous empêchera de croire qu'elle est éternelle, en vertu d'une nécessité qui aura poussé Dieu à la produire de toute éternité. C'est une erreur où sont tombés la plupart des Philosophes. On ne fait pas attention que soumettre Dieu à une nécessité qui l'enchaîne, c'est revenir contre ce qu'on a été forcé d'avancer touchant la Création. Le Dieu de Moïse seul suffisant à lui-même, agit sans nécessité comme il agit sans besoin. C'est après avoir été renfermé dans lui-même pendant une éternité, qu'il sort dans le temps de ce repos auguste & de ce secret inaccessible, où il avoit été lui-même son bonheur & sa gloire, pour se former un empire extérieur. Et afin de manifester davantage la souveraine liberté avec laquelle il agit, il ne veut pas que la perfection de ce Monde soit en lui l'effet d'une impétuosité aveugle, mais appliquant sa vertu où il lui plaît, & autant qu'il lui plaît, il fait le Monde à plusieurs reprises, & ne lui donne sa perfection, qu'en y employant l'espace de six jours. Ce fait éclatant est visiblement marqué dans les Cosmogonies & les Théogonies des différens Peuples. Leur Tradition nous montre d'abord un Monde informe, cahos ténébreux, que l'ordre n'a point encore débrouillé. Les Philosophes Théïstes, ceux même qui sont Athées, comme les Epicuriens, entrent dans le tissu de cette longue chaîne de Tradition, qui remplit tous les temps. Il est vrai que les Annales des Peuples, les Fables des Poëtes, les Systêmes des Philosophes, qui sont comme les Archives immortelles où se conserve cette Tradition, ne fixent pas ce point de la durée éternelle, auquel la naissance du Monde est comme attachée. Mais du moins en résulte-t-il que le Monde ne roule pas de toute éternité. Moïse plus ferme & plus confiant que les autres Historiens, n'hésite point à nous marquer l'époque de sa création. Elle a sa preuve dans l'ordre de la Semaine, dont nous voyons l'usage chez toutes les Nations. Séparées comme elles sont par la diversité du

illa hebdomadis traditio referretur ad ipſam mundi naſcentis originem, ubi omnes homines in unum deſinunt hominem. Ergò ſeptenarius ordo non fundatur ut ſomniat Spencerus in cultu planetarum, in quibus locavit ſuperſtitio Deos Moſe recentiores. Ruunt ergò omnia ſyſtemata tùm à veteribus tùm à novellis phyſicis adornata. Globus noſter, nec fuit unquam ſol lapſu temporum infuſcatus, ut finxit Leibnitius, nec cometes ut deliravit Wiſto, nec moles reſultans ex particulis ſolaribus, allabente cometâ utrò citròque disjectis, ut placuit authori hiſtoriæ naturalis. Hæc omnia ſyſtemata tàm phyſicæ legibus adverſantur, quàm malè conſulunt Dei ſapientiæ, qui non potuit, quia non debuit; hanc fabricam immanem tot compoſitam orbibus, per plura annorum millia contorquere, niſi adeſſet viſibilis naturæ ſpectator, mixtus adorator, Angelus terrenus pariter & cœleſtis, uno verbo mundi ſacerdos. Mundum antiquiorem epochâ Moſaicâ nec probant concharum marinarum ubique ſparſa congeries, quamvis materiâ circumſtante ſint plenæ, ſaxiſque ac rupibus coagmentatæ ad profundum uſque 700 & 800 pedum; nec in montibus angulorum prominentium & intimorum mutua oppoſitio; nec altitudo vicinorum montium æqualis; nec ſtrata horiſonti parallela tùm in terrâ tùm in collibus. Hæc omnia phænomena nec explicantur in ſyſtemate Authoris Hiſtoriæ Naturalis, docentis Oceanum

lento

langage, des mœurs & des climats, comment le hazard auroit-il pu les raſſembler dans un uſage ſi arbitraire, s'il ne prenoit ſa ſource dans la ſource même
du genre humain? C'eſt donc fort mal à propos que
Spencer en rapporte l'origine au Culte des Planétes,
dans leſquelles il eſt évident que la ſuperſtition n'a
logé ſes Dieux que long-temps après Moïſe. Cette
époque de la création du Monde, en même temps
qu'elle confond la ridicule prétention de tous ces
Peuples ſi jaloux de ſe perdre dans l'enfoncement des
ſiécles, détruit & renverſe encore tous ces Syſtêmes
de fabrique ancienne & nouvelle touchant la formation de cet Univers. Notre globe n'a point été dans
ſon origine, ainſi que l'a imaginé Leibnitz, un
Soleil qui depuis s'eſt encrouté & éteint. Il n'eſt point
devenu non plus, ainſi que l'a rêvé Whiſton, de Cométe inhabitable qu'il étoit d'abord, une habitation
tranquille, & un ſéjour agréable. L'Auteur de l'Hiſtoire Naturelle n'a pas rendu ſon Hypothéſe plus
vraiſemblable, en ſuppoſant que notre Terre n'eſt
qu'un aſſemblage de parties détachées du Soleil par
une Cométe qui l'a ſillonné obliquement. Tous ces
Syſtêmes, qui nous repréſentent notre Globe, plutôt comme un ouvrage d'un heureux coup du hazard,
que comme celui d'une volonté ſpéciale qui nous
avoit en vue, ne bleſſent pas moins les Loix de la
Phyſique, qu'ils contiennent pluſieurs erreurs, quant
à la Métaphyſique. La raiſon eſt indignée de voir la
puiſſance de Dieu, laquelle n'agit que ſous la direction de ſa ſageſſe, s'occuper inutilement, pendant
une éternité, à mouvoir ces épouvantables Sphéres
qui roulent ſur nos têtes, tandis que l'Univers eſt
privé du ſeul Etre capable de ſouſcrire avec connoiſſance aux applaudiſſemens qu'il donne à ſon Créateur, & en même temps de lui en rendre des actions
de graces par l'uſage que lui ſeul, entre tous les E-
tres intelligens, en peut faire. Que devient le Monde, & quel en peut être le but, ſi nous en ôtons
l'Homme, cet Ange d'un ordre nouveau qui tient

*lento simul & sucessivo progressu terris incuba-
re*, nec in *systemate Leibnitii contendentis totam terræ superficiem diù antequàm aleret homines & animalia, fuisse obvolutam aquis. Eò
redit systema Telliamedis, sed cum eâ tamen
discrepantiâ ut in systemate Leibnitii aquæ in
altissimos terræ subitò debiscentis voragines de-
lapsæ fuerint, in systemate verò Telliamedis a-
quæ sensim decrescant & in tenuissimos redac-
tæ vapores sursùm ferantur in cæteros plane-
tas. Conchæ marinæ, similesque aliæ piscium
exuviæ quas meritò diluvii numismata vocave-
ris, in nostris adhuc peregrinantur montibus,
vel à mari longè dissitis, ut hujus phænomeni
splendidum extent monumentum. Totam coope-
ruit terram, obnitentibus contrà Pereyrio &
Betford, à quibus incassùm intrà Palestinam
aut ad summùm Asiam concluditur. Spirat
etiamnum ac vivit in fastis omnium populorum.
Evolventi populorum annales occurrent tibi Per-
sæ, Indi, Sinæ, Assyrii, Chaldeenses, Ægyp-
tii, Phænices, Græci, Romani, quin & ipsi
Americani qui diluvii memoriam tam altè mentibus infixam suis obliterari nunquam passi fuerunt. Ecquid autem habent commune cum Noemico diluvio, diluvia Osiridis in Ægypto, O-
gygis*

au Ciel & à la Terre, en un mot ce Pontife placé entre les choses visibles & les choses invisibles? On a fouillé dans les entrailles de la Terre, & on est descendu dans les abîmes de la Mer, pour y chercher des difficultés contre l'époque de Moïse. Mais jamais ni les coquillages qui sont semés par-tout, quoiqu'ils se trouvent insérés dans nos marbres & nos rochers les plus durs jusqu'à sept ou huit cens pieds de profondeur, & qu'ils soient exactement remplis de la matière qui afflue autour d'eux, ni la correspondance des angles alternativement opposés, ni la hauteur égale qu'on remarque dans les collines voisines, ni les couches paralléles & horizontales qu'on observe par-tout dans nos montagnes & nos terreins, ne feront jamais voir aucune opposition entre l'Histoire de Moïse & l'Histoire Naturelle. Tous ces Phénoménes ne s'expliquent heureusement, ni dans le Systême de l'Auteur de l'Histoire Naturelle, lequel enseigne que l'Océan s'avance insensiblement sur les terres qu'il ronge & couvre successivement; ni dans celui de Leibnitz, qui prétend que toute la surface du globe a été couverte d'eau, long-temps avant qu'elle fût propre à nourrir des plantes & des animaux. C'est là une conformité que ce Systême a avec celui de Telliamed; mais il en différe en ce que les eaux, selon Leibnitz, sont tombées dans les gouffres profonds qui se sont entr'ouverts tout à coup par la chûte subite des voûtes, qui s'étoient jusqu'alors soutenues; au lieu que, selon Telliamed, les eaux atténuées & volatilisées par la chaleur s'élèvent peu à peu dans les autres Planétés. Les coquillages & autres dépouilles maritimes, qu'on peut bien appeller avec les Naturalistes les Médailles du Déluge, ne semblent encore aujourd'hui errer dans nos montagnes, même les plus éloignées de la mer, que pour attester à tout l'Univers ce grand événement. Il a inondé tout le globe, quoi qu'en disent la Pereyre & Betford, qui le restreignent à la Judée & aux Pays voisins, ou qui, tout au plus, ne veulent pas qu'il

gygis in Atticâ, Deucalionis in Theſſaliâ, quorum memoria ſuperſtes adhuc extat in profanis Authoribus? Hæc duo perpende diligenter. Variæ illæ inundationes, quas, etſi darem à Noemico diluvio diverſas, nihilominùs ob omnes quæ comitantur circumſtantias, ſuam eorum univerſalitatem, tempus quo contigerunt (die nimirùm 17â menſis Athyr) modum prædictionis Ziſuthro factæ à Saturno, varia animalia ſponte arcam ingredientia, arcam ipſam aquis innatantem, Corvum & Columbam, &c. hujus facti veritatem teſtarentur.

TRADITIO relativa ad triſtes illas, quas in orbem invexit diluvium mutationes, huic facto teſtimonium perhibet. Eò tendunt ex una parte veris æterni amœnitas, quo tota ſubridebat olim tellus & placatum diffuſo lumine cœlum nitebat; & ex alterâ longæva primorum

se soit étendu au-delà de l'Asie. La Tradition en est encore vivante dans les Fastes des Nations. Ouvrez-les ces Fastes, & vous y verrez les Perses, les Indiens, les Chinois, les Assyriens, les Chaldéens, les Egyptiens, les Phéniciens, les Grecs, les Romains, & même les Américains ; concourir tous à l'envi à rendre témoignage à cet événement, dont le temps n'a jamais pu effacer l'impression vive & profonde, qui, de leurs ancêtres, a passé jusqu'à eux. Mais, direz-vous, qu'ont de commun avec le Déluge de Noé tous ces différens Déluges dont le souvenir subsiste chez les diverses Nations, tels que sont ceux d'Osiris en Egypte, d'Ogygés en Attique, de Deucalion en Thessalie? A cela je réponds qu'en supposant même ces Déluges différens de celui de Noé, on peut néanmoins établir sur leur Tradition celle de ce Déluge. L'universalité de ces Déluges, le temps où ils sont arrivés, savoir le 17 du mois d'Atyr, qui est le second mois depuis l'Equinoxe d'Automne, la prédiction qui en a été faite par Saturne à Sisithrus, les différens animaux qui d'eux-mêmes sont venus se renfermer dans l'Arche, l'Arche elle-même flottante sur les eaux, le Corbeau & la Colombe qui furent lâchés à différentes reprises, toutes ces circonstances, qui ne peuvent convenir qu'au Déluge de Noé, & que je trouve pourtant insérées dans le témoignage des Auteurs profanes, portent ce fait au plus haut degré de la certitude.

La Tradition, relative aux tristes changemens que le Déluge a introduits dans la nature, en est encore une preuve bien éclatante. Ces faits ou phénoménes qui le supposent comme leur unique cause, sont d'une part la durée continuelle du Printems qui rendoit toute la nature si vive & si animée, l'air pur & serein ne se couvrant jamais alors de nuages ; & de l'autre, la longue vie des premiers Hommes, lesquels vivoient mille de nos années. La Tradition de ces deux faits nous est attestée par les témoignages de

rum hominum vita mille circiter annis, nostris penè consimilibus, viventium. Utriusque facti testes habemus *Maneth., Berof., Moch., Hæst., Sanch., Hesiod., Hecat., Hellan., Acusil., Ephor., Nicol., &c.* Hinc pronum est concludere tempus olim fuisse, quo tellus justo quasi pondere librata fluctuans, & axe neutram in partem orbitæ inclinato, suam circà solem absolvebat revolutionem. Consequenter ad illum telluris situm, puros condere soles assueti homines longè nobis vivaciores erant, ver æternum florebat lætos ubi afflans odores, nec dum Iris ex adverso sole mille varios trahebat colores. Hoc systema doctoris *Burneti* non ità strictè sequimur, quin agnoscamus globum sublimem montibus, asperum collibus, maribusque disterminatum. Quocumque modo explicetur illa axis inclinatio, certè nullatenus pendet à constitutione nexuque causarum secundarum. Ergò magnum est portenti genus, quod nos quasi manu perducit ad diluvium, in terras à Deo videlicèt immissum, ut eas abstergeret sordes, quibus homines sese contaminaverant. Hinc splendidæ magis quàm solidæ *Wistonis, Burneti* hypotheses, quorum unus

per

Manethon, de Berofe, de Mochus, de Sanchoniaton, d'Hæstius, d'Héfiode, d'Hécatée, d'Hellanicus, d'Acufillanus, d'Ephorus, & de Nicolas de Damas, &c. Cette nuée de témoignages nous donne droit d'en conclure, qu'il y a eu un temps, où la Terre balancée par fon propre poids, décrivoit autour du Soleil fon Orbite, fans pancher fon Axe d'un côté plus que de l'autre fur le plan de cette Orbite. Cette difpofition conftante de fon Axe, ne pouvoit manquer d'influer fur la vie des Hommes qu'elle rendoit plus longue. Des jours purs & fereins fe levoient fur leurs têtes, & fembloient ne fe reproduire que pour leur annoncer une efpéce d'immortalité. Un Printems éternel régnoit alors, & embelliffoit la terre; toute la nature étoit riante; l'air étoit parfumé des odeurs les plus fuaves; l'arc-en-ciel ne fe montroit point aux Hommes, faute d'un nuage tranfparent, où les rayons du Soleil oppofé vinffent imprimer mille couleurs diverfes. Nous n'adoptons pas tellement ce Syftême du Docteur Burnet, que nous nous imaginions, échauffés par fon enthoufiafme, que la premiére terre, quant à fa forme extérieure, étoit abfolument unie, réguliére, uniforme, fans montagnes & fans mers. Nous croyons au contraire que notre globe a toujours été hériffé de montagnes, fillonné par des collines, & entrecoupé par des mers. Mais quelle fecouffe terrible a pu dans la fuite des temps ébranler le globe jufques dans fes fondemens, & faire changer fon centre de gravité? De quelque maniére qu'on explique ce grand changement arrivé dans la nature, une chofe du moins qu'on peut affurer, c'eft qu'il n'eft point poffible par l'action des caufes naturelles. Nous ne pouvons nous empêcher de reconnoître la main de Dieu même qui l'a opéré par le moyen du Déluge, dont il a fait fervir les eaux à nettoyer la terre de cette corruption générale dont les Hommes l'avoient fouillée. Le Déluge ne peut donc avoir été produit que par la volonté immédiate du Tout-Puiffant; donc l'hypothéfe de Whifton, qui le premier a entrepris

per aquosam cometam, alter per exsiccationem zonæ torridæ, diluvium explicare moliuntur. Infaustus eorum conatus satis arguit illud extrà consuetum rerum ordinem positum esse: ergò 1. ne tibi negotium facessat aquarum penuria, quasi non novas creasset Deus, si fontes abyssi & cataractæ cœli non in tantam erupissent aquarum copiam, ut 15 cubitis altissimos exsuperarent montes; ergò secundò ne metuas arcæ spem humani generis ac fata suis in compagibus ferenti ; ergò denique ne nobis opponas arcæ parvitatem tot animalibus excipiendis imparis : ex illà parvitate magnum robur accedit veritati Mosaïcæ historiæ. Si diluvio totus orbis immersus fuit, consequenter omnes gentes orbe toto dispersæ suam ad Noëmum originem referant necesse est, quæcumque sit illa varietas, quæ se prodit in coloribus vel lineamentis in toto corporis habitu, in moribus ac consuetudinibus. Hæc omnia pendent a diverso climatum situ, nec non a victu. Hinc nobis ne opponas populorum quorumdam nigredinem, ne nobis etiam opponas Americanos toto orbe penitùs divisos. Author Historiæ Naturalis meritò conjicit Americanos ex Groen-
lan-

d'expliquer, à l'aide d'un calcul mathématique, par la queue d'une Cométe compofée de vapeurs aqueufes, tous les changemens qui font arrivés au globe terreftre, eft plus fpécieufe que folide. On peut faire le même reproche au Syftême de Burnet, qui pour expliquer le Déluge, fait deffecher par les ardeurs brûlantes du Soleil la croûte limoneufe de la terre, & la fait tomber par morceaux dans l'abîme d'eau qu'elle contient. L'impuiffance des deux Philofophes Anglois, pour affigner au Déluge une caufe purement Phyfique, n'en prouve que mieux la vérité du récit de Moïfe, qui nous le préfente comme produit par la volonté immédiate de Dieu. Cela pofé, il ne peut plus y avoir aucune difficulté fur ce qu'il n'y a pas eu affez d'eau dans la nature pour couvrir tout le globe, comme fi Dieu n'en eût pas créé de nouvelle, fi les réfervoirs du Ciel & les abîmes de la Terre n'en avoient pas fourni une affez grande quantité pour les faire furpaffer les plus hautes montagnes de quinze coudées. Nous ne devons point craindre auffi pour l'Arche qui vogue fur les eaux, & qui porte dans fes flancs tout l'efpoir de la race humaine, avec fes auguftes deftinées. Les eaux, dans leur obéiffance tumultueufe refpecteront la main qui la dirige, au milieu des ruines de ce monde. Enfin qu'on ne nous oppofe point la petiteffe de l'Arche, comme ne pouvant fuffire à recevoir tant d'animaux. Cette petiteffe au contraire eft un grand argument en faveur de Moïfe. Si tous les Hommes ont été enveloppés dans un Déluge univerfel, c'eft une conféquence néceffaire que toutes les Nations, qui couvrent aujourd'hui la face de la Terre, ayent pour tige commune la famille de Noé. Quelque variété qu'on remarque d'abord dans l'air de leur vifage & dans la conformation de leur corps, dans leurs mœurs & dans leurs ufages, il faut qu'on puiffe rapporter là leur origine, & que Noé foit pour toutes un centre de réunion. Cette variété a fa raifon fuffifante dans l'influence du climat, dans la diverfité de nourriture, dans la différente ma-

niére

landid veniſſe, cui & Americæ dumtaxàt anguſtum Davis fretum interjacet. At quibusnam conſtabit indiciis ſe omnes cognatione gentes attingere? 1. *Traditionibus factorum paſſim obtinentibus, cujuſmodi ſunt creatio temporanea; diluvium univerſale; partitio totius orbis in tres partes facta, nobis adumbrata in regno quod Jupiter cum ſuis fratribus diviſit, quæ per univerſum orbem percrebuerunt, quibuſque proindè conſtat communis omnium gentium origo.* 2. *Conſuetudinibus apud omnes populos receptis, quales ſunt ordo ſeptenarius & ſimilitudo nominum variis Zodiaci ſignis impoſitorum. Ambo illi uſus, quos obtinere paſſim videmus, nos deducunt in campos Sennaar, undè omnes gentes in totam terram diſperſæ ſunt.* 3. *Denique preces publicæ, oblationes, conſecrationes, libationes, ſacrificia, Næomeniæ, communes epulæ, honores in mortuos impenſi: hæc omnia apud omnes vigentia populos, ex uno eodemque fonte profluxerunt. Ex illâ Religionum ſimilitudine, ne concludas cum doctiſſimo Huetio, ex Moſis libris complures manaſſe variarum gentium leges, ritus ac cæremonias, atque ex illis dev-ompſiſſe quæcumque*

de

nière de vivre, & dans le mêlange varié à l'infini des individus plus ou moins reſſemblans. Ainſi ne nous oppoſez point ces Peuples qui ſont parfaitement noirs, non plus que les Américains, dont on peut dire avec plus de raiſon que des anciens Bretons, qu'ils ſont entiérement ſéparés de notre monde. L'Auteur de l'Hiſtoire Naturelle préſume avec une très-grande vraiſemblance que les Habitans de l'Amérique ſont venus du Groenland, qui n'eſt ſéparé de l'Amérique que par la largeur du Détroit de Davis, qui n'eſt pas fort conſidérable. Mais ſi tous les Peuples ſont autant de branches de cet arbre fécond qui les a produites, à quelles marques pourra-t-on reconnoître qu'elles en ſont ſorties ? C'eſt 1. aux Traditions communes à toutes les Nations. De ce genre ſont la Création arrivée dans le tems, le Déluge univerſel, & le partage de tout l'Univers qui fut diſtribué aux trois Enfans de Noé, & qui nous eſt repréſenté dans cet Empire du monde entier que Jupiter diviſa entre lui & ſes deux Fréres. C'eſt 2. à l'obſervation de pluſieurs uſages univerſellement établis. De ce nombre ſont l'Ordre Hebdomadaire, & la reſſemblance qui ſe trouve par-tout dans les noms impoſés aux différens ſignes du Zodiaque. Ces deux uſages, que nous trouvons établis de tems immémorial chez les différentes Nations, nous conduiſent comme par la main dans les plaines de Sannaar, d'où ſont ſorties toutes les Familles qui ont repeuplé la terre. C'eſt 3. à leur attachement à certains Dogmes & à certaines Cérémonies de Religion. Tels ſont par exemple l'Immortalité de l'Ame, le Dogme des Peines & des Récompenſes d'une autre Vie, la Priére publique, les Offrandes, les Conſécrations, les Libations, les Sacrifices, les Néoménies, le Repas commun, le Chant, les Honneurs rendus aux Morts. Voilà ce que nous trouvons chez toutes les Nations, chez les Payens comme chez les Hébreux ; preuve convaincante que toutes ces Traditions & Cérémonies proviennent comme eux tous de la ſource com-

de creatione ac diluvio dixerunt. Multominùs cum Marshamo atque Spencero concludas, *Mosem ad cultum veri numinis transtulisse leges ac cœremonias, quas Ægyptiis vicinisque populis suffuratus fuerat.* Nec Gentiles ritus Judaïcos, nec Judæi ritus Gentiles æmulati sunt, sed illos hauserunt utrique in eodem fonte, hoc est in familiâ Noemi, à quâ suam trahunt originem. Astrorum cultus & Astrologia judiciaria vigent apud omnes populos, & quidem ab omni ævo; ergò dispersioni hominum sunt anteriores; ergò calculus Hebræorum tempus à diluvio ad dispersionem usque elapsum nimis abbreviat. At enim à quo tempore elapsus est ille generationum torrens jam nunc omnibus incubans terris? In fastis Hebræorum se nobis offerunt tres chronologiæ, pro vario scripturarum textu. Libenter ego crediderim ex his tribus nullam à Mose chronologiam proficisci, sed tria tantùm esse systemata præposterè adornata, & in ipsam Mosis historiam, alienis manibus inserta. Verisimile quidem est Mosem præcipuam quamdam adnotasse epocham, relictis omninò vacuis quibusdam temporum intervallis, antequam ad alteram properaret epocham. Scriptores Judæi, ut filum à Mose intercisum resumerent, ea fabricaverint systemata, quæ tam mirificè nostra torquent ingenia. Vera chronologia præteritas ætates eo

qui-

mune du Genre humain. De cette ressemblance de Coutumes entre le Peuple Juif & les Idolâtres, n'allez pas conclure avec le savant Mr. Huet, que les fausses Religions n'ont fait que copier la véritable, que les Payens ont eu communication des saintes Ecritures, que c'est là qu'ils ont pris tout ce qu'ils ont dit de Dieu, de la Création, du Déluge, que toutes leurs Loix ont été faites d'après celles de Moïse, que leurs Dogmes en un mot ont une forte teinture de la Doctrine sacrée. Vous conclurez encore moins avec le Chevalier Marsham & le docte Spencer que les Loix & les Cérémonies des Hébreux sont une imitation des Coutumes de l'Egypte & des Peuples voisins, que Moïse a su ramener au Culte du vrai Dieu. Ni les Gentils n'ont reçu leurs Coutumes des Hébreux, qu'ils n'ont connus que fort tard, & dont la Loi étoit pour eux une barriére qu'ils ne pouvoient franchir; ni les Hébreux n'ont reçu les leurs des Gentils, dont il leur étoit ordonné par leur Loi d'avoir les Pratiques en horreur. Mais ils les ont puisées ces connoissances traditionnelles, ces pratiques communes dans une source commune, je veux dire dans la Famille de Noé, de laquelle les uns & les autres sont sortis. Le Culte des Planétes & l'Astrologie judiciaire ont de tout tems infecté tout l'Univers; d'où il est aisé de conclure que ces deux erreurs sont antérieures à la dispersion des Hommes, & par contrecoup que le Calcul des Hébreux abrége trop le tems qui s'est écoulé depuis le Déluge jusqu'à la dispersion des Hommes. Mais enfin depuis quel temps a commencé à s'écouler le torrent des générations, qui se sont répandues sur toute la terre? Les Fastes des Hébreux nous offrent trois Chronologies, suivant le différent Texte de leurs Ecritures. Je serois assez porté à croire qu'aucune de ces trois Chronologies n'est partie de la main de Moïse, mais qu'elles sont trois Systêmes faits après coup, qu'une main étrangere aura inférés dans le corps même de l'Histoire de Moïse. Cet Historien sacré aura vraisemblablement marqué

quel-

quidem ordine, quo elapsæ sunt, evolvit: chronologia verò accurata eo tantùm ordine, quo potuerunt elabi. Textûs adulteratio nullam ex his tribus chronologiam peperit ; ergò omnes Mose posteriores. Judæi qui scripserunt intrà angustos Palæstinæ limites conclusi, eò tantùm extenderunt mundi ætatem, quò verisimiliter accidere potuerunt facta domestica sibi planè cognita. Si solum extrà Gentilitium suos circumtulissent oculos, non adeò brevis ac mutila foret eorum chronologia. Judæis verò versantibus in hoc celebri Alexandriæ musæo, novus sæculorum ordo nasci visus est. Plurima facta, quæ quotidie addiscebant, videbantur excurrere extrà circulum annorum à majoribus circumscriptum. Alium inire calculum sibi satius esse duxerunt, replendo multò pluribus annis vacua à Mose relicta. Ità diligens eorum fuit opera ut nullam videre sit gentem extrà calculum 70 Interpretum exspatiantem. Non item Hebræorum calculus. Petavii, Wistonis, Cumberl. calculos suscipit quidem calamus non natura. Usserio annales offero Sinenses, qui miram in ejus chronologiâ stragem faciunt. Vel una Hoangti epocha comprobat imperii Sinensis primordia coincidere in annum circiter 2575 antè Christum. Hic celebrem invexit cyclum 60 dierum, temporibus in negotio civili ac politico computandis inservientem. Prima cyclorum dies, à quâ Si-

quelque époque principale, & laissé quelques vuides à remplir entre cette époque & celle qu'il aura fixée après. Les Ecrivains Juifs, pour renouer le fil que Moïse avoit coupé, auront fabriqué ces divers Systêmes qui font aujourd'hui le supplice des Savans. La vraie Chronologie s'applique à développer la suite des événemens passés dans le même ordre qu'ils sont arrivés; & la Chronologie exacte se contente de les arranger selon qu'ils ont pu arriver. Ce n'est point de l'altération du Texte que sont sorties ces trois Chronologies si différentes entre elles; donc elles sont toutes postérieures à Moïse. Les Juifs, qui écrivoient dans la Palestine, resserrés comme ils étoient par ce petit espace de Pays, n'ont étendu l'âge du Monde qu'autant qu'ils l'ont jugé nécessaire, pour y pouvoir renfermer les faits de leur Nation qui les occupoient uniquement. S'ils avoient porté leur vue au-delà de la terre de leurs Péres, ils n'eussent pas si fort abrégé leur Chronologie. Mais pour les Juifs, qui se trouvoient environnés de toutes les antiquités du monde, dans cette fameuse Bibliothéque d'Alexandrie, où se conservoient les Fastes des Nations, un nouvel univers & de nouveaux siécles parurent se développer à leurs yeux. Les faits qu'ils y apprenoient tous les jours leur parurent s'échapper du cercle étroit dans lequel leurs Ancêtres avoient prétendu renfermer toutes les Nations. Ils jugérent donc à propos d'inventer à leur tour un nouveau Calcul, en remplissant d'un beaucoup plus grand nombre d'années ces vuides laissés à dessein par Moïse; & l'on peut dire qu'en cela leur exactitude fut telle, que jusqu'ici on n'a point encore vu de Nation qui puisse sortir du Cercle que les Septante ont circonscrit autour d'elle. Les Calculs de Petau, de Whiston & de Cumberland sont fort bons sur le papier; c'est dommage qu'ils ne se réalisent point dans la nature. Usserius a beau me vanter sa Chronologie; pour y brouiller tout & la renverser entièrement, je ne veux que les Annales des Chinois. La seule époque

nensis æra decurrit, in solstitium hyemale incidit. Hác ipsâ die, cùm nox propè medium teneret cursum, sol & luna in primo gradu capri, ad ipsum solstitii punctum conjuncti fuere. Hæc porrò Traditio invaserat omnes Sinas regnante Mentze, 300 annis antè Christum & etiam florente Confucio. Jam tunc in astronomiâ novi nimis ac peregrini erant, quàm ut tempora computando ad hæc pervenirent phænomena, quibus illam epocham subodorarentur. Juxtà strictos & accuratos Cassini, Delahire ac Wisthonis calculos, hæc phænomena contingere non potuerunt nisi anno 2450 antè Christum. Ergò illa epocha, quam in tuto posuerunt Astronomi, dum suam Sinis asserit antiquitatem, Hæbræorum calculum cassum atque irritum penitùs efficit.

DIVINITAS in personâ Mosis omni suo splendore emicat, sivè spectetur ut historicus, sivè futura gentis Israeliticæ fata portendat, sivè dux populi se vobis ostentet gestans manibus hanc virgam miraculorum feracem, quam mutat in serpentem serpentes magorum Pharaonis devorantem, quâ vertit in sanguinem vastos Nili sinus, densis offendit Ægyptum tenebris, illamque ranis & locustis infestat subitò ingruentibus, dirâ grandine omne pecudum genus viridesque Aristas obruit, omnes

Ægyp-

que de Hoangti prouve que les commencemens de l'Empire de la Chine remontent vers l'an 2575 avant Jesus-Christ. C'eſt lui qui a inventé ce célébre Cycle de 60 jours, qui eſt ſi fort en uſage chez les Chinois tant dans leurs affaires Civiles que Religieuſes. Le premier jour des Cycles, où commence l'Ere Chinoiſe, tombe au Solſtice d'Hyver. Ce jour-là même, vers le milieu de la nuit, le Soleil & la Lune, au point même du Solſtice, ſe trouvérent en conjonction dans le premier degré du Caper. Or cette Tradition avoit cours chez les Chinois ſous le régne de Mentzé, 300 ans avant Jesus-Christ, & du temps que Confucius fleuriſſoit. Les Chinois étoient pour lors trop étrangers dans l'Aſtronomie pour qu'ils puſſent, en ſupputant les temps, parvenir à découvrir ces Phénoménes, qui leur auroient pu faire ſoupçonner cette époque ſelon les Calculs exacts de Meſſieurs de Caſſini, de la Hire & Whiſton, ces Phénoménes n'ont pu arriver que l'an 2450 avant Jesus-Christ; donc cette époque, que confirme l'Aſtronomie, détruit abſolument la Chronologie du Texte Hébreu, tandis qu'elle aſſure aux Chinois l'antiquité dont ils ſont en poſſeſſion.

La Divinité brille de tout ſon éclat dans la perſonne de Moïſe; ſoit qu'on le conſidére en qualité d'Hiſtoriens des Iſraëlites; ſoit qu'il leur révéle leurs grandes & terribles deſtinées; ſoit qu'il ſe montre à nous comme leur conducteur, portant dans ſes mains cette Baguette, ſi féconde en miracles, laquelle ſe transforme en un Serpent; dont la réalité dévore le menſonge de ceux que lui oppoſe l'Art magique; convertit en ſang toutes les eaux du Nil; enveloppe d'épaiſſes ténébres tout le pays qu'il arroſe; l'infeſte d'un amas prodigieux de Sauterelles qu'elle fait naître ſoudain; écraſe ſous le poids énorme de la grêle les troupeaux qui paiſſent dans ſes fertiles campagnes; détruit tout l'eſpoir de la prochaine moiſſon; met à mort dans une ſeule nuit tous les premiers nés de l'Egyp-

Ægypti mœrentis primogenitos unâ nocte trucidat. In manu forti brachioque extento Israelitas opimis Ægyptiorum spoliis ditatos educit è terrâ servitutis, nec deformi leprâ, ut calumniatus est Manetho & post ipsum Historici Romani fœtidos. Illos cum Mose videas, nube per diem amictos & columnâ ignis per noctem collustratos, rubrum mare trajicere suspensis hinc indè fluctibus, vestibus indui haud obsolescentibus, mannâ divinitùs allabente vesci, sitimque restinguere aquis è rupe per virgam Mosaïcam scaturientibus, nec verò detectis per asinos agrestes, ut ore putido Tacitus effutiit. At tota divinitas se præbet in Mose refulgentem, ubi leges suas promulgat. Cæteri legum latores, ut vim & pondus suis adderent legibus, comminiscebantur fuisse sancitas à Diis inferioribus Gentilitiis & localibus: Moses verò Christum Legislatorem adumbrans, supremum numen inter & Israelitas se se constituit mediatorem. Illi religioso fidem suam Sacramento obstringunt, & Deus se sinit in regem civilem ab illis eligi. Non abhorret ab inendâ cum Israelitis societate, per quam præfiguratur Ecclesia, quam annis labentibus resurrecturus est Christus. Hinc Theocratica

gypte, & lui fait payer avec ufure les pleurs qu'elle avoit fait répandre à Jacob. Armé de cette fatale Baguette, il en déploye toute la vertu pour retirer avec éclat de la terre de fervitude les Ifraëlites, après les avoir enrichis des dépouilles opimes de l'Egypte. Ce n'eft point une lépre honteufe qui les en bannit, ainfi que l'a avancé Manéthon par la calomnie la plus atroce & fidélement copiée par les Hiftoriens Romains, qui n'ont pas rougi d'affocier leur haine à celle de cet ennemi déclaré des Juifs. Vous les verriez plutôt, fous la conduite de Moïfe, défendus pendant le jour par un nuage épais contre les ardeurs du Soleil, & éclairés pendant la nuit par une colonne de feu qui trace leur route, traverfer la mer rouge, au milieu des flots, qu'une force invifible tient enchaînés & fufpendus, pour leur ouvrir un paffage libre. Leurs vêtemens ne fe reffentent point de l'outrage du tems, pendant qu'ils errent dans d'immenfes déferts, lieux témoins du prodige de la Manne qui tombe tous les jours du Ciel, & de ces fources abondantes d'eaux vives qui coulent de la dureté des rochers. En faifant honneur de leur découverte à des Anes fauvages qui conduifent Moïfe, il paroît que Tacite a plus confulté la haine de fa Nation que la vérité du fait. Mais quand Moïfe vient à donner fes Loix, on diroit que la Divinité affecte de fe montrer toute entiére dans la perfonne de Moïfe. Les autres Légiflateurs, pour donner du poids & de la force aux Loix qu'ils établiffoient, avoient imaginé de perfuader aux Peuples qu'elles leur avoient été données par des Génies tutélaires qui préfidoient au fort des Nations; Divinités à la vérité fubalternes & dépendantes de l'Etre fuprême. Mais Moïfe figurant par avance le CHRIST Légiflateur par excellence, fe conftitue Médiateur entre le Dieu Créateur de ce Monde & les Ifraëlites. Sous les aufpices du ferment le plus facré & le plus religieux, ils s'obligent à être les fidéles obfervateurs de fes Loix; & Dieu ratifie cet engagement folemnel de la part des Ifraëlites, en confentant à devenir leur

Roi

*tica Reipublicæ constitutio, in quâ solus Deus legislativam potestatem simul & executivam in se uno colligebat. Legislativam potestatem: quamdiù stetit incolumis res publica, nullus Judex aut Princeps leges sancivit. Executivam potestatem: Mosem videas infinitæ penè hominum multitudini vastis in desertis præeuntem, intactis Idumæis, Madianitis, Ammonitis & Moabitis, quos imperabat ars politica adoriri, bellum inferre Regibus Og & Sebon, illisque devictis, partem Campestrium Moab, quam sibi antè possidebant, cum Moabitis partiri, Deo hoc ipsum jubente, dùm penès illos esset vel ipsam Moabitarum partem invadere. Ipsum videas Josue, post Jordanem sicco pede trajectum, toti exercitui intempestivam circumcisionis legem imperare, minimè sollicitum an hostes in conspectu sint: omnia demùm in memoriam facta revoca, quæ lædunt artem politicam simul & militarem, nisi sceptrum Israel in manu Dei colloces. Hæc regiminis forma sub Mose nata, florens & adulta sub Judicibus, vigens etiam sub ipsis Regibus, spirans in Captivitate Babylonicâ, & post illam suis è cineribus rediviva ad Christum usque permansit. Hinc necessaria pœna capitis in Magos, Ariolos, Idololatras ut potè læsæ Majestatis reos. Hinc Œconomia Mosaica in pœnis tantùm ac præmiis temporalibus sancita. Promissa fœderi annexa debent ità esse clara &

Roi dans l'ordre civil & politique, & en ne dédaignant pas cette espéce de Royauté, figure du Gouvernement spirituel, que doit établir dans la suite des temps le CHRIST dans l'Eglise, qu'il animera toujours de son esprit. De-là cette forme théocratique qui caractérisoit le Gouvernement des Juifs, où Dieu réunissoit en lui seul la puissance législative en même temps que la puissance exécutrice: la puissance législative, parce que pendant tout le temps qu'a fleuri cette République, aucun Juge ni aucun Roi ne s'est arrogé le droit de faire des Loix; la puissance exécutrice, de cela l'Ecriture nous fournit une infinité d'exemples éclatans. Nous voyons en effet Moïse ne se conduire dans toutes ses démarches que sous l'impression de la Divinité. Dans les vastes déserts, où il traîne avec lui une multitude innombrable d'Hommes armés, nous le voyons passer non en Conquérant, mais en Pacificateur, sur les terres des Iduméens, des Madianites, des Ammonites, des Moabites, tous Peuples que, suivant la politique humaine, il devroit attaquer, pour aller porter la guerre aux Rois Og & Séhon; & après les avoir défaits, pour obéir à l'ordre de son Dieu, il partage avec les Moabites une partie de la Plaine de Moab, que les vaincus possédoient auparavant avec eux, tandis qu'il étoit en son pouvoir de s'emparer de la partie même qui avoit toujours été possédée par les Enfans de Moab. Nous voyons aussi Josué, lequel, après avoir fait passer à toute son armée le Jourdain à pied sec, lui ordonna de se circoncire, dans un temps critique, à la vue de ses ennemis, dont la présence paroît fort peu l'inquiéter. En un mot, rappellez en votre esprit tous les faits dont cette Histoire est remplie, & que condamnent toutes les Loix de la guerre & celles de la politique humaine, leur heureux succès vous forcera de convenir qu'on n'y comprend rien, à moins qu'on ne place dans les mains de Dieu même le Sceptre d'Israël. Cette forme de Gouvernement, née sous Moïse, florissante

sous

diserta, ut ex utrâque parte stipulante intelligantur; ergò cum nativus sensus indicet bona tantùm temporalia, consequens est ad ea Mosem unicè respexisse. Hinc autor cujus ea mens fuit ut nobis traderet clavim, quâ aperiretur aditus in intimos scripturarum recessus, suam prodidit Oeconomiæ Mosaïcæ ignorantiam, ubi cum Spinosâ sentiens asseruit vanas fuisse promissiones Mosaïcas sensu litterali intellectas. Hisce caracteribus insignita sanctio Mosaïca obsignatur sigillo divinitatis. Idipsum vitio vertunt Deistæ, quod de præmiis aut pœnis virtutem aut vitium in alterâ vitâ manentibus altum siluerit; sed ubi Legislatorem dumtaxat impostorem sibi videre videntur, nos ibi Deum per os Legislatoris divinitùs afflati loquentem venerabundi suspicimus. Legum latores commenti sunt apud inferos Judices æquissimos, tribunalia subterranea, ad quæ vita hominum expenderetur: Moses verò Deum ostentat suorum in hâc vitâ promissorum vadem ac sponsorem, & ad illius nutum, legis adimpletionem manebant præmia temporalia, legis infractionem pœnæ temporales. Evolve libros veteris Testamenti, & videbis huic ordini politico famulantem naturam semper paruisse. Ecce tibi aderit Israel, quem peculiari influxu sibi consecrat Deus, multâ prole fœcundatus, sub Josue Mosis successore Terram Chanaan ingreditur, Amorrœos, lapidibus è

cœlo

sous les Juges, dominante sous les Rois même, respirant dans la captivité de Babylone, & sortant après elle de ses cendres, a subsisté sans altération jusqu'au temps du Messie. De-là la peine de mort si sagement ordonnée contre les Magiciens, les Devins & les Idolâtres, comme coupables du crime de Léze-Majesté. De-là encore ce caractére de l'Oeconomie Mosaïque, laquelle n'étoit fondée que sur les Peines & les Récompenses temporelles. En effet, les promesses attachées à une alliance doivent être conçues en termes si clairs & si intelligibles, qu'elles soient entendues des deux Parties contractantes. Puis donc que le sens naturel des termes de l'alliance ne présente à l'esprit que des biens temporels, tout nous porte à penser que Moïse les avoit uniquement en vue. Ainsi l'Auteur, qui a prétendu nous faciliter l'intelligence des Prophéties, & nous en ouvrir les sens les plus cachés, n'a fait que manifester son ignorance extrême dans ce qui concerne l'Oeconomie Mosaïque, lorsque choisissant Spinosa pour interpréte de ses sentimens, il ne rougit point de penser avec lui que les promesses de Moïse, prises dans un sens litéral, sont vaines & chimériques. La sanction de Moïse, par cela seul qu'elle est revêtue de ces caractéres, est nécessairement marquée du sceau de la divinité. Les Déïstes font un crime à Moïse de ce qu'il a gardé un profond silence sur les Peines & les Récompenses qui attendent le vice ou la vertu dans une autre vie; mais nous adorons Dieu lui-même parlant par la bouche du Législateur qu'il remplit de son souffle divin, là où ils ne croyent voir qu'un Législateur fourbe & menteur. Tous les Législateurs, dans le dessein de plier à leurs Loix l'esprit indocile des Peuples, ont supposé dans les Enfers des Juges équitables & sévéres, au Tribunal desquels on pesoit dans une balance redoutable les vertus & les vices des pâles Humains. Moïse, sans recourir à ces artifices menteurs, nous montre Dieu pour garant de ses promesses, dont l'exécution doit avoir son effet même dans cette vie; &

cœlo obruit, stante sole premit hostes; tubis circum clangentibus mœnia Jerichonis evertit; fugat Chananæos; cœdit Sennacherib, horrendâ copiarum strage per manum Angeli exterminatoris editâ; fœmineâ manu Bethuliam liberat, amputando caput Holophernis; imminens sibi exitium à cervicibus propulsat, allaborante Esther factâ Regi Assuero gratiosâ. Sub Cyro, quem divinitùs exsuscitat numen suæ singularis in filium Israel providentiæ instrumentum, patrios revisit lares; domi militiæque lætus floret, imperantibus Machabæis magnificos agit triumphos & vincit superbum Antiochum. Ast ubi summo Deo populus Israeliticus Deos tutelares, Gentilitios & locales adscifcit, nomenque ejus polluit inito cum diis gentium adulterio, tàm immitem Deum experitur adulter quam fidelis expertus fuerat benignum ac benè providum. Hinc variæ, quas ille subit sub Judicibus ac Regibus, servitutes. Qui modò redibat triumphans, hostibus proculcatis, mox eum imbellem ac inermem suis tradit Deus hostibus. Quin & Gentiles teste Historiâ Judith, ut illum securi adorirentur, non numquam expectabant, donec inconstans Israel ad Idola deficeret; adeò splendida extabant monumenta specialis in hunc populum divinæ providentiæ. At inquies, unde nobis constat horum factorum certitudo? 1. Libris nempè authenticis. Tales sunt quinque Libri

véritablement les récompenses temporelles, conformément à ce qu'il a écrit, s'empressent de combler les vœux de la Nation entiére, lorsqu'elle est fidéle à accomplir la Loi; & les peines temporelles s'attachent à elle, toutes les fois qu'elle ose l'enfreindre. Ouvrez les Livres de l'Ancien Testament; & vous verrez, dans tout le cours de cette Histoire, la nature obéit servilement à cet ordre politique, établi par Moïse. Vous y verrez Israël tiré des trésors de la Providence, pour être un monument éclatant de l'attention particuliére avec laquelle elle veille sur lui. Accru dans le nombre de ses Enfans d'une maniére miraculeuse, il entre, sous la conduite de Josué successeur de Moïse, dans la Terre de Chanaan, si long-temps promise à ses Péres. Le Ciel s'arme en sa faveur, & fait tomber une pluye de pierres sur les Amorrhéens; le Soleil s'arrête dans sa course, pour être le témoin de sa victoire sur ses ennemis; le son de ses trompettes ébranle les murs de Jéricho, & les renverse; il met en fuite les Chananéens; il taille en piéces l'armée de Sennacherib, & il en fait un horrible carnage par la main de l'Ange exterminateur; la main d'une Femme lui suffit pour délivrer Béthulie qu'assiége dans sa fureur Holopherne, & c'est cette même main qui fait tomber aux pieds de la foiblesse ce Guerrier redoutable; les charmes pudiques de la belle Esther fléchissent l'orgueil d'Assuerus son Epoux, & font renaître en sa faveur le calme dans le sein même des tempêtes. Sous Cyrus, que Dieu fait naître, & qu'il arme de son tonnerre, pour être le Protecteur de son Fils Israël, il revoit avec joye sa patrie, la paix & l'abondance régnent dans ses murs; & sous les Machabées il signale sa valeur, en triomphant avec gloire du superbe Antiochus. Mais ose-t-il associer au Maître absolu de la Terre & des Cieux des Dieux tutélaires & nationnaux? Dans son adultére, il éprouve son Dieu aussi terrible dans ses vengeances, que dans sa fidélité il l'avoit éprouvé clément & bienfaisant. De-là les différentes servitu-

bri Mosis, liber Josue, quem immeritò illi sur-
riperes, Libri Judicum & Ruth tempore Da-
vidis exarati; duo Regum priores à Samuele,
Gad & Nathan scripti, duo posteriores tempore
captivitatis, libri Esther & Paralipomenon hac
solutâ editi, liber Tobiæ à parente & filio cog-
nomine scriptus, liber Judith incertum habens
autorem, duo Machabæorum libri diversis autori-
bus tribuendi, libri Esdræ & Nehemiæ. 2. Ipsis-
metfactis, quæ festis & consuetudinibus alligan-
tur; quæ spirant in monumentis perennibus, &
statim ab illorum eventu publicè erectis, quorum
ea demùm indoles est ac natura ut eorum fides
animos totius gentis subire non potuerit, quin
reipsa olim extiterint.

AGE nunc in ipsas leges tùm morales, tùm
civiles, tùm cœremoniales oculos converte, illæ
tibi videbuntur apprimè consonare formæ regiminis Theocratici, proindèque novus ex illis decor
affulgebit, nova vis existet divinitati Mosaïcæ
legationis. Mirè inserviebant ad Judæos ab I-
dololatriâ arcendos, tot obicibus positis Judæos
in

dés, qu'il a essuyées sous ses Juges & ses Rois. Ce Peuple qui naguéres revenoit triomphant de ses ennemis qu'il avoit foulés aux pieds, Dieu le leur livre tout à coup sans force & sans courage. Les Gentils eux-mêmes, comme nous l'assure l'Histoire de Judith, attendoient pour le combattre avec avantage, que le volage Israël eût porté son encens à d'autres Dieux: tant la Providence qui veilloit sur lui s'étoit manifestée par d'innombrables prodiges! Mais, direz-vous, qui nous assurera la vérité de tous ces faits? Ce sont 1. les Livres authentiques qui les contiennent. Tels sont les cinq Livres de Moïse; le Livre de Josué, qu'on ne peut mettre sous un autre nom; les Livres des Juges & celui de Ruth, lesquels ont été écrits du temps de David; les deux premiers Livres des Rois, composés par Samuel, Gad & Nathan; les deux derniers qui ne parurent que du temps de la Captivité; les Livres des Paralipoménes, qu'on doit rapporter aux temps qui ont suivi cet esclavage; le Livre de Tobie, Ouvrage du Pére & du Fils; le Livre de Judith dont l'Auteur est incertain; les deux Livres des Machabées, qui sont de la main de différens Auteurs; les Livres d'Esdras & de Néhémie. 2. Ce sont les faits eux-mêmes, dont la certitude est comme attachée aux Fêtes & aux Coutumes qu'ils ont occasionnées, & aux Monumens érigés immédiatement après les événemens, dont ils perpétuent le souvenir, & qui sont tels enfin qu'une Nation entiére n'auroit jamais pû les croire, s'ils n'avoient réellement existé.

Tournons maintenant les yeux du côté des Loix Morales, des Loix Civiles & des Loix Cérémonielles que Moïse a établies; nous verrons qu'elles se lient parfaitement avec la nature du Gouvernement Théocratique. Cette considération nous fournira de nouvelles vûes sur la divinité de la Légation de Moïse, lesquelles ajoûteront beaucoup à l'idée que nous en avions déjà conçue. D'abord elles
avoient

inter & Gentiles, à quorum contagione tantopere illis metuendum erat. Ergò Theocratiæ quæ non nisi in veræ religionis conservationem in Monte Sina à Mose sancita fuerat, mirè congruebant. Extant quidem in codice legum Mosaïcarum minutissimæ cœremoniæ, quas irrident Deïstæ. Sed attendant cum doctissimis Maimonide & Spencero, eas ut plurimùm opponi diametraliter Zabiorum superstitioni, tuncque videbunt nihil omninò in eis esse quod Deo sit indecorum. Suam præsertim hauriunt sapientiam à suo cum aliis legibus consortio, quibus altè Dei digitus imprimitur. Sic se habent ambæ leges de Sabbatisando quolibet anno 7., & de celebrandis festis Paschatis, Pentecostes, Tabernaculorum. Quamdiù floruit respublica Judæorum, singulari providentiâ semper factum est, ut terra post sex annos effœta feraci gremio fructus trium annorum parturiret, & Judæis Jerusalem confluentibus, fines eorum tuti forent ab hostium insidiis. Præter politicam ac civilem constitutionem, Judæis insuper illucescebat religio non solùm lumine naturali innixa, sed divinâ revelatione, quæ à Deo data primùm Adæ, servata jugi traditione apud ipsius posteros, post diluvium confirmata Noëmio aliisque Patriarchis, nativo demùm & hereditario quodam jure transmissa ad Hebræos, docebat Deum moderatorem omnium æquissimum, non tantùm in hâc vitâ sed & in futurâ piorum atque im-

bio-

avoient cet avantage qu'elles fervoient à éloigner les Juifs de l'Idolâtrie, & qu'elles leur en fermoient toutes les avenues par la barriére qu'elles mettoient entre eux & les Gentils ; la pente des Juifs vers les Dieux des Nations rendoit néceffaire cette barriére, pour empêcher que la contagion ne parvînt jufqu'à eux. Il eft donc bien décidé que toutes ces Loix étoient une fuite de la Forme Théocratique, qui n'avoit été infpirée à Moïfe fur le Mont Sinaï que dans le deffein de conferver la vraie Religion. Il eft vrai qu'il fe trouve dans le Code des Loix de Moïfe des Cérémonies qui, envifagées du premier coup d'œil, paroiffent affez frivoles, & qui s'attirent le mépris des Déïftes. Mais s'ils veulent faire attention avec les favans Maimonide & Spencer, que la plupart de ces Cérémonies font diamétralement oppofées à la fuperftition des Zabiens, pour laquelle il falloit infpirer aux Juifs beaucoup d'horreur, ils reconnoîtront alors qu'elles n'ont rien qui foit indigne de la fageffe de Dieu. Ce qui les ennoblit fur-tout, & ce qui doit les rendre refpectables aux yeux des Déïftes, c'eft leur liaifon intime avec d'autres Loix, où le doigt de Dieu eft profondément imprimé. Telles font les Loix qui ordonnent le Sabath de chaque feptiéme année, & la Célébration des Fêtes de Pâques, de la Pentecôte & des Tabernacles. Pendant tout le tems que la République des Juifs a fleuri, Dieu n'a ceffé de bénir le cours de leurs deftins profpéres, en donnant régulierement à leurs terres une fécondité qui ne les a jamais laiffés dans le befoin, & en ne permettant jamais que leurs ennemis inondaffent leurs terres, dans le tems qu'ils fe rendoient tous en foule à Jérufalem. Outre cette conftitution civile & politique, dans laquelle Dieu étoit entré comme leur Roi temporel, ils lui étoient encore attachés par une Religion, qui étoit non feulement appuyée fur la Loi naturelle, mais encore fur la révélation que Dieu donna d'abord à Adam, qu'une Tradition continuelle perpétua chez fes defcendans, qui fut renouvellée

piorum habiturum esse rationem. Hinc Patriarchæ & Prophetæ quin & ipsum Judæorum vulgus animæ tenuerunt immortalitatem, & à Sadducæorum placitis omni ævo abhorruerunt. Legem itaque Mosaïcam habemus divinitùs sancitam, sed quia positam in pœnis tantùm ac præmiis temporalibus, ideò non æternum duraturam. Ergò aliam in sui subsidium vocet. Occidit vetus Synagoga, cujus æternitatem adhuc miserè prædicant Judæi, dùm ingentes illius ruinas per orbem totum circumferunt. Ergò quæcumque de illâ magnificentiùs à sacris vatibus olim prædicta sunt, eminentiori sensu transferri debent ad perfectiorem religionem, cujus erat præsaga. Hanc nobis exhibet Novum Testamentum, in omnibus ac singulis partibus genuinum opus nec adulteratum, propriis autorum nominibus insignitum. Tanta est ejus cum Veteri Testamento consonantia, ut nemo non videat in isto rerum extare substantiam, quorum imago in illo depingitur. Quid igitur est unicum Vetus Testamentum? Christi, christianæque religionis Sacramentum. Quid tota vetus scriptura? insignis & illustris de Christo christianisque prophetia & oraculum. Hinc divina Religio Christiana, quia divina Religio Judaïca. Tot ac tanta suâ religione in nos contulit beneficia Christus, ut dignus sanè foret, quem anhelarent veteres Patriarchæ fidelibus ictî desideriis, quem caneret longa Prophetarum series, quem ambirent

après le Déluge dans la personne de Noé, confirmée aux Patriarches ses successeurs, qui la transmirent par héritage aux Hébreux leurs descendans. Cette Religion enseignoit que Dieu, comme Juge équitable, ne borneroit pas à cette vie présente ses récompenses ou ses punitions. D'où il résulte que les Patriarches & les Prophétes, sans en excepter même le vulgaire des Juifs, ont cru l'immortalité des Esprits, & que le Dogme impie des Sadducéens n'a jamais infecté le corps de la Nation entière. Nous sommes maintenant convaincus de la divinité de l'Oeconomie Mosaïque; mais, parce qu'elle n'étoit fondée que sur des Peines & des Récompenses temporelles, elle ne devoit pas durer éternellement. Elle n'est donc, & ne peut être dans les desseins de Dieu qu'une pierre d'attente & de préparation. Elle est tombée pour jamais cette vieille Synagogue, dont les Juifs continuent toujours à nous vanter l'éternité; éternité si visiblement démentie par les tristes débris de cette même Synagogue qu'ils proménent en pompe dans toutes les Contrées de l'Univers. Ainsi ces expressions magnifiques, que nous admirons dans les Prophétes, doivent avoir pour objet une Religion plus parfaite. Le Nouveau Testament, Ouvrage authentique & légitime dans toutes ses parties, & appartenant aux différens Auteurs dont il porte les noms, contient tous les titres de cette Religion qui a succédé à celle des Juifs. Son rapport avec l'Ancien Testament est si visible, qu'il n'y a personne qui ne voye que l'un renferme la substance des choses, dont l'autre ne contient que les Symboles & les Figures. Qu'est-ce donc que tout l'Ancien Testament? Ce n'est, & ce ne peut être que le Sacrement de Jesus-Christ & de la Religion qu'il a établie. Quel est le but qu'on remarque dans tous les Livres des Juifs ? C'est d'annoncer à tous les âges Jesus-Christ & son Eglise. Donc la Religion Chrétienne est divine, précisément parce que la Religion Judaïque l'étoit elle-même. La Religion, que Jesus-Christ a apportée au monde,

rent suo splendore miracula, quem sui Dominum tota natura tremens ac venerabunda suspiceret, cui nox temporum fugatis caliginibus lucida se totam aperiret, qui suos haberet Evangelistas, inter scribendum divinitatis gustum sapientes, quem stiparent pro frequenti satellitio Martyres innumeri, factorum veritatem suo cruore obsignantes. His omnibus momentis innixa recumbit religio christiana. In veterum persona Patriarcharum rudibus quidem lineamentis inchoatus fuit atque informatus. In Synagogæ Prophetis, Isaia, Jeremia, Ezechiele, Daniele, &c. veris librorum authoribus, qui sua præ se ferunt nomina, præcones habuit sui ortus, suæ vitæ, suæ mortis, denique suæ resurrectionis, nil mortale sonantes. Quos autem vates ? non sane quales quos in sinu suo tulit Paganismus, qui igne æstuantes, anhelo pectore, comis hirsutis, ore spumante, Dei impatientes totis errabant antris, divinitatemque excutiebant si liceret; sed vates sub ipso numinis afflatu sui liberos, sui compotes, nec inhonestis agitatos motibus. Pythius potuit quidem renuntiare testudinem à Cræso in Sardibus decoqui cum carnibus pecudis. Unico momento, natura præditus velocissima Lydiam advolaverit & Delphos revolaverit. Dæmones, cum viderent imbres qui jam erant apud Indos, prævertere quidem & anticipare in Ægypto poterant, ac magnam Nili inundationem prædicere. Velocitas eorum, teste Tert. divinitas

cre-

monde, a produit d'assez grands biens pour qu'il méritât que la gloire précédât sa naissance, qu'elle l'accompagnât dans toute sa vie, & qu'elle le suivît au-delà du tombeau. Les anciens Patriarches, animés par les plus ardens desirs, ont soupiré après sa venue ; il a été chanté par une longue suite de Prophétes qui se sont succédés dans tous les âges ; il a été environné de l'éclat des Miracles ; la Nature tremblante & soumise l'a reconnu pour son maître ; la nuit des tems n'a point eu pour lui de nuages, elle a dévoilé à ses regards perçans ses plus sombres profondeurs ; la Divinité a conduit la plume de ses Historiens ; une foule de Martyrs lui a servi de cortége, & a scellé de son sang la vérité de ses Miracles. C'est sur cet assemblage de preuves que se fonde la Religion Chrétienne. Son Auteur est désigné & comme ébauché dans la personne des anciens Patriarches ; & tout ce qui le regarde est figuré avec éclat dans les plus beaux traits de leur Histoire. Toutes les circonstances de sa naissance, de sa vie, de sa mort, en un mot de sa résurrection, ont été prédites par les Prophétes de la Synagogue, savoir Isaïe, Jérémie, Ezéchiel, Daniel, &c. vrais Auteurs des Livres qui portent leurs noms. Mais quels Prophétes ! ils ne sont point tels que ceux du Paganisme, lesquels échauffés par les transports de l'enthousiasme, ne se montroient aux Mortels qu'avec un œil farouche, une bouche écumante, le poil hérissé, & qui impatiens du Dieu qui les agitoit, s'efforçoient, dans leurs terribles convulsions, de s'en délivrer, s'il étoit possible : mais c'étoient des Prophétes, qui sous l'impression du Dieu même dont ils étoient pleins, étoient libres, maîtres absolus de leurs actions, & jamais soumis à des agitations desbonnêtes. Apollon a bien pu annoncer que Crésus faisoit bouillir à Sardes une Tortue avec la chair d'un Agneau. Qui empêche que ce Démon, avec une nature aussi agile que la sienne, n'ait pu dans un moment se transporter en Lydie & revenir à Delphes ? Les Démons, qui voyoient tom-

credebatur, quia substantia ignorabatur. At res ab hominum nutu suspensas & in profundâ temporum nocte latitantes ; at futurorum imperiorum ortus, incrementa, eversiones, in lucem evocare splendidam, solis datum fuit vatibus, qui eodem afflatu fata Christi, christianæque religionis cecinerunt. Æmulabantur quidem dæmones dùm furarentur divinationem ; sed quia falsa vel æquivoca, & utrinque semper in eventus attemperata erant apud Paganos oracula, divina non erant. Vel tribuenda erant cæcis artibus Sacerdotum ac divinorum, vel instinctu dæmonum prolata fuisse opportebat. Propria dæmonum confessio, quam invitis, inter profanandum oracula, christiani extorquebant, si fides habeatur. Tert. Lact. Cypr. Min. - Fel. Athan. Greg. - Neocæ. Greg. - Nyss. Chris. &c. nostram extorquet confessionem circa oracula à dæmonibus reddita. Ergò religioni Paganæ sese immiscebant dæmones, quos Christus adveniens, collabente in dies Idolatriâ, è templis & tripotibus suis exterminavit. Divinatio Paganorum in auguriis & auspiciis posita, teste Tullio, vanissima, & ex credulitate antiquitatis ignaræ nata, suam referebat originem ad figuras Ægyptiorum hyeroglipbicas, undè etiam Idolatria, quæ divinitatem ipsis animantibus ac plantis indulsit. Quæcumque scripsit Doctus Blondellius de suppositiis Sybillarum libris, ea sensu tincta & subtili eruditione elaborata li-

ben-

ber dans les Indes les eaux qui servent à enfler le Nil dans son cours, pouvoient fort bien prévenir leur arrivée en Egypte, & prédire les grandes inondations de ce fleuve. *Leur agilité*, dit Tertullien, *faisoit toute leur divinité, parce qu'on ignoroit quelle étoit leur nature.* Mais tirer de la nuit profonde qui couvre l'avenir, les événemens libres qui n'ont d'autre cause que la volonté des Hommes, pour les produire à la lumière du grand jour; mais annoncer l'origine, le progrès & la chûte des Empires, c'est une qualité qui n'appartenoit qu'aux Prophétes, qui animés du même souffle divin, avoient chanté JESUS-CHRIST & les destins glorieux de son Eglise. En se mêlant de percer dans l'avenir, les Démons se sont montrés les Singes de la Divinité; mais, parce que leurs Oracles étoient faux ou équivoques, & qu'ils étoient tels que l'événement, quel qu'il fût, s'y ajustoit toujours, par cela seul ils déceloient leur origine, qui n'étoit rien moins que divine. Il falloit donc nécessairement, ou les attribuer aux artifices trompeurs des Prêtres & des Devins, ou les mettre sur le compte des Démons. La propre confession des Démons que les Chrétiens leur extorquoient malgré eux, dans les Oracles qu'ils rendoient, si l'on en croit Tertullien, Lactance, Saint Cyprien, Minutius Felix, Saint Athanase, Saint Gregoire de Néocésarée, Saint Gregoire de Nysse, S. Chrisostome, &c. nous arrache à nous-mêmes notre propre aveu touchant la part qu'ils avoient dans les Oracles des Payens. Il demeure donc pour constant que l'Idolâtrie étoit une œuvre menée de loin, & poussée aux derniers excès par des Esprits malicieux, que JESUS-CHRIST chassa de leurs Temples, & qu'il força d'abandonner leurs trépiés, élevant sa Religion sur les débris du Paganisme qui tomboit tous les jours. La Divination des Payens, qui consistoit dans des Augures & des Auspices, dont Cicéron connoissoit très-bien la vanité, & qui n'est née que du panchant qu'a le vulgaire ignorant à croire tout ce qui est mer-

benter fatemur ; ergo inanis argumentatio ex earum libris petita.

Cum *Prophetiis* habent quamdam cognationem miracula, alterum christianæ religionis argumentum. Naturam eorum ex se claram ac lucidam mille tricis & ambagibus plures implicuerunt, suisque argumentis id effecerunt, ut nullam amplius vim habeat vox Dei per miracula suam hominibus voluntatem attestantis. Quid ergò sunt miracula ? effectus stupendi, derogantes omnibus naturæ legibus cognitis, eoque ipso cognoscibilibus, quorum interruptio, quidquid effutiat Spinosa, immutabilitatem divinam non lædit. Cum Deus in agendo viis insistat simplicissimis, si semel hæ naturæ leges à Deo positæ fuerint, ut serpens ex serpente nascatur, oriantur pisces ex piscibus, fluctus alii super alios teretes labantur, Sol igneus properet metam attingere nec unquam ipse retrocedat, panis non conficiatur nisi ex granis, quæ in sinu telluris abscondita, calore solis maturante, sensim adolescant, Sol eclipsim non patiatur nisi Lunæ interpositione, corpus putridum & scatens vermibus non jam vitales auras carpat : certè

di-

veilleux, rapportoit sa premiére origine aux Figures hiéroglyphiques des Egyptiens; d'où est sortie cette Idolâtrie grossiére, qui a poussé la stupidité jusqu'à Déïfier les Animaux mêmes & les Plantes. Nous reconnoissons volontiers une critique judicieuse & une érudition raisonnée dans tout ce que le savant Blondel a écrit sur les Livres apocryphes des Sybilles. Ainsi tous les Argumens qu'on en tire tombent à faux, & ne prouvent nullement ce qu'on leur voudroit faire prouver.

Les Miracles, cet autre Argument de la Religion Chrétienne, marchent ici de pair avec les Prophéties, avec lesquelles ils conservent quelques traits de ressemblance. Nous sommes bien éloignés de ne pas nous faire à nous-mêmes des difficultés là où souvent il n'y en a point. C'est ce qui est arrivé dans la question des Miracles, dont la nature, quoique claire & lumineuse en elle-même, s'est trouvée tellement embrouillée par les vaines subtilités des Scholastiques, que ces Organes de la Divinité ont perdu entre leurs mains toute la force qu'ils ont naturellement contre les Impies. Qu'est-ce donc que les Miracles? Des effets surprenans, qui dérogent aux Loix de la Nature qui nous sont connues, & par cela même qui puissent être connues, & dont l'interruption, quoi qu'en dise Spinosa, ne donne aucune atteinte à l'immutabilité divine. Ce principe une fois reçu, que Dieu agit toujours par les voyes les plus simples; si jamais il a établi des Loix en vertu desquelles un Serpent naisse d'un Serpent; les Poissons donnent l'existence à d'autres Poissons; les Flots, par un effet de leur fluidité naturelle, roulent les uns sur les autres; le Soleil plein de feus'empresse de fournir sa carriére, sans jamais revenir sur ses pas; le pain ne se forme que de grains, qui, cachés dans le sein de la terre, attendent de la chaleur du Soleil leur insensible développement & leur maturité parfaite; l'Astre du jour ne souffre d'éclipse que par l'interposition de la Lune; un corps pourri

dicam, *& si natura suis in Phœnomenis mihi sit enigma, suprà consuetum naturæ ordinem posita esse, mutationem virgæ Mosaïcæ in serpentem, pensiles fluctus Maris Rubri & Jordanis, stationem solis & retrocessionem, multiplicationem quinque panum & septem piscium, ipsam solis eclipsim mortis Christi nuntiam, teste Phlegone, & in Annales Romanos, vade Tert. relatam; resurrectiones mortuorum quæ leguntur in scripturis. Si hæc omnia recedant à consueto rerum ordine, eo ipso manum divinam indicant. Ergò creatura sibi relicta impar erit illis effectibus. Ergò Magi Pharaonis specie tenùs virgas in serpentes verterunt; Idolorum motus & raptus in aëra & alia hujusce modi, quorum veritas parùm me sollicitat, dœmonibus, per me licet, adscribantur, non sunt miracula propriè dicta. Lædunt dæmones, inquit Tert. dehinc remedia præcipiunt, & postquàm desinunt lædere curasse creduntur. Ergò omnes morborum curationes à Christo peractae, si seorsim sumantur à Prophetiis, quae in eas aliquid divini refundunt, aequivoca sunt miracula, utpotè illarum haberent vultum & habitum in aliquibus curationes ab Esculapio factae. Ex se nullam habent miracula germanitatem cum doctrinâ. Sacram faciunt authoritatem docentis. Doctrinam inter & miraculum reperitur hominis testimonium quod utrumque consociat. Malè suum virus obtegit Voolsto, dum mutationem aquae*

pourri & rongé de vers soit condamné à ne plus respirer ni vivre : certes, quoique la Nature soit pour ma foible intelligence une énigme dans ses Phénoménes, je ne craindrai point de dire, que le changement de la Verge de Moïse en Serpent; l'immobile suspension des Flots de la Mer rouge & du Jourdain; le prodige du Soleil arrêté dans sa course, en rétrogradant sur lui-même; la multiplication des cinq Pains & des sept Poissons; l'Eclipse du Soleil arrivée à la mort de Jesus-Christ, attestée par Phlégon, Auteur Payen, & scellée, selon Tertullien, dans les Archives de l'Empire ; les résurrections des Morts qu'on lit dans les mêmes Ecritures ; que toutes ces choses, dis-je, sont des effets qui ont été produits contre le cours naturel des choses. Or si tel est leur caractére, ils annoncent sans doute la main divine qui les a opérés; d'où il résulte qu'ils surpassent tous les efforts d'un pouvoir créé. Donc les Magiciens de Pharaon n'ont changé leurs Baguettes en Serpens qu'en éblouïssant les yeux par une apparence trompeuse. Que les agitations spontanées des Idoles & leur rapt au milieu des airs, & tels autres faits prodigieux dont la vérité m'inquiéte fort peu, soient attribués aux Démons, je ne m'y oppose pas; dans tout cela je ne reconnois nullement l'empreinte d'un vrai Miracle. *Les Démons blessent*, dit Tertullien, *ensuite ils ordonnent des remédes*, *& en cessant de blesser, ils paroissent avoir guéri.* Donc les guérisons de Jesus-Christ, quoique miraculeuses en elles-mêmes, si on les sépare des Prophéties, qui dévoilent à nos yeux leur divinité, n'ont point pour nous persuader la force des Miracles, parce que quelques traits de ressemblance pourroient les faire confondre avec les Guérisons d'Esculape, opérées par une vertu Magique ou Diabolique. Les Miracles d'eux-mêmes n'ont aucune liaison naturelle avec la Doctrine, mais ils servent seulement à rendre sacré pour nous le témoignage de celui qui parle. Entre la Doctrine & le Miracle se trouve le témoignage de l'Homme, qui les

réu-

aquae in vinum apud Canan, transfiguratio- nem in monte, Hemoroïssae, duorum Paraliti- corum & cœci nati sanationem, trium mortuo- rum suscitationem, quin & ipsam Christi, ex- pulsionem venditorum è Templo, Daemoniaco- rum nominatim Gadarenorum liberationem, sen- su figurato intelligit. Malè cautus annumerares miraculis veris ficta prodigia, quae novellis tem- poribus emerserunt multâ pecuniâ divendita, nec non insensatas Fanaticorum lusiones ac pu- dendas. Praeclara, inquies, Christi miracu- la, divinamque ejus legationem ritè comproban- tia si modò vera forent. Vel unorum Evange- listarum narrationis color egregiè confirmat. In hoc se prodit eorum divinitas, ut rectè ani- madvertit Paschalius, quod leni ac placido fluat agmine eorum narratio, texens ordinem rerum à Christo praeclarè gestarum, quae fuerunt ocu- lis subjectae fidelibus; dùm Prophetae entheo spiritu abrepti Christum adhuc immersum in longo saeculorum recessu tàm vividis animi affec- tibus prosequuntur. Cedat ergò malè obstinata Judaeorum pervicacia: suum in Christo Mes- siam agnoscant: suum deicidium in distractis hinc & indè suae gentis partibus, quae lan- guent ad facinoris supplicium; cedat & mala deïstarum animi fortitudo, jugo christiano su- perbum caput inflectant. Ne nobis opponant inflexum christianae religionis intolerantismum. Religio vera per se intolerans est. Ergò Paga- nis-

réunit dans sa personne. Woolston a mal caché le venin de son impiété, lorsque s'appuyant sur l'autorité des Péres qu'il n'entend pas, il prend dans un sens figuré le changement d'Eau en Vin aux Nôces de Cana; la Transfiguration de Jesus-Christ sur le Tabor; les Guérisons de la Femme attaquée d'un flux de sang, des deux Paralitiques & de l'Aveugle né; la Résurrection des trois Morts dont parle l'Evangile, sans excepter même celle de Jesus-Christ; l'expulsion des Vendeurs de l'enceinte du Temple; la délivrance des Démoniaques, & notamment celle des Gadaréniens. Votre imprudence feroit extrême, si vous vous avisiez de placer à côté des vrais Miracles, ces faux Prodiges que des Fanatiques ont encensés dans ces derniers tems, & qu'ils ont distribués à force d'argent. Les Convulsions indécentes & scandaleuses, qui s'y sont mêlées, ont imprimé sur elles un affront éternel. Rien n'est plus beau, dîtes-vous, que les Miracles de Jesus-Christ, & ils sont bien propres à prouver la divinité de sa Mission; mais sont-ils vrais? Indépendamment de ce que nous avons dit jusqu'ici pour en prouver la vérité, pour fermer la bouche aux Incrédules, je ne voudrois point d'autre argument que celui qui naît du stile & du tour d'esprit des Evangélistes. La divinité de leurs inspirations paroît principalement, comme le remarque ingénieusement l'illustre Pascal, en ce que leur narration coule paisiblement, & que les passions humaines ne se font nullement sentir dans cette noble simplicité avec laquelle ils racontent les actions de leur Maître; tandis que les Prophétes, qui ne voyoient Jesus-Christ qu'à travers les nuages qui le cachoient dans l'enfoncement des siécles, se livroient par un contraste des plus frappans aux transports de l'enthousiasme le plus impétueux, & que rien n'étoit plus vif, ni plus passionné que les portraits qu'ils traçoient du Messie. Cette maniére d'écrire, si tranquille dans les Evangélistes, & si animée dans les Prophétes, & dès-là si peu conforme au caractére qu'ils devoient

nifmi tolerantifmus fuam arguit falfitatem, ergò Protestantium tolerantifmus à religione christianâ abducendo inflectit ad Paganifmum. Christus ex Apostolo, interficiens inimicitias in femetipfo reconciliavit *Judaeum & Gentilem* in uno corpore. *Ergò nata est haec religio ut omnes gentes in finu fuo complectatur. Hinc impium & nefandum fystema, religionem Indorum tàm altas in his oris egiffe radices, ut numquam ab illis poffit exterminari. Hinc pariter impium & nefandum fystema, religionem christianam in Sinarum tractu numquam efflorefcere poffe. Religio Christiana non fuos à variis climatibus trahit colores. Omnibus amica climatibus, Christo fponfore, univerfum orbem victrix peragrabit, ac longè latèque dominabitur. Quin & humani generis felicitati conducit, ut ubique gentium exteras diruat religiones, & inter illarum rudera placidè triumphans confideat. Nulla tàm utilis exiftit focietati politicae ac civili, quia nulla tot veritatis caracteres in fe cumulatè congeftos continet. Ex veracitate religionis fuam utilitatem tutò aeftimabis, fuique vim influxûs in bonum publicum. Ergò religio eò magis aut minùs*

pro-

voient naturellement avoir, peint aux yeux, avec des traits fenfibles, la divinité qui conduifoit le pinceau des uns & des autres. Qu'elle céde donc enfin cette inflexible opiniâtreté des Juifs; qu'ils reconnoiffent leur Meffie dans Jesus-Christ; qu'ils lifent leur Déicide, tracé en caractéres de fang, dans les membres épars de leur Nation déchirée, lefquels languiffent fans honneur & fans vie, pour annoncer à toutes les Nations que la Divinité les a marqués du fceau de fa vengeance. Qu'elle céde donc auffi cette malheureufe force d'efprit qu'affectent les Déïftes; qu'ils foumettent leur tête altiére au joug du Chriftianifme. Qu'ils ne nous oppofent point cette inflexible intolérance qui fait un de fes caractéres les plus marqués. La vraie Religion de fa nature eft intolérante; & la tolérance du Paganifme eft une preuve de fa fauffeté. Donc cet efprit de tolérance, qui paroît né avec les Religions Proteftantes, en les éloignant du Chriftianifme, les raméne infenfiblement au Paganifme. Jesus-Christ, *en tuant en lui-même*, felon la Doctrine de l'Apôtre, *les inimitiés qui divifoient le Juif & le Gentil, les a réconciliés l'un & l'autre dans un même corps*: donc la Religion qu'il a établie eft née pour recevoir dans fon fein toutes les Nations: donc c'eft un fyftême impie & digne de tous les Anathêmes, que de foutenir que la Religion des Indiens a jetté dans les climats qu'ils habitent des racines fi profondes, qu'elle n'y peut être détruite. C'eft encore un fyftême impie & digne de tous les Anathêmes, que celui qui fuppoferoit qu'il n'eft pas poffible que le Chriftianifme s'établiffe jamais à la Chine. La Religion Chrétienne ne fe colore point diverfement, fuivant la variété des climats dont elle eft abfolument indépendante. Amie de tous les climats, fa deftinée eft de dominer un jour fur toutes les Nations, & de leur donner des Loix. Nous en avons pour garant la parole de fon divin Inftituteur, laquelle eft pour nous le plus fûr de tous les Oracles. Il importe même au bonheur du Genre humain,

qu'elle

proderit focietati, quò magis aut minùs ex colluvie fuperftitionis erit concreta. Qua parte Paganifmus inficiebatur fuperftitione, ad fcelera atrociffima, fpurciffimas libidines & impias doctrinas impellebat. Quâ verò parte ad veritatem accedebat, labantem inftar columnae focietatem fulciebat. Hinc omnes artis politicae labores eò tendebant ac pertinebant, ut in omnibus animis amorem religionis foverent. Omnis religio quâcumque laboret fuperftitione in focietate praeftat Atheifmo fub quo nulla obligatio. Si latè unquam in focietate dominaretur, brevi tota focietas refoluto corpore dilaberetur. Illam ruinae proximam, tùm bonos in Monarchiâ, virtus in Republicâ, timor in Defpotifmo, malè à lapfu fuftinerent. Si femel religionem demas, hoc ipfo omnes difciplinae civilis nervi fucciduntur.

RELIGIO *Chriftiana, vera quidem ac divina : ergo quæ primùm à Deo data fuerat revelatio Patriarchis, dein Mofi vatibufque, ea nunc penes*

qu'elle porte par-tout ses conquêtes, & que sur le débris de toutes les Religions elle s'établisse par cet esprit de douceur & de soumission, qui ne respire que l'amour de l'ordre public, & n'excite jamais de trouble dans les Etats. Jamais Religion ne fut si utile aux Sociétés civiles & politiques; parce que jamais Religion ne posséda à la fois tant de caractéres de vérité. La vérité d'une Religion est une régle bien sure pour juger de son utilité & de son influence suprême sur les esprits. Il suit de-là qu'une Religion sera plus ou moins utile à la société, suivant qu'elle sera plus ou moins infectée de superstition. Le Paganisme, considéré du côté de la Superstition qui en faisoit l'ame, poussoit ses aveugles Sectateurs aux crimes les plus atroces, aux lubricités les plus infâmes, aux croyances les plus impies. Ce n'est qu'autant qu'il se rapprochoit de la vérité, que semblable à une colonne inébranlable, il soutenoit la société prête à se renverser. Voilà pourquoi tous les soins des Législateurs & des Magistrats tendoient à nourrir & à fomenter dans les cœurs l'amour de la Religion. Toute Religion, quelle que soit la Superstition qui la domine, est toujours plus avantageuse aux sociétés que l'Athéïsme, sous lequel il n'y a point d'obligation, parce qu'il n'y a rien qui puisse y avoir force de Loi. Si jamais l'Athéïsme venoit à corrompre le cœur d'un Etat, on verroit bientôt se relâcher les nœuds qui lient les Membres de la société. Ni les faux honneurs des Monarchies, ni les vertus humaines des Républiques, ni la crainte servile des Etats despotiques, ne seroient capables de la soutenir sur le panchant de sa ruine. On ne sauroit détruire la Religion dans les Etats, qu'aussi-tôt tous les ressorts du Gouvernement ne se détendent.

La Religion Chrétienne est donc vraie & divine; & dès-lors la Révélation a dû passer des Patriarches, de Moïse, & des autres Prophétes, auxquels Dieu l'avoit d'abord donnée, aux Chrétiens, qui seuls l'ont re-

penes solos existit Christianos. In Lege naturali, per seipsum Deus alloquebatur mortales, in Lege Mosaïcâ per Prophetas, in Lege Evangelica per Ecclesiam. Quæ prima subit hominem cogitatio, nisi fortè mente alienus sit, hæc nimirum esse debet, divinam doctrinam non permissam fuisse rerum atque hominum temeritati, ut esset ludibrium casibus humanis insanisve hominum cogitationibus. Ergo, ne hominum rerumque levitatem ac vices experiatur divina revelatio, debet esse aliquis ordo illius transmittendæ. Ergo existit quædam hominum societas, cui suam revelationem credidit Deus, & cujus Magisterium instituit, ad illam revelationem per sæcula universa ad singulas ætates transmittendam. Ergò de existentiâ Ecclesiæ, ejusque infallibilitate maxima consensio esse debet, adeòque utramque negare Atheismus quidam est: hinc protestantes cæterique hæretici minimè audiendi sunt, qui dum ex unâ parte de Ecclesiâ consentiunt, supremam illius authoritatem in dirimendis controversiis præfractè negant. At vero ubinàm sit illa Ecclesia, quibus insignita caracteribus, quibus donata proprietatibus, hîc innumera nascuntur jurgia Hæterodoxos inter & Catholicos. Quis putet in eâ re, quæ perspicua maximè esse debet, tot ac tantas lites exoriri potuisse? si Deus instituit Ecclesiam, penes quam sit doctrina salutis, perspicuum esse debet & ubi illa sit & qualis sit, ut homines universi ad ejus magis-

recueillie, tandis que son flambeau s'est éteint parmi les Juifs. Dans la Loi de Nature, Dieu se communiquoit par lui-même aux Hommes; dans la Loi de Moïse, il se servit du ministére des Prophétes pour leur dicter ses volontés; & dans la Loi Evangélique, son esprit se repose sur l'Eglise qu'il a fondée. La première idée qui se présente à tout homme qui consulte la raison, c'est que Dieu n'a pas dû confier au hazard, ni livrer aux caprices humains le soin de conserver sa révélation, qui nécessairement en seroit devenue le jouët. Afin donc qu'elle se maintînt dans son intégrité contre l'inconstance des choses, & plus encore contre la mobilité naturelle de l'esprit humain, Dieu doit avoir établi un Ministére propre à la transmettre aux hommes dans toute sa pureté. Il y a donc quelque part une Société d'hommes, à laquelle Dieu aura confié sa tradition, & dans le sein de laquelle il aura visiblement formé un Ministére, qui la fît passer d'âge en âge jusqu'à la consommation des siécles. Tout nous porte donc à reconnoître une Eglise qui soit infaillible; & qui nieroit ces deux points importans, tomberoit dans une espéce d'Athéïsme. Cette seule réflexion détruit absolument les vaines prétentions des Protestans, qui forcés de reconnoître une Eglise, croient pouvoir lui contester l'infaillible autorité dont elle doit jouir dans la décision des Controverses portées à son Tribunal. Mais où trouver cette Eglise ? A quelles marques la reconnoître ? Et quelles peuvent être ses augustes prérogatives ? Voilà ce dont ne conviennent point entre eux les Catholiques & les Hérétiques; voilà ce qui enfante parmi eux tant de contestations, que la dispute éternise. Qui le croiroit, qu'une chose qui de sa nature doit être si claire & si lumineuse, eût pu être obscurcie de tant de nuages par la malice des Hommes, soutenue de toutes les puissances de l'Enfer ? Si Dieu a établi une Eglise, où il ait déposé la Doctrine du Salut,

gisterium confugiant. Hinc 1. debet esse multitudo illustris, conspicua totoque orbe visibilis, ut in eam velut in tutissimum portum se recipiant homines errantes sine face, sine sydere, sine gubernaculo. Hinc 2. nullas in suis sensibus experiri debet variationes; spiritus veritatis uniformi modo usque loquitur. Ergò ubicumque societas notâ variationis inuretur, ibi non Dei sed diaboli Ecclesiam esse oportebit. Hinc 3. debet esse successio Pastorum non interciso successionis filo ab Apostolis ad nos usque porrecta, alioquin novus ordo revelationis nasci deberet. Age verò, quænam, omnes inter societates quæ Christiano pallio involutæ te vocant in castra, hisce tribus notis illustratur? nullam ab Ecclesiâ Romanâ diversam appellare poteris, quæ sibi illas vindicet. Si quæ successionem habent personarum haud interruptam, ut forsan Græci & Anglicani, saltem illam non obtendere nobis possunt, reptant enim inglorii & angustis coarctati limitibus. Quin & ipsi gestant (quod proprium est ac gentile cuilibet hæresi) notam variationis suis quasi frontibus inscriptam. Multò minus in scenam adducas Protestantes, qui sunt veluti scopæ dissolutæ quæ per varia tempora temere projectæ sunt nantes in gurgite vasto sæculorum. Perpetuam & perennem Ecclesiam non investigabis apud hæreticos, de quibus nil hodiè aliud superest quàm inanis strepitus. Sola Ecclesia Romana origini Apostolicæ

in-

il est évident qu'on ne doit pas ignorer où elle se trouve, afin que tous les Hommes ayent recours à son Ministére sacré. Il suit de-là 1. Qu'elle doit être composée d'une multitude d'Hommes, qui soit illustre, visible & éclatante dans tout l'Univers, pour tendre la main à ceux qui errant sans flambeau, sans étoile & sans gouvernail, iroient se briser avant d'arriver au port : 2. Qu'elle ne doit éprouver aucune variation dans ses sentimens, parce que l'Esprit qui la conduit ne varie jamais, & que la Vérité ne parle qu'un langage ; d'où il résulte qu'une Société, dont on pourra écrire l'Histoire des variations, n'est pas l'Eglise de Jesus-Christ, mais la Synagogue de Satan : 3. Enfin qu'elle doit remonter aux Apôtres, par une succession non interrompue de Pasteurs qui ayent toujours continué le fil de la Tradition; autrement il faudroit un nouvel ordre de révélation. Cherchons maintenant parmi toutes les Sociétés qui se disent Chrétiennes, & qui sous ces livrées respectables nous sollicitent d'entrer dans leur camp, quelle est celle qui rassemble ces trois caractéres. Nulle autre que l'Eglise Romaine ne pourra se les approprier. Si quelques-unes d'entre elles, comme sont peut-être les Grecs & les Anglicans, se glorifient d'une suite non interrompue de Pasteurs, du-moins elles ne peuvent nous l'objecter, ni s'en prévaloir avec quelque couleur de vraisemblance. Foibles & rampans dans la poussiére, ni les Grecs, ni les Anglicans n'ont cet éclat qui découvre la véritable Eglise. Mais ce qui les confond avec tous les Hérétiques, c'est qu'ils portent sur leur front la note flétrissante de variation, qu'ils ne pourront effacer. Les Protestans figureroient encore moins sur la Scéne, eux qu'on peut regarder comme des balayeures jettées au hazard & nageant en petit nombre dans le vaste sein des temps. Nous ne redemanderons point non plus aux anciennes Sectes, dont il ne reste plus aujourd'hui qu'un vain souvenir, cette Eglise, qui doit être immortelle dans sa durée. La seule Eglise

inserere se audet, sola extensione suâ universum orbem complectitur, sola in toto cursu sibi semper similis extitit. Ergò in eâ solâ Christus arcem veritatis, sedem ac domicilium collocavit. Ergò omnes ab illâ diversas tanquam ramos degeneres & adulteros habe. Crudum adhuc & sanguinans spirat illarum ab Ecclesiâ Romanâ distractionis vulnus. Jam Ecclesiam Catholico-Romanam pro verâ Christi Ecclesiâ profitemur, at in eâ potestas judicandi fuit-ne data toti ejus corpori, an quibusdam ejus partibus? Non toti certè corpori, nec omnes consuli vel adiri possunt, nec omnium est de fide judicare & pronuntiare. Iis tantum hæc est attributa, quibus illa gratiæ mensura data fuit, ut sint Patres & Doctores. In corpore naturali totus homo videt & audit, non quidem per omnes sui partes, sed per certa organa, quibus insita est vis videndi & audiendi. Ergò totum Ecclesiæ corpus non per singula sui membra, sed per Episcopos de fide pronuntiare par est. Ergò perperam Protestantes unicuique privato hanc tribuunt licentiam, ut suæ fidei arbiter sit & architectus: in hoc sane mirandi, & necessario secum discordes, quod augusto Episcoporum corpori inerrantiæ privilegium adimant, ut illo dignentur rudes, idiotas, nurus & mulierculas. Inde Religionem fidemque everti necesse est, & phanatismum procreati. Et quidem sponte natus est non semel ex privato Lutheri & Calvini spiritu, ex lucido Claudii

de Rome ose porter son origine jusques aux temps Apostoliques; seule elle remplit les promesses faites à l'Eglise, par ce grand nombre de Nations qu'elle porte dans son sein; elle seule enfin dans tout son cours s'est toujours ressemblée à elle-même. C'est donc chez elle seule que Jesus-Christ a fixé le séjour de la Vérité, & qu'il a fondé la Chaire d'où partent les Oracles qui vont instruire le Monde Chrétien. Nous ne devons donc regarder toutes les autres Sectes que comme des branches retranchées du tronc toujours vif, duquel elles ne reçoivent plus la vie, & que comme des parcelles détachées du tout qui faisoit leur force & leur gloire. Le point de leur rupture est une playe toujours sanglante. Il est donc bien déterminé que l'Eglise Romaine jouït du privilége glorieux d'être appellée l'Eglise de Jesus-Christ. Il s'agit maintenant de savoir si la puissance de juger a été donnée à tout le Corps de l'Eglise, ou seulement à quelques-uns de ses Membres. Ce n'est pas certainement à tout le Corps; car tous ceux qui le composent ne peuvent être consultés ni interrogés sur la Foi, & il n'appartient pas à tous d'en juger, mais seulement à ceux qui ont reçu cette portion de grace, qui les a érigés en Pasteurs & en Docteurs. Dans le corps naturel, il n'est pas donné à l'Homme de voir & d'entendre dans toutes ses parties; mais il ne jouït de ces deux avantages que par le canal des organes, auxquels est attachée cette double faculté. Ainsi le Corps de l'Eglise ne doit pas juger de la Foi dans tous ses Membres, mais le faire seulement par ses premiers Pasteurs, qui sont les Evêques. Donc les Protestans sont mal fondés à permettre à chaque Particulier de régler par son propre esprit sa croyance. Pour des Gens qui s'érigent en Réformateurs de l'Eglise, quelle plus énorme contradiction que celle qui dépouille l'auguste Corps des Evêques du Droit de l'Infaillibilité, pour en revêtir ce qu'il y a de plus vil, de plus grossier & de plus obscur parmi le Peuple! Qui ne voit que dès-là toute Religion se renver-

dii radio, ex cœco impetu enthusiastarum, ex obstrepentibus populi clamoribus, unoquoque eamdem usurpante in religione figendâ libertatem, quam isti primùm arripuerant. Jam verò si visibile magisterium in suâ Ecclesiâ posuit Christus non solis constat electis, qui nec videntur nec palpantur, sed ipsis etiam reprobis, peccatoribus vel publicis, hæreticis occultis, nec sinu suo evomit nisi excommunicatos, schismaticos hæreticosque notorios, quibus juridicè & nominatim nondum præcisis suam non adimit jurisdictionem, nisi Aras Aris, Sacra Sacris opponant. Cœteros inter Episcopos Romanus Pontifex primatum obtinet tùm honoris tùm jurisdictionis, eâ lege tamen ut ab illo non mutuentur suam jurisdictionem à Christo immediatè derivatam. Hinc per se non est infallibilis, adeòque ut ratum sit dogma à sede Apostolicâ emissum huic accedat Episcoporum consensus sivè expressus sivè tacitus. Hinc concludas regimen Ecclesiæ Monarchicum Aristocratiâ temperari. Decretoriè pronuntient, conspirante summo Pontifice, sivè dispersi sivè congregati in Conciliis nil interest, eadem imminet authoritas: interni eorum Oraculis obsequii necessitas nobis incumbit. Circà facta dogmatica silentium religio-

se, que la Foi s'éteint, & que le Fanatisme s'empare des esprits? C'est aussi ce que l'expérience n'a que trop confirmé. En effet on l'a vu sortir & naître comme de lui-même dans le sein du Protestantisme. L'esprit privé de Luther & de Calvin, le rayon lumineux de Claude, l'impétuosité aveugle des Illuminés & des Enthousiastes, les clameurs insensées de tout un Peuple, qui a voulu s'arroger, en matière de Religion, une liberté que ses Maîtres avoient prise, & dont ils avoient imprudemment flatté son indépendance: tout cela, dis-je, a ouvert plusieurs fois un champ vaste au Fanatisme le plus outré. Mais si Jesus-Christ a établi dans son Eglise un Ministére public & visible, elle n'est donc pas composée de seuls Elus, qui par eux-mêmes ne sont ni visibles, ni palpables; mais elle l'est encore des Reprouvés, des Pécheurs publics, des Hérétiques cachés, & elle ne vomit hors de son sein que les Excommuniés, les Schismatiques, les Hérétiques notoires, qu'elle attend même à dépouiller de leur Jurisdiction, en les excommuniant nommément, qu'ils ayent élevé Autel contre Autel, Religion contre Religion. L'Evêque de Rome posséde sur tous les autres Evêques une primauté d'Honneur & de Jurisdiction; mais l'influence de cette primauté ne va pas jusqu'à leur conférer elle-même cette autorité de Jurisdiction dont ils sont revêtus, & qu'ils tiennent immédiatement des mains de Jesus-Christ. Le Pape n'est donc point par lui-même infaillible; & par conséquent, pour qu'un Dogme émané du Saint Siége ait force de Loi dans toute l'Eglise, il est nécessaire qu'il soit muni du suffrage exprès ou tacite de tous les Evêques; d'où il résulte que le Gouvernement de l'Eglise n'est pas purement Monarchique, mais qu'il est tempéré par l'Aristocratie. Que les Evêques qui prononcent de concert avec le souverain Pontife sur un Dogme, soient assemblés ou dispersés,

giosum vera contumacia. Intra spiritualium terminos arctata potestas Ecclesiæ non præsumat illos audaci saltu trajicere. Stat limes inter utramque potestatem spiritualem & civilem nullo fulmine unquam violandus. Spiritualis legislativa quidem est ac coërcitiva, sed in ordine tantum Canonico & spirituali. Absit itaque abusus Pontificiæ potestatis, quo solveretur subditorum obsequium legitimo Principi debitum. Quidquid delirant Reges, à supremo Regum moderatore unico plectantur. Societas civilis sæpe imbellis est sine stricto anathematis gladio, & societas religiosa agit molliter in animos absque legum terrore civilium : ergò fœdus ineant, sed intra terminos ab illustrissimo Bossuetio constitutos.

QUAM *Christus immobili fundaverat in Petrâ Ecclesiam, suis Apostolis committit ut illam erigant perducantque ad summum perfectionis apicem. Mathiam sorte eligunt ut in Judæ proditoris locum sufficiatur. Die Pentecostes,*
juxta

il n'importe; c'est toujours la même autorité respectable, qui en conséquence exige la même soumission intérieure à ses Decrets. Le silence religieux dont quelques-uns se contentent pour les faits Dogmatiques, dégénère en une véritable contumace, & annonce le caractère d'un esprit fièrement révolté. Entre les deux Puissances, la Spirituelle & la Civile, s'élève une barrière que les Droits les plus sacrés empêchent de jamais franchir. Le Droit de faire des Loix & de contraindre ceux qui les violent, est naturel à la Puissance Spirituelle, pourvu que la contrainte qu'elle exerce se renferme dans les bornes étroites de l'Ordre Canonique & Spirituel. Nous ne pourrions regarder que comme un abus de la puissance Papale le Droit qu'elle s'arrogeroit de porter ses mains sur la Couronne des Rois, & de délier leurs Sujets du serment de fidélité qu'ils leur ont jurée. Les Rois ne sont comptables de leurs fautes qu'au souverain Arbitre de l'Univers. La Société Civile, pour se maintenir dans toute sa vigueur, est quelquefois obligée de recourir aux Anathêmes de la Religion; de même que la Société Religieuse se trouve souvent sans force, si elle ne s'arme de la terreur des Loix Civiles. Ces deux Sociétés ont donc un intérêt mutuel à former ensemble une espéce de Confédération qui ne sera avantageuse à l'une & à l'autre, qu'autant qu'elles se renfermeront dans les limites marquées par le grand Bossuet.

CETTE Eglise, que JESUS-CHRIST avoit affermie sur des fondemens éternels, les Apôtres reçoivent de lui l'ordre de l'élever & de la conduire à sa plus haute perfection. Le sort fixe leur choix sur Mathias destiné par la Providence à remplacer parmi eux le traître Judas. Le jour de la Pentecôte, selon la promesse que JESUS-CHRIST leur en avoit faite, le Saint Esprit descend sur eux;

juxta Christi promissum Spiritus S. in ipsos illabitur, eosque in viros Deo propiores quàm hominibus transformat. Septem Diaconos, ut sibi ministrent in laboribus Apostolicis eligunt, condunt Symbolum non constitutiones, hinc apocriphæ quæ sub ementito Apostolorum nomine annis volventibus circumferebantur. Dein disperguntur Apostoli, sibique partiuntur orbem quem modò suis gradibus emensuri erant. Primam Antiochiæ Cathedram Petrus erigit ibique Evodium consecrat Episcopum, dein Romam venit, ibique cum Paulo veritatem cum sanguine profundit : hinc caput altius inter alias Ecclesias semper extulit, & ad illam, propter potiorem principalitatem, necesse fuit imposterum omnem convenire Ecclesiam : Rixæ nascuntur de legalibus observationibus, congregantur Apostoli, expenditur quæstio & utrimque agitatur etsi singuli inerrantiæ privilegio donarentur. In hoc primo Concilio subministrant normam, ad quam omnia concilia œcumenica componi debent simulque authoritatem quâ pollent, nobis commonstrant. Ex hoc uno disce Conciliorum œcumenicorum infallibitatem. Antesignani omnium hæreticorum, Cerinthus, Basilides, ad quos profligandos suum

scir

eux; & fa préfence qui les remplit, les transforme en des Hommes qui paroiffent plus tenir de la Divinité que de l'Homme. Pour être plus libres dans leurs fonctions Apoſtoliques, ils ſe déchargent d'une partie des Oeuvres qu'exigeoit d'eux la Charité, ſur ſept Diacres qu'ils choiſiſſent pour cet effet. Ils dreſſent tous enſemble un Symbole pour affermir la Foi des Fidéles. Les Conſtitutions qui depuis ont paru ſous leur nom, font regardées comme apocryphes. Après cet ouvrage immortel, ils ſe diſperſent, & ſe partagent entre eux l'Univers, dont ils ont entrepris la conquête, & qu'ils vont bientôt meſurer de leurs pas victorieux. Dans ſa courſe triomphante, Pierre, Chef du Collége Apoſtolique, érige une Chaire à Antioche, dont il conſacre Evêque Evodius; il tourne enſuite ſes pas vers Rome, où la Providence l'attendoit avec Paul pour y verſer la Vérité avec leur ſang. De-là cette prééminence de l'Egliſe de Rome ſur les autres Egliſes, qui toutes doivent aller à elle comme à leur centre. Pendant le ſéjour des Apôtres à Jéruſalem, il s'élève des diſputes touchant les Obſervances Légales; les Apôtres s'aſſemblent, ils examinent la Queſtion, & ils l'agitent de part & d'autre, comme s'ils n'avoient pas jouï tous en particulier du privilége d'être infaillibles: c'eſt que dans ce premier Concile ils vouloient par leur exemple preſcrire aux ſiécles à venir la forme des Conciles, & montrer en même temps la force de leur autorité, toutes les fois qu'ils repréſenteroient l'Egliſe. Ce ſeul fait eſt déciſif en faveur de l'infaillibilité des Conciles Généraux. A la tête des Hérétiques je vois un Cérinthe & un Baſilides, & c'eſt pour les combattre que Saint Jean écrit ſon Evangile. L'Erreur de Novatien allume une vive diſpute entre Saint Cyprien & Saint Etienne ſur le Baptême. Après bien des agitations, la paix enfin triomphe dans leurs cœurs de tout le reſſenti-

scribit Evangelium sanctus Joannes. Occasione Novatiani Cyprianum inter & Stephanum oritur de baptismo dissidium : vincit pax in cordibus eorum. Emergit Ariana hæresis grassaturque per totum imperium præsulum pedo nixa, Regum firmata Sceptro, fœminarum stipata choro. Hanc hæresim sine more furentem in rapidissimo cursu sistit Nicæna Synodus, vocem Omousion in tesseram fidei consecrat. Hanc infringere non possunt omnes cæcæ hæresis molitiones nec dolus Ursacii, Valentii, & Germinii in Concilio Ariminensi. Non Arianâ labe infectus Cypr. Hyerof. catecheseon author. Invidiose Christianis objicitur mors Juliani Apostatæ à milite Christiano illata. Teste Ammiano Marcellino in hâc re authore non suspecto. Instauratio Templi Hierosolymitani interrupta globis flammarum ex tristissimo Templi busto erumpentibus. Prima Synodus Constantinopolitana acceptatione œcumenicâ proscribit Macedonianos. Nestorius erroris insimulatus à suis Presbyteris & delatus ad Ecclesiam in Ephesinâ Synodo congregatam ibique damnatus : verum latrocinium alterum Ephesinum reprobatum à Chalcedonensi Concilio contra Eutychetem celebrato. Theodoretum jure adigit ut dicat anathema

ment qu'elle avoit dû occasionner. Une Héréfie bien plus dangereufe, l'Arianifme, ne tarde pas à troubler le repos de l'Eglife; elle fe répand comme un feu dévorant dans tout l'Empire, foutenue du Bâton Paftoral des Evêques, affermie par le Sceptre des Empereurs, & portée en pompe par un grand concours de Femmes qui s'enchaînent à fon char. Pour arrêter le cours rapide de ce torrent, Conftantin affemble à Nicée en Bithinie le premier Concile Général, où trois cens dix-huit Evêques confacrent à jamais par le terme d'*Omoufios* la Confubftantialité du Pére & du Fils. Cette décifion eft un boulevard que l'Héréfie ne peut renverfer par fes intrigues fecrétes & fes manœuvres fourdes. Les artifices d'Urface, de Valens & de Germinius n'ont pas un plus heureux fuccès. Jamais le poifon de l'Arianifme n'infecta le cœur de Cyrille, Auteur des Catechéfes qui portent fon nom. C'eft à tort qu'on calomnie les Chrétiens d'avoir armé contre la vie de Julien l'Apoftat la main d'un Soldat Chrétien. Le rétabliffement du Temple de Jérufalem, interrompu plufieurs fois par des tourbillons de flammes échappés du fein même du bucher qui l'avoit confumé, eft un fait attefté par Ammien Marcellin, Auteur Payen, & dès-là nullement fufpect dans cette matiére. Le premier Concile de Conftantinople, devenu Oecuménique par l'acceptation de toute l'Eglife, condamne l'Erreur de Macédonius. Neftorius eft accufé d'Erreur par les Prêtres de fon Eglife, pour avoir divifé la Perfonne de Jesus-Christ; & il eft flétri par le Concile d'Ephéfe, troifiéme Général. Celui que convoque Diofcore eft plutôt un vrai brigandage qu'un Concile; & il eft frappé d'Anathême par le Concile de Chalcédoine, qui anathématife Eutychès. On y examine la Lettre écrite par le Pape Saint Léon le Grand; & le fuffrage dont il l'honore, la fait révérer à tout l'Univers. Les

thema Nestorio. Sancti Leonis Epistolam expendit, eamque suo calculo comprobat damnatis Ibæ litteris. Præposterum Joannis Antiocheni amorem in Nestorium unice Cyrillus arguit. In rebus fidei mira consensio inter Concilium quintum & Chalcedonense. Epistolæ Agathonis probantur in sextâ Synodo, cujus acta non interpolata. Damnatur Honorius ut hæresis Fautor. Ipsius Epistolæ non dogmaticæ aliquam à Monothelismo labem contrahunt. Joannæ Papissæ historia commentum. Octavam Synodum cogit Adrianus II. in quâ legitimè deponitur Photius. Ætas decima stylo decolor non doctrinâ. Quam fabulantur Protestantes à Paschasio invectam fuisse in avitam fidem mutationem ea prorsùs impossibilis. Agmen Patrum claudit Divus Bernardus. Moralem eorum Barbeyracus, fidem Dallæus immeritò vellicant : fidem omnimodam merentur ubi traditionem suo ævo vigentem commemorant, ast ubi in subsidium traditionis veniunt eorum ratiocinia, jam tunc ratione eorum momenta ponderentur. Non numerum scholasticorum, sed rationes perpendo. Concilia Lateranensia quatuor oecumenica. In quarto jus Ecclesiæ in temporalia regum nullatenus sancitum fuit. Generalia Lugdunensia

duo :

Lettres d'Ibas, qui fomentoient l'Erreur, font cenfurées. Le cinquiéme Concile ne donne aucune atteinte aux Jugemens du quatriéme Concile. Les Lettres d'Agathon font louées dans le fixiéme Concile Général, dont les Actes n'ont point été altérés. On y condamne Honorius comme fauteur de l'Héréfie des Monothélites, dont on trouve quelque teinture dans fes Lettres. L'Hiftoire de la Papeffe Jeanne eft un Roman inventé malignement en haine de l'Eglife de Rome. Le Pape Adrien convoque le huitiéme Concile Général, où Photius eft légitimement dépofé. Le dixiéme fiécle, appellé à jufte titre le Siécle de Fer pour la barbarie de fon goût, a produit une foule de Savans. Le changement infenfible fur l'Euchariftie, que les Proteftans font commencer à Pafchafe, eft impoffible. Saint Bernard, le dernier des Péres, férme la barriére qui les fépare des Scholaftiques. On eft indigné de l'impudence extrême à laquelle fe font portés contre eux Barbeyrac & Daillé, le premier en attaquant leur Morale, & le fecond en cenfurant leurs Sentimens Théologiques. S'ils font fimples Hiftoriens de la Tradition de leur tems, leur autorité eft d'un poids à qui tout doit céder; mais lorfqu'ils fe permettent de l'appuyer de leurs raifonnemens, le refpect qu'on doit avoir pour eux ne défend pas d'en examiner la force & la folidité. Ce n'eft pas tant le nombre des Scholaftiques que la force de leurs raifons qui peut entraîner mon confentement. On doit ranger parmi les Conciles Généraux les quatre Conciles de Latran, dans le quatriéme defquels on n'a jamais établi le Droit de l'Eglife fur le temporel des Rois. Le caractéré d'Oecumenicité eft également imprimé aux deux Conciles de Lyon. Le premier de ces Conciles ne porte pas la main fur la Couronne de Frédéric. Dans le doute où les Efprits flottent

entre

duo; in 1. *non deponitur Fredericus. Legitimum & antiquum jus regaliæ. Schifmatis rei non funt qui Clementem* I. *inter &* Urbanum VI. *fluctuant incerti & ancipites. Oecumenica Concilia Conftantienfe , Bafileenfe modò ultimum concludatur intrà vigefimam quintam Seffionem. Oecumenica Synodus Florentina in quâ verè peracta Græcorum & Latinorum unio, fed infaufto exitu. Non Oecumenica Lateranenfis quinta Synodus. Leo* X. *anathemata vibrat in Lutherum,* 1. *Indulgentiarum dein Miffæ, tandem ferè omnis religionis everforem. Hunc æmulatur Calvinus, & utrumque damnat Tridentina Synodus generalis ultima. Accuratum Librorum facrorum utriusque teftamenti indicem exhibet, authenticam declarat Vulgatam partim ex veteri Italâ, partim ex Hyeronimi verfione conflatam. Suum fervat honorem Verfioni* 70 *Interpretum. Confuli poffunt licet multis fcaturientes erroribus Aquilæ, Symmachi & Theodotionis verfiones, quin & Syriaca antiquiffima cujus author nec Marcus Thaddæus. Antiqua Æthiopica, Perfa quam habemus recentior. Ad pleniorem veteris Teftamenti intelligentiam confer etiam Onkelofi,*

entre Clément I. & Urbain VIII. il n'y a point de Schifme à craindre, quel que foit le parti qu'on embraffe. Le Concile de Conftance & celui de Bâle, pourvu qu'on n'étende pas ce dernier au-delà de la vingt-cinquiéme Seffion, doivent être compris parmi les Conciles Généraux. C'eft un titre qu'on ne peut auffi refufer au Concile de Florence, où fe confomma la réunion des Eglifes Grecque & Latine, malgré les mauvais fuccès dont elle a été fuivie. Cet honneur n'eft nullement dû au cinquiéme Concile de Latran. Luther, en attaquant d'abord les Indulgences, enfuite la Meffe, & enfin la Religion, dont il ébranle prefque tous les fondemens, attire fur fa tête les Anathêmes que lui lance Léon X. Enhardi par le fougueux Luther, Calvin marche fur fes traces, & il eft frappé avec lui du même coup de foudre, par le Concile de Trente : ce Concile dernier Général, nous fournit un Catalogue exact des Livres tant de l'Ancien que du Nouveau Teftament, & déclare authentique la Vulgate compofée en partie de l'ancienne Verfion Italique, & de la Traduction qu'en a faite Saint Jérôme fur l'Original Hébreu. Il conferve au Texte des Septante toute fon autorité. Rien n'empêche pourtant qu'on ne puiffe confulter les Verfions d'Aquila, de Symmaque, & de Théodotion, quoiqu'elles fourmillent d'Erreurs. On y peut joindre l'ancienne Verfion Syriaque, qui ne reconnoît point pour Auteur Marcus Thaddæus, auffi-bien que l'ancienne Verfion Ethiopienne, & la nouvelle Traduction Perfane, que nous avons. Mais pour avoir une pleine intelligence de l'Ancien Teftament, on peut auffi avoir recours aux Paraphrafes d'Onkélos, de Jonathan & de Jofeph l'aveugle. Retournez maintenant fur vos pas, & fuivez l'Eglife dans toute l'étendue de fon cours, vous la verrez

tantôt

Iosi, Jonathanis, Josephi cæci Paraphases. Nunc relege vestigia & videbis Ecclesiam modò florentem, modò afflictam, modò pacatam, modò perturbatam inter emergentes hæreseon fluctus. Tantæ molis erat Catholico Romanam condere religionem, quam Deus evoluto tandem tempore, in æternis suæ providentiae consiliis stato, indulsit homini, cujus in faciem vitæ spiraculum inspiravit!

tantôt floriſſante & tantôt perſécutée, tantôt jouïſſant d'un calme heureux & tantôt battue de la plus violente tempête ; mais vous lui verrez toujours lever la tête au-deſſus des flots, ſous leſquels l'Héréſie a tenté vainement de la ſubmerger. Tant il a fallu eſſuyer de travaux immenſes pour établir ſur la ruïne de toutes les Superſtitions la Religion Romaine ; Religion qui n'attendoit que la révolution des tems marqués dans les Decrets éternels, pour ſe communiquer à l'Homme, ſur la face duquel Dieu a répandu le ſouffle de vie !

APOLOGIE

DE MONSIEUR

L'ABBÉ DE PRADES.

Nil conscire sibi, nullâ pallescere culpâ.
HORAT. *Epist. I. Lib. I.*

SECONDE PARTIE.

A AMSTERDAM,
Chez MARC MICHEL REY.
M DCC LIII.

APOLOGIE
DE MONSIEUR
L'ABBÉ DE PRADES.

SECONDE PARTIE.

Uoique les Propositions condamnées soient discutées dans cette seconde Partie, je puis dire avec vérité qu'elle a été moins faite pour les justifier, que pour montrer que je les ai soutenues, sans avoir des desseins impies. Et pourquoi aurois-je uniquement pour but de défendre des Sentimens que tant d'autres ont adoptés plus solemnellement que moi ? Qu'on n'attribue donc pas à une opiniâtreté inflexible l'Examen où je vais entrer ; quoique je n'ignore pas qu'il n'y a de décisions infaillibles que celles de l'Eglise, je ne laisse pas de respecter les Jugemens qui émanent de ceux que JESUS-CHRIST a établis pour enseigner. Je demande seulement que lorsqu'on n'est guidé que par cette lumiére qui est le partage de l'humanité, on écoute les raisons de ceux qu'on juge. On a entendu, selon l'Auteur de la Préface de la Censure, cent quarante-six Docteurs sur mon Affaire ; il n'en falloit pas tant : quelques-uns qui m'auroient interrogé sur ma croyance & sur ma Thése, eussent

A beau-

beaucoup plus fait pour l'inſtruction de mon Procès. Je leur aurois appris, par exemple, s'ils m'avoient communiqué les Propoſitions extraites, qu'il y en avoit qui n'étoient pas ſuſceptibles d'examen telles qu'elles étoient dans ma Théſe, puiſqu'elles n'y exprimoient aucune Doctrine, comme celle des Miracles qui commence par le mot *Naturam*. Je leur aurois fait voir que ce n'étoit qu'une ſimple réflexion contre ceux qui ne raiſonnoient pas conformément au Syſtême que j'allois établir. Je leur aurois éclairci ce qui les a ſi fort embarraſſés, & ils n'auroient pas employé tant de tems à deviner à contre-ſens: je leur aurois fait voir qu'à la Chronologie près, il n'y avoit aucune des Propoſitions qui n'eût été défendue dans leurs Ecoles. Mais, ce qu'ils ont refuſé de faire vis-à-vis de moi, je ne ſais par quel étrange motif je me ſens obligé de le faire vis-à-vis du Public pour ma juſtification.

PREMIERE PROPOSITION.

Ex ſenſationibus, ceu rami ex trunco omnes ejus (hominis) cognitiones pullulant..... Pronum eſt inquirere ſedulò quæ natura ſit Principii in nobis cogitantis..... Mens ignea terrenæ fæcis nihil habet.

Toutes les connoiſſances de l'homme tirent leur origine des ſenſations ainſi que les rameaux du tronc d'un arbre fécond..... Il faut examiner avec ſoin quelle eſt la nature du Principe qui penſe en nous... L'eſprit plein de feu n'a rien de ce mélange groſſier qui conſtitue la nature des corps.

La Faculté de Théologie a cru devoir réunir ces deux Propoſitions, parce qu'elles lui ont paru toutes deux donner atteinte à la spiritualité de l'ame, & c'est en les prenant dans ce sens qu'elle les a censurées comme favorisant le Matérialisme, *Materialismo faventes.*

JUSTIFICATION.

Je ne devrois pas avoir besoin de me justifier sur le premier membre de cette Proposition. La Faculté, depuis long-tems flottante entre cette opinion & celle de Descartes, leur a donné également une carriére libre. Il est souvent arrivé que le même jour, on ait défendu sur les bancs de Théologie l'un & l'autre sentiment. Ne voudroit-elle aujourd'hui que dédommager les Idées innées de la résistance qu'elles éprouvérent pour s'introduire dans ses Ecoles? Personne n'ignore que le Péripathétisme en étoit seul en possession avant Descartes. Il n'étoit pas permis de croire que l'esprit pût penser, sans que les sens eussent donné occasion à ses idées : telle étoit l'autorité de l'axiôme, *nihil est in intellectu quod prius non fuerit in sensu*, qui n'établit autre chose, sinon que toutes nos connoissances tirent leur origine des sensations. Qu'on ouvre les anciens Livres & les anciens Cahiers dictés dans l'Université, on y verra que nos idées naissent des sens, *ideæ nostræ oriuntur à sensibus*. Descartes (a), ce génie inventif, qu'on peut appeller le Réformateur de la Philosophie, quoiqu'il y ait introduit autant d'erreurs qu'il en a détruites, a le premier soutenu, ou plutôt renouvellé les Idées innées. Cette nouveauté parut suspecte : on s'éleva de toutes parts contre elle; on croyoit alors les intérêts de la Religion unis avec le Systême

(a) Je n'ai fait *Descartes* auteur *des Idées innées,* que parce qu'elles lui doivent autant que s'il les avoit inventées.

me qui faifoit naître nos idées des fenfations. Un Recueil de tout ce qui fut dit dans ce tems-là en Faculté contre les Idées innées, feroit une piéce bien éloquente en ma faveur. Malgré cette réfiftance, les Idées innées, par le crédit qu'elles avoient acquis, s'introduifirent par-tout. On eût dit que le fentiment oppofé alloit être à jamais oublié, lorfque Locke, ce fage Métaphyficien, parut. Indifférent pour tout Syftême, ou plutôt n'en eftimant aucun, il s'occupa à étudier la Nature, perfuadé que pour connoître l'Homme, il étoit plus fûr de l'examiner que de l'imaginer. Après avoir fuivi l'efprit dans toutes fes opérations, il arriva au point d'où étoit parti Ariftote. Les vrais Philofophes virent avec autant de plaifir que de furprife une Métaphyfique expérimentale. N'étoit-il pas à préfumer que l'amour de l'ancien Syftême fe renouvelleroit lorfqu'il fe montreroit revêtu de tant de raifons claires & palpables? raifons qu'Ariftote n'avoit pas connues, parce qu'il n'avoit que deviné la vérité, au lieu que Locke l'a découverte. Ce Syftême ne prit pourtant pas d'abord dans les Ecoles, peut-être uniquement parce qu'il y étoit ignoré. Enfin, remis en poffeffion de fes anciens droits, il faifoit tous les jours des progrès, & l'on pouvoit affurer que les Idées innées feroient bientôt oubliées. Je ne fais fi la Cenfure de la Faculté les maintiendra encore quelque tems; mais j'ofe me flatter que, preffée par les cris de tous les anciens Docteurs, qui lui difent à haute voix qu'ils ont défendu ce Syftême profcrit, quoiqu'ils cruffent l'ame fpirituelle, elle reconnoîtra enfin que ces deux chofes peuvent fe lier enfemble, & qu'elle laiffera l'erreur des Idées innées rentrer dans le néant, dont l'imagination de Defcartes l'avoit tirée. Je dois donc moins chercher ici à prouver que nos idées viennent des fenfations, qu'à démontrer que ce fentiment ne favorife point le Matérialifme. Le premier point doit
être

être discuté avec les Philosophes avec qui je serai facilement d'accord : le second regarde les Théologiens, parce qu'ils doivent sévir contre tout Systême qui nuit à quelque vérité révélée, ou qui intéresse la Religion.

Tout le monde convient que toutes les Idées ne sont pas innées. Il n'est personne, parmi ceux que le Systême de Locke révolte si fort, qui ne croye que nous en acquérons un certain nombre par les sens. Et comment pourroit-on se refuser à une vérité que l'expérience nous démontre plusieurs fois le jour ? Il peut donc y avoir une telle correspondance entre l'ame & les objets extérieurs, que ceux-là fassent naître en elles plusieurs idées, quoique la nature des uns & la nature de l'autre différent essentiellement. Voilà ce qu'on ne sauroit me contester. L'ame peut acquérir des idées par les sens, quoiqu'elle soit spirituelle. Ce Systême n'est donc pas proscrit, parce qu'il assure que l'ame acquiert des idées par les sens ; c'est, sans doute, parce qu'il ne reconnoît aucune connoissance dans l'Homme qui ne doive son origine aux sens comme occasion : mais alors, peut-on dire qu'il favorise le Matérialisme ? Est-il plus dangereux (je parle quant au Matérialisme) de faire naître toutes nos idées des sensations, que de leur attribuer l'origine de quelques-unes ? N'est-il pas évident que si l'ame peut acquérir une seule idée par les sens, sans déroger à sa spiritualité, elle peut en acquérir un nombre infini, & même toutes celles qu'elle a, parce que ce qui est vrai pour une idée doit l'être pour toutes ?

L'expérience nous fait faire un pas bien plus difficile, & le seul même incompréhensible, c'est que les corps puissent agir, de quelque maniére que ce soit, sur l'esprit. Si nous pouvions nous refuser à cette vérité, je regarderois comme téméraire celui qui oseroit l'avancer, tant nos idées éloignent toute correspondance de l'esprit avec ce qui n'est que matiére. Mais, puisque nous sommes forcés d'y souscrire, pourquoi, en reconnoissant la matiére pour cause immédiate de nos sensations, prononcerions-nous anathême contre celui qui croiroit que cette même matiére peut exciter en nous les idées par le moyen des sensations qu'elle occasionne ?

Vous m'abandonnez, je le sens, toutes les idées des objets sensibles: vos efforts se portent vers ces connoissances, dont l'objet est aussi spirituel que la connoissance elle-même; telle est celle de Dieu, du Bien, de la Vertu, des Vérités que la Loi naturelle renferme. Mais il ne faut pas oublier que dans le Systême adopté dans ma Thése, on reconnoît différentes sources de nos connoissances, quoique toutes, comme je l'ai dit, viennent se réunir à la même, ainsi que les différentes branches d'un arbre à un seul & même tronc. Toutes ces connoissances que vous m'objectez, doivent leur origine aux différentes opérations de notre esprit. Les sensations une fois introduites dans l'ame par le canal des sens, l'esprit déploye aussi-tôt cette vertu active dont l'a doué le Tout-puissant ; il s'enrichit d'un grand nombre de connoissances dont j'ai exposé l'ordre systématique dans la premiére Position de ma Thése.

Vous êtes peut-être embarrassé de savoir comment se forme en nous l'idée de Dieu, dès-là qu'on ne la suppose pas innée: selon vous, le spectacle de l'Univers & la vue de nos imperfections ne sont propres qu'à *réveiller* cette idée empreinte dans notre ame par la main du Créateur, & non à la faire naître. Cette difficulté ne vous arrêteroit pas si vous aviez réfléchi sur vous-même, lorsque votre esprit s'est formé l'idée de Dieu. Voici ce que vous éprouvez ainsi que moi. Les objets extérieurs excitent en nous une foule de sensations; notre ame en est comme assiégée, & notre esprit en prend néces-

nécessairement connoissance : or l'esprit ne sauroit en prendre connoissance, qu'il ne s'apperçoive aussi-tôt qu'il a une nature bien différente de celle de la matiére, qui par elle-même est brute, sans force, sans activité & sans sentiment. Il se forme donc l'idée d'une substance spirituelle. Il ignore à la vérité la nature de cette substance, parce qu'il manque absolument de toute idée qui pourroit l'y conduire ; mais la vue claire & distincte de certaines propriétés qui lui sont connues par le sentiment intime, ne lui permettra jamais de se confondre avec la matiére.

Quoiqu'il reconnoisse la supériorité de la nature sur celle de la matiére, il n'en voit pas moins ses propres imperfections, & sentant combien il est borné, il cherche à connoître le Créateur de l'un & de l'autre : car il ne peut se cacher qu'il n'existe pas par lui-même, & que son pouvoir ne s'étend pas jusqu'à faire sortir du néant l'Etre le plus imparfait. Notre ame ainsi occupée de cet Etre suprême dont elle a découvert l'existence, veut s'en former une idée. Elle voudroit pouvoir s'élancer jusques dans le sein de cette substance même pour la pénétrer ; mais les bornes qui lui sont prescrites l'arrêtent, & le desir lui reste seul. Ne pouvant donc sortir d'elle-même, elle transporte à cet Etre toutes les perfections dont elle se voit ornée, & excluant de ces perfections toute limite, elle se forme l'idée d'un Etre infiniment parfait.

Tel est le progrès des opérations de notre ame dans le Systême que je défends, & que l'expérience nous confirme. En effet, donnez la torture à votre esprit, je vous défie d'imaginer en Dieu quelque perfection dont vous n'aurez pas pris l'idée des Créatures : or je ne crains point de dire que c'est là plus qu'un préjugé contre le Systême des Idées innées. Car enfin, si Dieu a gravé dans nos ames l'idée qui le représente, pourquoi cette idée ne ne développe-t-elle pas à nos yeux quelque perfection de Dieu, qui n'ait aucun trait de reſſemblance & de conformité avec celles des Créatures? Pourquoi les portraits qu'en tracent les différentes Nations ne ſont-ils pas parfaitement conformes? Les Hommes peuvent ſans doute raiſonner différemment ſur un objet; mais ils doivent l'appercevoir de même lorſqu'il ſe préſente à eux peint des mêmes couleurs & dans la même diſtance; & cela ſeroit vrai ſur-tout, ſi cet objet avoit été gravé en nous par l'Auteur de notre Etre, de maniére que tous les Hommes l'apperçuſſent de la même façon. Que direz-vous à cela vous qui prétendez ériger en Dogme, l'Opinion de Deſcartes & de Malebranche, que Dieu n'a gravé dans notre ame qu'une idée abſtraite de l'Infini, laquelle par conſéquent eſt ſuſceptible de mille variations dans l'application que l'eſprit en fait à Dieu? Eſt-ce donc là le Dogme que vous me propoſez à croire? J'avoue qu'il y auroit de quoi exercer ma Foi, car mon eſprit ſe perd & ſe confond lorſqu'il veut réaliſer cette idée de l'Infini en général, indépendamment d'aucune idée particuliére. Et que voudroit dire cette idée de l'Infini en général gravée dans notre ame? Pourquoi ne dites-vous pas plutôt que Dieu a gravé en nous une idée qui le repréſente tel qu'il veut être conçu? Ce ſont les raiſons qu'on vous oppoſe, direz-vous, qui vous ont réduit à ce dernier retranchement. Mais en être réduit là, n'eſt-ce pas être chaſſé abſolument de ſon poſte? Reconnoiſſez donc que les Idées innées, & de l'Infini en général, ne peuvent être des articles de Foi. L'Egliſe a permis dans tous les tems à ſes Enfans de prendre parti dans quelqu'une des Sectes de Philoſophie qui diviſoient l'Ecole: peu inquiéte de toutes ces Queſtions curieuſes, elle n'a jamais prononcé entre Platon & Ariſtote; & ſi ce dernier a eu d'abord quelque avantage ſur

Descartes, on n'a pas été long-tems à s'appercevoir que les cris qu'on poussoit contre ce nouveau Philosophe, étoient moins le premier cri de la Foi que celui du préjugé & les allarmes de l'amour-propre.

J'aurois donc pu me justifier en peu de mots sur la première Partie de cette Proposition, en demandant à ceux qui l'ont censurée, si *les Idées innées* doivent dorénavant faire partie du Symbole. Quelques-uns me diront que ma comparaison seule les a allarmés, & que ces expressions, *ceu rami ex trunco*, leur ont fait soupçonner le Matérialisme. Mais une comparaison n'a jamais influé sur un sentiment, & elle n'a jamais servi qu'à faire sentir ce qu'on vouloit exprimer. Ces expressions, qui ont fait naître des soupçons sur ma croyance, n'auroient pas dû en occasionner davantage que celles de *voir* & d'*entendre*, dont on se sert tous les jours pour marquer certaines opérations de l'esprit: car, ainsi que ma comparaison, ces termes sont empruntées des corps. Ces sortes de comparaisons sont aujourd'hui si familiéres, qu'elles ne peuvent plus être comptées au nombre des Métaphores. Mais ces expressions eussent-elles été susceptibles d'équivoque par elles-mêmes, elle se trouveroit levée si clairement dans ma Thése, qu'il me paroîtroit injuste qu'on me l'eût reprochée. Ne lit-on point quelques lignes après (a), *qu'il n'y a aucun rapport entre la sensation & l'objet qui l'occasionne?* Il n'est personne de ceux qui m'ont condamné qui ne dût trouver dans cette phrase de quoi calmer ses inquiétudes: car s'il n'y a aucun rapport entre les sensations & les objets extérieurs, leur nature est donc absolument différente. Pourroit-on dire qu'il n'y a aucun rapport entre le mouvement d'un corps

(a) *Qualibet sensatio nihil habet germanum cum objecto ex quo nascitur.*

& le mouvement de celui qui le lui a communiqué? Ces expressions, *ceu rami ex trunco*, ne peuvent donc être rapportées dans ma Théfe à une génération Physique & semblable, en un mot, à celle des corps. Il faut donc les spiritualiser pour pouvoir les appliquer à la naissance des idées par les sensations, & alors tout soupçon de Matérialisme doit s'évanouir.

Les conséquences, me dit-on, que Locke tire lui-même de ses Principes, auroient dû vous arrêter. Ne deviez-vous pas frémir en entendant prononcer à ce Philosophe téméraire, qu'il seroit éternellement impossible d'assurer que Dieu ne peut pas donner à une certaine portion de matière la faculté de penser?

Je devrois sans doute abandonner un tel sentiment, s'il conduisoit à une conséquence si fausse & si pernicieuse. Mais, si Locke a été en cela au-delà de ses principes, ne dois-je pas le suivre jusqu'où la vérité l'a conduit, & ne l'abandonner que lorsqu'il s'en écarte? Il n'y a presque pas de vérités qui eussent trouvé entrée dans notre esprit, si nous avions été obligés de la leur refuser, parce que ceux qui les ont découvertes y ont joint quelque erreur. Il n'y a rien de si sage que Locke lorsqu'il étudie la nature, & qu'il suit l'ame dans toutes ses différentes opérations: mais il n'est plus le même, lorsque se livrant à ses conjectures il prononce sur ce qu'il ne connoît pas. Il avoit pris l'expérience pour guide dans ses découvertes; que ne s'arrêtoit-il lorsque privé de ce guide, il ne pouvoit plus marcher qu'à tâtons? Ne devoit-il pas voir qu'il y a une distance fort grande entre la source de nos connoissances & leur étendue? Ce sont deux questions totalement disparates: or c'est en examinant quelle peut être l'étendue de nos connoissances, que Locke a avancé ce faux principe qu'on m'oppose. Son Syftême n'y conduit

nulle-

nullement: Auſſi avons-nous vu l'Auteur de l'*Eſ-*
ſai ſur l'origine des Connoiſſances humaines tenir
une conduite toute oppoſée. Quoique, comme
Locke, il place la ſource de toutes nos connoiſſances dans les ſenſations, il prononce que la matiére
ne peut pas penſer, & il le prouve. Les raiſonnemens de cet Auteur contre les Idées innées n'ont
point allarmé les Journaliſtes de Trévoux, qui
malgré toute la piété dont ils ſe parent, ont fait
avec juſtice l'éloge de ſon Ouvrage.

Nos ſoupçons, diſent toujours mes Adverſaires,
ſont légitimes. Nous voyons pluſieurs de ceux qui
ſuivent cette opinion, faire profeſſion ouverte du
Matérialiſme. Et que fait au Syſtême l'erreur de
ces mauvais Philoſophes? Mais, puisque ces ſor-
tes de raiſons vous plaîſent, pourquoi ne frémiſ-
ſez-vous pas d'être Cartéſien? Car perſonne
n'ignore que c'eſt ſur les principes de Deſcartes
pouſſés trop loin, que Spinoſa a bâti ſon Syſtême.
Je ne crois pas pourtant que vous vous regardiez
comme un Spinoſiſte: C'eſt qu'il ne faut pas juger d'une opinion par les conſéquences que certains Auteurs en ont tirées, mais par celles qui
en découlent néceſſairement, & clairement. On
voit tous les jours des Syſtêmes oppoſés, appuyés
ſur les mêmes principes.

Il ne me reſte plus qu'à venger mon opinion,
des traits particuliers à l'Auteur des *Remarques ſur
la Theſe de Mr. l'Abbé de Briëne*. Si l'on en croit
l'Auteur des Nouvelles Eccléſiaſtiques, cet Ecrit
renferme beaucoup de choſes en peu de mots. *Le
danger, les conſéquences affreuſes du Syſtême en
queſtion y ſont miſes en évidence.* Cet écrit, dit-
il, *eſt intéreſſant & néceſſaire dans les conjonctu-
res préſentes.* De ſi grands éloges ne m'ont pas
permis de garder le ſilence ſur cette petite Brochure. J'ai vû avec plaiſir que mes Adverſaires y trouvoient toutes leurs forces renfermées. Mon Exa-

men ne portera que sur ce qui me regarde, c'est-
à-dire sur ce que ma Thése a de commun avec
celle de Mr. l'Abbé de Briéne.

„ Si l'action dés Sens, dit cet Auteur, est la
„ premiére source de nos Idées, il n'y a point d'i-
„ dées dans l'ame d'un Enfant, jusqu'à ce que l'ac-
„ tion des corps extérieurs y ait introduit, par le
„ moyen des sens, la premiére idée, qui doit être
„ comme le premier Anneau de toutes les con-
„ noissances qu'il acquérera dans la suite. Cette
„ premiére idée suppose l'existence de l'ame. L'a-
„ me est donc créée sans aucune connoissance &
„ sans aucune idée. Il n'y a donc point d'idée qui
„ lui soit essentielle, puisqu'on peut la concevoir
„ existante, & par conséquent avec tout ce qui
„ appartient à son Etre, sans cependant qu'elle
„ ait la plus légére idée.

Ces conséquences, je l'avoue, coulent naturellement du Systême des Idées originaires des sens.
Oui, un Enfant naît sans idées; & quel mal en résulte-t-il pour la Religion, qui ne lui en suppose
aucune? Et comment pourroit-elle lui en supposer? Seroit-ce pour connoître ses devoirs dès le
moment de sa naissance? Mais n'a-t-on pas regardé de tout tems les Enfans comme exempts de
toute obligation? Pourquoi cela, sinon parce qu'ils
sont privés de toute connoissance? Car il seroit
impie de penser que les Enfans connoissent ce qu'ils
doivent à Dieu dès le moment de leur naissance,
& qu'ils n'ont aucune obligation à remplir. Cependant, si l'on en croit les Partisans des Idées
innées, l'ame d'un Enfant est comme un grand
Livre où se trouvent gravées en caractéres clairs
& lumineux l'idée de Dieu & de tout ce que l'homme doit à Dieu par la Loi naturelle. Or je demande maintenant à l'Auteur des Remarques:
Croyez-vous que cet Enfant qui a l'idée de Dieu
& de la Loi naturelle gravée dans son ame aussi
exac-

exactement & auſſi clairement que vous, croyez-vous, dis-je, que cet Enfant connoiſſe auſſi bien que vous Dieu & la Loi naturelle ? Si vous le dites, il faut que vous diſiez qu'un Enfant dès le moment de ſa naiſſance & dans le ſein de ſa Mére eſt capable de commettre des Péchés actuels; il faut que vous diſiez qu'il n'eſt pas certain que le Baptême conféré à un Enfant produiſe ſon effet, parce que vous ignorez ſi en ce moment il étoit dans de bonnes diſpoſitions. Le ridicule de ces conſéquences vous arrête. Vous ne ſçauriez vous perſuader qu'elles ſoient liées avec vos principes. Entrons dans le détail, & vous vous en convaincrez.

L'ame n'eſt point ſuſceptible d'accroiſſement: elle ſort des mains du Créateur auſſi capable d'acquérir des connoiſſances, qu'elle l'eſt long-temps après qu'elle a été créée. L'Enfance, à parler exactement, ne regarde que le corps. C'eſt le corps qui croît & qui s'affoiblit par l'âge: l'ame reſte toujours la même: par ſa nature, elle n'eſt point ſujette à ces révolutions. On doit donc ſuppoſer en elle, dès l'inſtant de ſa création, les opérations qui ne dépendent point abſolument des ſens: or, ſelon l'Auteur des Remarques, ce qui regarde l'idée de Dieu, les vertus, toutes les idées en un mot dont les objets ſont ſpirituels, ne dépendent nullement des ſens. Si donc un Enfant connoît la Loi naturelle, s'il connoît ſon Créateur, il doit l'aimer & l'honorer d'un Culte intérieur. L'Uſage de ſes ſens ne lui eſt pas néceſſaire pour cela. Ces conſéquences ſeroient ſans doute dangereuſes, ſi elles n'étoient pas ridicules.

Me direz-vous qu'à la vérité un Enfant a les mêmes idées en naiſſant que tout Homme, mais qu'il ne peut en faire le même uſage, parce qu'il ne ſuffit pas d'avoir une idée, il faut l'appercevoir pour en retirer quelque avantage: or, pour l'appercevoir, il eſt néceſſaire que les ſens ſe fortifient.

Je ne puis pas croire que des Gens qui ne veulent pas absolument que les sens entrent pour quelque chose dans ce qui concerne la connoissance des objets purement spirituels, veuillent ici, pour éviter l'embarras de rendre un Enfant savant dans le sein de sa Mére, alléguer la foiblesse de ses sens. Seroit-il donc nécessaire d'être averti par les sens pour appercevoir une idée ; & seroit-il possible que le sentiment qu'on ne craint point d'accuser d'impiété, ne différât du leur qu'en ce que l'un reconnoît les sensations comme causes occasionnelles des idées, & l'autre comme causes occasionnelles des perceptions ? Dès-lors les connoissances supposeroient l'action des sens, puisqu'elles supposent les perceptions qui en dériveroient ; & l'Auteur des Remarques se trouveroit exposé aux mêmes traits qu'il lance contre le Systême de Locke. ,, *Qu'il est* ,, *heureux pour l'ame*, lui dirai-je, *d'être appellée à* ,, *animer un corps ; sans cette ressource, sa stupidité* ,, *seroit un mal sans reméde*. Dieu auroit eu beau ,, l'enrichir des plus belles & des plus nobles idées, ,, elle n'auroit pu en tirer aucun avantage, parce ,, qu'elle n'auroit pu fixer ses yeux sur les idées, ,, n'étant point excitées par les sensations . . . . . ,, les idées dont elle ne pourroit faire aucun usage, ,, ne la guériroient pas de sa stupidité, elle seroit ,, sans vie & sans action, & incapable par elle-,, même de changer sa funeste destinée, parce que ,, si elle pouvoit, indépendamment du corps, se ,, servir de ses idées, elle le feroit dès l'instant de ,, la création, & elle ne seroit pas forcée à atten-,, dre que les sens du corps, auquel elle est unie, ,, se fortifiassent ".

La Religion ne se trouve donc plus intéressée dans cette dispute : elle n'examine pas si ce sont les idées qui tirent leur origine des sensations, ou si ce sont les perceptions. Mais ce qui doit paroître le plus singulier, c'est que cette Proposition si monstrueuse & si impie aux yeux de l'Auteur de la Brochure que je réfute, se trouve vraie dans son Systême. Selon la Proposition, toutes nos connoissances remontent aux sensations comme à leur source. Or cela est vrai dans l'un & dans l'autre Systême. Dans l'opinion que je défens, l'idée & la connoissance ne différent point, & il est aussi vrai de dire qu'il ne peut pas y avoir d'idée sans connoissance, que de connoissance sans idée. Ainsi, dans cette opinion, dès-là que toutes nos idées tirent leur origine des sensations, on peut & on doit le dire des connoissances. Dans le sentiment qu'on m'oppose, il ne peut pas y avoir de connoissance sans idée, mais il peut y avoir des idées sans connoissance. C'est sur les perceptions seulement qu'on peut faire le même raisonnement que je viens de faire sur les idées; c'est-à-dire qu'il ne peut pas y avoir de perception sans connoissance, ni de connoissance sans perception: donc, puisque les perceptions dépendent de l'action des sens, on doit dire dans ce Systême, que toutes les connoissances de l'homme tirent leur origine de l'action des sens, par la médiation des perceptions qui en dérivent.

Toute cette dispute, qui m'a fait donner des noms si odieux, se réduit donc à savoir, duquel des deux sentimens la Foi & la saine Philosophie s'accommodent mieux, ou du sentiment de mes Adversaires, qui admettent des idées claires & lumineuses dans notre ame sans aucune lumiére, & des richesses dont elle ne se doute pas; ou de mon opinion, qui ne reconnoît point de lumière dans notre ame qu'elle n'en soit éclairée, ni d'idée qu'elle n'apperçoive, ni en un mot, des connoissances qu'elle ait sans le savoir.

Ne nous lassons point de suivre l'Auteur des Remarques. Selon lui, tout Homme qui place la source de nos connoissances dans les sensations, doit, s'il veut raisonner conséquemment, avouer

que

que l'ame eſt capable d'idées; par conſéquent qu'il lui eſt eſſentiel de pouvoir avoir des idées: mais qu'il ne lui eſt pas également eſſentiel d'en avoir réellement; & voilà la ſpiritualité de l'ame renverſée ſans reſſource. Je ne ſaurois m'empêcher de remarquer ici que les effets du Préjugé ſont quelquefois bien bizarres & bien ſinguliers. L'Auteur des Remarques nous en fournit une preuve des plus frappantes. Je reconnois dans les paroles que nous venons de rapporter, des conſéquences qui m'appartiennent, c'eſt-à-dire, qui ſont liées au Principe que j'ai défendu: mais il y en a une qui eſt particuliére à cet Auteur, & dont on doit être ſurpris avec raiſon. Ce n'eſt pas que je veuille lui prêter de mauvaiſes intentions, à Dieu ne plaîſe. Il fait tous ſes efforts, comme on voit, pour démontrer que le Syſtême qui fait les Idées originaires des ſens, rend l'ame matérielle, & en cherchant à l'établir, il tombe lui-même dans cet inconvénient, tandis qu'il laiſſe ce Syſtême en poſſeſſion de la meilleure preuve de la ſpiritualité de notre ame. En effet, il avoue que dans ce Syſtême, il eſt eſſentiel à l'ame de pouvoir penſer: or je prétens qu'il n'eſt pas poſſible qu'il ſoit eſſentiel à l'ame de pouvoir penſer, qu'elle ne ſoit ſpirituelle. Je ne m'arrêterai point à développer cette preuve, on la trouve par-tout: il me ſuffit d'avoir démontré que le Syſtême des Idées originaires des ſens ne renverſe point les preuves de la ſpiritualité de notre ame, & que, ſelon l'Auteur que je combats, les Défenſeurs de ce Syſtême demeurent en poſſeſſion de la plus forte preuve de cette vérité. Cette preuve, qui juſqu'ici a paru triomphante à tous ceux qui croyent la ſpiritualité de l'ame, ne doit pas faire la moindre impreſſion, ſelon l'Auteur de la Brochure: ſelon lui, ſi l'on borne l'eſſence de l'ame à la faculté de penſer, ſa ſpiritualité eſt renverſée ſans reſſource. Cet Auteur croit

donc

donc que la matiére peut penſer, & que la penſée n'eſt nullement incompatible avec l'étendue : car ſi la matiére ne peut pas penſer, & que par ſon eſſence elle exclue la penſée, il eſt évident que, dès-là qu'on dit que l'ame a par ſon eſſence le pouvoir de penſer, on la diſtingue eſſentiellement de la matiére ; & par la raiſon des contraires, celui qui avoue que l'ame ne doit point être regardée comme ſpirituelle, ſi on borne ſon eſſence à la faculté de penſer, convient en même temps que la matiére peut penſer, & que la penſée n'eſt point incompatible avec les propriétés de la matiére. Tel eſt le ſort de ceux qui découvrent des erreurs & des impiétés par-tout : ils ſe prennent ordinairement dans les filets qu'ils tendent aux autres. Après un tel raiſonnement, je dois finir mon Examen : il ſuffit ſeul pour apprécier les éloges que le Nouvelliſte Eccléſiaſtique a donnés à cet Ecrit. Car que pourrois-je dire encore contre un homme qui craint pour le Péché originel, s'il n'y a point d'Idées innées, comme ſi le Péché originel étoit une idée gravée dans notre ame par la main bienfaiſante du Créateur ; contre un homme qui craint pour la Grace ſanctifiante du Baptême, comme ſi cette Grace étoit une idée ; & qu'eſt-ce que cette idée repréſente aux Enfans ? Taiſons-nous ſur des opérations que nous devons croire, parce que la Foi nous les enſeigne, mais dont Dieu nous a voulu cacher le myſtére.

Faut-il que je ſuive l'Auteur de cette Brochure dans tous les différens états que le Syſtême n'embraſſe point ? Locke, & ceux qui ont travaillé après lui, ayant pris l'expérience pour guide, il eſt évident que ce qu'ils diſent ne peut regarder que l'état préſent ; ainſi Locke n'a pas nié que les Anges euſſent des idées, parce qu'ils n'étoient pas unis à des corps. Ceux qui défendent ce Syſtême rai-

raisonnent assez bien pour savoir que les sens n'étant que les causes occasionnelles de nos idées, l'ame, dans un autre état, peut en acquérir indépendamment des sens. Il est donc évident que ce Systême ne favorise point le Matérialisme. Il ne me reste plus qu'à examiner si je l'ai établi dans le second Membre de cette Proposition.

Il faut examiner avec soin quelle est la nature du Principe qui pense en nous. . . . . . L'Esprit plein de feu (mens ignea) *n'a rien de ce mélange grossier qui constitue la nature des corps.*

La raison la plus frappante que je puisse apporter d'abord pour ma défense, c'est de renvoyer à l'endroit même d'où cette Proposition a été extraite. Je ne prétens pas par-là accuser de mauvaise foi les Députés & ceux qui ont écrit contre moi. Je me plains seulement de mon malheur. En effet, à voir la façon dont cette Proposition est extraite, ne diroit-on pas qu'il n'y a rien dans ma Thése, qui caractérise l'ame & qui la distingue du corps? Voyez avec quel soin l'on a fait précéder les mots *mens ignea* par ceux où je dis, *qu'il faut rechercher soigneusement quelle est la nature de l'ame*, afin de faire sentir par-là que toute la notion que j'ai donnée de l'ame est renfermée uniquement dans ces mots. Cependant, ce mot qu'on assigne ici comme une définition, n'est qu'accessoire, & l'on pourroit le supprimer sans que le sens de la phrase en fût interrompu ni changé. On devoit dans l'Extrait rapporter le parallèle que je fais de l'ame avec le corps, puisque par ces paroles, *il faut examiner avec soin quelle est la nature du Principe qui pense en nous*, on annonce qu'on va rapporter ce que j'ai dit pour développer la nature du Principe qui pense en nous. Mais alors le Public n'auroit eu qu'une Doctrine exacte. En effet qu'auroit-il pu soupçonner, s'il avoit eu de suite

sous

sous les yeux ce qu'on lit dans la Thése (a) „ par l'idée
„ acquise du Juste & de l'Injuste, nous sommes
„ naturellement amenés à examiner quelle est la
„ nature du Principe qui pense en nous. Que la
„ distance qui le sépare du corps est immense! De
„ lui-même, le corps est composé de plusieurs
„ parties, dont la dissolution entraîne nécessaire-
„ ment la mortalité. C'est par une suite du mê-
„ me Principe qu'il est de sa nature sans force, sans
„ activité, sans sentiment. L'esprit plein de feu
„ n'admet rien dans sa nature qui ait le moindre rap-
„ port avec ce mélange grossier qui constitue la
„ nature du corps. C'est pourquoi il est immortel,
„ libre & né pour la vérité. L'ESPRIT ET LE
„ CORPS DIFFE'RENT DONC ESSENTIELLE-
„ MENT ". Tout Homme que le préjugé n'a-
veugle pas, & qui lira ce paralléle, y verra la
spiritualité, je ne dis pas seulement exprimée, mais
même démontrée. En effet, je dis d'abord que
la distance de l'ame au corps est immense, & je
le prouve *parce que le corps est composé de plusieurs
parties*. On doit donc conclure d'avance que je
crois l'ame simple, & par conséquent spirituelle;
car je ne saurois me persuader que ceux qui liront ceci, me fassent la même difficulté qu'un
Docteur à qui je fis remarquer un jour cette opposition que je mets entre l'ame & le corps. Il
en fut frappé, & m'avoua de bonne foi qu'il étoit
évident par ma Thése, que je croyois l'ame un E-
tre

(a) *Nobis tandem Justi simul & Injusti Notiones adeptis, pronum est inquirere sedulò qua natura sit Principii
in nobis cogitantis. Immane! quantùm dispar à naturâ
Corporis quod multis è partibus constatur, undè caducum
ac fragile, per se brutum & iners, ac nullo sensu præditum. Mens ignea terrena facis nihil habet: hinc immortalis, libera & nata veritati. Hinc mens & corpus diversa essentialiter.*

tre simple. Après un tel aveu, je me hâtai d'en conclure qu'on devoit donc auſſi avouer que je croyois ſa ſpiritualité; mais il m'arrêta en me diſant, non, je ne penſe pas pour cela que vous croyiez la ſpiritualité de l'ame: j'ai une reſſource qui me diſpenſe de cet aveu; vous croyez ſans doute que l'ame eſt un Point Zénonique. Je n'étois pas préparé contre une telle difficulté, & je ne fus pas aſſez éloquent pour faire abandonner à ce Docteur ſa découverte. C'eſt ſur cette idée qu'il m'a condamné comme Matérialiſte. Mais je ne ſaurois me perſuader qu'il y en ait beaucoup qui ſe rejettent comme lui ſur les Points Zénoniques pour perſiſter dans la croyance que je ſuis Matérialiſte: le Principe ſuffiſoit par lui-même pour écarter l'accuſation odieuſe dont on m'a chargé. Le corps, dis-je, eſt compoſé de pluſieurs parties: donc il eſt mortel, parce que leur diſſolution entraîne ſa mortalité: au lieu que l'ame étant un Etre ſimple par ſa nature, eſt immortelle. Le corps eſt ſans activité; l'eſprit au contraire eſt plein de feu; ce qui marque ſon activité. Car, ſi j'avois voulu exprimer que l'ame eſt de la ſubſtance du feu, je me ſerois contredit ſi groſſiérement, qu'on ne peut pas ſuppoſer en moi une ſi grande ſtupidité. La ſubſtance du feu étant compoſée de pluſieurs parties, j'aurois dû conclure que l'ame eſt mortelle comme le corps à cauſe de leur diſſolution; j'en conclus au contraire qu'elle eſt immortelle. Ce n'eſt donc qu'une métaphore pour exprimer ſon activité; métaphore qui ne m'eſt point particuliére, & que Mr. Milet, cet homme ſi exact, avoit laiſſé paſſer dans la Majeure de Mr. l'Abbé de Boniſſent, où j'ai lu, *Mens ignea cœlitus infunditur corpori.* Auſſi ce Docteur me dit-il, lorſqu'on commença à parler de cette Propoſition, qu'il n'y avoit rien de ſi ridicule que de la relever, & qu'il étoit perſuadé que la Faculté ne s'y arrêteroit

teroit pas. Que fes idées changérent bien depuis! ou que fa furprife fut encore bien plus grande, fi, comme l'écrit l'Auteur des Nouvelles Eccléfiaftiques, on lui communiqua le Mandement de Mr. l'Archevêque en manufcrit! que dut-il penfer de voir que cette Propofition y étoit relevée comme un de mes grands crimes?

Mais, pour ne pas m'appefantir fur une chofe auffi claire, je remarquerai qu'il fuffit que j'aye dit que *l'ame diffère effentiellement au corps*. Peut-on rien de plus expreffif & de plus décidé; & ces mots ne fuppléoient-ils pas abondamment à celui de *Spirituel* qu'on m'accufe d'avoir fupprimé avec affectation? Ne doivent-ils pas ouvrir les yeux à l'Auteur du Mandement, & le décider fur une chofe qui lui paroît à lui-même problématique? Que ne joignoit-il ces mots avec les propriétés qui, felon fa Remarque, ne peuvent convenir qu'à une fubftance Spirituelle? Il auroit vu que ce langage devoit le raffurer & calmer fes inquiétudes. Mais il craint que *je n'aye abufé de ces expreffions*, & *que je ne les aye pas entenduës dans le fens que leur donnent les Théologiens & les Philofophes non fufpects*; & dans ce doute, il prononce contre moi. Quel eft donc le Matérialifte qui ait employé les mêmes expreffions? Y en a-t-il aucun qui ait jamais avoué que l'ame & le corps différent effentiellement? Eft-ce donc là *tempérer tellement mes expreffions*, que les Matérialiftes, cette efpéce de *Philofophes qui ne connoiffent dans l'Univers d'autre fubftance que la matière*, n'auroient aucune peine à adopter mon langage? Comme moi, pourront-ils diftinguer effentiellement l'ame humaine de tout ce qui eft corps? N'eft-ce donc pas là reconnoître deux fubftances d'une nature différente; & les Matérialiftes fe croiront-ils dédommagés de mes expreffions, parce que j'ai dit que le Soleil étoit de feu? Ai-je dit du Soleil qu'il étoit libre, immortel, né pour la vérité? Ai-je dit qu'il différoit essentiellement du corps? D'ailleurs, si l'on peut supposer qu'en parlant de l'ame, j'aye abusé de toutes ces expressions, on auroit pu également supposer que j'aurois abusé du mot *Spirituel*: car il n'est pas plus décisif de dire que l'ame est spirituelle, que de prononcer qu'elle differe par son essence de la matiére. Je suis d'autant mieux fondé à faire cette remarque, que tous les Philosophes anciens Matérialistes se sont servis du terme d'*Esprit* en parlant de l'ame. Mais, puisque la force de mes expressions jetta un doute avantageux pour moi dans l'esprit de Mr. l'Archevêque, comme il paroit par son Mandement, ne lui étoit-il pas aisé de s'éclaircir là-dessus? Je m'étois adressé à lui par une Lettre que je lui écrivis: je lui rendois compte de ma foi. Cette Lettre ne devoit-elle pas le décider sur mon compte, ou l'engager à me faire venir chez lui pour s'éclaircir entiérement? Quel dessein bizarre & extravagant me prête-t-il, d'établir d'un côté le Matérialisme qui renverse toutes les Religions, & de l'autre d'établir les Dogmes de la Religion Chrétienne? Est-ce donc-là ce qu'on appelle *un Systême de Déisme réfléchi & combiné*?

Je finis par quelques réflexions sur le reste de la Thése, où la spiritualité de l'ame se trouve clairement énoncée. Je remarque au commencement de la première Position (*a*), que la raison livrée à elle-même ne sauroit trouver de passage de la sensation

(*a*) *Quælibet sensatio nihil habet germanum cum objecto ex quo nascitur; ergo ratio sibi relicta, filo quod utrumque conociat impar erit assequendo; ergo solus instinctus à numine impressus intervallum adeo immensum trajicere poterit; ergo non nos larva tangunt, sed objecta extra nos posita.*

sation à l'objet. Je me rejette avec Malebranche sur une espèce d'instinct, que Dieu a mis en nous pour nous faire traverser un intervalle aussi immense; & ce n'est qu'en me fondant sur cet instinct, que je conclus que la matière existe. Porté, comme on voit, par ma raison seule, à reconnoître l'esprit avant que d'admettre la matière, comment a-t-on pu me soupçonner de Matérialisme?

Ma seconde Position commence par ces mots. (a) *Le Culte que la Religion commande doit être non seulement intérieur, c'est-à-dire spirituel, mais encore extérieur, & cela pour répondre aux deux substances qui composent l'Homme.* J'accumulerois inutilement des preuves de cette vérité. Il y en a assez pour ceux qui ne demandent qu'à voir, & je n'ai rien à dire aux autres.

SECONDE PROPOSITION.

Nobis incumbit necessitas ea seligendi potissimum objecta quæ in nostram vergant utilitatem.... Hinc origo Societatis, cujus vincula magis ac magis stringere debemus, ut ex eâ quàm plurimam in nos derivemus utilitatem... Cum quodlibet Societatis membrum, omnem ac totam utilitatem in se velit convertere....... Omnes

La nature nous fait une loi de choisir parmi les objets extérieurs ceux qui peuvent nous être utiles.... De-là l'origine de la Société, dont il nous importe de resserrer de plus en plus les nœuds, afin de la rendre pour nous le plus utile qu'il est possible. Mais, chaque Membre de la Société cherchant à augmenter

---

(a) *Cultus quem imperat Religio non internus tantùm sed externus etiam sit oportet, pro naturâ & indole corporis, quod properat in partem Religionis pro suo modulo venire.*

ac singuli nati cum eodem jure, non idem sortientur commodum. Jus ergo tam rationi consonum obmutescet antè jus illud inæqualitatis Barbarum, quod vocant æquius, quia validius. Hinc origo legum civilium... Hinc origo legum politicarum.... Quò sævior est Tyrannis cui vis imbecillitatem submittit, eò magis indocilis est jugum pati, haud ignara, sibi rationem contra vim ipsam militare. Hinc injusti notiones, proindèque boni & mali moralis. Hinc etiam lex naturalis... Malum quod in nobis humana procreant vitia, nobis ingenerat ideam virtutum illis oppositarum... Hinc vis licita tantum ubi nullus Judex, legesque proculcantur.

pour lui-même l'utilité qu'il en retire.... tous, quoique nés avec les mêmes droits, ne peuvent jouir des mêmes avantages. Un droit si conforme à la raison sera bientôt enfreint par ce droit barbare d'inégalité appellé Loi du plus Fort... De-là l'origine des Loix Civiles... De-là l'origine des Loix Politiques... Plus la tyrannie qui soumet la foiblesse à la force est violente, plus la foiblesse se révolte contre un joug qu'elle sent que la raison ne sauroit lui imposer. De-là nous vient la connoissance de l'Injuste, & par conséquent du Bien & du Mal moral. De-là aussi, la connoissance de la Loi naturelle.... Le mal que nous éprouvons par les vices de nos semblables, produit en nous la connoissance réfléchie des vertus opposées à ces vices.... De-là la violence n'est permise qu'entre ceux qui ne reconnoissent point de Juge lorsque les Loix sont foulées aux pieds.

La

La Faculté a rassemblé ces différentes Propositions, & en a formé la seconde de celles qui sont l'objet de sa Censure. Elle les a condamnées comme pernicieuses à la Société & à la Tranquillité publique, comme présentant à faux & dans un mauvais sens les notions du Bien & du Mal moral & l'origine de la Loi naturelle. *Societati & publicæ tranquillitati perniciosas, Boni Malique moralis notiones & Legis naturalis originem perperàm & falsò assignantes.*

JUSTIFICATION.

J'ai de la peine à comprendre pourquoi Messieurs les Députés ne se déterminérent pas à m'entendre; qu'on me passe encore une fois cette réflexion. Si j'avois prévu les événemens, malgré la prolixité qu'on me reproche, j'aurois été encore plus long, & j'aurois alors espéré que le sens de ma Thése ne leur auroit point échappé : mais il m'est arrivé ce qui arrive à tout Ecrivain qui possède sa matière. En formant ma première Position, les choses que j'y traite étoient si présentes à mon esprit, que ma seule crainte étoit de n'avoir pas assez serré mes idées; il me sembloit que les conséquences intermédiaires que je supprimois étoient liées si clairement avec ce que j'écrivois dans ma Thése, qu'il n'y avoit personne qui ne les suppléât facilement. Je me suis trompé, & une fatale expérience m'a appris, que le plus sûr pour quiconque a une Thése à faire, c'est d'insulter dans son esprit à la pénétration de ses Lecteurs. Messieurs les Députés pouvoient facilement obvier à cet inconvénient. Je me rendis plusieurs fois dans la maison où ils tenoient leurs Assemblées, pour m'expliquer & déterminer le sens de ce qui leur paroissoit douteux : j'en connoissois la nécessité. On m'avoit rendu une partie des

des raisonnemens qui s'étoient faits dans leurs Assemblées sur la Proposition dont il est ici question, & ces raisonnemens me firent connoître qu'on n'avoit point saisi ma Thése. Je dis au Député qui me les rapporta : que ces Messieurs me permettent de paroître à leur Assemblée. Je ne défendrai pas les Propositions qu'ils trouvent répréhensibles, je donnerai seulement une certaine étendue à mes idées, je leur dirai ce que j'ai voulu soutenir. Trente-six Docteurs nommés pour examiner ma Thése, ne seront-ils pas en état de juger de ce que je leur dirai? J'ose vous promettre que je ferai disparoître ces maximes hardies propres à troubler la Tranquillité publique & à renverser les fondemens de la Société. Ce sage Député convint facilement de tout avec moi, & il m'assura que s'il avoit été le maître, on auroit d'abord extrait les Propositions, comme on l'a fait; & qu'ensuite on me les auroit présentées pour savoir de moi si je reconnoissois que cet Extrait s'accordât avec le sens de ma Thése, & dans quel sens je les avois défendues. Si vous aviez desapprouvé l'Extrait, me dit ce Député, on auroit écouté vos raisons, nous les aurions examinées, & nous aurions prononcé sagement & surement. Le Public jugera, par les éclaircissemens que je vais lui mettre sous les yeux, si ces précautions n'étoient pas nécessaires. Pour éviter la confusion, je discuterai la Proposition dans le même ordre qu'on l'a dit dans l'Extrait.

Je dois passer légérement sur les premiéres lignes de la Proposition, parce qu'elles ne me paroissent pas avoir été l'objet de la Censure, quoiqu'on les lise confondues avec le reste. Je ne croirai jamais que les Docteurs me condamnent quand je dis que la nature nous fait une loi d'examiner, parmi les objets extérieurs, ceux qui peuvent nuire à notre corps & ceux qui peuvent lui être utiles:

les : car je ne m'arrête point aux fauſſes allarmes de ceux qui ont craint pour la prudente ſévérité que notre ſainte Morale nous inſpire envers nous-mêmes. Je remarquerai ſeulement, que je n'attendois pas ce trait d'où il eſt parti. Encore moins croirai-je que les Docteurs ayent penſé que le premier Principe de la Société ne ſoit point fondé ſur cette conformité de deſirs & de panchans, & ſur le beſoin mutuel des Hommes. Ont-ils donc trouvé mauvais que je diſſe qu'il falloit reſſerrer de plus en plus les nœuds de la Société, afin de la rendre pour nous le plus utile qu'il eſt poſſible? Peut-on ſuppoſer qu'ils ignorent que Dieu a mis en nous une ſecréte horreur pour la ſéparation de notre ame d'avec le corps, & que par conſéquent, par notre nature, nous ſommes portés à aimer la vie? Quoique notre ſainte Religion nous apprenne à ſavoir nous en détacher, Dieu ne nous en ordonne pas moins d'en avoir ſoin comme d'un dépôt qui nous a été confié. Et il nous défend très-ſévérement de rien faire qui tende directement à notre deſtruction. Perſonne n'ignore ces vérités; la nature eſt trop attentive à nous en inſtruire. Croyons donc plutôt que ce morceau de ma Theſe a été extrait inutilement. Mettons-le ſous les yeux dans ſon entier, pour en convaincre tous ceux qui le liront. ,, De tous les objets qui nous
,, affectent par leur préſence, notre propre corps
,, eſt celui dont l'exiſtence nous frappe le plus.
,, Sujet à mille beſoins & ſenſible au dernier point
,, à l'action des corps extérieurs, il ſeroit bientôt
,, détruit, ſi le ſoin de ſa conſervation ne nous oc-
,, cupoit. La nature nous fait donc une loi d'exa-
,, miner parmi les objets extérieurs ceux qui peu-
,, vent nous être utiles. Mais à peine commen-
,, çons-nous à parcourir ces objets, que nous dé-
,, couvrons parmi eux un grand nombre d'Etres
,, qui nous paroiſſent entiérement ſemblables à
,, nous,

„ nous. Tout nous porte donc à penser qu'ils
„ ont aussi les mêmes besoins que nous éprouvons,
„ & par conséquent le même intérêt à les satisfai-
„ re; d'où il résulte que nous devons trouver beau-
„ coup d'avantages à nous unir avec eux. De-là
„ l'origine de la Société, dont il nous importe de
„ resserrer de plus en plus les nœuds, afin de la
„ rendre pour nous le plus utile qu'il est possi-
„ ble ". (*Voyez la première Position de la Thése
Latine*).

Il me paroît donc que la Censure de la Faculté ne commence à porter que sur ce qui suit. Ce Droit d'égalité que j'appelle légitime & conforme à la raison, a effrayé les Docteurs. Frappés de l'ordre actuel qui régne dans les Sociétés, ils en ont conclu que je voulois renverser toute subordination. Cette Censure, je l'avoue, est légitime, si j'ai prétendu donner atteinte au respect & à l'obéissance qu'on doit aux Puissances qui nous gouvernent : mais les sentimens qui sont exprimés dans ma Thése, sont bien éloignés de cette Doctrine. Je voulois m'élever contre le système de Hobbes: pour cela je devois considérer avec cet Auteur, l'Homme dans l'état de Nature, c'est-à-dire dans ce point de vue où l'on envisage les Hommes avant toute Société formée, indépendans les uns des autres, & souverains chacun dans sa famille. Hobbes, comme l'ont remarqué tous ceux qui ont écrit contre lui, ne pouvoit établir son Système qu'en renversant tous les principes qui sont les fondemens des Sociétés. C'est à lui que je fais remarquer l'origine de la Société fondée sur cette ressemblance de desirs, & cette conformité de panchans que l'Auteur de la Nature a mise en nous pour être l'ame de cette réunion qu'il avoit arrêtée dans ses Decrets. C'est à lui que je dis: je fais comme vous que les Hommes ont trop de passions pour pouvoir vivre long-tems dans cette
éga-

égalité qui se trouveroit dans cet état que nous considérons vous & moi. L'ambition ou l'avidité de quelque Particulier interromproit bientôt cette harmonie, & l'inégalité ne seroit pas longtems à s'y introduire : mais je vous regarde avec horreur, lorsque je vous entens dire que cette inégalité introduite par la seule force, *est la Loi du plus Juste, parce que c'est la Loi du plus Fort*. Si Hobbes, en faisant voir que les passions des Hommes les armoient les uns contre les autres, n'avoit prétendu que faire sentir la nécessité d'une Société policée, où certains Citoyens ayant en main la force de tous les Particuliers, sont en état de reprimer ceux qui voudroient enfreindre les Loix, j'aurois volontiers été de son avis. C'est sur ce même Principe que je fonde l'origine des Loix Civiles & des Loix Politiques, c'est-à-dire, l'origine de cette Société dont je parle, ou plutôt la nécessité de cette Société : car mon but n'est pas d'examiner comment les choses sont arrivées précisément, mais comment elles auroient dû arriver si Dieu, ayant créé un Peuple à la fois avec les desirs & les panchans que nous avons, il n'avoit établi personne pour commander aux autres Hommes, & qu'il eût laissé à leur raison le soin de convenir de ce qui leur étoit nécessaire pour pouvoir retirer de leur commerce mutuel le plus grand avantage. Peut-on donc, pour me flétrir de la note odieuse de Perturbateur du Repos Public, transporter ce que je dis de la Loi de la Nature à l'Etat présent ; & ne pourrois-je pas dire avec plus de raison à ceux qui ont condamné cette Proposition, qu'ils se sont ligués avec Hobbes contre moi, puisque je ne parle dans cet endroit que contre cet Auteur ? Si la Proposition avoit été bien extraite, le Public m'auroit épargné la peine de leur faire ce reproche, ou pour mieux dire, jamais ils ne se seroient déterminés à la con-

dam-

damner. Il y en avoit pourtant assez dans ce qu'ils avoient extrait, pour leur faire sentir que je ne parlois point des différentes Sociétés dont les Hommes sont à présent membres. Car, lorsque je parle du Droit barbare d'inégalité, je donne la raison pourquoi je le caractérise ainsi; & cette raison se trouve dans la Proposition extraite, parce qu'il ne seroit appuyé que sur ce Principe que la force constitue la Justice; Principe si particulier à Hobbes, qu'il auroit dû réveiller sur le champ dans tous les esprits le Système de cet Auteur, & leur apprendre que ce n'étoit que de ce Système que je parlois.

Mais suivons toujours le même plan; mettons sous les yeux du Public l'endroit en entier dont cette Proposition est extraite, afin qu'il puisse juger si mes Remarques portent à faux. Après avoir parlé de l'origine de la Société, que je regarde comme Anarchique, & qui n'est encore, à proprement parler, que la réunion des Hommes entre eux, puisque je les regarde comme conservant une parfaite égalité, je continue en disant: ,, Mais chaque Membre de la Société cher-
,, chant à augmenter pour lui-même l'utilité (de
,, la Société) qu'il en retire, & ayant à combat-
,, tre dans chacun des autres un empressement é-
,, gal au sien, tous ne peuvent avoir la même
,, part aux avantages, quoique tous y ayent le mê-
,, me droit. Un droit si légitime (d'égalité) sera
,, donc bientôt enfreint par ce Droit barbare d'in-
,, égalité, appellé la Loi du plus Juste, parce
,, qu'il est la Loi du plus Fort. Ce Système qui
,, donne droit à tous contre tous, & qui les ar-
,, me les uns contre les autres est, par ses dange-
,, reuses conséquences, digne de l'exécration pu-
,, blique". Ces paroles, *ce Système qui donne droit à tous contre tous*, ne suffisoient-elles pas pour déterminer le sens de la Proposition? De quoi puis-je

je parler, fi ce n'est du Syſtême de Hobbes? Y a-t-il d'autre Syſtême qui donne droit à tous contre tous, & puis-je me plaindre du Droit d'inégalité tranſporté à l'Etat actuel, moi qui crois que les Hommes ont trop de paſſions pour pouvoir ſubſiſter dans cette égalité dans laquelle la nature les auroit fait naître? N'eſt-ce pas de-là que je conclus la néceſſité des Loix Civiles, & par conſéquent d'une ſubordination? Peut-on ſuppoſer que je traite de barbare une choſe que je regarde comme néceſſaire?

L'Auteur du Mandement ne peut donc avoir aucun reproche à me faire ſur ce Droit d'égalité, que je regarde comme conforme à la raiſon. Il s'éloigne abſolument du ſens de ma Théſe, lorſqu'il croit y appercevoir que tous les Hommes viennent au monde avec ce Droit d'égalité. Croit-il que j'ignore que nous naiſſons tous Membres de quelque Société, & par conſéquent Sujets de quelque Puiſſance, ſoit Monarchique, ſoit Ariſtocratique ou Démocratique, en un mot, que nous naiſſons ſous quelque forme de Gouvernement, & par conſéquent ſoumis à des Loix? Je conclus de ce Droit barbare d'inégalité que je reprouve, qu'il en réſulteroit un Droit de tous ſur tous, & ce qui en eſt une ſuite inévitable, une Guerre de tous contre tous: je mets donc une différence immenſe entre cette inégalité barbare qui détruit tout, & cette inégalité ſacrée & reſpectable qui fait fleurir nos Etats. Puis-je ignorer ce qu'une expérience journaliére m'apprend, ſavoir, que l'inégalité que nous voyons dans les différentes conditions n'arme pas les Hommes les uns contre les autres? Mais, puiſque l'Auteur du Mandement veut abſolument parler d'un Etat qui exiſte, je veux bien le ſuivre. Les Relations que nous avons des différens Voyages entrepris pour découvrir de nouvelles Terres, nous apprennent qu'on a découvert des Pays

qui sont peuplés par des Hommes dispersés dans les forêts, que ces Hommes n'ont d'autre Souverains qu'eux-mêmes, & que chacun vit de sa chasse ou de sa pêche. Chaque Famille est un petit Royaume, & les chaumiéres sont indépendantes les unes des autres. Je demande maintenant à l'Auteur du Mandement: croyez-vous que, si ce Peuple venoit à sentir la nécessité de se réunir & de former une Société policée, quelqu'un d'entre eux eût droit de les forcer à lui obéir, & de leur ôter le libre choix de leur Chef ? Je dirai quelque chose de plus: ce Peuple accoutumé à vivre de la chasse ou de la pêche, & à marcher presque nud, ne sauroit avoir beaucoup de besoins: il pourroit donc connoître absolument la véritable Religion, chacun demeurant maître chez soi, & ne reconnoissant d'autre Chef que le Chef de famille. Ils seroient alors comme Abraham qui vivoit au milieu de plusieurs Rois, & indépendant de tout le monde : or quel est celui qui oseroit avancer que le Chef de famille, parce qu'il se sentiroit plus fort, attaqueroit tous les autres, ne commettroit pas une grande injustice, & que le Droit d'inégalité qu'il introduiroit parmi ce Peuple ne seroit point barbare & tyrannique, n'ayant n'autre Principe que la Force ? Quelqu'un de ces Rois qui vivoit du temps d'Abraham, avoit-il droit de soumettre ce Patriarche à sa domination ? Avec un tel Principe, les différentes Sociétés pourroient entreprendre les unes contre les autres, puisqu'elles sont entre elles comme les différentes Familles de ce Peuple dont j'ai parlé. Ce que dit l'Auteur de la Préface de la Censure, est pour moi un Problême, dont la solution ne sauroit lui être avantageuse. Selon lui, le Droit d'inégalité est fondé sur la nature même. Voudroit-il nous persuader que la nature n'est pas uniforme chez tous les Hommes ? Ne lui prêtons pas cette idée, elle est
trop

trop ridicule. Il n'a certainement pas prétendu que la nature travaillât autrement pour former un Prince que pour former un autre Homme. Il appelle peut-être, *Droit fondé sur la nature*, le Droit qu'on a par la naissance, comme dans les Etats héréditaires où le Fils succéde de droit à son Pére; mais ce n'est pas là un droit fondé sur la Nature, c'est un droit fondé sur la Constitution de l'Etat, Constitution qui n'a pas lieu dans les Royaumes électifs. Je sais & je reconnois qu'il y a des Hommes qui, par leur naissance dans certains Pays, ont droit de commander aux autres, puisque je dis dans ce même endroit que les Sujets, sous quelque prétexte que ce soit, ne peuvent faire la guerre à leur légitime Souverain. Je ne regarde donc pas le Droit d'inégalité qu'ont les Rois comme barbare. Cette vérité va être mise dans tout son jour, en examinant le second Membre de la Proposition. De tout ce que j'ai dit, j'en conclus que le Droit d'inégalité dont je parle regarde l'état de nature, & qu'il ne doit être considéré que rélativement au Systême de Hobbes que je réfute en cet endroit, c'est-à-dire, avant toute Société policée, temps où les Hommes étant égaux entre eux, on ne pouvoit enfreindre cette égalité sans violer les Droits les plus sacrés.

Je passe au second Membre.

Vis licita tantum ubi nullus Judex Legesque proculcantur.

La violence n'est permise qu'entre ceux qui ne reconnoissent point de Juge, & lorsque les Loix sont foulées aux pieds.

CETTE Proposition est si exacte, qu'elle n'est susceptible d'aucun mauvais sens ni dans la Thése, ni même séparée de la Thése. Aussi sais-je de très-bonne part que Mr. l'Archevêque de Sens dit un jour à un des Députés, que cette Proposition n'étoit

n'étoit point mauvaise. Il le fit sentir en peu de mots au Député; mais la Proposition avoit été portée sur leur Bureau, & cela suffisoit: on ne pouvoit reculer. Je ne saurois répondre à aucune raison, car ils n'en ont point alléguée. L'Auteur de la Préface de la Censure n'en fait aucune mention: il ne s'arrête qu'au Droit d inégalité dont je viens de parler. On s'est contenté, dans le Mandement de Mr. l'Archevêque, de l'énoncer; on n'a pas daigné y ajoûter un seul mot pour faire connoître le venin qu'elle renfermoit. Je ne puis donc savoir ce qui les a engagés à la condamner, que par ce qui s'est passé dans les Assemblées des Députés. Je sais que cette Proposition y fut regardée comme séditieuse, comme attaquant directement le Pouvoir des Rois; & il y en eut qui s'échappèrent jusqu'à dire qu'une telle Proposition ne pouvoit être que dans la bouche d'un Ravaillac. La plume, je l'avoue, me tombe des mains.......
Voici la conséquence que je tire de ce Principe, qu'on regarde comme si contraire à l'Autorité des Monarques. ,, D'où il résulte que les Puissances ,, Souveraines jouissent seules du Droit de se faire ,, la guerre; que Saint Louis consulta autant la ,, Justice naturelle que la saine Politique, lorsqu'il ,, arrêta par son autorité le feu des Guerres Civi- ,, les, qu'allumoient entre eux les grands Vassaux ,, de sa Couronne; que c'est un crime de Lèze- ,, Majesté qu'une Guerre entreprise contre son ,, Prince légitime (*a*)". Si l'on avoit voulu rapprocher tout ce que je dis sur les Souverains dans les différens endroits de ma Thése, des soupçons
aussi

(*a*) *Hinc soli Principes jus habent Belligerandi. Hinc Ludovicus IX. Legem Naturalem simul & Politicam consuluit, dum Optimatibus sibi subditis mutuum interdixit Bellum. Hinc Bellum vetitum contra legitimum Principem.*

aussi injurieux se feroient bientôt évanouis. On y auroit vu que les Rois ne sont comptables de leurs fautes qu'à Dieu, seul & unique Souverain des Rois (a).

Dira-t-on que la Proposition est si mauvaise par elle-même qu'elle ne sauroit être susceptible d'aucune interprétation favorable, & que tout ce que je dis de décisif dans le reste de ma Thése sur l'Autorité des Souverains, est évidemment en contradiction avec cette Proposition? Pour répondre à ce reproche, servons-nous de la Traduction même qu'on lit dans le Mandement de Mr. l'Archevêque. *La violence est permise quand les Loix sont foulées aux pieds, & qu'il n'y a pas de Juge pour les venger.* Dans quelle circonstance peut-il n'y avoir pas de Juge pour venger les Loix foulées aux pieds? Suivons les différentes formes de Gouvernement. Cela n'arrivera jamais dans une Monarchie. Cela peut arriver, me dira-t-on dans un temps d'Anarchie par exemple. Qu'entend-on par ce terme d'Anarchie? Veut-on parler seulement de la vacance du Trône, c'est-à-dire, lorsque l'Etat n'a pas un Chef? Croit-on donc que lorsque par des morts précipitées toute une Famille Royale vient à s'éteindre, & qu'il faut faire choix d'une autre Famille pour la placer sur le Trône, croit-on, dis-je, que, pendant ce temps, la Nation soit sans Juge, & que la Société soit totalement anéantie? Il ne peut jamais arriver que ceux qui composent un Etat deviennent ainsi indépendans: ils seront toujours soumis au Corps de la Nation qui pourra juger les Différends qui surviendront. En un mot, il est absurde de dire qu'il n'y ait point de Juge dans un Etat tant que cet Etat conservera

(a) *Quidquid delirant Reges à supremo Regum moderatore unico plectantur.*

fervera la moindre forme de Gouvernement. C'est donc avec raison, que je conclus de ce Principe que les seules Puissances Souveraines ont droit de faire la Guerre, & que Saint Louis consulta autant la Loi naturelle que la saine Politique lorsque, par son autorité, il arrêta le feu des Guerres qu'allumoient entre eux les grands Vassaux de la Couronne. Pourquoi cela ? C'est que les grands Vassaux de la Couronne étoient Membres d'un Corps qui avoit des Loix & des Juges pour terminer leurs différends & vuider leurs querelles. Celui qui étoit lézé, au lieu de prendre les armes, devoit s'adresser au Roi leur Chef commun, ou aux Tribunaux préposés pour en connoître & demander justice contre son agresseur.

Ma Proposition est si peu susceptible d'un mauvais sens, que je ne crains point de dire qu'en la condamnant, on a donné atteinte à l'autorité des Puissances Souveraines. C'est aux Magistrats attentifs à conserver les Droits de la Couronne, & soigneux de ne laisser rien écrire qui puisse les blesser, à examiner si la condamnation de ma Proposition peut s'accorder avec le Droit de faire la Guerre à leurs voisins, dont nos Rois ont usé si sagement pour la gloire & la sureté de leurs Sujets. La Sorbonne & Mr. l'Archevêque reprouvent cette Proposition. *La violence est permise quand les Loix sont foulées aux pieds, & qu'il n'y a pas de Juge pour les venger.* La Sorbonne & Mr. l'Archevêque croient donc que la violence n'est pas permise quand les Loix sont foulées aux pieds, quoiqu'il n'y ait pas de Juge pour les faire respecter. Donc, ai-je droit de conclure, les Rois & les Puissances Souveraines violent toujours la Justice lorsqu'ils déclarent la guerre à leurs voisins, quoique ceux-ci ayent, à leur égard, foulé les Loix aux pieds, & qu'ils ne veuillent pas réparer le dommage qu'ils ont causé, ou restituer ce qu'ils ont

ont envahi. Voilà tous les Princes déclarés perturbateurs du repos public, lorsque, pour la défense du bien de leurs Sujets, ils s'exposent aux périls de la guerre. J'ignore comment la Sorbonne & Mr. l'Archevêque pourront éviter ces conséquences, qui sans doute ne leur sont pas venues dans l'esprit, mais qui n'en sont pas moins liées avec la condamnation de la Proposition que je discute.

En un mot, la Proposition est bien condamnée, s'il peut y avoir des Particuliers qui, sans être Souverains & étant au contraire sous la dépendance, puissent ne pas reconnoître de Juge dans quelque circonstance: mais la condamnation de ma Proposition est injurieuse aux Puissances Souveraines, & attaque directement leur autorité, s'il est vrai qu'il n'y ait que des Souverains dont on puisse dire qu'ils ne reconnoissent point de Juge.

Voyons si on a été plus heureux sur ce qui regarde les Notions du Juste & de l'Injuste, & de la Loi Naturelle.

Je ne puis pas faire un pas que je n'aye à me plaindre des fausses imputations dont me chargent mes Censeurs. Il y en a, comme celle dont je vais parler, qu'il est difficile d'attribuer à l'obscurité de la Thése & à la difficulté de pouvoir la saisir. Pour écarter toute conjecture odieuse contre eux, disons que la précipitation avec laquelle cet Examen a été fait, ne leur a pas permis d'appercevoir ce que ma Thése renfermoit réellement. Dans cet endroit-ci, ils ont confondu la connoissance de la Loi naturelle avec la Loi naturelle elle-même; &, au lieu d'appliquer ce mot Notions, *Notiones*, à la connoissance de cette Loi, ils l'ont transporté à l'origine même de la Loi; comme si j'avois prétendu que la Loi naturelle ne fût point invariable & indépendante de

nos idées, & qu'elle fût poſtérieure à l'établiſſement des Sociétés. Lorſque Meſſieurs les Députés examinoient cette Propoſition, ces raiſons étoient les ſeules qui occupoient leur eſprit: ils regardérent comme évident que je faiſois dépendre, dans ma Théſe, l'origine de la Loi naturelle de l'établiſſement des Sociétés, & que je la rendois par-là arbitraire; ainſi que le Bien & le Mal, que je ne faiſois différer que par les idées dont les Hommes convinrent après leur réunion. Il eſt extraordinaire que trente-ſix Docteurs prépoſés pour examiner une Théſe y voyent ces Erreurs, tandis que la différence eſſentielle entre le Bien & le Mal y eſt ſolidement établie, & qu'on y dit expreſſément que la Loi naturelle eſt antérieure à toute Société, puiſqu'on aſſure qu'elle eſt gravée profondément dans nos cœurs, & que les Hommes ont dû la prendre pour régle & pour modéle dans leurs premiéres Loix: cela eſt, dis-je, ſi ſurprenant que je ne penſe pas que perſonne ajoutât foi à ce que j'avance, ſi je ne mettois ſous les yeux du Lecteur cet endroit de ma Théſe. ,, Plus la ,, tyrannie qui ſoumet la foibleſſe à la force, eſt ,, violente, plus la foibleſſe ſe révolte contre un ,, joug qu'elle ſent que la raiſon ne ſauroit lui im-,, poſer. De-là nous vient la connoiſſance de l'In-,, juſte, & par conſéquent du Bien & du Mal ,, *moral, qui ſont ſéparés par une barriére qu'on ne* ,, *doit jamais franchir*; le cri de la nature qui re-,, tentit dans tout Homme, & qui ſe fait enten-,, dre *chez les Peuples les plus ſauvages & les plus* ,, *barbares s'oppoſeroit à cette violation*. De-là ,, auſſi la Loi naturelle, *que nous voyons gravée* ,, *profondément dans notre ame*; *vrai modéle des* ,, *premiéres Loix que les Hommes ont dû former*. ,, C'eſt ainſi que le mal que nous éprouvons par ,, les vices de nos ſemblables, produit en nous la ,, connoiſſance réfléchie des vertus oppoſées à ces
,, vices

„ vices (a) ". Quel reproche pouvoit donc avoir à me faire l'Auteur du Mandement? Peut-on être plus décidé que je le suis sur la différence essentielle du Bien & du Mal & sur l'immobilité de la Loi naturelle? C'est à moi à me plaindre & à demander aux Députés pourquoi ils ont ainsi haché ma Théfe dans leur Extrait, pourquoi cette affectation à omettre tout ce qui pouvoit m'être favorable? Mais au moins devoient-ils mettre des points lorsqu'ils omettoient quelque chose, pour avertir, ainsi qu'ils l'ont fait eux-mêmes en certains endroits, que ce qu'on rapporte n'est pas tout de suite dans l'ouvrage qu'on extrait. On est toujours coupable lorsqu'on n'a point cette attention dans des choses d'aussi grande conséquence; mais on l'est infiniment davantage, lorsque ce qu'on omet, sans en donner aucune marque, est essentiel. Après avoir tiré de ce qui précède les Notions de l'Injuste & par conséquent du Bien & du Mal moral, j'observe que le Bien & le Mal sont séparés par des limites qu'on ne doit jamais franchir, & que les Nations les plus sauvages, en reclamant contre une telle violation, font sentir que c'est le cri de la nature qui nous apprend à distinguer le Bien du Mal. On a cru pourtant pouvoir omettre ces paroles dans l'Extrait. On ne pouvoit en effet les expofer aux yeux du Public, qui

(a) *Quò favoir est tyrannis, cui vis imbecillitatem submittit, eò magis indocilis est jugum pati, haud ignara, sibi rationem contrà vim ipsam militare. Hinc Injusti Notiones, proindèque Boni & Mali moralis,* quibus interjacent limites nufquam violandi. Huic obstaret naturæ clamor, qui vel apud gentes feras, barbaras & immanes usque perfonat. *Hinc etiam lex naturalis* quam menti nostræ altiùs inscriptam infpicimus, vera quidem norma ad quam Homines Leges suas componere debuerunt, &c.

qui auroit demandé à haute voix : qu'exigez-vous donc du Bachelier que vous condamnez, & quelle Erreur proscrivez-vous dans cette Proposition ? Ce même Public qui auroit parlé ainsi en voyant la Censure, s'exprimera avec bien plus de force lorsqu'il verra qu'il a été abusé si long-tems. C'étoit à moi à faire voir que mes idées étoient saines sur la Loi Naturelle, & sur la distinction du Bien & du Mal ; & c'est à ceux qui ont fait l'Extrait à se justifier sur leurs omissions essentielles.

Quoique ce que je viens de dire pût suffire, & qu'on ne puisse pas exiger de moi de répondre à toutes les difficultés qu'on fait contre le Systême des Idées originaires des Sens, je vais pourtant faire en sorte de dissiper les nuages qu'on affecte de répandre sur la croyance de ceux qui le suivent. Je pourrois dire avec raison : j'ai soutenu un Systême que j'ai, pour ainsi dire, appris, à force de l'entendre défendre dans vos Ecoles ; s'il entraîne après lui des conséquences dangereuses, je ne dois point en être comptable, puisque je ne les ai pas admises, ni même connues. Mais il y a plus, il m'a paru évident que ces conséquences n'étoient pas dangereuses, ou que celles qui l'étoient, ne suivoient nullement de ce Systême. J'aurai soin d'opposer mes raisons à celles que l'Auteur des Remarques sur la Thése de Mr. l'Abbé de Briéne a alléguées. Voici à quoi se réduisent toutes les difficultés de l'Auteur de cette Brochure „ Les Régles primiti-
„ ves du Bien & du Mal ; le Discernement du Jus-
„ te & de l'Injuste ; les Maximes du Droit Natu-
„ rel ; les premiers Devoirs de la Créature envers
„ Dieu, envers soi-même, envers le Prochain,
„ ont été gravés dans le cœur de l'Homme par
„ l'Auteur de son Etre : il les porte au dedans de
„ lui-même : il ne peut pas plus s'en dépouiller que
„ s'anéantir. De là les remords de la conscience,
„ quoiqu'en partie l'effet de l'éducation & de l'in-
„ struc-

» ſtruction, ont un fondement certain & un prin-
» cipe conſtant dans ſa nature & dans le fond de
» ſon Etre. De-là l'impoſſibilité de l'ignorance
» invincible, au moins des premiers Principes du
» Droit Naturel. De-là l'inexcuſabilité, s'il eſt
» permis de le dire, de la Créature intelligente,
» en quelque état qu'elle ſoit, lorſqu'elle n'ac-
» complit pas la Loi Naturelle: & l'on peut dire
» même, de-là toute l'œconomie de la Morale
» Chrétienne renverſée dans le Syſtême des Idées
» originaires des Sens: tous ces Principes perdent
» leur certitude & ceſſent d'être invariables, im-
» muables & impreſcriptibles. Ils n'ont d'autre
» appui & d'autre ſource que des Idées factices,
» des conventions arbitraires, des connoiſſances
» qui n'étant point néceſſaires & attachées à la
» nature de l'Homme & à ſon Etre primordial &
» eſſentiel, ne ſont que des accidens qui peuvent
» éprouver des variations, ſuivant les temps, les
» pays, les circonſtances".

Voilà ſans doute des accuſations bien graves contre le Syſtême des Idées originaires des Sens; mais
je ne crois pas qu'il me ſoit difficile de les renverſer. D'abord, le zéle impétueux & chagrin de
cet Auteur devoit ſe rallentir à mon égard: car,
comme lui, je dis dans ma Théſe que *la Loi Naturelle eſt gravée profondément dans notre ame.*
Quoique ces expreſſions me ſoient communes avec
lui, je ne leur donne pas, je l'avoue, préciſément
le même ſens. Chez moi, elles n'expriment que
cette facilité que Dieu a accordée à notre eſprit
pour connoître ces Idées primitives; facilité ſi grande qu'on ne peut pas dire que l'eſprit d'un Homme ſoit propre à connoître quelque vérité, & qu'il
ignore celles-là. Je ne ſaurois dire ce qu'elles ſignifient dans l'eſprit de l'Auteur que je combats, &
de ceux qui penſent comme lui: ils n'ont pas daigné nous apprendre comment les Idées ſont gravées,

vées dans notre ame; & j'ai eu beau exercer mon esprit, je n'ai jamais pu comprendre que ce pût être autre chose que la facilité à les connoître.

En second lieu, ceux qui, comme l'Auteur de la Brochure, s'écrient, *étrange excès de l'aveuglement de l'esprit humain! le vice est nécessaire pour faire connoître la vertu!* n'entendent nullement le Syftême des Idées originaires des Sens : car ses Défenseurs n'ont jamais prétendu qu'on ne puisse pas connoître la vertu avant que de connoître le vice. L'Homme que je considére, éprouve d'abord l'injustice, & ressent les funestes effets que produisent les vices : il est donc naturel qu'il sache d'abord ce que c'est qu'injustice, & que, par une idée réfléchie, il apprenne ce que c'est que Justice. Faites éprouver tout le contraire à cet Homme, & il connoîtra premiérement la Justice, le Bien & la Vertu, avant d'avoir l'idée de l'Injustice, du Mal & du Vice. En un mot, il n'est essentiel à ce Syftême que d'acquérir les connoissances selon l'ordre des sensations, & non que les sensations soient excitées dans tel ordre, ce qui seroit absurde à penser.

J'ai cru devoir faire précéder ces Remarques, pour ne laisser aucun embarras sur le chemin que je vais parcourir.

Nous sentons à chaque instant la liaison intime que l'Auteur de la Nature a mise entre notre ame & notre corps. Celle-là ressent d'abord la plus légére atteinte qu'on donne à celui-ci. Les sensations que l'ame éprouve, n'excitent pas indifféremment toutes sortes d'idées. Par un enchaînement admirable & bien digne de celui qui l'a ordonné, une certaine idée est liée à une certaine sensation, ainsi que telle sensation est attachée à telle impression. Ces premiéres idées sont donc moins l'ouvrage de notre ame que celui du Créateur, & elles ne lui appartiennent pas davantage

que

que le mouvement qu'un corps communique à un autre par le mouvement qu'on lui imprime, appartient à ce corps. Aussi sa liberté & son activité ne s'exercent-elles pas là-dessus : elle n'est pas plus libre sur ces premiéres idées qu'elle l'est pour ne pas recevoir une certaine sensation à l'occasion de telle impression. Mais voici où son activité se déploye toute entiére, & où elle montre sa grande supériorité sur les autres Etres animés. Elle réfléchit sur les idées qui lui sont venues à l'occasion de ces premiéres impressions, elle les combine entre elles : si elle lie celles qui doivent l'être, c'est une vérité dont elle s'enrichit : & si elle lie celles qui ne doivent pas l'être, c'est une erreur dont elle pourra se guérir en continuant de réfléchir. Les opérations de notre esprit sont assez semblables à celles de la nature, qui ne produit qu'un monstre lorsque, dans ses différentes combinaisons, elle place une chose où elle ne devoit pas être : cependant la figure réguliére n'en étoit pas moins déterminée. Il en est de même de l'esprit : quoiqu'il lie des idées qui ne doivent pas s'allier ensemble, la liaison véritable & naturelle n'en est pas moins invariable. Les Payens en transportant à Dieu des passions humaines & des vices, lioient ensemble des idées qui ne devoient pas être liées, mais la nature de Dieu n'en étoit pas moins déterminée en elle-même : or il y a certaines liaisons d'idées qui sont si naturelles & si faciles à saisir, parce que l'Auteur de la Nature l'a voulu ainsi, qu'il n'est pas possible de s'y méprendre. Telles sont celles qui nous font connoître les premiers principes de la Loi Naturelle, un Dieu Créateur & le Culte que nous lui devons. Voilà pourquoi les Hommes s'acccordent sur toutes ces Vérités. Si l'on va plus avant, & qu'on pénétre jusques à ces combinaisons beaucoup plus difficiles à saisir, on ren-

con-

contrera l'endroit où commence le partage inégal des connoissances.

Le Syftême des Idées originaires des Sens ne rend donc point arbitraire ce qui regarde la Vertu & la Loi Naturelle. Tout Homme ne peut pas même se tromper sur la liaison des idées qui donnent la connoissance des premiers Principes. Les Hommes en se formant les idées du Juste, de la Vertu, &c. ne déterminent pas plus ce que c'est que la Justice & la Vertu en elles-mêmes, qu'un Ouvrier qui construit un cercle, n'attache au cercle la propriété d'être rond. *Les conventions arbitraires* ne sauroient avoir lieu, parce qu'on ne peut pas convenir de ce qui ne dépend pas de soi. Les connoissances de ces Vérités primitives ne peuvent éprouver des variations suivant les tems, les pays & les circonstances, parce que l'Auteur de la Nature a donné à tout Homme une si grande facilité à lier les idées simples, d'où ces connoissances résultent, qu'il n'est pas possible qu'un Homme, non seulement les ignore, mais encore qu'il puisse les altérer. C'est donc avec raison qu'on doit regarder comme inexcusable celui qui n'accompliroit pas la Loi Naturelle.

Voudra-t-on encore me poursuivre en me disant: nous avouons qu'il est clair que dans ce Syftême, la Loi naturelle, la Vertu & la Justice ne sont pas arbitraires: mais vous ne pouvez pas nous refuser de nous accorder que, *si les sens n'agissoient pas sur l'esprit, la Loi naturelle lui seroit éternellement étrangére*. Si l'Auteur des Remarques qui me fait cette difficulté parle, comme il le doit, de cet état-ci, je ne crains point de lui avouer que ce qu'il dit est vrai. Oui, les idées ont une telle liaison avec l'action des sens, que si, par hypothése, on suppose que les sens n'agissent point absolument, on n'aura aucune idée. Cette conséquence n'a rien d'affreux ni de dangereux pour la Religion.

gion. C'est par-là au contraire que le Syſtême des Idées originaires des Sens triomphe avec plus d'éclat du Syſtême imaginaire des Idées innées. Pour le faire ſentir, je ne veux que mettre ſous les yeux le raiſonnement de l'Auteur de la Brochure: une „ Loi, dit-il, qui n'eſt point connue, n'oblige „ point. Si la Loi naturelle n'eſt point écrite dans „ nos cœurs, il y a donc un tems où l'ame n'eſt „ point tenue des obligations que cette Loi impo- „ ſe". Je ne fais que renverſer ce raiſonnement, en diſant, *s'il y a un tems où l'ame n'eſt point tenue des obligations que la Loi naturelle impoſe, cette Loi n'eſt pas écrite dans nos cœurs.* Cette Propoſition, comme on voit, eſt de l'Auteur que je combats: *or un Enfant, dans le ſein de ſa Mére, n'eſt pas tenu des obligations que la Loi naturelle impoſe: donc,* puis-je conclure, *la Loi naturelle n'eſt pas écrite dans nos cœurs.* C'eſt ce que j'ai développé plus haut, & qui me paroît déciſif contre les Idées innées.

Qu'on ceſſe donc de ſonner l'allarme, parce qu'on fait dépendre nos connoiſſances de l'action des Sens. Qu'on ceſſe d'appeller la Religion à ſon ſecours. Ce n'eſt que dans le Syſtême des Idées originaires des Sens, qu'on explique facilement, comment les Enfans n'ont point d'obligations, parce qu'ils n'ont pas des connoiſſances. C'eſt dans ce Syſtême ſeulement qu'on peut expliquer pourquoi les Imbécilles & les Fous ne ſauroient faire du mal. Voudra-t-on nous dire que la folie & l'imbécillité appartiennent à l'ame? Qui ne ſait qu'elle vient uniquement du dérangement ou de la foibleſſe des organes? Je finis par un morceau que j'ai tiré des *Mémoires de l'Académie Royale des Sciences*, année 1703. pag. 18., & qui ne ſervira pas peu à confirmer cette vérité.

„ A Chartres, un jeune Homme de vingt-trois „ à vingt-quatre ans, fils d'un Artiſan, ſourd & „ muët

» muët de naissance, commença tout à coup à
» parler, au grand étonnement de toute la Ville.
» On sut de lui que trois ou quatre mois aupara-
» vant, il avoit entendu le son des Cloches & a-
» voit été extrêmement surpris de cette sensation
» nouvelle & inconnue. Ensuite il lui étoit sorti
» une espéce d'eau de l'oreille gauche, & il avoit
» entendu parfaitement des deux oreilles. Il fut
» trois ou quatre mois à écouter sans rien dire,
» s'accoutumant à répéter tout bas les paroles qu'il
» entendoit, & s'affermissant dans la prononcia-
» tion & dans les idées attachées aux mots. En-
» fin, il se crut en état de rompre le silence, &
» il déclara qu'il parloit, quoique ce ne fût enco-
» re qu'imparfaitement. Aussi-tôt des Théolo-
» giens habiles l'interrogérent sur son état passé,
» & leurs Questions principales roulérent sur Dieu,
» sur l'ame, sur la bonté ou la malice morale des
» actions. Il ne parut pas avoir poussé ses pensées
» jusques-là. Quoiqu'il fût né de parens Catholi-
» ques, qu'il assistât à la Messe, qu'il fût instruit
» à faire le Signe de la Croix & à se mettre à ge-
» noux dans la contenance d'un homme qui prie,
» il n'avoit jamais joint à tout cela aucune inten-
» tion, ni compris celle que les autres y joignent.
» Il ne savoit pas bien distinctement ce que c'é-
» toit que la mort, & il n'y pensoit jamais. Il
» menoit une vie purement animale, tout occu-
» pé des objets sensibles & présens, & du peu d'i-
» dées qu'il recevoit par les yeux. Il ne tiroit pas
» même de la comparaison de ses idées tout ce
» qu'il semble qu'il en auroit pu tirer. Ce n'est
» pas qu'il n'eût naturellement de l'esprit : mais
» l'esprit d'un homme privé du commerce des
» autres, est si peu exercé & si peu cultivé, qu'il
» ne pense qu'autant qu'il y est indispensablement
» forcé par les objets extérieurs. Le plus grand
„ fond

„ fond des idées des hommes est dans leur com-
„ merce réciproque",

Ce fait est pour moi bien plus décisif que tous les raisonnemens de l'Auteur de la Brochure.

TROISIEME PROPOSITION.

Maximè distinguendum inter Religionem supernaturalem & Religionem revelatam...... Omnes Religiones (si unam excipias veram) præstat sanè Theismus; illæ si quidem à veritate degeneres, Lexque naturalis in Theismo non est decolor. Vel ipsa vera Religio revelata nec est nec esse potest alia à Lege naturali magis evolutâ.	Il faut soigneusement distinguer entre une Religion surnaturelle & une Religion revélée.... Le Théisme l'emporte sur toutes les Religions qui se disent révélées (si l'on en excepte la seule véritable) : elles ont toutes corrompu la vérité, au lieu que le Théisme conserve dans toute sa pureté la Loi naturelle. La Religion révélée, qui est à présent la seule qui soit vraie, n'est elle-même & ne peut être que la Loi naturelle plus développée.

Cette Proposition a été censurée par la Faculté, comme destructive de la Religion surnaturelle, *in cuinam Religionis supernaturalis assertas.*

JUSTIFICATION.

Toute la conduite que la Faculté a tenue dans cette affaire, est comme empreinte des fausses allarmes qu'on lui avoit données, & de la persuasion où elle étoit qu'un certain nombre de Personnes, célèbres par leur esprit & leur savoir, avoient par

cette

cette Thése, voulu la furprendre. On voit, dans toute la Cenfure, régner le foupçon & l'inquiétude. Dès qu'une Propofition n'exprime qu'une Vérité, elle craint qu'on ne veuille infinuer par-là qu'on n'adopte point les autres Vérités, & qu'on ne puiffe s'en prévaloir dans la fuite. La Propofition que je vais difcuter, a éprouvé les funeftes effets de cette crainte fi mal fondée. Je parle en cet endroit du Théïfme & de la Loi naturelle avec éloge. On s'y arrête, & l'on fe félicite d'avoir trouvé la Clef du prétendu *Syftême d'impiété*. Pour rendre cette découverte plaufible, la Faculté & l'Auteur du Mandement traduifent le mot *Theifmus* par celui de Déïfme. Mais différons nos Réflexions là-deffus; mettons le Public à portée de les prévenir, en développant cette troifiéme Propofition.

Après m'être affuré qu'il y a une Religion, puifqu'il y a un Dieu, j'examine quelle eft la nature du Culte qu'elle exige; & comme je vois que je fuis compofé de deux fubftances, dont l'une eft fpirituelle & l'autre corporelle, j'en conclus que ce Culte doit être intérieur & extérieur tout enfemble, parce que la raifon m'apprend que je dois au Créateur l'hommage de tout mon Etre. Ce Culte que je rends à Dieu ne peut lui être agréable, qu'autant que le cœur eft la première victime que l'amour lui immole. C'eft donc l'amour qui fait l'ame de ce Culte, fuivant ce Principe fi vrai de St. Auguftin: *on ne peut honorer Dieu qu'en l'aimant* (a). Or en réfléchiffant fur ce defir invincible que j'ai d'être heureux, defir qui ne peut être fatisfait fi je vois des bornes à mon bonheur, je m'apperçois que je ne puis aimer Dieu qu'il ne m'aime à fon tour, & je fens qu'il ne m'aimera d'une manière à obtenir l'hommage de mon cœur, qu'autant qu'il me fera furvivre à la ruine de mon corps,

(a) *Deus non colitur nifi amando.*

corps. C'est ce qui me conduit à dire que toute Religion suppose l'immortalité de l'Ame & le Dogme des Peines & des Récompenses d'une autre Vie.

Ces deux Vérités, comme l'on voit, peuvent être connues des Philosophes par les seules lumiéres de la Raison. Mais les Vérités de la Religion doivent être connues des plus Idiots comme des plus Sages: il est donc nécessaire que, par la Révélation, les esprits les plus bornés puissent être instruits de ces deux Vérités, auxquelles ils n'auroient peut-être jamais pensé sans ce secours. Donc l'immortalité de l'Ame & le Dogme des Peines & des Récompenses dans une autre Vie, doivent être des Vérités *révélées*, pour suppléer chez les Simples aux raisonnemens des Philosophes. Donc puisque toute Religion suppose ces deux Vérités, toute Religion suppose une Révélation. Une Religion qui se borneroit au Dogme de l'immortalité de l'ame & à celui des peines & des récompenses dans une autre vie pourroit donc être révélée. Je dis qu'elle pourroit être révélée, & non pas qu'elle seroit nécessairement révélée; parce que ces deux Vérités pouvant être connues par les Philosophes, la Religion qui les enseigne pourroit n'avoir été établie que par des Hommes. Mais toute Religion révélée enseignera nécessairement, & *révélera* ces deux Vérités aux Simples. Cependant toute révélée qu'elle seroit, elle pourroit encore n'être pas surnaturelle. En effet, pour qu'une Religion soit surnaturelle, il faut 1. que sa fin soit surnaturelle, c'est-à-dire, que cette fin soit la vision intuitive de Dieu. 2. Que cette Religion, pour obtenir une telle fin, ait par conséquent des moyens surnaturels, comme les Graces. 3. Que cette Religion enseigne des Vérités surnaturelles inaccessibles à la raison humaine, telles que nos Mystéres. Or Dieu en nous créant immortels, en nous apprenant que nous le sommes, & qu'il y a dans une autre vie des peines & des récompenses, auroit pu borner les récompenses à une béatitude purement naturelle, quoiqu'éternelle. Cette Religion, n'ayant plus alors pour fin la vision intuitive de Dieu, pourroit en conséquence n'avoir ni moyens, ni vérités surnaturelles. Voilà ce qui se seroit passé dans l'état de pure nature, qui est celui que je considére, & que je dois considérer en cet endroit, puisque je n'en suis pas encore à la Religion Chrétienne & surnaturelle: dans l'état où nous sommes, la Religion surnaturelle est révélée, & la Religion révélée est surnaturelle; mais avant que d'en venir là & en remontant, comme je le fais dans ma Thése, à l'origine des choses, je dois distinguer l'une d'avec l'autre.

Assuré donc que Dieu a dû parler aux Hommes pour leur découvrir l'immortalité de l'Ame & le Dogme des Récompenses & des Peines, j'avance & je fais remarquer que, le Théïsme n'étant que ce que la raison présente au commun des Hommes, il faut y joindre nécessairement la Révélation. Le Théïsme pourtant, tout insuffisant qu'il est, l'emporte infiniment sur toutes les autres Religions, si vous en exceptez celle qui est vraie. Dans celles-là la Loi naturelle est défigurée & altérée par la superstitition, au lieu que dans le Théïsme elle se trouve dans toute sa pureté: chose si essentielle à toute Religion, que *la vraie Religion révélée n'est & ne peut être autre chose que cette Loi naturelle plus développée.* Je parle, je l'avoue, en cet endroit de la Religion Chrétienne: mais je ne considére ici qu'une branche de cette Religion, c'est-à-dire sa Morale, en un mot, le côté par lequel elle a du rapport avec la Loi naturelle à laquelle je la compare. Cependant on a voulu que je parlasse en même tems des Mystéres. On vouloit que je disse tout à la fois; & qu'avant de démontrer la divinité des Ecritures & la vérité de notre Religion, je parlaffe des Myftéres qui les fuppofent. Devois-je ainfi bouleverfer mes Matières, & d'un plan fuivi & lié faire un cahos monftrueux? On devroit donc trouver mauvais auffi qu'Abbadie n'eût point démontré la divinité de Jesus-Christ avant de prouver l'exiftence de Dieu. Les allarmes de mes Cenfeurs auroient eu quelque fondement fi, lorfque je fuis parvenu aux endroits où naturellement je dois parler des Myftéres, je m'étois tû, ou que j'euffe parlé d'une manière équivoque. Mais étant auffi formel & auffi décidé que je le fuis fur toutes ces grandes Vérités, il ne devoit pas feulement leur venir dans l'efprit que, dans la Propofition qui les a fi fort fcandalifés, j'euffe été affez malheureux pour vouloir y donner la moindre atteinte.

L'Auteur du Mandement dit avec une confiance qui doit furprendre, ,, Que je veux décréditer, profcrire & fupprimer comme autant d'inventions humaines, tous les Myftéres, l'exercice des Vertus furnaturelles, la réception des Sacremens; en un mot tous les devoirs qui ne font pas prefcrits par la Loi naturelle".

Ainfi l'on cherche à perfuader au Public, dans un Ecrit fi refpectable par le nom qu'il porte, que j'ai voulu renverfer la Religion Chrétienne, & que je l'ai attaquée dans tous fes Dogmes. On lui cache que j'établis dans cette même Théfe les Vérités qu'on m'accufe de vouloir décréditer. Et dans quel cas donc devra-t-on avoir recours à l'Ouvrage en entier pour interpréter un paffage, fi ce n'eft dans le cas dont il s'agit?

Je fai que Mr. l'Archevêque & la Sorbonne aiment la vérité, & c'eft ce qui m'enhardit à la leur faire fentir. Vous craignez que je n'en veuille aux Myftéres de notre fainte Religion: écoutez & raffurez-vous, je dis expreffément dans ma Théfe:

,, La

„ La Religion Chrétienne est vraie & divine...
„ Tout nous porte à reconnoître une Eglise qui
„ soit infaillible (a)". Voilà ce que jamais, je ne dis
pas un Déiste, mais même un Hérétique, ne pourra
vous accorder. Cette profession de Foi renferme
toutes les autres. Ne craignez point que je veuille
vous échapper à la faveur d'une définition de l'Eglise qui anéantiroit tout ce que j'ai dit. C'est l'Eglise Romaine que je suis: „ Nulle autre ne peut s'ap-
„ proprier les caractéres de la véritable Eglise. La
„ seule Eglise de Rome remonte jusqu'aux temps
„ Apostoliques; seule, elle remplit les promesses
„ faites à l'Eglise. C'est donc chez elle seule que
„ JESUS-CHRIST a fixé le séjour de la Vérité, &
„ qu'il a fondé la Chaire d'où partent les Oracles
„ qui vont instruire le Monde Chrétien (b)". Quel
langage pour un Homme qu'on accuse de Déisme! & par quelle fatalité a-t-on apperçu un Systême d'impiété dans une Thése qui assigne les
moyens de renverser le Déisme, & de faire rendre à l'Eglise le respect que tout Chrétien doit à
ses décisions?

Il y a plus: quoique dans une Majeure on ne se
propose pas de défendre les Mystéres, cette partie
de la Théologie étant réservée aux autres Théses,
les Conciles dont j'ai parlé m'ont fourni l'occasion
de

(a) *Religio Christiana vera quidem ac Divina.....
Ergo de existentia Ecclesia ejusque infallibilitate, maxima consensio esse debet; adeoque utramque negare atheismus quidam est.*

(b) *Nullam ab Ecclesia Romana diversam apellare poteris, qua sibi illas vindicet....... Sola Ecclesia Romana origini Apostolica inserere se audet: Sola, extensione sua universum orbem complectitur: sola in toto cursu sibi similis semper extitit; ergo in ea sola Christus arcem veritatis, sedem ac domicilium collocavit.*

de ne laisser aucun soupçon sur ma croyance. Je commence par le premier des Mystéres, celui de la Trinité; & voici comme je m'exprime. „Cons-
„ tantin assemble à Nycée en Bythynie le premier
„ Concile Général, où trois cens dix-huit Evê-
„ *ques consacrent à jamais, par le terme d'*Omou-*
„ *sios,* la consubstantialité du Pére & du Fils. Cet-
„ te Décision est un boulevard que l'Hérésie ne
„ peut renverser par ses intrigues secrétes & ses
„ manœuvres sourdes. Le premier Concile de
„ Constantinople condamne l'Erreur de Macédo-
„ nius. Nestorius est accusé d'Erreur par les Prê-
„ tres de son Eglise pour avoir divisé la Personne
„ de JESUS-CHRIST, & il est flétri par le Concile
„ d'Ephése troisiéme Général. Le Concile de
„ Chalcédoine anathématise Eutichés. Le chan-
„ gement insensible sur l'Eucharistie que les Pro-
„ testans font commencer à Paschase, est impos-
„ sible. Luther en attaquant d'abord les Indul-
„ gences, ensuite la Messe, & enfin la Religion,
„ dont il ébranle presque tous les fondemens, at-
„ tire sur sa tête les Anathêmes que lui lance Léon
„ X. Enhardi par le fougueux Luther, Calvin
„ marche sur ses traces, & il est frappé avec lui
„ du même coup de foudre par le Concile de
„ Trente". (*Voyez la derniére Position de la Thése*).

Il me faudroit transcrire ici ma Thése, ou du moins les six derniéres Positions, si je voulois rapporter tout ce qui détruit clairement & sans replique l'accusation dont on m'a noirci. Je me contente d'y renvoyer le Lecteur. Qu'on examine à présent si cette nuée de preuves qui me sont totalement favorables, ne devoient pas prévaloir dans l'esprit de mes Censeurs, & leur démontrer que je ne parle dans la Proposition condamnée que de la Morale de notre Religion, qui en effet n'est autre chose que *la Loi naturelle plus développée*. Un
Déiste

Déïste ne sauroit même s'exprimer ainsi; & cette expression, *plus développée*, que j'ajoûte, ne peut lui convenir, parce que je fais sentir par-là que cette Loi devoit être développée par un Envoyé de Dieu : car si j'avois voulu dire seulement, *la Loi naturelle plus développée par la raison de l'Homme*, la phrase seroit ridicule. Aussi les Déïstes qui ne reconnoissent point d'Envoyé de Dieu, disent seulement que la Religion n'est que la Loi naturelle. J'annonce donc déjà dans cet endroit le divin Législateur qui nous a développé tant de vérités de la Loi naturelle.

Non, me dira-t-on, nous ne devions pas avoir recours au reste de votre Thése pour prononcer que, dans cet endroit, vous en vouliez à tous les Myſtéres. Ecoutons la preuve d'une prétention si extraordinaire : elle est tirée du Mandement de Mr. l'Archevêque. ,, On demande d'abord, ,, pourquoi ces éloges affectés qu'il (le Bachelier) ,, prodigue au *Déïsme*, & ces couleurs favorables ,, sous lesquelles il prend plaisir à le dépeindre ? Il ,, est aisé de concevoir combien ils sont déplacés ,, ces Eloges, sur-tout dans une Thése où l'on ne ,, doit s'appliquer qu'à établir, qu'à défendre la ,, Religion Catholique''.

Je demande à mon tour, pourquoi on a traduit le mot *Theismus* par celui de *Déïsme*, qui est toujours pris en mauvaise part ? Ignore-t-on que ces deux mots ont des significations très-différentes, & qu'il n'est pas permis de les confondre ? Car qu'est-ce que le Déïsme à prendre ce terme dans le sens le plus favorable ? C'est la Religion d'un homme qui croit en Dieu; qui reconnoît sur lui l'empire de la Loi naturelle; qui même, si l'on veut, attend dans une autre vie la récompense dûe à ses vertus; mais qui se révolte contre toute révélation, & qui ne rougit pas de croire que la Religion Chrétienne n'est que l'ouvrage d'une imposture

posture adroitement préparée; sous laquelle pourtant il croit pouvoir ployer, afin de s'accommoder au pays où il vit; tout prêt à embrasser à l'extérieur le Mahométisme ou toute autre Religion suivant qu'elle sera la Religion dominante. Le Théïsme au contraire ne porte avec lui aucune idée de rebellion: c'étoit la Religion des Patriarches, à quelques révélations près. Le Théïsme est ami de la Religion Chrétienne, au lieu que le Déïsme voudroit la renverser. Il ne manque au Théïste, pour être Chrétien, que d'être éclairé par la révélation, tandis que le Déïste se refuse opiniâtrement à cette lumière. En un mot, le Déïste ingénieux à se tendre des piéges, travaille à étouffer cette même lumière, tandis que le Théïste, par une Priére naturelle qu'il fait à Dieu, Priére que l'idée du Théïsme renferme nécessairement, demande à être éclairé dans les sentiers ténébreux où il marche. On devoit d'autant moins confondre ces deux expressions, que j'ai eu soin de les distinguer dans ma Thése: *qu'elle céde,* dis-je dans un endroit, *cette malheureuse force d'esprit qu'affectent les Déïstes; qu'ils soumettent leur tête altiére au joug du Christianisme* (a). Ai-je donc eu tort de peindre le Théïsme sous des couleurs si favorables, & n'aurois-je pas mérité tous les Anathêmes si j'avois été assez téméraire pour attaquer les vérités primitives qu'il renferme en les peignant sous des couleurs odieuses? Le Théïsme donnant la main au Christianisme, l'éclat dont je fais briller celui-là, rejaillit sur celui-ci. Mais, pour ne rien laisser sans réponse, j'avertirai que l'Auteur du Mandement s'est trompé, lorsqu'il a dit que la Thése dont il s'agit, ne devoit être employée

---

(a) *Cedat & mala Deïstarum fortitudo: jugo Christiano superbum caput inflectant.*

ployée qu'à défendre la Religion *Catholique*. Cette Thése doit renfermer la Religion Naturelle, la Religion Chrétienne & la Religion Catholique. Elle doit être autant contre toute sorte de Déïstes que contre tous les Hérétiques; & je suis surpris que cet Auteur ait oublié que le Traité de l'Eglise ne fait qu'une partie de cette Thése.

QUATRIEME PROPOSITION.

Quænam porrò fit illa Religio quam fidam fuæ revelationis cuſtodem Deus inſtituit? Scaturiunt hinc inde Religiones, Polytheiſmus, Mahumetiſmus, Judaiſmus, uno verbo Chriſtianiſmus..... Sua quæque Religio nimis ambitiosè Miracula oſtentat, ſua Oracula, ſuos Martyres.

Quelle peut donc être cette Religion à laquelle Dieu aura confié le dépôt de ſa révélation? Ici ſe préſentent le Paganiſme, le Mahométiſme, le Judaïſme, en un mot le Chriſtianiſme..... Toute Religion ſe vante avec oſtentation d'avoir ſes Miracles, ſes Oracles, ſes Martyrs.

Dans la Cenſure, il n'y a point de Note particuliére pour cette Propoſition; on dit ſeulement dans la Préface, que c'eſt par une extrême indécence qu'on met ſur une même ligne & ſans aucune diſtinction le Polythéïſme, le Mahométiſme, le Judaïſme & le Chriſtianiſme. Mais le Mandement me fait ſoupçonner que la Note de *Blaſphématoire*, dont il la flétrit, lui eſt appliquée dans la Cenſure.

JUSTIFICATION.

La Cenſure de cette Propoſition eſt ici toute en ma faveur. Elle prouve mieux que je ne pourrois le faire, que le fil de mes idées a échappé à

Mrs.

Mrs. les Députés, & que dans leur condamnation, ils n'ont eu aucun égard à l'ordre & à la liaison de nos connoiſſances, auquel je me ſuis conformé dans ma Théſe. Après m'être aſſuré, en ſuivant toujours le progrès de mes connoiſſances, que la révélation entre eſſentiellement dans la Religion véritable; juſques-là que toutes celles qui ſe vantent d'être divines, ſe diſputent vivement cette prérogative, je me demande laquelle d'entre toutes ces Religions Dieu nous a vraiment enſeignée. Comme dans la gradation de mes connoiſſances, je ne me ſuis point encore prouvé la vérité de la Religion Chrétienne, il eſt évident que je dois, ſelon l'analogie du raiſonnement, la ranger proviſionnellement parmi toutes celles qui ſe diſputent l'auguſte prérogative de véritable Religion. Si je ne le faiſois pas, celui que j'inſtruis pourroit me demander, pourquoi cette préférence que je donne d'abord à la Religion Chrétienne ſur toutes les autres, qui s'appuyent comme elle, pour prouver leur Divinité, ſur des Oracles, des Miracles, des Martyrs. Le doute, que je parois partager ici avec mon Proſélyte, n'eſt pas plus injurieux à la Religion Chrétienne, que le doute de Deſcartes l'étoit à la Divinité même, lorſque dans ſes Méditations Métaphyſiques il commença par douter de l'exiſtence de l'Etre ſuprême, pour graver plus intimement dans ſon eſprit cette grande & importante vérité. Il eſt vrai qu'il y eut des Théologiens, qui ſur ce doute méthodique accuſérent Deſcartes d'Athéiſme, à peu près comme leurs Succeſſeurs m'accuſent aujourd'hui d'impiété.

Si, après avoir mis le Chriſtianiſme dans le même rang que les autres Religions, je ne l'en retirois pas moi-même, je mériterois tous les reproches dont m'accablent mes Cenſeurs. Mais comment puis-je égaler les autres Religions au Chriſtianiſme, moi qui m'empreſſe de marquer les caractéractéres, dont doivent être revêtus les faits qui méritent notre croyance, afin que le Difciple que j'inftruis ait en main un moyen fûr pour difcerner la vérité d'avec l'erreur ? Ces caractéres ne font pas plutôt déterminés, que je lui en fais faire l'eſſai ſur le Paganiſme & ſur le Mahométiſme; & comme ils ne peuvent foûtenir l'épreuve à laquelle je les foumets tous deux, je le force à convenir que ce n'eſt ni chez les Payens, ni chez les Mahométans que ſe trouvent les vraies ſources de la divine révélation. Mais, quand je viens à la Religion Judaïque, on peut voir dans ma Théſe quel eſt le ton que j'y prends. C'eſt là que je fixe la véritable révélation juſqu'aux tems, où la lumiére s'éteignant dans Iſraël paſſa chez les Chrétiens, qui ſeuls l'ont recueillie.

L'Auteur du Mandement dit qu'après avoir écarté le Paganiſme & le Mahométiſme, je *ſemble* reconnoître que la Nation Juive fut autrefois la dépoſitaire de la véritable révélation. Ne diroit-on pas que ma plume eſt comme chancelante ſur cette vérité ? Mais qu'on reliſe la troiſiéme, la quatriéme, la cinquiéme Poſition de ma Théſe & le commencement de la ſixiéme, & l'on ſe convaincra que perſonne n'eſt plus décidé que moi ſur la Divinité de la Légation de Moïſe.

Il ne peut plus reſter de ſcrupule que ſur le *Nimis ambitioſè*, qui paroît appliqué ici indifféremment à toutes les Religions. Mais il eſt facile de voir qu'un homme dans l'état où je le ſuppoſe, n'ayant encore aucune connoiſſance de la vraie Religion, & voyant que différentes Religions ſe diſputent également les mêmes prérogatives, doit penſer, 1. Que de ces Religions il n'y en a tout au plus qu'une de vraie. 2. Qu'elles peuvent même être toutes fauſſes. 3. Que par conſéquent le *Nimis ambitioſè* convient peut-être à toutes les Religions, & du moins à toutes, excepté une ſeule; & comme me il ne peut diſtinguer encore, ni s'il y en a une vraie, ni quelle eſt la vraie, ſuppoſé qu'il y en ait une, il doit, ou peut du moins appliquer indifféremment le *Nimis ambitiosè* à toutes, ſauf à le reſtraindre enſuite à celles qui le méritent ſeules. Ainſi, ce n'eſt pas moi proprement qui parle dans cet endroit, c'eſt un Interlocuteur ſuppoſé; Interlocuteur que la vivacité de la compoſition exige à tout moment; que nos Orateurs Chrétiens introduiſent ſouvent ſans en avertir; que j'ai introduit comme eux; & auquel je ne tarde pas à répondre. Quoi donc, falloit-il que je miſſe dans ma Théſe? ceci eſt une objection; MESSIEURS, ne vous y trompez pas: ce n'eſt pas moi qui parle; c'eſt un Incrédule que je fais parler & que je vais réfuter. La Sorbonne voudroit-elle que ma Théſe eût reſſemblé aux tableaux de ce Peintre qui écrivoit au bas de ſes figures...... C'eſt un Coq...... C'eſt un Cheval...... C'eſt un Arbre? J'avoue que la précaution eût été bonne à prendre; j'avoue même que, ſi j'avois pu prévoir que cette Figure oratoire, toute uſitée qu'elle eſt dans les Péres, dans nos Orateurs Chrétiens, dans nos Controverſiſtes, &c..... toute belle qu'elle eſt, eût donné lieu aux fâcheuſes conſéquences qu'on en a tirées, je l'aurois retranchée ſans peine, parce qu'il vaut mieux ſacrifier un mot que de cauſer, même innocemment, aucun ſcandale aux Simples: mais des Docteurs auroient dû, ce me ſemble, m'entendre d'autant plus facilement, que toute ma Théſe dément le *Nimis ambitiosè* appliqué au Chriſtianiſme. On ne peut m'accuſer de lui reprocher dans ma Théſe ſon oſtentation, au ſujet de ſes Miracles, de ſes Oracles, de ſes Martyrs, puiſque j'y prouve la vérité de toutes ces choſes; & qu'aſſurément il n'y a point d'oſtentation à produire ſes titres, quand ils ſont légitimes & qu'ils ſont néceſſaires pour ſe faire connoître. L'épreuve à laquelle je mets ici le Christianisme, annonce plutôt un Chrétien qui ne craint point pour sa Religion, qu'un Déiste qui l'attaque.

CINQUIEME PROPOSITION.

Non in uno quidem duobusve ac tribus testibus veritatem comperiemus, nec in concursu plurium testium seorsim interrogatorum. Hâcce methodo singulorum testium exploras probitatem, quæ tibi probabiliter tantùm cognita nusquam dabit nisi probabilem facti cognitionem. Ut ergo summam attingas certitudinem in se indivisam, nec ex distractis hinc & inde probabilitatibus ortam, illam metiare diversâ studiorum combinatione. Tunc enim manus tuæ veritatem contrectabunt, ubi numerus testium tibi aperiet campum satis amplum, in quo sibi invicem occurrant varia hominum studia, variæque propensiones inter se prælientur... Facta sint effectus merè naturales an supernaturales nil interest, utrique iisdem circumscribuntur cancellis.

Le témoignage d'un, ou de deux ou de trois témoins, ni même celui de plusieurs interrogés séparément, ne pourra nous garantir la vérité d'un fait. Cette méthode est bonne tout au plus pour s'assurer de la probité de ceux qu'on interroge ; mais comme elle ne nous peut jamais être parfaitement connue, jamais aussi elle ne nous donnera une connoissance assurée du fait. La seule combinaison des intérêts divers peut opérer sur nos esprits une conviction parfaite, qui ne résulte point de l'assemblage de plusieurs probabilités éparses & désunies. Que le nombre des témoins qui me sont donnés pour constater un fait, m'ouvre un champ assez vaste, pour que j'y puisse voir aux prises les unes contre les autres les différentes passions des hommes & leurs

leurs divers intérêts; mes mains alors, mes mains, dans ce choc tumultueux de passions & d'intérêts saisiront la vérité.....
Que les faits, qui sont scellés dans l'histoire, soient naturels ou surnaturels, n'importe ; les uns & les autres, parce qu'ils rentrent dans l'ordre des faits, sont assujettis aux mêmes loix de critique...

Dans la Censure de la Faculté, il n'y a point de Note particuliére pour cette Proposition.

JUSTIFICATION.

La révélation étant une fois essentielle à la Religion, elle suppose nécessairement des faits qui l'appuyent & qui constatent sa vérité. Ces faits se réduisent à des Miracles, à des Prophéties, dont la vérité bien prouvée est la marque la plus certaine d'une Religion divine. Si je parcours les différentes Religions qui partagent l'Univers, je vois que c'est sur de telles preuves qu'elles appuyent la divinité de leur révélation. Mais il ne faut pas, par une impulsion subite, croire que la vérité se trouve par-tout où l'on se vante d'avoir des Miracles & des Prophéties. Il est donc nécessaire qu'il y ait des marques certaines, auxquelles nous puissions reconnoître les vrais titres de la Religion divinement inspirée. Or ce sont ces marques certaines, que je me propose d'assigner dans cette cinquiéme Proposition. Je les renferme toutes dans une régle bien simple, qui est la combinaison des intérêts divers & des passions qui agitent les hommes.

Je ne me suis pas contenté de fixer des régles qui constatent la certitude des faits Historiques; je prouve encore qu'elles doivent s'étendre jusqu'aux faits prodigieux & surnaturels.

Je ne puis concevoir quel a été le but de mes Censeurs, en condamnant cette Proposition, dont la contradictoire renferme une impiété manifeste, détruit les fondemens de la Religion, fournit des armes aux Déistes sceptiques, qui seront ravis qu'on leur accorde que les régles, qui servent à constater la vérité des faits Historiques, deviennent insuffisantes, lorsqu'on les transporte aux faits de la Religion. Je conçois encore moins pourquoi dans le premier projet de la Censure ils avoient supprimé ces mots, *utrique iisdem circumscribuntur cancellis*, qu'ils n'ont ajoûté depuis que pour appaiser mes cris redoublés. Mais quel étoit le sens qu'ils prétendoient alors condamner? Un sens imparfait & suspendu peut-il devenir un objet de censure? Dans l'exposition, que l'Auteur de la Préface de la Censure a faite de ma Thése, il a gardé sur celle-ci un profond silence, & ne nous a point dit quel est le vice qui l'infecte, tandis qu'il indique avec soin la nature du venin que mes Censeurs ont apperçu dans toutes les autres. L'Auteur du Mandement n'est pas moins réservé sur cette Proposition.

Mais sans vouloir percer dans les raisons de ce silence, je dirai seulement que bien des personnes ont pensé qu'ils l'auroient rompu, si ma Dissertation sur la certitude des Faits historiques, qui n'est que le dévoloppement de cette Proposition, n'avoit point alors paru dans le Public. Les raisons, en effet, y sont si triomphantes contre le Pyrrhonisme des Déistes, que c'eut été en quelque façon se déclarer pour lui que de les combattre,

battre. Je laisse au Public à juger si ces Personnes ont bien deviné. Tout ce que je puis assurer, c'est que la Dissertation, dont a été extraite la Proposition censurée, a été honorée du suffrage de quelques Théologiens du premier mérite, qu'elle n'a été imprimée qu'avec l'approbation d'un Censeur Royal, que depuis ce tems il ne m'est revenu d'aucun endroit qu'elle eût été improuvée, & pour dire quelque chose de plus fort, que mes propres Juges, qui l'ont lue avec un œil sévérement critique, n'y ont apperçu rien de reprehensible. Je ne dissimulerai pourtant point, qu'ils interposérent leur autorité, pour empêcher qu'on ne l'imprimât séparément du *Dictionnaire Encyclopédique* ; parce que, disoient-ils, il ne convenoit pas que celui, que la Sorbonne venoit de condamner si solemnellement comme un Déiste, fît paroître dans le Public un Ouvrage, qui vengeoit si hautement la Religion contre les traits des Impies. Quand cet Ouvrage n'auroit été médité que depuis la Censure portée contre ma Thése, on auroit dû en conclure que j'avois retracté publiquement mes Erreurs, & que cette retractation étoit l'effet de la condamnation de ma Thése. Mais cette Dissertation étoit composée plusieurs mois auparavant, & voilà ce qui irritoit les Personnes respectables qui s'opposoient à son impression. En effet, comment le Public auroit-il pu s'imaginer, que dans une Thése, que je devois soutenir en présence de la Faculté, j'eusse affecté de mettre un Système réfléchi & combiné en faveur de l'impiété; tandis que je détruisois par ma Dissertation ce même Système dans un Ouvrage, qu'on disoit être fait contre la Religion. C'est une chose bien singuliére, que j'aye voulu être Impie avec les Docteurs de Paris, & Religieux dans l'Encyclopédie. Ce Dictionnaire, que bien des Personnes ont décrié comme renversant la Religion,

ligion, précisément parce qu'il renverse leurs prétentions, va faire ici l'Apologie de mes sentimens.

Dissertation sur la Certitude des Faits historiques.

LE Pyrrhonisme a eu ses révolutions, ainsi que toutes les Erreurs: d'abord plus hardi & plus téméraire, il prétendit tout renverser; il poussoit l'incrédulité jusqu'à se refuser aux vérités que l'évidence lui présentoit. La Religion de ces premiers tems étoit trop absurde pour occuper l'esprit des Philosophes : on ne s'obstine point à détruire ce qui ne paroît pas fondé ; & la foiblesse de l'ennemi a souvent arrêté la vivacité des poursuites. Les faits que la Religion des Payens proposoit à croire, pouvoient bien satisfaire l'avide curiosité du Peuple; mais ils n'étoient point dignes de l'examen sérieux des Philosophes. La Religion Chrétienne parut: par les lumiéres qu'elle répandit, elle fit bientôt évanouir tous ces phantômes que la superstition avoit jusques-là réalisés : ce fut sans doute un spectacle bien surprenant pour le Monde entier que la multitude des Dieux qui en étoient la terreur ou l'espérance, devenus tout à coup son jouet & son mépris. La face de l'Univers changée dans un si court espace de tems, attira l'attention des Philosophes : tous portérent leurs regards sur cette Religion nouvelle, qui n'exigeoit pas moins leur soumission que celle du Peuple.

Ils ne furent pas long-tems à s'appercevoir qu'elle étoit principalement appuyée sur des faits, extraordinaires à la vérité, mais qui méritoient bien d'être discutés par les preuves dont ils étoient soutenus. La dispute changea donc : les Sceptiques reconnurent les droits des vérités métaphysiques & géométriques sur notre esprit, & les Philosophes in-
cré-

crédules tournérent leurs armes contre les faits. Cette matiére, depuis si long-tems agitée, auroit été plus éclaircie, si avant que de plaider de part & d'autre, l'on fut convenu d'un Tribunal où l'on pût être jugé. Pour ne pas tomber dans cet inconvénient, nous disons aux Sceptiques : Vous reconnoissez certains faits pour vrais; l'existence de la Ville de Rome dont vous ne sauriez douter, suffiroit pour vous convaincre, si votre bonne foi ne nous assuroit cet aveu: il y a donc des marques qui vous font connoître la vérité d'un fait; & s'il n'y en avoit point, que seroit la société ? Tout y roule, pour ainsi dire, sur des faits: parcourez toutes les Sciences, & vous verrez du premier coup d'œil, qu'elles exigent qu'on puisse s'assurer de certains faits : vous ne seriez jamais guidé par la prudence dans l'exécution de vos desseins ; car qu'est-ce que la prudence, sinon cette prévoyance qui éclairant l'homme sur tout ce qui s'est passé & qui se passe actuellement, lui suggére les moyens les plus propres pour le succès de son entreprise, & lui fait éviter les écueils où il pourroit échouer ? La prudence, s'il est permis de parler ainsi, n'est qu'une conséquence dont le Présent & le Passé sont les prémices : elle est donc appuyée sur des faits. Je ne dois point insister davantage sur une vérité que tout le monde avoue ; je m'attache uniquement à fixer aux Incrédules ces marques qui caractérisent un fait vrai ; je dois leur faire voir qu'il y en a non seulement pour ceux qui arrivent de nos jours, &, pour ainsi dire, sous nos yeux ; mais encore pour ceux qui se passent dans des pays très éloignés, ou qui par leur antiquité traversent l'espace immense des siécles : voilà le Tribunal que nous cherchons, & qui doit décider sur tous les faits que nous présenterons.

Les faits se passent à la vue d'une ou de plusieurs

fieurs Perfonnes : ce qui eft à l'extérieur & qui frappe les fens, appartient au fait, les conféquences qu'on en peut tirer font du reffort du Philofophe qui le fuppofe certain. Les yeux font pour les Témoins oculaires des Juges irreprochables, dont on ne manque jamais de fuivre la décifion : mais fi les faits fe paffent à mille lieues de nous, ou fi ce font des événemens arrivés il y a plufieurs fiécles, de quels moyens nous fervirons-nous pour y atteindre ? D'un côté, parce qu'ils ne tiennent à aucune vérité néceffaire, ils fe dérobent à notre efprit ; & de l'autre, foit qu'ils n'exiftent plus, ou qu'ils arrivent dans des contrées fort éloignées de nous, ils échappent à nos fens.

Quatre chofes fe préfentent à nous ; la dépofition des Témoins oculaires ou contemporains, la Tradition orale, l'Hiftoire & les Monumens : les Témoins oculaires ou contemporains parlent dans l'Hiftoire ; la Tradition orale doit nous faire remonter jufqu'à eux ; & les Monumens enchaînent, s'il eft permis de parler ainfi, leur témoignage. Ce font les fondemens inébranlables de la *certitude morale* : par-là nous pouvons rapprocher les objets les plus éloignés, peindre & donner une efpéce de corps à ce qui n'eft plus vifible, réalifer enfin ce qui n'exifte plus.

On doit diftinguer foigneufement dans la recherche de la vérité fur les faits, la probabilité d'avec le fouverain degré de *la certitude*, & ne pas s'imaginer en ignorant, que celui qui renferme la probabilité dans fa fphére, conduife au Pyrrhonifme, ou même donne la plus légére atteinte à la certitude. J'ai toujours cru, après une mûre réflexion, que ces deux chofes étoient tellement féparées, que l'une ne menoit point à l'autre. Si certains Auteurs n'avoient travaillé fur cette matiére qu'après y avoir bien réfléchi, ils n'auroient pas dégradé par leurs calculs la *certitude morale*. Le

témoi-

témoignage des Hommes est la seule source d'où naissent les preuves pour les faits éloignés; les différens rapports d'après lesquels vous les considérez, vous donnent ou la probabilité ou la *certitude*. Si vous examinez le Témoin en particulier pour vous assurer de sa probité, le fait ne vous deviendra que probable; & si vous le combinez avec plusieurs autres, avec lesquels vous le trouviez d'accord, vous parviendrez bientôt à la *certitude*. Vous me proposez à croire un fait éclatant & intéressant; vous avez plusieurs témoins qui déposent en sa faveur: vous me parlez de leur probité & de leur sincérité, vous cherchez à descendre dans leurs cœurs, pour y voir à découvert les mouvemens qui les agitent, j'approuve cet examen: mais si j'assurois avec vous quelque chose sur ce seul fondement, je craindrois que ce ne fût plutôt une conjecture de mon esprit, qu'une découverte réelle. Je ne crois point qu'on doive appuyer une démonstration sur la seule connoissance du cœur de tel & tel Homme en particulier: j'ose dire qu'il est impossible de prouver d'une Démonstration morale qui puisse équivaloir à la *certitude* métaphysique, que Caton eut la probité que son siécle & la postérité lui accordent: sa réputation est un fait qu'on peut démontrer; mais sur sa probité, il faut malgré nous nous livrer à nos conjectures, parce que n'étant que dans l'intérieur de son cœur, elle fuit nos sens, & nos regards ne sauroient y atteindre. Tant qu'un homme sera enveloppé dans la sphére de l'humanité, quelque véridique qu'il ait été dans tout le cours de sa vie, il ne sera que probable qu'il ne m'en impose point sur le fait qu'il rapporte. Le tableau de Caton ne vous présente donc rien qui puisse vous fixer avec une entière *certitude*. Mais jettez les yeux, s'il m'est permis de parler ainsi, sur celui qui représente l'humanité en grand: voyez-y les différentes passions dont les hommes sont agi-
tés,

tés, examinez ce contraste frappant : chaque passion a son but & présente des vues qui lui sont propres : vous ignorez quelle est la passion qui domine celui qui vous parle ; & c'est ce qui rend votre foi chancelante : mais sur un grand nombre d'hommes, vous ne sauriez douter de la diversité des passions qui les animent ; leurs foibles mêmes & leurs vices servent à rendre inébranlable le fondement où vous devez asseoir votre jugement. Je sai que les Apologistes de la Religion Chrétienne ont principalement insisté sur les caractéres de sincérité & de probité des Apôtres ; & je suis bien éloigné de faire ici le procès à ceux qui se contentent de cette preuve ; mais comme les Sceptiques de nos jours sont très difficiles sur ce qui constitue la *certitude* des faits, j'ai cru que je ne risquois rien d'être encore plus difficile qu'eux sur ce point, persuadé que les faits Evangéliques sont portés à un degré de *certitude* qui brave les efforts du Pyrrhonisme le plus outré.

Si je pouvois m'assurer qu'un témoin a bien vu, & qu'il a voulu me dire vrai, son témoignage pour moi deviendroit infaillible : ce n'est qu'à proportion des degrés de cette double assurance que croît ma persuasion ; elle ne s'élévera jamais jusqu'à une pleine démonstration, tant que le témoignage sera unique, & que je considérerai le témoin en particulier ; parce que quelque connoissance que j'aye du cœur humain, je ne le connoîtrai jamais assez parfaitement, pour en deviner les divers caprices, & tous les ressorts mystérieux qui le font mouvoir. Mais ce que je chercherois envain dans un témoignage, je le trouve dans le concours de plusieurs témoignages, parce que l'humanité s'y peint ; je puis, en conséquence des Loix que suivent les Esprits, assurer que la seule Vérité a pu réunir tant de personnes, dont les intérêts sont si divers & les passions si opposées. L'erreur a différentes formes,

selon

selon le tour d'esprit des hommes, selon les préjugés de Religion & d'éducation dans lesquels ils sont nourris: si donc je les vois, malgré cette prodigieuse variété de préjugés qui différencient si fort les Nations, se réunir dans la déposition d'un même fait, je ne dois nullement douter de sa réalité. Plus vous me prouverez que les passions qui gouvernent les hommes sont bizarres, capricieuses & déraisonnables, plus vous serez éloquent à m'exagérer la multiplicité d'erreurs que font naître tant de préjugés différens; & plus vous me confirmerez, à votre grand étonnement, dans la persuasion où je suis, qu'il n'y a que la Vérité qui puisse faire parler de la même maniére tant d'hommes d'un caractére opposé. Nous ne saurions donner l'être à la Vérité; elle existe indépendamment de l'homme, elle n'est donc sujette ni de nos passions, ni de nos préjugés: l'Erreur au contraire, qui n'a d'autre réalité que celle que nous lui donnons, se trouve par sa dépendance obligée de prendre la forme que nous voulons lui donner: elle doit donc être toujours marquée au coin de celui qui l'a inventée; aussi est-il facile de connoître la trempe de l'esprit d'un homme aux erreurs qu'il débite. Si les Livres de Morale, au lieu de contenir les idées de leur Auteur, n'étoient comme ils doivent être, qu'un Recueil d'Expériences sur l'Esprit de l'homme, je vous y renvoyerois pour vous convaincre du Principe que j'avance. Choisissez un fait éclatant & qui intéresse, & vous verrez s'il est possible que le concours des Témoins qui l'attestent puisse vous tromper. Rappellez-vous la glorieuse journée de Fontenoi; pûtes-vous douter de la victoire signalée remportée par les François, après la déposition d'un certain nombre de Témoins? Vous ne vous occupâtes dans cet instant ni de la probité, ni de la sincérité des Témoins; le concours vous entraîna, &

votre

votre foi ne put s'y refuser. Un fait éclatant & intéressant entraîne des suites après lui ; ces suites servent merveilleusement à confirmer la déposition des Témoins ; elles sont aux Contemporains, ce que les Monumens sont à la Postérité : comme des tableaux répandus dans tout le pays que vous habitez, elles représentent sans cesse à vos yeux le fait qui vous intéresse : faites-les entrer dans la combinaison que vous ferez des Témoins ensemble, & du fait avec les Témoins ; il en résultera une preuve d'autant plus forte, que toute entrée sera fermée à l'erreur ; car ces faits ne sauroient se prêter aux passions & aux intérêts des Témoins.

Vous demandez, me dira-t-on, pour être assuré d'un fait invariablement, que les Témoins qui vous le rapportent ayent des passions opposées & des intérêts divers : mais si ces caractéres de Vérité, que je ne desavoue point, étoient uniques, on pourroit douter de certains faits qui tiennent non seulement à la Religion, mais qui même en sont la base. Les Apôtres n'avoient ni des passions opposées, ni des intérêts divers : votre combinaison, continuera-t-on, devenant par-là impossible, nous ne pourrons point nous assurer des faits qu'ils attestent.

Cette difficulté seroit sans doute mieux placée ailleurs, où je discuterai les faits de l'Evangile : mais il faut arrêter des soupçons injustes ou ignorans. De tous les faits que nous croyons, je n'en vois aucun qui soit plus susceptible de la combinaison dont je parle, que les Faits de l'Evangile. Cette combinaison est même ici plus frappante, & je crois qu'elle acquiert un degré de force, parce qu'on peut combiner les Témoins entre eux & encore avec les faits. Que veut-on dire lorsqu'on avance que les Apôtres n'avoient ni des passions opposées, ni des intérêts divers, & que toute combinaison par rapport à eux est impossible ? A Dieu
ne

ne plaise que je veuille prêter ici des passions à ces premiers Fondateurs d'une Religion certainement divine ; je sais qu'ils n'avoient d'autre intérêt que celui de la vérité : mais je ne le sais, que parce que je suis convaincu de la vérité de la Religion Chrétienne ; & un homme qui fait les premiers pas vers cette Religion peut, sans que le Chrétien qui travaille à sa conversion doive le trouver mauvais, raisonner sur les Apôtres comme sur le reste des hommes. Pourquoi les Apôtres n'étoient-ils conduits ni par la passion, ni par l'intérêt ? C'est parce qu'ils défendoient une vérité, qui écartoit loin d'elle & la passion & l'intérêt. Un Chrétien instruit dira donc à celui qu'il veut convaincre de la Religion qu'il professe : si les Faits que les Apôtres rapportent n'étoient point vrais, quelque intérêt particulier ou quelque passion favorite les auroient portés à défendre si opiniâtrement l'imposture, parce que le mensonge ne peut devoir son origine qu'à la passion & à l'intérêt : mais continuera ce Chrétien, personne n'ignore que sur un certain nombre d'hommes il doit s'y trouver des passions opposées & des intérêts divers, ils ne s'accorderoient donc point s'ils avoient été guidés par la passion & par l'intérêt : on est donc forcé d'avouer que la seule Vérité forme cet accord. Son raisonnement recevra une nouvelle force, lorsque qu'après avoir comparé les personnes entre elles, il les rapprochera des faits. Il s'appercevra d'abord qu'ils sont d'une nature à ne favoriser aucune passion, & qu'il ne sauroit y avoir d'autre intérêt que celui de la vérité qui eût pu les engager à les attester. Je ne dois pas étendre davantage ce raisonnement ; il suffit qu'on voie que les Faits de la Religion Chrétienne sont susceptibles des caractéres de vérité que nous assignons.

Quelqu'un me dira peut-être encore ; pourquoi vous obstinez-vous à séparer la probabilité de la *certitude ?*

titude ? Pourquoi ne convenez-vous point avec tous ceux qui ont écrit fur l'Evidence morale, qu'elle n'eſt qu'un amas de probabilités ?

Ceux qui me font cette difficulté, n'ont jamais examiné de bien près cette matiére. La *certitude* eſt par elle-même indiviſible: on ne ſauroit la diviſer ſans la détruire. On l'apperçoit dans un certain point fixe de combinaiſon, & c'eſt celui où vous avez aſſez de témoins pour pouvoir aſſurer qu'il y a des paſſions oppoſées ou des intérêts divers, ou ſi l'on veut encore, lorſque les Faits ne peuvent s'accorder ni avec les paſſions, ni avec les intérêts de ceux qui les rapportent; en un mot, lorſque du côté des Témoins ou du côté du Fait, on voit évidemment qu'il ne ſauroit y avoir d'unité de motif. Si vous ôtez quelque circonſtance néceſſaire à cette combinaiſon, la *certitude* du fait diſparoîtra pour vous. Vous ſerez obligés de vous rejetter ſur l'examen des Témoins qui reſtent, parce que n'en ayant pas aſſez pour qu'ils puiſſent repréſenter le caractére de l'humanité, vous êtes obligés d'examiner chacun en particulier. Or voilà la différence eſſentielle entre la probabilité & la *certitude*: celle-ci prend ſa ſource dans les Loix générales que tous les hommes ſuivent, & l'autre dans l'étude du cœur de celui qui vous parle; l'une eſt ſuſceptible d'accroiſſement, & l'autre ne l'eſt point. Vous ne ſeriez pas plus certain de l'exiſtence de Rome, quand même vous l'auriez ſous vos yeux ; votre *certitude* changeroit de nature, puiſqu'elle ſeroit phyſique: mais votre croyance n'en deviendroit pas plus inébranlable. Vous me préſentez pluſieurs Témoins, & vous me faites part de l'examen réfléchi que vous avez fait de chacun en particulier; la probabilité ſera plus ou moins grande ſelon le degré d'habileté que je vous connois à pénétrer les hommes. Il eſt évident que ces examens particuliers tiennent toujours de la conjecture,

ture; c'est une tache dont on ne peut les laver. Multipliez tant que vous voudrez ces examens, si votre tête retrécie ne saisit pas la Loi que suivent les esprits, vous augmenterez, il est vrai, le nombre de vos probabilités, mais vous n'acquerrez jamais la *certitude*. Je sens bien que ce qui fait dire que la *certitude* n'est qu'un amas de probabilités, c'est parce qu'on peut passer des probabilités à la *certitude*; non qu'elle en soit, pour ainsi dire, composée, mais parce qu'un grand nombre de probabilités demandant plusieurs Témoins, vous met à portée, en laissant les idées particuliéres, de porter vos vues sur l'homme tout entier. Bien loin que la *certitude* résulte de ces probabilités, vous êtes obligés, comme vous voyez, de changer d'objet pour y atteindre. En un mot, les probabilités ne servent à la *certitude*, que parce que par les idées particuliéres vous passez aux idées générales. Après ces réflexions, il ne sera pas difficile de sentir la vanité des calculs d'un Géométre Anglois, qui a prétendu supputer les différens degrés de *certitude* que peuvent procurer plusieurs Témoins: il suffira de mettre cette difficulté sous les yeux pour la faire évanouir.

Selon cet Auteur, les divers degrés de probabilité nécessaires pour rendre un fait certain, sont comme un chemin dont la *certitude* seroit le terme. Le premier Témoin, dont l'autorité est assez grande pour m'assurer le fait à demi, en sorte qu'il y ait égal pari à faire pour & contre la vérité de ce qu'il m'annonce, me fait parcourir la moitié du chemin. Un Témoin aussi croyable que le premier, qui m'a fait parcourir la moitié de tout le chemin, par cela même que son témoignage est du même poids, ne me fera parcourir que la moitié de cette moitié, en sorte que ces deux Témoins me feront parcourir les trois quarts du chemin. Un troisiéme qui surviendra ne me fera

fera avancer que de la moitié fur l'efpace reftant, que les deux autres m'ont laiffé à parcourir; fon témoignage n'excédant point celui des deux premiers, pris féparément, il ne doit comme eux me faire parcourir que la moitié du chemin quelle qu'en foit l'étendue. En voici la raifon fans doute, c'eft que chaque Témoin peut feulement détruire dans mon efprit la moitié des raifons qui s'oppofent à l'entiére *certitude* du fait.

Le Géométre Anglois, comme on voit, examine chaque Témoin en particulier, puifqu'il évalue le témoignage de chacun pris féparément; il ne fuit donc pas le chemin que j'ai tracé pour arriver à la *certitude*. Le premier Témoin me fera parcourir tout le chemin, fi je puis m'affurer qu'il ne s'eft point trompé, & qu'il n'a pas voulu m'en impofer fur le fait qu'il me rapporte: je ne faurois, je l'avoue, avoir cette affurance : mais examinez-en la raifon, & vous vous convaincrez que ce n'eft que parce que vous ne pouvez pas connoître les paffions qui l'agitent, ou l'intérêt qui le fait agir. Toutes vos vues doivent donc fe tourner du côté de cet inconvénient. Vous paffez à l'examen du fecond Témoin, ne deviez-vous pas vous appercevoir que devant raifonner fur ce fecond Témoin comme vous avez fait fur le premier, la même difficulté refte toujours? Aurez-vous recours à l'examen d'un troifiéme? Ce ne feront jamais que des idées particuliéres: ce qui s'oppofe à votre *certitude*, c'eft le cœur des Témoins que vous ne connoiffez pas; cherchez donc un moyen de le faire paroître, pour ainfi dire, à vos yeux : or c'eft ce que procure un grand nombre de Témoins. Vous n'en connoiffez aucun en particulier, vous pouvez pourtant affurer qu'aucun complot ne les a réunis pour vous tromper. L'inégalité des conditions, la diftance des lieux, la nature du fait, le nombre des Témoins, vous font connoître, fans que vous puiffiez

fiez en douter, qu'il y a parmi eux des passions opposées & des intérêts divers. Ce n'est que lorsque vous êtes parvenu à ce point, que la *certitude* se présente à vous; ce qui est, comme on voit, totalement soustrait au calcul.

Prétendez-vous, m'a-t-on dit, vous servir de ces marques de vérité pour les Miracles comme pour les faits naturels ? Cette Question m'a toujours surpris. Je réponds à mon tour: est-ce qu'un Miracle n'est pas un fait ? Si c'est un fait, pourquoi ne puis-je pas me servir des mêmes marques de vérité pour les uns comme pour les autres ? Seroit-ce parce que le Miracle n'est pas compris dans l'enchaînement du cours ordinaire des choses? Il faudroit que ce en quoi les Miracles diffèrent des faits naturels ne leur permît pas d'être susceptibles des mêmes marques de vérité, ou que du moins elles ne pussent pas faire la même impression. En quoi diffèrent-ils donc? Les uns sont produits par des Agens naturels, tant libres que nécessaires; les autres par une force qui n'est point renfermée dans l'ordre de la nature. Je vois donc Dieu qui produit l'un, & la Créature qui produit l'autre: (je ne traite point ici la Question des Miracles). Qui ne voit que cette différence dans les causes, ne suffit pas pour que les mêmes caractères de vérité ne puissent leur convenir également? La régle invariable que j'ai assignée pour s'assurer d'un fait, ne regarde ni leur nature, c'est-à-dire, s'ils sont naturels ou surnaturels, ni les causes qui les produisent. Quelque différence que vous trouviez donc de ce côté-là, elle ne sauroit s'étendre jusqu'à la régle qui n'y touche point. Une simple supposition fera sentir combien ce que je dis est vrai : qu'on se représente un Monde où tous les événemens miraculeux qu'on voit dans celui-ci, ne soient que des suites de l'ordre établi dans celui-là. Fixons nos regards sur le cours du Soleil pour nous servir d'exemple:

D 2 *sup-*

supposons que dans ce Monde imaginaire le Soleil suspendant sa course au commencement des quatre différentes Saisons de l'année, le premier jour en soit quatre fois plus long qu'à l'ordinaire. Continuez à faire jouer votre imagination, & transportez-y les hommes tels qu'ils sont, ils seront témoins de ce spectacle bien nouveau pour eux. Peut-on nier que sans changer leurs organes ils fussent en état de s'assurer de la longueur de ce jour? Il ne s'agit encore, comme on voit, que des témoins oculaires, c'est-à-dire, si un homme peut voir aussi facilement un Miracle qu'un fait naturel; il tombe également sous les sens: la difficulté est donc levée quant aux Témoins oculaires. Or ces Témoins qui nous rapportent un fait miraculeux, ont-ils plus de facilité à nous en imposer que sur tout autre fait? Et les marques de vérité que nous avons assignées, ne reviennent-elles point avec toute leur force? Je pourrai combiner également les Témoins ensemble; je pourrai connoître si quelque passion ou quelque intérêt commun les fait agir; il ne faudra en un mot, qu'examiner l'homme & consulter les Loix générales qu'il suit; tout est égal de part & d'autre.

Vous allez trop loin, me dira-t-on, tout n'est point égal; je sai que les caractéres de vérité que vous avez assignés, ne sont point inutiles pour les faits miraculeux: mais ils ne sauroient faire la même impression sur notre esprit. On vient m'apprendre qu'un homme célébre vient d'opérer un Prodige; ce récit se trouve revêtu de toutes les marques de vérité les plus frappantes, telles, en un mot, que je n'hésiterois pas un instant à y ajoûter foi si c'étoit un fait naturel: elles ne peuvent pourtant servir qu'à me faire douter de la réalité du Prodige. Prétendre, continuera-t-on, que par-là je dépouille ces marques de vérité de toute la force qu'elles doivent avoir sur notre esprit, ce
seroit

feroit dire que de deux points égaux mis dans deux balances différentes, l'un ne péferoit pas autant que l'autre, parce qu'il n'emporteroit pas également le côté qui lui eſt oppofé, fans examiner ſi tous les deux n'ont que les mêmes obſtacles à vaincre. Ce qui vous paroît être un paradoxe, va fe développer clairement à vos yeux. Les marques de vérité ont la même force pour les deux faits; mais dans l'un il y a un obſtacle à furmonter, & dans l'autre il n'y en a point : dans le fait furnaturel je vois l'impoſſibilité phyſique qui s'oppofe à l'impreſſion que feroient fur moi ces marques de vérité; elle agit ſi fortement fur mon efprit qu'elle le laiſſe en fufpens, il fe trouve comme entre deux forces qui fe combattent: il ne peut le nier, les marques de vérité dont il eſt revêtu ne le lui permettent pas; il ne peut y ajoûter foi, l'impoſſibilité phyſique qu'il voit l'arrête. Ainſi, en accordant aux caractéres de vérité que vous avez aſſignés, toute la force que vous leur donnez, ils ne fuffiſent pas pour me déterminer à croire un Miracle.

Ce raifonnement frappera fans doute tout homme qui le lira rapidement fans l'approfondir: mais le plus leger examen fuffit pour en faire appercevoir tout le faux; femblable à ces phantômes qui paroiſſent durant la nuit, & fe diſſipent à notre approche. Defcendez jufques dans les abîmes du néant, vous y verrez les faits naturels & furnaturels confondus enſemble, ne tenir pas plus à l'Etre les uns que les autres. Leur degré de poſſibilité, pour fortir de ce gouffre & paroître au jour, eſt préciſément le même; car il eſt plus facile à Dieu de rendre la vie à un Mort que de la conferver à un Vivant. Profitons maintenant de tout ce qu'on nous accorde. Les marques de vérité que nous avons aſſignées, font, dit-on, bonnes & ne permettent pas de douter d'un fait naturel qui s'en trouve revêtu. Ces caractéres de vérité peuvent mê-

même convenir aux faits furnaturels, de forte que s'il n'y avoit aucun obftacle à furmonter, point de raifons à combattre, nous ferions auffi affurés d'un fait miraculeux que d'un fait naturel. Il ne s'agit donc plus que de favoir, s'il y a des raifons dans un fait furnaturel qui s'oppofent à l'impreffion que ces marques devroient faire. Or j'ofe avancer qu'il en eft précifément de même d'un fait furnaturel que d'un fait naturel : c'eft à tort qu'on s'imagine toujours voir l'impoffibilité phyfique d'un fait miraculeux combattre toutes les raifons qui concourent à nous en démontrer la réalité. Car qu'eft-ce que l'impoffibilité phyfique ? C'eft l'impuiffance des caufes naturelles à produire un tel effet; cette impoffibilité ne vient point du côté du fait même, qui n'eft pas plus impoffible que le fait naturel le plus fimple. Lorfqu'on vient vous apprendre un fait miraculeux, on ne prétend pas vous dire qu'il a été produit par les feules forces des caufes naturelles : j'avoue qu'alors les raifons qui prouveroient ce fait, feroient non feulement combattues, mais même détruites; non par l'impoffibilité phyfique, mais par une impoffibilité abfolue : car il eft abfolument impoffible qu'une caufe naturelle avec fes feules forces, produife un fait furnaturel. Vous devez donc, lorfqu'on vous apprend un fait miraculeux, joindre la caufe qui peut le produire avec le fait même ; & alors l'impoffibilité phyfique ne pourra nullement s'oppofer aux raifons que vous aurez de croire ce fait. Si plufieurs perfonnes vous difent qu'elles viennent de voir une Pendule remarquable par l'exactitude avec laquelle elle marque jufqu'aux tierces, douterez-vous du fait, parce que tous les Serruriers que vous connoiffez ne fauroient l'avoir faite, & qu'ils font dans une efpèce d'impoffibilité phyfique d'exécuter un tel ouvrage? Cette queftion vous furprend fans doute, & avec raifon : pourquoi donc, quand on vous apprend

prend un fait miraculeux, voulez-vous en douter, parce qu'une cauſe naturelle n'a pu le produire? L'impoſſibilité phyſique, où ſe trouve la Créature pour un fait ſurnaturel doit-elle faire plus d'impreſſion que l'impoſſibilité phyſique où ſe trouve ce Serrurier d'exécuter cette admirable Pendule? Je ne vois d'autres raiſons que celles qui naiſſent d'une impoſſibilité métaphyſique, qui puiſſent s'oppoſer à la preuve d'un fait; ce raiſonnement ſera toujours invincible. Le fait que je vous propoſe à croire, ne préſente rien à l'eſprit d'abſurde & de contradictoire; ceſſez donc de parler avec moi de ſa poſſibilité ou de ſon impoſſibilité, & venons à la preuve du fait.

L'expérience, dira quelqu'un, dément votre réponſe; il n'eſt perſonne qui ne croye plus facilement un fait naturel qu'un Miracle. Il y a donc quelque choſe de plus dans le Miracle que dans le fait naturel; cette difficulté à croire un fait miraculeux prouve très-bien, que la régle des faits ne ſauroit faire la même impreſſion pour le Miracle que pour un fait naturel.

Si l'on vouloit ne pas confondre la probabilité avec la *certitude*, cette difficulté n'auroit pas lieu. J'avoue que ceux qui, peu ſcrupuleux ſur ce qu'on leur dit, n'approfondiſſent rien, éprouvent une certaine réſiſtance de leur eſprit à croire un fait miraculeux: ils ſe contentent de la plus légére probabilité pour un fait naturel; & comme un Miracle eſt toujours un fait intéreſſant, leur eſprit en demande davantage. Le Miracle eſt d'ailleurs un fait beaucoup plus rare que les faits naturels: le plus grand nombre de probabilités doit donc y ſuppléer; en un mot, on n'eſt plus difficile à croire un fait miraculeux qu'un fait naturel, que lorſqu'on ſe tient préciſément dans la ſphére des probabilités. Il a moins de vraiſemblance, je l'avoue; il faut donc plus de probabilités, c'eſt-à-dire,

dire, que si quelqu'un ordinairement peut ajoûter foi à un fait naturel, qui demande six degrés de probabilité, il lui en faudra peut-être dix pour croire un fait miraculeux. Je ne prétends point déterminer ici exactement la proportion : mais si quittant les probabilités, vous passez dans le chemin qui méne à la *certitude*, tout sera égal. Je ne vois qu'une différence entre les faits naturels & les Miracles : pour ceux-ci on pousse les choses à la rigueur, & on demande qu'ils puissent soutenir l'examen le plus sévére ; pour ceux-là, au contraire, on ne va pas à beaucoup près si loin. Cela est fondé en raison, parce que, comme je l'ai déjà remarqué, un Miracle est toujours un fait très-intéressant : mais cela n'empêche nullement que la régle des faits ne puisse servir pour les Miracles, aussi bien que pour les faits naturels. Et si on veut examiner la difficulté présente de bien près, on verra qu'elle n'est fondée que sur ce qu'on se sert de la régle des faits pour examiner un Miracle, & qu'on ne s'en sert pas ordinairement pour un fait naturel. S'il étoit arrivé un Miracle dans les champs de Fontenoi, le jour que se donna la Bataille de ce nom ; si les deux Armées avoient pu l'appercevoir aisément ; si en conséquence les mêmes bouches qui publiérent les nouvelles de la Bataille l'avoient publié ; s'il avoit été accompagné des mêmes circonstances que cette Bataille, & qu'il eût eu des suites, quel seroit celui qui ajoûteroit foi à la nouvelle de la Bataille, & qui douteroit du Miracle ? Ici les deux faits marchent de niveau, parce qu'ils sont arrivés tous les deux à la *certitude*.

Ce que j'ai dit jusques ici suffit sans doute pour repousser aisément tous les traits que lance l'Auteur des *Pensées Philosophiques* contre la *certitude* des Faits surnaturels : mais le tour qu'il donne à ses Pensées les présente de manière, que je crois nécessaire de nous y arrêter. Ecoutons-le donc parler lui-

lui-même, & voyons comme il prouve qu'on ne doit point ajoûter la même foi à un fait furnaturel qu'à un fait naturel. „Je croirois fans peine, *dit-il*, „ un feul honnête homme qui m'annonceroit que „ SA MAJESTE' vient de remporter une victoire „ complette fur les Alliés: mais tout Paris m'af- „ fureroit qu'un Mort vient de reffufciter à Paffy, „ que je n'en croirois rien. Qu'un Hiftorien nous „ en impofe, ou que tout un Peuple fe trompe, „ ce ne font pas des Prodiges". Détaillons ce fait. Donnons-lui toutes les circonftances dont un fait de cette nature peut être fufceptible; parce que, quelques circonftances que nous fuppofions, le fait demeurera toujours dans l'ordre des faits furnaturels, & par conféquent le raifonnement doit toujours valoir, ou ne pas être bon en lui-même. C'étoit une Perfonne publique, dont la vie intéreffoit une infinité de Particuliers, & à laquelle étoit en quelque façon attaché le fort du Royaume. Sa maladie avoit jetté la confternation dans tous les efprits, & fa mort avoit achevé de les abbattre; fa pompe funébre fut accompagnée des cris lamentables de tout un Peuple, qui retrouvoit en lui un Pére. Il fut mis en terre, à la face du Peuple, en préfence de tous ceux qui le pleuroient: il avoit le vifage découvert & déjà défiguré par les horreurs de la mort. Le Roi nomme à tous fes Emplois, & les donne à un homme, qui de tout tems a été l'ennemi implacable de la famille de l'illuftre Mort; quelques jours s'écoulent, & toutes les affaires prennent le train que cette mort devoit naturellement occafionner; voilà la premiére époque du fait. Tout Paris va l'apprendre à l'Auteur des *Penfées Philofophiques*, & il n'en doute point, c'eft un fait naturel. Quelques jours après, un Homme qui fe dit envoyé de Dieu, fe préfente, annonce quelque vérité; & pour prouver la divinité de fa Légation, il affemble un Peuple nombreux

breux au tombeau de cet homme, dont ils pleurent la mort si amérement. A sa voix, le tombeau s'ouvre, la puanteur horrible qui s'exhale du cadavre infecte les airs. Le cadavre hideux, ce même cadavre dont la vue les fait pâlir tous, ranime ses cendres froides, à la vue de tout Paris, qui surpris du Prodige, reconnoît l'Envoyé de Dieu. Une foule de Témoins oculaires, qui ont manié le Mort ressuscité, qui lui ont parlé plusieurs fois, attestent ce fait à notre Sceptique, & lui disent que l'homme dont on lui avoit appris la mort peu de jours auparavant, est plein de vie. Que répond à cela notre Sceptique, qui est déjà assuré de sa mort? Je ne puis ajoûter foi à cette résurrection; parce qu'il est plus possible que tout Paris se soit trompé, ou qu'il ait voulu me tromper, qu'il n'est possible que cet homme soit ressuscité.

Il y a deux choses à remarquer dans la réponse de notre Sceptique: 1. La possibilité que tout Paris se soit trompé: 2. Qu'il ait voulu tromper. Quant au premier membre de la réponse, il est évident que la résurrection de ce Mort n'est pas plus impossible, qu'il l'est que tout Paris se soit trompé; car l'une & l'autre impossibilité sont renfermées dans l'ordre Physique. En effet, il n'est pas moins contre les Loix de la nature, que tout Paris croye voir un homme qu'il ne voit point; qu'il croie l'entendre parler, & ne l'entende point; qu'il croie le toucher, & ne le touche point, qu'il l'est qu'un Mort ressuscite. Oseroit-on nous dire que dans la nature il n'y a pas des Loix pour les Sens? Et s'il y en a, comme on n'en peut douter, n'en est-ce point une pour la vue, de voir un objet qui est à portée d'être vu? Je sai que la vue, comme le remarque très-bien l'Auteur que nous combattons, est un sens superficiel; aussi ne l'employons-nous que pour la superficie des corps,
qui

qui eule fuffit pour les faire diftinguer. Mais, fi
à la vue & à l'ouïe nous joignons le toucher, ce
fens Philofophique & profond, comme le remarque encore le même Auteur, pouvons-nous craindre de nous tromper? Ne faudroit il pas pour cela renverfer les Loix de la nature rélatives à ces
fens? Tout Paris a pu s'affurer de la mort de cet
homme, le Sceptique l'avoue: il peut donc de
même s'affurer de fa vie, & par conféquent de fa
réfurrection. Eft-ce un moindre Miracle d'animer un Phantôme, de lui donner une reffemblance qui puiffe tromper tout un Peuple, que de rendre la vie à un Mort? Le Sceptique doit donc
être certain que tout Paris n'a pu fe tromper. Son
doute, s'il lui en refte encore, ne peut donc être
fondé que fur ce que tout Paris aura pu vouloir le
tromper. Or il ne fera pas plus heureux dans cette feconde fuppofition.

En effet, qu'il me foit permis de lui dire: „N'a-
„ vez-vous point ajoûté foi à la mort de cet hom-
„ me fur le témoignage de tout Paris, qui vous
„ l'a apprife? Il étoit pourtant poffible que tout
„ Paris voulût vous tromper (du moins dans votre
„ fentiment); cette poffibilité n'a pas été capable
„ de vous ébranler". Je le vois, c'eft moins le
canal de la Tradition par où un fait paffe jufqu'à
nous qui rend les Déiftes fi défians & fi foupçonneux, que le merveilleux qui y eft empreint. Mais
du moment que ce merveilleux eft poffible, leur
doute ne doit point s'y arrêter, mais feulement aux
apparences & aux phénoménes qui, s'incorporant
avec lui, en atteftent la réalité. Car voici comme
je raifonne contre eux en la perfonne de notre
Sceptique. Il eft auffi impoffible que tout Paris
ait voulu le tromper fur un fait miraculeux, que
fur un fait naturel. Donc une poffibilité ne doit
pas faire plus d'impreffion fur lui que l'autre. Il eft
donc auffi mal fondé à vouloir douter de la réfur-

rection que tout Paris lui confirme, sous prétexte que tout Paris auroit pu vouloir le tromper, qu'il le seroit à vouloir douter de la mort d'un homme sur le témoignage unanime de cette grande Ville. Il nous dira peut-être : le dernier fait n'est point impossible physiquement; qu'un homme soit mort, il n'y a rien là qui m'étonne : mais qu'un homme ait été ressuscité, voilà ce qui révolte & ce qui effarouche ma raison ; en un mot voilà pourquoi la possibilité que tout Paris ait voulu me tromper sur la résurrection de cet homme, me fait une impression dont je ne saurois me défendre : au-lieu que la possibilité que tout Paris ait voulu me tromper sur sa mort, ne me frappe nullement. Je ne lui répéterai point ce que je lui ai déjà dit, que ces deux faits étant également possibles, il ne doit s'arrêter qu'aux marques extérieures qui l'accompagnent, & qui nous guident dans la connoissance des événemens : en sorte que si un fait surnaturel a plus de ces marques extérieures qu'un fait naturel, il me deviendra dès-lors plus probable. Mais examinons le merveilleux qui effarouche sa raison, & faisons-le disparoître à ses yeux. Ce n'est en effet qu'un fait naturel que tout Paris lui propose à croire : savoir que cet homme est plein de vie. Il est vrai qu'étant déjà assuré de sa mort, sa vie présente suppose une résurrection. Mais s'il ne peut douter de la vie de cet homme sur le témoignage de tout Paris, puisque c'est un fait naturel, il ne sauroit donc douter de sa résurrection ; l'un est lié nécessairement avec l'autre. Le Miracle se trouve enfermé entre deux faits naturels, savoir, la mort de cet homme & sa vie présente. Les Témoins ne sont assurés du Miracle de la résurrection, que parce qu'ils sont assurés du fait naturel. Ainsi je puis dire que le Miracle n'est qu'une conclusion des deux faits naturels. On peut s'assurer des faits naturels, le Sceptique l'avoue : le Miracle est une simple

simple conséquence des deux faits dont on est sûr: ainsi le Miracle que le Sceptique me conteste, se trouve, pour ainsi dire, composé de trois choses, qu'il ne prétend point me disputer, savoir, la *certitude* de deux faits naturels, la mort de cet homme, & sa vie présente, & d'une conclusion métaphysique, que le Sceptique ne me conteste point. Elle consiste à dire: cet homme qui vit maintenant étoit mort il y a trois jours: il a donc été rendu de la mort à la vie. Pourquoi le Sceptique veut-il plutôt s'en rapporter à son jugement qu'à tous ses sens? Ne voyons-nous pas tous les jours que sur dix hommes, il n'y en a pas un qui envisage une opinion de la même façon? Cela vient, me dira-t-on, de la bizarrerie de ces hommes, & du différent tour de leur esprit: je l'avoue: mais qu'on me fasse voir une telle bizarrerie dans les sens. Si ces dix hommes sont à portée de voir un même objet, ils le verront tous d'une même façon, & on peut assurer qu'aucune dispute ne s'élévera entr'eux sur la réalité de cet objet. Qu'on me montre quelqu'un qui puisse disputer sur la possibilité d'une chose quand il la voit. Je le veux, qu'il s'en rapporte plutôt à son jugement qu'à ses sens: que lui dit son jugement sur la résurrection de ce Mort? Que cela est possible: son jugement ne va pas plus loin; il ne contredit nullement le rapport de ses sens, pourquoi veut-il donc les opposer ensembles?

Un autre raisonnement propre à faire sentir le foible de celui de l'Auteur des *Pensées Philosophiques*, c'est qu'il compare la possibilité que tout Paris ait voulu le tromper, à l'impossibilité de la résurrection. Entre le fait & lui il y a un vuide à remplir, parce qu'il n'est pas Témoin oculaire: ce vuide, ce milieu est rempli par les Témoins oculaires. Il doit donc comparer d'abord la possibilité que tout Paris se soit trompé, avec la possibilité de la réfurrection. Il verra que ces deux poffibilités font du même ordre, comme je l'ai déjà dit. Il n'a point enfuite à raifonner fur la réfurrection, mais feulement à examiner le milieu par où elle parvient jufqu'à lui. Or l'examen ne peut être autre que l'application des régles que j'ai données, moyennant lefquelles on peut s'affurer que ceux qui vous rapportent un fait, ne vous en impofent point; car il ne s'agit ici que de vérifier le témoignage de tout Paris. On pourra donc fe dire comme pour les faits naturels: les Témoins n'ont ni les mêmes paffions, ni les mêmes intérêts; ils ne fe connoiffent pas; il y en a même beaucoup qui ne fe font jamais vus: donc il ne fauroit y avoir entr'eux aucune collufion. D'ailleurs, concevra-t-on aifément comment Paris fe détermineroit, fuppofé le complot poffible, à en impofer à un homme fur un tel fait; & feroit-il poffible qu'il ne tranfpirât rien d'un tel complot? Tous les raifonnemens que nous avons faits fur les faits naturels, reviennent comme d'eux-mêmes fe préfenter ici, pour nous faire fentir qu'une telle impofture eft impoffible. J'avoue au Sceptique que nous combattons, que la poffibilité que tout Paris veuille le tromper, eft d'un ordre différent de la poffibilité de la réfurrection. Mais je lui foutiens que le complot d'une auffi grande Ville que Paris, formé fans raifon, fans intérêt, fans motif, entre des gens qui ne fe connoiffent pas, faits même par leur naiffance pour ne pas fe connoître, ne foit plus difficile à croire que la réfurrection d'un Mort. La réfurrection eft contre les Loix du Monde phyfique; ce complot eft contre les Loix du Monde moral. Il faut un Prodige pour l'un comme pour l'autre, avec cette différence que l'un feroit beaucoup plus grand que l'autre. Que dis-je? L'un, parce qu'il n'eft établi que fur des Loix arbitraires, & dès-là foumifes à un pouvoir souverain, ne répugne pas à la sagesse de Dieu ; l'autre, parce qu'il est fondé sur des Loix moins arbitraires, je veux dire celles par lesquelles il gouverne le Monde moral, ne sauroit s'allier avec les vues de cette Sagesse suprême ; & par conséquent il est impossible. Que Dieu ressuscite un Mort pour manifester sa bonté, ou pour sceller quelque grande vérité, là je reconnois une puissance infinie: mais que Dieu bouleverse l'ordre de la Société ; qu'il suspende l'action des causes morales ; qu'il force les hommes, par une impression miraculeuse, à violer toutes les régles de leur conduite ordinaire, & cela pour en imposer à un simple Particulier, j'y reconnois à la vérité sa puissance infinie, mais je n'y vois point de sagesse qui la guide dans ses opérations: donc il est plus possible qu'un Mort ressuscite, qu'il n'est possible que tout Paris m'en impose sur ce Prodige.

Nous connoissons à présent la régle de vérité qui peut servir aux Contemporains, pour s'assurer des faits qu'ils se communiquent entr'eux de quelque nature qu'ils soient, ou naturels, ou surnaturels. Cela ne suffit pas; il faut encore que tout abîmés qu'ils sont dans la profondeur des âges, ils soient présens aux yeux de la Postérité même la plus reculée. C'est ce que nous allons maintenant examiner.

Ce que nous avons dit jusqu'ici, tend à prouver qu'un fait a toute la *certitude* dont il est susceptible, lorsqu'il se trouve attesté par un grand nombre de Témoins, & en même temps lié avec un certain concours d'apparences & de phénoménes qui le supposent comme la seule cause qui les explique. Mais si ce fait est ancien, & qu'il se perde, pour ainsi dire, dans l'éloignement des siécles, qui nous assurera qu'il soit revêtu des deux caractéres ci-dessus énoncés, lesquels par leur union portent un fait au plus haut degré de la *certitude* ?

Comment faurons-nous qu'il fut autrefois attefté par une foule de Témoins oculaires, & que ces Monumens qui fubfiftent encore aujourd'hui, ainfi que ces autres traces répandues dans la fuite des fiécles, s'incorporent avec lui plutôt qu'avec tout autre? L'Hiftoire & la Tradition nous tiennent lieu de ces Témoins oculaires qu'on paroît regretter. Ce font ces deux canaux qui nous tranfmettent une connoiffance certaine des faits les plus reculés; c'eft par eux que les Témoins oculaires font comme reproduits à nos yeux, & nous rendent en quelque forte contemporains de ces faits. Ces Marbres, ces Médailles, ces Colonnes, ces Pyramides, ces Arcs de triomphe, font comme animés par l'Hiftoire & la Tradition, & nous confirment comme à l'envi ce que celles-là nous ont déjà appris. Comment, nous dit le Sceptique, l'Hiftoire & la Tradition peuvent-elles nous tranfmettre un fait dans toute fa pureté? Ne font-elles point comme ces Fleuves qui groffiffent & perdent jufqu'à leur nom à mefure qu'ils s'éloignent de leur fource? Nous allons fatisfaire à ce qu'on nous demande ici; nous commencerons d'abord par la Tradition orale; de-là nous pafferons à la Tradition écrite ou à l'Hiftoire, & nous finirons par la Tradition des Monumens. Il n'eft pas poffible qu'un fait qui fe trouve lié & enchaîné par ces trois fortes de Traditions, puiffe jamais fe perdre, & même fouffrir quelque altération dans l'immenfité des fiécles.

La Tradition orale confifte dans une chaîne de témoignages rendus par des Perfonnes qui fe font fuccédées les unes aux autres dans toute la durée des fiécles, à commencer au temps où un fait s'eft paffé. Cette Tradition n'eft fure & fidéle que lorfqu'on peut remonter facilement à fa fource, & qu'à travers une fuite non interrompue de Témoins irreprochables, on arrive aux premiers Témoins

qui

qui sont contemporains des faits : car si l'on ne peut s'assurer que cette Tradition, dont nous tenons un bout remonte effectivement jusqu'à l'époque assignée à de certains faits, & qu'il n'y a point eu, fort en-deçà de cette époque, quelque Imposteur qui se soit plû à les inventer pour abuser la postérité; la chaîne des témoignages, quelque bien liée qu'elle soit, ne tenant à rien, ne nous conduira qu'au mensonge. Or comment parvenir à cette assurance? Voilà ce que les Pyrrhoniens ne peuvent concevoir, & sur quoi ils ne croyent pas qu'il soit possible d'établir des régles, à l'aide desquelles on puisse discerner les vraies Traditions d'avec les fausses. Je ne veux que leur opposer la suivante.

On m'avouera d'abord que la déposition d'un grand nombre de Témoins oculaires, ne peut avoir que la vérité pour centre: nous en avons déjà exposé les raisons. Or je dis que la Tradition, dont je touche actuellement un des bouts, peut me conduire infailliblement à ce cercle de témoignages rendus par une foule de Témoins oculaires. Voici comment : plusieurs de ceux qui ont vécu du temps que ce fait est arrivé, & qui l'ayant appris de la bouche des Témoins oculaires, ne peuvent en douter, passent dans l'âge suivant & portent avec eux cette *certitude*. Ils racontent ce fait à ceux de ce second âge, qui peuvent faire le même raisonnement que firent ces Contemporains, lorsqu'ils examinérent s'ils devoient ajoûter foi aux Témoins oculaires qui le leur rapportoient. Tous ces Témoins, peuvent-ils se dire, étant contemporains d'un tel fait, n'ont pu être trompés sur ce fait. Mais peut-être ont-ils voulu nous tromper: c'est ce qu'il faut maintenant examiner, dira quelqu'un des hommes du second âge, ainsi nommé rélativement au fait en question. J'obferve d'abord, doit dire notre Contemplatif,

que

que le complot de ces Contemporains pour nous en impofer, auroit trouvé mille obftacles dans la diverfité de paffions, de préjugés & d'intérêts qui partagent l'efprit des Peuples & des Particuliers d'une même nation. Les hommes du fecond âge s'affureront en un mot que les Contemporains ne leur en impofent point, comme ceux-ci s'étoient affurés de la fidélité des Témoins oculaires : car par-tout où l'on fuppofe une grande multitude d'hommes, on trouvera une diverfité prodigieufe de génies & de caractéres, de paffions & d'intérêts ; & par conféquent on pourra s'affurer aifément que tout complot parmi eux eft impoffible. Et fi les hommes font féparés les uns des autres par l'interpofition des mers & des montagnes, pourront-ils fe rencontrer à imaginer un même fait, & à le faire fervir de fondement à la Fable dont ils veulent amufer la Poftérité? Les hommes d'autrefois étoient ce que nous fommes aujourd'hui. En jugeant d'eux par nous mêmes, nous imitons la nature, qui agit d'une maniére uniforme dans la production des hommes de tous les temps. Je fai qu'on diftingue un fiécle de l'autre à une certaine tournure d'efprit, & à des mœurs même différentes; en forte que fi l'on pouvoit faire reparoître un homme de chaque fiécle, ceux qui feroient au fait de l'Hiftoire, en les voyant, les rangeroient dans une ligne, chacun tenant la place de fon fiécle fans fe tromper. Mais une chofe en quoi tous les fiécles font uniformes, c'eft la diverfité qui régne entre les hommes du même temps: ce qui fuffit pour ce que nous demandons, & pour affurer ceux du fecond âge, que les Contemporains n'ont pu convenir entr'eux pour leur en impofer. Or ceux du troifiéme âge pourront faire, par rapport à ceux du fecond âge qui leur rapporteront ce fait, le même raifonnement que ceux-ci ont fait par rapport aux Contemporains qui le leur ont apris:

appris: ainſi on traverſera facilement tous les ſiécles.

Pour faire ſentir de plus en plus combien eſt pur le canal d'une Tradition qui nous tranſmet un fait public & éclatant (car je déclare que c'eſt de celui-là ſeul dont j'entends parler, convenant d'ailleurs que ſur un fait ſecret & nullement intéreſſant, une Tradition ancienne & étendue peut être fauſſe,) je n'ai que ce ſeul raiſonnement à faire : c'eſt que je défie qu'on m'aſſigne dans cette longue ſuite d'âges un temps où ce fait auroit pu être ſuppoſé, & avoir par conſéquent une fauſſe origine. Car où la trouver cette ſource erronée d'une Tradition revêtue de pareils caractéres? Sera-ce parmi les Contemporains ? Il n'y a nulle apparence. En effet, quand auroient-ils pu tramer le complot d'en impoſer aux âges ſuivans ſur ce fait? Qu'on y prenne garde : on paſſe d'une maniére inſenſible d'un ſiécle à l'autre. Les âges ſe ſuccédent ſans qu'on puiſſe s'en appercevoir. Les Contemporains dont il eſt ici queſtion, ſe trouvent dans l'âge qui ſuit celui où ils ont appris ce fait, qu'ils penſent toujours être au milieu des Témoins oculaires qui le leur avoient raconté. On ne paſſe pas d'un âge à l'autre, comme on feroit d'une place publique dans un palais. On peut, par exemple, tramer dans un palais le complot d'en impoſer ſur un prétendu fait, à tout un Peuple raſſemblé dans une place publique; parce qu'entre le palais & la place publique il y a comme un mur de ſéparation qui rompt toute communication entre les uns & les autres. Mais on ne trouve rien dans le paſſage d'un âge à l'autre, qui coupe tous les canaux par où ils pourroient communiquer enſemble. Si donc dans le premier âge il ſe fait quelque faute, il faut néceſſairement que le ſecond âge en ſoit inſtruit. La raiſon de cela, c'eſt qu'un grand nombre de ceux qui compoſent le premier âge, entrent dans la compoſition du ſecond âge,

&

& de plusieurs autres suivans, & que presque tous ceux du second âge ont vu ceux du premier ; par conséquent plusieurs de ceux qui seroient complices de la fraude forment le second âge. Or il n'est pas vraisemblable que ces hommes qu'on suppose être en grand nombre, & en même tems être gouvernés par des passions différentes, s'accordent tous à débiter le même mensonge, & à taire la fraude à tous ceux qui sont seulement du second âge. Si quelques-uns du premier âge, mais contemporains de ceux du second, se plaisent à entretenir chez eux l'illusion, croit-on que tous les autres qui auront vécu dans le premier âge & qui vivent actuellement dans le second, ne reclameront pas contre la fraude ? Il faudroit pour cela supposer qu'un même intérêt les réunît tous pour le même mensonge. Or il est certain qu'un grand nombre d'hommes ne sauroit avoir le même intérêt à déguiser la vérité : donc il n'est pas possible que la fraude du premier âge passe d'une voix unanime dans le second, sans éprouver aucune contradiction. Or si le second âge est instruit de la fraude, il en instruira le troisiéme, & ainsi de suite, dans toute l'étendue des siécles. Dès-là qu'aucune barriére ne sépare les âges les uns des autres, il faut nécessairement qu'ils se la transmettent tour à tour. Nul âge ne sera donc la dupe des autres, & par conséquent nulle fausse Tradition ne pourra s'établir sur un fait public & éclatant.

Il n'y a pas de point fixe dans le tems qui ne renferme pour le moins soixante ou quatre-vingts générations à la fois, à commencer depuis la premiére enfance jusqu'à la vieillesse la plus avancée. Or ce mêlange perpétuel de tant de générations enchaînées les unes dans les autres, rend la fraude impossible sur un fait public & intéressant. Voulez-vous pour vous en convaincre supposer que tous les hommes âgés de quarante ans, & qui ré-
pon-

pondent à un point déterminé du tems, conspirent contre la Postérité pour la séduire sur un fait? Je veux bien vous accorder ce complot possible, quoique tout m'autorise à le rejetter, pensez-vous qu'en ce cas tous les hommes qui composent les générations depuis quarante ans jusqu'à quatre-vingts, & qui répondent au même point du tems, ne reclameront pas, qu'ils ne feront pas connoître l'imposture? Choisissez si vous voulez la derniére génération, & supposez que tous les hommes âgés de quatre-vingts ans forment le complot d'en imposer sur un fait à la Postérité. Dans cette supposition même, qui est certainement la plus avantageuse qu'on puisse faire, l'imposture ne sauroit si bien se cacher qu'elle ne soit dévoilée; car les hommes qui composent les générations, qui les suivent immédiatement, pourroient leur dire: Nous avons vécu long-tems avec vos contemporains, & voilà pourtant la première fois que nous entendons parler de ce fait: il est trop intéressant, & il doit avoir fait trop de bruit pour que nous n'en ayons pas été instruits plutôt. Et s'ils ajoûtoient à cela qu'on n'apperçoit aucune des suites qu'auroit dû entraîner ce fait, & plusieurs autres choses que nous dévélopperons dans la suite, seroit-il possible que le mensonge ne fût point découvert, & ces Vieillards pourroient-ils espérer de persuader les autres hommes de ce mensonge qu'ils auroient inventé? Or tous les âges se ressemblent du côté du nombre des générations; on ne peut donc en supposer aucun où la fraude puisse prendre. Mais si la fraude ne peut s'établir dans aucun des âges qui composent la Tradition, il s'ensuit que tout fait que nous amenera la Tradition, pourvu qu'il soit public & intéressant, nous sera transmis dans toute sa pureté.

Me voilà donc certain que les Contemporains d'un fait n'ont pas pu davantage en imposer sur sa
réali-

réalité aux âges suivans, qu'ils ont pu être dupés eux-mêmes sur cela par les Témoins oculaires. En effet (qu'on me permette d'insister là-dessus) je regarde la Tradition comme une chaîne, dont les anneaux sont d'égale force ; & au moyen de laquelle, lorsque j'en saisis le dernier chaînon, je tiens à un point fixe qui est la vérité, de toute la force dont le premier chaînon tient lui-même à ce point fixe. Voici sur cela quelle est ma preuve : la déposition des Témoins oculaires est le premier chaînon, celui des Contemporains est le second ; ceux qui viennent immédiatement après, forment le troisiéme par leur témoignage, & ainsi de suite, en descendant jusqu'au dernier, que je saisis. Si le témoignage des Contemporains est d'une force égale à celui des Témoins oculaires, il en sera de même de tous ceux qui se suivront, & qui par leur étroit entrelacement formeront cette chaîne continue de Tradition. S'il y avoit quelque décroissement dans cette gradation de témoignages qui naissent les uns des autres, cette raison auroit aussi lieu par rapport au témoignage des Contemporains, consideré respectivement à celui des Témoins oculaires, puisque l'un des deux est fondé sur l'autre. Or, que le témoignage des Contemporains ait par rapport à moi autant de force que celui des Témoins oculaires, c'est une chose dont je ne puis douter. Je serois aussi certain que Henri IV. a fait la conquête de la France, quand même je ne le saurois que des Contemporains de ceux qui ont pu voir ce grand & bon Roi, que je le suis que son Trône a été occupé par Louis le Grand, quoique ce fait me soit attesté par des Témoins oculaires. En voulez-vous savoir la raison ? C'est qu'il n'est pas moins impossible que des hommes se réunissent tous, malgré la distance des lieux, la différence des esprits, la variété des passions, le choc des intérêts, la diversité des Religions, à

soute.

foutenir une même fauffeté, qu'il l'eſt que pluſieurs Perſonnes s'imaginent voir un fait, que pourtant elles ne voyent pas. Les hommes peuvent bien mentir, comme je l'ai déjà dit ; mais je les défie de le faire tous de la même manière. Ce feroit exiger que pluſieurs Perſonnes, qui écriroient ſur les mêmes ſujets, penſaſſent & s'exprimaſſent de la même façon. Que mille Auteurs traitent la même matière, ils le feront tous différemment, chacun ſelon le tour d'eſprit qui lui eſt propre. On les diſtinguera toujours à l'air, au tour, au coloris de leurs penſées. Comme tous les hommes ont un même fonds d'idées, ils pourront rencontrer ſur leur route les mêmes vérités : mais chacun d'eux les voyant d'une manière qui lui eſt propre, vous les repréſentera ſous un jour différent. Si la variété des eſprits ſuffit pour mettre tant de différence dans les Ecrits qui roulent ſur les mêmes matières, croyons que la diverſité des paſſions n'en mettra pas moins dans les Erreurs ſur les faits. Il paroît par ce que j'ai dit juſqu'ici qu'on doit raiſonner ſur la Tradition comme ſur les Témoins oculaires. Un fait tranſmis par une ſeule ligne traditionnelle, ne mérite pas plus notre foi que la dépoſition d'un ſeul Témoin oculaire ; car une ligne traditionnelle ne repréſente qu'un Témoin oculaire ; elle ne peut donc équivaloir qu'à un ſeul Témoin. Par où en effet pourriez-vous vous aſſurer de la vérité d'un fait qui ne vous ſeroit tranſmis que par une ſeule ligne traditionnelle ? Ce ne ſeroit qu'en examinant la probité & la ſincérité des hommes qui compoſeroient cette ligne ; diſcuſſion, comme je l'ai déjà dit, très-difficile, qui expoſe à mille erreurs, & qui ne produira jamais qu'une ſimple probabilité. Mais ſi un fait, comme une ſource abondante, forme différens canaux, je puis facilement m'aſſurer de ſa réalité. Ici je me ſers de la régle que ſuivent

les

les esprits, comme je m'en suis servi pour les Témoins oculaires. Je combine les différens témoignages de chaque Personne qui représente sa ligne, leurs mœurs différentes, leurs passions opposées, leurs intérêts divers, me démontrent qu'il n'y a point eu de collusion entre elles pour m'en imposer. Cet examen me suffit, parce que par-là je suis assuré qu'elles tiennent le fait qu'elles me rapportent de celui qui les précéde immédiatement dans leur ligne. Si je remonte donc jusques au fait sur le même nombre de lignes traditionnelles, je ne saurois douter de la réalité du fait, auquel toutes ces lignes m'ont conduit; parce que je ferai toujours le même raisonnement sur tous les hommes qui représentent leur ligne dans quelque point du tems que je la prenne.

Il y a dans le Monde, me dira quelqu'un, tant de fausses Traditions, que je ne saurois me rendre à vos preuves. Je suis comme investi par une infinité d'erreurs, qui empêchent qu'elles ne puissent venir jusqu'à moi; & ne croyez pas, continuera toujours ce même Pyrrhonien, que je prétende parler de ces Fables, dont la plupart des Nobles flattent leur orgueil; je sais qu'étant renfermés dans une seule famille, vous les rejettez avec moi. Mais je veux vous parler de ces faits qui nous sont transmis par un grand nombre de lignes traditionnelles, & dont vous reconnoissez pourtant la fausseté. Telles sont, par exemple, les fabuleuses Dynasties des Égyptiens, les Histoires des Dieux & demi-Dieux des Grecs, le Conte de la Louve qui nourrit Remus & Romulus: tel est le fameux fait de la Papesse Jeanne, qu'on a cru presque universellement pendant très-long-tems, quoiqu'il fût très-récent; si on avoit pu lui donner deux mille ans d'antiquité, qui est-ce qui auroit osé seulement l'examiner? Telle est encore l'Histoire de la Sainte Ampoule, qu'un Pigeon apporta

du

du Ciel pour servir au Sacre de nos Rois ; ce fait n'est-il pas universellement reçu en France, ainsi que tant d'autres que je pourrois citer ? Tous ces faits suffisent pour faire voir que l'erreur peut nous venir par plusieurs lignes traditionnelles On ne sauroit donc en faire un caractére de vérité pour les faits qui nous sont ainsi transmis.

Je ne vois pas que cette difficulté rende inutile ce que j'ai dit : elle n'attaque nullement mes preuves, parce qu'elle ne les prend qu'en partie. Car j'avoue qu'un fait quoique faux, peut m'être attesté par un grand nombre de Personnes, qui représenteront différentes lignes traditionnelles. Mais voici la différence que je mets entre l'Erreur & la Vérité : celle-ci, dans quelque point du tems que vous la preniez, se soutient ; elle est toujours défendue par un grand nombre de lignes traditionnelles qui la mettent à l'abri du Pyrrhonisme, & qui vous conduisent dans des sentiers clairs jusques au fait même. Les lignes au contraire qui nous transmettent une erreur, sont toujours couvertes d'un certain voile qui les fait aisément reconnoître. Plus vous les suivez en remontant, & plus leur nombre diminue ; &, ce qui est le caractére de l'erreur, vous en atteignez le bout sans que vous soyez arrivé au fait qu'elles vous transmettent. Quel fait que les Dynasties des Egyptiens! Elles remontoient à plusieurs milliers d'années ; mais il s'en faut bien que les lignes traditionnelles les conduisissent jusques-là. Si on y prenoit garde, on verroit que ce n'est point un fait qu'on nous objecte ici, mais une opinion, à laquelle l'orgueil des Egyptiens avoit donné naissance. Il ne faut point confondre ce que nous appellons *fait*, & dont nous parlons ici, avec ce que les différentes Nations croyent sur leur origine. Il ne faut qu'un Savant, quelquefois un Visionnaire, qui prétende après bien des recherches avoir découvert les

E vrais

vrais Fondateurs d'une Monarchie, ou d'une République, pour que tout un Pays y ajoûte foi ; surtout si cette origine flatte quelqu'une des passions des Peuples que cela intéresse : mais alors c'est la découverte d'un Savant, ou la rêverie d'un Visionnaire, & non un fait. Cela sera toujours problématique, a moins que ce Savant ne trouve le moyen de rejoindre tous les différens fils de la Tradition, par la découverte de certaines Histoires ou de quelques Inscriptions qui feront parler une infinité de Monumens, qui avant cela ne nous disoient rien. Aucun des faits qu'on cite, n'a les deux conditions que je demande ; savoir, un grand nombre de lignes traditionnelles qui nous les transmettent ; en sorte qu'en remontant au moins par la plus grande partie de ces lignes, nous puissions arriver au fait. Quels sont les Témoins oculaires qui ont déposé pour le fait de Remus & de Romulus ? Y en a-t-il un grand nombre ? Et ce fait nous a-t-il été transmis sur des lignes fermes, qu'on me permette ce terme ? On voit que tous ceux qui en ont parlé, l'ont fait d'une maniére douteuse. Qu'on voye si les Romains ne croyoient pas différemment les actions mémorables des Scipions ? C'étoit donc plutôt une opinion chez eux qu'un fait. On a tant écrit sur la Papesse Jeanne, qu'il seroit plus que superflu de m'y arrêter. Il me suffit d'observer que cette Fable doit plutôt son origine à l'esprit de parti qu'à des lignes traditionnelles ; & qui est-ce qui a cru l'Histoire de la Sainte Ampoule ? Je puis dire au moins que si ce fait a été transmis comme vrai, il a été transmis en même tems comme faux ; de sorte qu'il n'y a qu'une ignorance grossiére, qui puisse faire donner dans une pareille superstition.

Mais je voudrois bien savoir sur quelle preuve le Sceptique que je combats regarde les Dynasties des Egyptiens comme fabuleuses, & tous les autres
faits

faits qu'il a cités; car il faut qu'il puisse se transporter dans les tems où ces différentes erreurs occupoient l'esprit des Peuples ; il faut qu'il se rende, pour ainsi dire, leur contemporain, afin que partant de ce point avec eux, il puisse voir qu'ils suivent un chemin qui les conduit infailliblement à l'erreur, & que toutes leurs Traditions sont fausses : or je le défie d'y parvenir sans le secours de la Tradition ; je le défie encore bien plus de faire cet examen, & de porter ce jugement, s'il n'a aucune régle qui puisse lui faire discerner les vraies Traditions d'avec les fausses. Qu'il nous dise donc la raison qui lui fait prendre tous ces faits pour apocryphes, & il se trouvera que contre son intention il établira ce qu'il prétend attaquer. Me direz-vous que tout ce que j'ai dit peut être bon lorsqu'il s'agira des faits naturels, mais que cela ne sauroit démontrer la vérité des faits miraculeux ; qu'un grand nombre de ces faits, quoique faux, passent à la postérité sur je ne sais combien de lignes traditionnelles? Fortifiez si vous voulez votre difficulté par toutes les folies qu'on lit dans l'Alcoran, & que le crédule Mahométan respecte; décorez-la de l'enlévement de Romulus qu'on a tant fait valoir; distillez votre fiel sur toutes ces Fables pieuses, qu'on croit moins qu'on ne les tolére par pur ménagement : que conclurez-vous de-là ? Qu'on ne sauroit avoir des régles qui puissent faire discerner les vraies Traditions d'avec les fausses sur les Miracles?

Je vous répons que les régles sont les mêmes pour les faits naturels & miraculeux: vous m'opposez des faits, & aucun de ceux que vous citez n'a les conditions que j'exige. Ce n'est point ici le lieu d'examiner les Miracles de Mahomet, ni d'en faire le paralléle avec ceux qui démontrent la Religion Chrétienne. Tout le monde sait que cet Imposteur a toujours opéré ses Miracles en secret : s'il a eu des visions, personne n'en a été témoin; si les arbres par respect devenus sensibles s'inclinent en sa présence; s'il fait descendre la Lune en terre, & la renvoye dans son orbite; seul présent à ce Prodige, il n'a point éprouvé de contradicteurs : tous les témoignages de ce fait se réduisent donc à celui de l'Auteur même de la fourberie ; c'est-là que vont aboutir toutes ces lignes traditionnelles dont on nous parle : je ne vois point là de foi raisonnée, mais la plus superstitieuse crédulité. Peut-on nous opposer des faits si mal prouvés, & dont l'imposture se découvre par les régles que nous avons nous-mêmes établies ? Je ne pense pas qu'on nous oppose sérieusement l'enlévement de Romulus au Ciel, & son apparition à Proculus : cette apparition n'est appuyée que sur la déposition d'un seul Témoin; déposition dont le seul Peuple fut la dupe; les Sénateurs firent à cet égard ce que leur politique demandoit : en un mot je défie qu'on me cite un fait, qui dans son origine se trouve revêtu des caractéres que j'ai assignés, qui soit transmis à la postérité sur plusieurs lignes collatérales qui commenceront au fait même, & qu'il se trouve pourtant faux.

Vous avez raison, dit Mr. Craig, il est impossible qu'on ne connoisse la vérité de certains faits, dès qu'on est voisin des tems où ils sont arrivés : les caractéres dont ils sont empreints sont si frappans & si clairs, qu'on ne sauroit s'y méprendre. Mais la durée des tems obscurcit & efface, pour ainsi dire, ces caractéres : les faits les mieux constatés dans certains tems, se trouvent dans la suite réduits au niveau de l'imposture & du mensonge; & cela parce que la force des témoignages va toujours en décroissant : en sorte que le plus haut degré de *certitude* est produit par la vue même des faits ; le second, par le rapport de ceux qui les ont vus; le troisiéme, par la simple déposition de ceux qui

qui les ont seulement ouï raconter aux Témoins des Témoins, & ainsi de suite jusqu'à l'infini.

Les faits de César & d'Alexandre suffisent pour démontrer la vanité des Calculs du Géométre Anglois: car nous sommes aussi convaincus actuellement de l'existence de ces deux grands Capitaines, qu'on l'étoit il y a quatre cens ans, & la raison en est bien simple; c'est que nous avons les mêmes preuves de ces faits qu'on avoit en ce tems-là. La succession qui se fait dans les différentes générations de tous les siécles, ressemble à celle du corps humain, qui posséde toujours la même essence, la même forme, quoique la matiére qui le compose à chaque instant se dissipe en partie, & à chaque instant soit renouvellée par celle qui prend sa place. Un homme est toujours un tel homme, quelque changement imperceptible qui se soit fait dans la substance de son corps, parce qu'il n'éprouve point tout à la fois de changement total: de même les différentes générations qui se succédent, doivent être regardées comme étant les mêmes, parce que le passage des unes aux autres est imperceptible. C'est toujours la même société d'hommes qui conserve la mémoire de certains faits, comme un homme est aussi certain dans sa vieillesse de ce qu'il a vu d'éclatant dans sa jeunesse, qu'il l'étoit deux ou trois ans après cette action. Ainsi il n'y a pas plus de différence entre les hommes qui forment la société de tel & tel tems, qu'il y en a entre une personne âgée de vingt ans, & cette même personne âgée de soixante, par conséquent le témoignage de différentes générations est aussi digne de foi, & ne perd pas plus de sa force, que celui d'un homme qui à vingt ans raconteroit un fait qu'il vient de voir, & à soixante, le même fait qu'il auroit vu quarante ans auparavant. Si l'Auteur Anglois avoit voulu dire seulement que l'impression que fait un événement sur les esprits, est d'autant plus vive & plus profonde, que le fait est récent, il n'auroit rien dit que de très-vrai. Qui ne sait qu'on est bien moins touché de ce qui se passe en récit, que de ce qui est exposé par la scéne aux yeux des Spectateurs? L'homme que son imagination servira le mieux à aider les Acteurs à le tromper sur la réalité de l'action qu'on lui représente, sera le plus touché & le plus vivement ému. La sanglante journée de la Saint-Barthélémi, ainsi que l'assassinat d'un de nos meilleurs Rois, ne fait pas à beaucoup près sur nous la même impression, que ces deux événemens en firent autrefois sur nos Ancêtres. Tout ce qui n'est que de sentiment, passe avec l'objet qui l'excite; & s'il lui survit, c'est toujours en s'affoiblissant, jusqu'à ce qu'il vienne à s'épuiser tout entier: mais pour la conviction qui naît de la force des preuves, elle subsiste universellement. Un fait bien prouvé passe à travers l'espace immense des siécles, sans que la conviction perde l'empire qu'elle a sur notre esprit, quelque décroissement qu'il éprouve dans l'impression qu'il fait sur le cœur. Nous sommes en effet aussi certains du meurtre de Henri le Grand, que l'étoient ceux qui vivoient dans ce tems-là, mais nous n'en sommes pas si touchés.

Ce que nous venons de dire en faveur de la Tradition, ne doit point nous empêcher d'avouer que nous saurions fort peu de faits, si nous n'étions instruits que par elle; parce que cette espéce de Tradition ne peut être fidéle dépositaire, que lorsqu'un événement est assez important pour faire dans l'esprit de profondes impressions, & qu'il est assez simple pour s'y conserver aisément: ce n'est pas que sur un fait chargé de circonstances, & d'ailleurs peu intéressant, elle puisse nous induire en erreur; car alors le peu d'accord qu'on trouveroit dans les témoignages, nous en mettroit à couvert;

vert: seule elle peut nous apprendre des faits simples & éclatans; & si elle nous transmet un fait avec la Tradition écrite, elle sert à le confirmer: celle-ci fixe la mémoire des hommes, & conserve jusqu'au plus petit détail, qui sans elle nous échapperoit. C'est le second Monument propre à transmettre les faits, & que nous allons maintenant développer.

On diroit que la nature en apprenant aux hommes l'art de conserver leurs pensées par le moyen de diverses figures, a pris plaisir à faire passer dans tous les siécles des Témoins oculaires des faits qui sont les plus cachés dans la profondeur des âges, afin qu'on n'en puisse douter. Que diroient les Sceptiques, si par une espéce d'enchantement, des Témoins oculaires étoient détachés de leurs siécles, pour parcourir ceux où ils ne vécurent pas, afin de sceller de vive voix la vérité de certains faits? Quel respect n'auroient-ils point pour le témoignage de ces vénérables Vieillards! Pourroient-ils douter de ce qu'ils leur diroient! Telle est l'innocente magie que l'Histoire se propose parmi nous: par elle les Témoins eux-mêmes semblent franchir l'espace immense qui les sépare de nous; ils traversent les siécles, & attestent dans tous les tems la vérité de ce qu'ils ont écrit. Il y a plus: j'aime mieux lire un fait dans plusieurs Historiens qui s'accordent, que de l'apprendre de la bouche même de ces vénérables Vieillards dont j'ai parlé: je pourrois faire mille conjectures sur leurs passions, sur leur pente naturelle à dire des choses extraordinaires. Ce petit nombre de Vieillards, qui seroient doués du privilége des premiers Patriarches pour vivre si long-tems, se trouvant nécessairement unis de la plus étroite amitié, & ne craignant point d'un autre côté d'être démentis par des Témoins oculaires ou contemporains, pourroient s'entendre facilement pour se jouer du genre humain; ils pourroient se plaire à raconter

grand

grand nombre de prodiges faux dont ils se diroient les Témoins, s'imaginant partager avec les fausses merveilles qu'ils débiteroient, l'admiration qu'elles font naître dans l'ame du vulgaire crédule. Ils ne pourroient trouver de contradiction que dans la Tradition qui auroit passé de bouche en bouche. Mais quels sont ces hommes qui n'ayant appris ces faits que par le canal de la Tradition, oseroient disputer contre une troupe de Témoins oculaires, dont les rides, d'ailleurs vénérables, feroient une si grande impression sur les esprits ? On sent bien que peu à peu ces Vieillards pourroient faire changer les Traditions : mais ont-ils une fois parlé dans des Ecrits, ils ne sont plus libres de parler autrement : les faits qu'ils ont, pour ainsi dire, enchaînés dans les différentes figures qu'ils ont tracées, passent à la postérité la plus reculée. Et ce qui les justifie ces faits, & met en même tems l'Histoire au-dessus du témoignage qu'ils rendroient actuellement de bouche, c'est que dans le tems qu'ils les écrivirent ils étoient entourés de Témoins oculaires & contemporains, qui auroient pu les démentir facilement s'ils avoient altéré la vérité. Nous jouïssons, eu égard aux Historiens, des mêmes priviléges dont jouïssoient les Témoins oculaires des faits qu'ils racontent : or il est certain qu'un Historien ne sauroit en imposer aux Témoins oculaires & contemporains. Si quelqu'un faisoit paroître aujourd hui une Histoire remplie de faits éclatans & intéressans arrivés de nos jours, & dont personne n'eût entendu parler avant cette Histoire, pensez-vous qu'elle passât à la postérité sans contradiction ? Le mépris dans lequel elle tomberoit, suffiroit seul pour préserver la postérité des impostures qu'elle contiendroit.

L'Histoire a de grands avantages, même sur les Témoins oculaires : qu'un seul Témoin vous apprenne un fait, quelque connoissance que vous ayez

ayez de ce Témoin, comme elle ne fera jamais parfaite, ce fait ne deviendra pour vous que plus ou moins probable ; vous n'en serez assuré que lorsque plusieurs Témoins déposeront en sa faveur, & que vous pourrez, comme je l'ai dit, combiner leurs passions & leurs intérêts ensemble. L'Histoire vous fait marcher d'un pas plus assuré : lorsqu'elle vous rapporte un fait éclatant & intéressant, ce n'est pas l'Historien seul qui vous l'atteste, mais une infinité de Témoins qui se joignent à lui. En effet, l'Histoire parle à tout son siécle : ce n'est pas pour apprendre les faits intéressans que les Contemporains la lisent, puisque plusieurs d'entr'eux sont les Auteurs de ces faits ; c'est pour admirer la liaison des faits, la profondeur des réflexions, le coloris des portraits, & sur-tout son exactitude. Les Histoires de Maimbourg sont moins tombées dans le mépris par la longueur de leurs périodes, que par leur peu de fidélité. Un Historien ne sauroit donc en imposer à la Postérité, que son siécle ne s'entende, pour ainsi dire, avec lui. Or quelle apparence ? Ce complot n'est-il pas aussi chimérique que celui de plusieurs Témoins oculaires ? C'est précisément la même chose. Je trouve donc les mêmes combinaisons à faire avec un seul Historien qui me rapporte un fait intéressant, que si plusieurs Témoins oculaires me l'attestoient. Si plusieurs Personnes pendant la derniére Guerre étoient arrivées dans une Ville neutre, à Liége, par exemple, & qu'elles eussent vu une foule d'Officiers François, Anglois, Allemands & Hollandois, tous pêle-mêle confondus ensemble ; Si, à leur approche, elles avoient demandé chacune à leur voisin de quoi on parloit, & qu'un Officier François leur eût répondu, on parle de la victoire que nous remportâmes hier sur les Ennemis, où les Anglois sur-tout furent entiérement défaits ; ce fait

E 5

sera

fera fans-doute probable pour ces Etrangers qui arrivent : mais ils n'en feront abfolument affurés que lorfque plufieurs Officiers fe feront joints enfemble pour le leur confirmer. Si au contraire à leur arrivée un Officier François élevant la voix de façon à fe faire entendre de fort loin, leur apprend cette nouvelle avec de grandes démonftrations de joye, ce fait deviendra pour eux certain ; ils ne fauroient en douter, parce que les Anglois, les Allemands & les Hollandois qui font préfens, dépofent en faveur de ce fait, dès qu'ils ne reclament pas ; c'eft ce que fait un Hiftorien lorfqu'il écrit, il éléve la voix, & fe fait entendre de tout fon fiécle, qui dépofe en faveur de ce qu'il raconte d'intéreffant s'il ne reclame pas : ce n'eft pas un feul homme qui parle à l'oreille d'un autre, & qui peut le tromper ; c'eft un homme qui parle au monde entier, & qui ne fauroit par conféquent tromper. Le filence de tous les hommes dans cette circonftance, les fait parler comme cet Hiftorien ; il n'eft pas néceffaire que ceux qui font intéreffés à ne pas écrire un fait, & même à ce qu'on ne le croye pas, avouent qu'on doit y ajoûter foi, & dépofent formellement en fa faveur ; il fuffit qu'ils ne difent rien, & ne laiffent rien qui puiffe prouver la fauffeté de ce fait : car fi je ne vois que des raifonnemens contre un fait, quand on auroit pu dire ou laiffer des preuves invincibles de l'impofture, je dois invariablement m'en tenir à l'Hiftorien qui me l'attefte. Et croit-on, pour en revenir à l'exemple que j'ai déjà cité, que ces Etrangers fe fuffent contentés des difcours vagues des Anglois fur la fupériorité de leur Nation au-deffus des François, pour ne pas ajoûter foi à la nouvelle que leur difoit d'une voix élevée & ferme l'Officier François, qui paroiffoit bien ne pas craindre des contradicteurs ? Non fans-doute ; ils auroient trouvé les difcours déplacés, & leur au-

roient

roient demandé si ce que disoit ce François étoit vrai ou faux ; qu'il ne falloit que cela à présent.

Puisqu'un seul Historien est d'un si grand poids sur des faits intéressans, que doit-on penser lorsque plusieurs Historiens nous rapportent les mêmes faits ? Pourra-t-on croire que plusieurs personnes se soient données le mot pour attester un même mensonge & se faire mépriser de leurs contemporains ? Ici on pourra combiner & les Historiens ensemble, & ces mêmes Historiens avec les Contemporains qui n'ont pas reclamé.

Un Livre, dites-vous, ne sauroit avoir aucune autorité, à moins que l'on ne soit sûr qu'il est authentique : or qui nous assurera que ces Histoires qu'on nous met en main ne sont pas supposées, & qu'elles appartiennent véritablement aux Auteurs à qui on les attribue ? Ne sait-on pas que l'imposture s'est occupée dans tous les tems à forger des Monumens, à fabriquer des Ecrits sous d'anciens noms, pour colorer par cet artifice, d'une apparence d'antiquité, aux yeux d'un Peuple idiot & imbécille, les Traditions les plus fausses & les plus modernes ?

Tous ces reproches que l'on fait contre la supposition des Livres sont vrais, on en a sans-doute supposé beaucoup. La critique sévére & éclairée des derniers tems a découvert l'imposture ; & à travers ces rides antiques dont on affectoit de les défigurer, elle a apperçu cet air de jeunesse qui les a trahis. Mais malgré la sévérité qu'elle a exercée, a-t-elle touché aux Commentaires de César, aux Poësies de Virgile & d'Horace ? Comment a-t-on reçu le sentiment du P. Hardouin, lorsqu'il a voulu enlever à ces deux grands hommes ces chefs-d'œuvres qui immortalisent le siécle d'Auguste ? Qui n'a pas senti que le silence du Cloître n'étoit pas propre à ces tours fins & délicats qui décélent l'homme du grand monde ? La critique en faisant disparoître plusieurs Ouvrages apocryphes, & en les précipitant dans l'oubli, a confirmé dans leur antique possession ceux qui sont légitimes, & a répandu sur eux un nouveau jour. Si d'une main elle a renversé, on peut dire que de l'autre elle a bâti. A la lueur de son flambeau nous pouvons pénétrer jusques dans les sombres profondeurs de l'Antiquité, & discerner par ses propres régles les Ouvrages supposés d'avec les Ouvrages authentiques. Quelles régles nous donne-t-elle pour cela?

1. Si un Ouvrage n'a point été cité par les Contemporains de celui dont il porte le nom, qu'on n'y apperçoive pas même son caractére, & qu'on ait eu quelque intérêt, soit réel, soit apparent à sa supposition, il doit alors nous paroître suspect: ainsi un Artapan, un Mercure Trismégiste, & quelques autres Auteurs de cette trempe, cités par Joséphe, Eusébe, & par George Syncelle, ne portent point le caractére de Payens, & dès-là ils portent sur leur front leur propre condamnation. On a eu le même intérêt à les supposer, qu'à supposer Aristée & les Sybilles; lesquelles, pour me servir des termes d'un homme d'esprit, ont parlé si clairement de nos Mystéres, que les Prophétes des Hébreux, en comparaison d'elles, n'y entendoient rien.

2. Un Ouvrage porte avec lui des marques de sa supposition, lorsqu'on n'y voit pas empreint le caractére du siécle où il passe pour avoir été écrit. Quelque différence qu'il y ait dans tous les esprits qui composent un même siécle, on peut pourtant dire qu'ils ont quelque chose de plus propre que les esprits des autres siécles, dans l'air, dans le tour, dans le coloris de la pensée, dans certaines comparaisons dont on se sert plus fréquemment, & dans mille autres petites choses qu'on remarque aisément lorsqu'on examine de près les Ouvrages. 3. Une autre marque de supposition, c'est quand un Livre fait

fait allusion à des usages qui n'étoient pas encore connus au tems où l'on dit qu'il a été écrit; ou qu'on y remarque quelques traits de Syftêmes postérieurement inventés, quoique cachés, &, pour ainsi dire, déguisés sous un stile plus ancien. Ainsi tous les Ouvrages de Mercure Trismégiste (je ne parle pas de ceux qui furent supposés par les Chrétiens: j'en ai fait mention plus haut; mais de ceux qui le furent par les Payens eux-mêmes, pour se défendre contre les attaques de ces premiers), par cela même qu'ils sont teints de la Doctrine subtile & raffinée des Grecs, ne sont point authentiques.

S'il est des marques auxquelles une Critique judicieuse reconnoît la supposition de certains Ouvrages, il en est d'autres aussi qui lui servent, pour ainsi dire, de boussole, & qui la guident dans le discernement de ceux qui sont authentiques. En effet, comment pouvoir soupçonner qu'un Livre a été supposé, lorsque nous le voyons cité par d'anciens Ecrivains, & fondé sur une chaîne non interrompue de Témoins, conformes les uns aux autres, sur-tout si cette chaîne commence au tems où l'on dit que ce Livre a été écrit & ne finit qu'à nous? D'ailleurs, n'y eut-il point d'Ouvrages qui en citassent une autre comme appartenant à tel Auteur; pour en reconnoître l'authencité, il me suffiroit qu'il m'eût été apporté comme étant d'un tel Auteur, par une Tradition orale, soutenue sans interruption depuis son époque jusqu'à moi, sur plusieurs lignes collatérales. Il y a outre cela des Ouvrages qui tiennent à tant de choses, qu'il seroit fou de douter de leur authenticité. Mais selon moi, la plus grande marque de l'authenticité d'un Livre, c'est lorsque depuis long-tems on travaille à sapper son antiquité, pour l'enlever à l'Auteur à qui on l'attribue, & qu'on n'a pu trouver pour cela que des raisons si frivoles, que ceux mê-

E 7 me

me qui font fes ennemis déclarés, à peine daignent s'y arrêter. Il y a des Ouvrages qui intéreffent plufieurs Royaumes, des Nations entiéres, le Monde même, qui par cela même ne fauroient être fuppofés. Les uns contiennent les Annales de la Nation & fes Titres; les autres fes Loix & fes Coutumes; enfin il y en a qui contiennent leur Religion. Plus on accufe les Hommes en général d'être fuperftitieux & peureux, pour me fervir de l'expreffion à la mode, & plus on doit avouer qu'ils ont toujours les yeux ouverts fur ce qui intéreffe leur Religion. L'Alcoran n'auroit jamais été tranfporté au tems de Mahomet, s'il avoit été écrit long-tems après fa mort. C'eft que tout un Peuple ne fauroit ignorer l'époque d'un Livre qui régle fa croyance, & fixe toutes fes efpérances. Allons plus loin. En quel tems voudroit-on qu'on pût fuppofer une Hiftoire qui contiendroit des faits très-intéreffans, mais apocryphes? Ce n'eft point fans-doute du vivant de l'Auteur à qui on l'attribue, & qui démafqueroit la fourbe; & fi l'on veut qu'une telle impofture puiffe ne lui être pas connue, ce qui, comme on voit, eft prefque impoffible, tout le monde ne s'infcriroit-il pas en faux contre les faits que cette Hiftoire contiendroit? Nous avons démontré plus haut qu'un Hiftorien ne fauroit en impofer à fon fiécle. Ainfi un Impofteur, fous quelque nom qu'il mette fon Hiftoire, ne fauroit induire en erreur les Témoins oculaires ou contemporains, fa fourberie pafferoit à la poftérité. Il faut donc que l'on dife que longtems après la mort de l'Auteur prétendu, on lui a fuppofé cette Hiftoire. Il fera néceffaire pour cela qu'on dife auffi, que cette Hiftoire a été longtems inconnue, auquel cas elle devient fufpecte fi elle contient des faits intéreffans, & qu'elle foit l'unique qui les rapporte: car fi les mêmes faits qu'elle rapporte font contenus dans d'autres Hiftoi-

res,

tés, la supposition est dès-lors inutile. Je n'imagine pas qu'on prétende qu'il soit possible de persuader à tous les hommes qu'ils ont vu ce Livre-là de tout tems, & qu'il ne paroît pas nouvellement. Ne sait-on point avec quelle exactitude on examine un Manuscrit nouvellement découvert, quoique ce Manuscrit ne soit souvent qu'une Copie de plusieurs autres qu'on a déjà? Que feroit-on s'il étoit unique dans son genre? Il n'est donc pas possible de fixer un tems où certains Livres trop intéressans par leur nature ayent pu être supposés.

Ce n'est pas tout, me direz-vous, il ne suffit pas qu'on puisse s'assurer de l'authenticité d'un Livre; il faut encore qu'on soit certain qu'il est parvenu à nous sans altération. Or qui me garantira que l'Histoire dont vous vous servez pour prouver tel fait, soit venu jusqu'à moi dans toute sa pureté? La diversité des Manuscrits ne semble-t-elle pas nous indiquer les changemens qui lui sont arrivés? Après cela quel fonds voulez-vous que je fasse sur les faits que cette Histoire me rapporte?

Il n'y a que la longueur des tems & la multiplicité des Copies qui puissent occasionner de l'altération dans les Manuscrits. Je ne crois pas qu'on me conteste cela. Or ce qui procure le mal, nous donne en même tems le reméde; car s'il y a une infinité de Manuscrits, il est évident qu'en tout ce qu'ils s'accordent, c'est le texte original. Vous ne pourrez donc refuser d'ajoûter foi à ce que tous ces Manuscrits rapporteront d'un concert unanime. Sur les Variantes vous êtes libre, & personne ne vous dira jamais que vous êtes obligé de vous conformer à tel Manuscrit plutôt qu'à tel autre, dès qu'ils ont tous les deux la même autorité. Prétendez-vous qu'un Fourbe peut altérer tous les Manuscrits? Il faudroit pour cela pouvoir marquer l'époque de cette altération; mais peut-être que personne ne se sera apperçu de la fraude?

Quelle

Quelle apparence, sur-tout si ce Livre est extrêmement répandu; s'il intéresse des Nations entiéres; si ce Livre se trouve la régle de leur conduite; ou si par le goût exquis qui y régne, il fait les délices des honnêtes gens? Seroit-il possible à un homme, quelque puissance qu'on lui suppose, de défigurer les vers de Virgile, ou de changer les faits intéressans de l'Histoire Romaine que nous lisons dans Tite-Live & dans les autres Historiens? Fût-on assez adroit pour altérer en secret toutes les Editions & tous les Manuscrits, ce qui est impossible, on découvriroit toujours l'imposture, parce qu'il faudroit de plus altérer toutes les Mémoires : ici la Tradition orale défendroit la véritable Histoire. On ne sauroit tout d'un coup faire changer les hommes de croyance sur certains faits. Il faudroit encore de plus renverser tous les Monumens, comme on verra bientôt : les Monumens assurent la vérité de l'Histoire, ainsi que la Tradition orale. Arrêtez vos yeux sur l'Alcoran, & cherchez un tems où ce Livre auroit pu être altéré depuis Mahomet jusqu'à nous. Ne croyez-vous pas que nous l'avons tel, au moins quant à la substance, qu'il a été donné par cet Imposteur? Si ce Livre avoit été totalement bouleversé, & que l'altération en eût fait un tout différent de celui que Mahomet a écrit, nous devrions voir aussi une autre Religion chez les Turcs, d'autres Usages, & même d'autres Mœurs; car tout le monde sait combien la Religion influe sur les Mœurs. On est surpris quand on développe ces choses-là, comment quelqu'un peut les avancer. Mais comment ose-t-on nous faire tant valoir ces prétendues altérations? Je défie qu'on nous fasse voir un Livre connu & intéressant, qui soit altéré de façon que les différentes copies se contredisent dans les faits qu'elles rapportent, sur-tout s'ils sont essentiels. Tous les Manuscrits & toutes les Editions

tions de Virgile, d'Horace ou de Cicéron se ressemblent, à quelque légére différence près. On peut dire de même de tous les Livres. On verra dans le premier Livre de cet Ouvrage en quoi consiste l'altération qu'on reproche au Pentateuque, & dont on a prétendu pouvoir par-là renverser l'autorité. Tout se réduit à des changemens de certains mots qui ne détruisent point le fait, & à des explications différentes des mêmes mots : tant il est vrai que l'altération essentielle est difficile dans un Livre intéressant; car de l'aveu de tout le monde, le Pentateuque est un des Livres les plus anciens que nous connoissions.

Les régles que la Critique nous fournit pour connoître la supposition & l'altération des Livres, ne suffisent point, dira quelqu'un; elle doit encore nous en fournir pour nous prémunir contre le mensonge si ordinaire aux Historiens. L'Histoire en effet que nous regardons comme le Régistre des événemens des siécles passés, n'est le plus souvent rien moins que cela. Au lieu de faits véritables, elle repaît de fables notre folle curiosité. Celle des premiers siécles est couverte de nuages ; ce sont pour nous des terres inconnues où nous ne pouvons marcher qu'en tremblant. On se tromperoit si l'on croyoit que les Histoires qui se rapprochent de nous, sont pour cela plus certaines. Les préjugés, l'esprit de Parti, la vanité Nationale, la différence des Religions, l'amour du merveilleux, voilà autant de sources ouvertes, d'où la Fable se répand dans les Annales de tous les Peuples. Les Historiens, à force de vouloir embellir leur Histoire, & y jetter de l'agrément, changent très-souvent les faits; en y ajoûtant certaines circonstances, ils les défigurent de façon à ne pouvoir pas les reconnoître. Je ne m'étonne plus que plusieurs, sur la foi de Cicéron & de Quintilien, nous disent que l'Histoire est une *Poësie libre de versification.*

La différence de Religions & les divers sentimens qui dans les derniers siécles ont divisé l'Europe, ont jetté dans l'Histoire moderne autant de confusion, que l'Antiquité en a apporté dans l'ancienne. Les mêmes faits, les mêmes événemens deviennent tous différens, suivant les plumes qui les ont écrits. Le même homme ne se ressemble point dans les différentes vies qu'on a écrites de lui. Il suffit qu'un fait soit avancé par un Catholique, pour qu'il soit aussi-tôt démenti par un Luthérien ou par un Calviniste. Ce n'est pas sans raison que Bayle dit de lui, qu'il ne lisoit jamais les Historiens dans la vue de s'instruire des choses qui se sont passées, mais seulement pour savoir ce que l'on disoit dans chaque Nation & dans chaque Parti. Je ne crois pas après cela qu'on puisse exiger la foi de personne sur de tels garans.

On auroit dû encore grossir la difficulté de toutes les fausses Anecdotes & de toutes ces Historiettes du tems qui courent, & conclure de-là que tous les faits qu'on lit dans l'Histoire Romaine sont pour le moins douteux.

Je ne comprends pas comment on peut s'imaginer renverser la foi historique avec de pareils raisonnemens. Les passions qu'on nous oppose sont précisément le plus puissant motif que nous ayons pour ajoûter foi à certains faits. Les Protestans sont extrêmement envenimés contre Louïs XIV.: y en a-t-il un qui malgré cela ait osé desavouer le célébre passage du Rhin? Ne sont-ils point d'accord avec les Catholiques sur les victoires de ce grand Roi? Ni les préjugés, ni l'esprit de Parti, ni la vanité Nationale n'opérent rien sur des faits éclatans & intéressans. Les Anglois pourront bien dire qu'ils n'ont pas été secourus à la journée de Fontenoi; la vanité Nationale pourra leur faire diminuer le prix de la victoire, & la compenser, pour ainsi dire, par le nombre: mais ils ne desa-

voueront jamais que les François soient restés victorieux. Il faut donc bien distinguer les faits que l'Histoire rapporte d'avec les réflexions de l'Historien: celles-ci varient selon ses passions & ses intérêts; ceux-là demeurent invariablement les mêmes. Jamais personne n'a été peint si différemment que l'Amiral de Coligni & le Duc de Guise: les Protestans ont chargé le portrait de celui-ci de mille traits qui ne lui convenoient pas; & les Catholiques, de leur côté, ont refusé à celui-là des coups de pinceau qu'il méritoit. Les deux Partis se sont pourtant servis des mêmes faits pour les peindre. Car quoique les Calvinistes disent que l'Amiral de Coligni étoit plus grand homme de guerre que le Duc de Guise, ils avouent pourtant que Saint-Quentin, que l'Amiral défendoit, fut pris d'assaut, & qu'il y fut lui-même fait prisonnier; & qu'au contraire le Duc de Guise sauva Metz contre les efforts d'une Armée nombreuse qui l'assiégeoit, animée de plus par la présence de Charles-Quint: mais selon eux, l'Amiral fit plus de coups de Maître, plus d'actions de cœur, d'esprit & de vigilance pour défendre Saint-Quentin, que le Duc de Guise pour défendre Metz. On voit donc que les deux Partis ne se séparent que lorsqu'il s'agit de raisonner sur les faits, & non sur les faits mêmes. Ceux qui nous font cette difficulté n'ont qu'à jetter les yeux sur une réflexion de Mr. de Fontenelle, qui, en parlant des motifs que les Historiens prêtent à leurs Héros, nous dit: ,, Nous savons fort
,, bien que les Historiens les ont devinés comme
,, ils ont pu, & qu'il est presque impossible qu'ils
,, ayent deviné tout-à-fait juste. Cependant nous
,, ne trouvons point mauvais que les Historiens
,, ayent recherché cet embellissement, qui ne sort
,, point de la vraisemblance; & c'est à cause de
,, cette vraisemblance, que ce mélange de faux
,, que nous reconnoissons, qui peut être dans nos
,, His-

„ Hiſtoires, ne nous les fait pas regarder comme
„ des Fables". Tacite prête des vues politiques
& profondes à ſes Perſonnages, où Tite-Live ne
verroit rien que de ſimple & de naturel. Croyez
les faits qu'il rapporte, & examinez ſa politique; il
eſt toujours aiſé de diſtinguer ce qui eſt de l'Hiſtorien d'avec ce qui lui eſt étranger. Si quelque
paſſion le fait agir, elle ſe montre, & auſſi tôt que
vous la voyez, elle n'eſt plus à craindre. Vous
pouvez donc ajouter foi aux faits que vous liſez
dans une Hiſtoire, ſur-tout ſi ce même fait eſt
rapporté par d'autres Hiſtoriens, quoique ſur d'autres choſes ils ne s'accordent point. Cette pente
qu'ils ont à ſe contredire les uns les autres, vous
aſſure de la vérité des faits ſur leſquels ils s'accordent.

Les Hiſtoriens, me direz-vous, mêlent quelquefois ſi adroitement les faits avec leurs propres
réflexions, auxquelles ils donnent l'air de faits, qu'il
eſt très-difficile de les diſtinguer. Il ne ſauroit
jamais être difficile de diſtinguer un fait éclatant
& intéreſſant des propres réflexions de l'Hiſtorien:
& d'abord ce qui eſt préciſément rapporté de même par pluſieurs Hiſtoriens, eſt évidemment un
fait; parce que pluſieurs Hiſtoriens ne ſauroient
faire préciſément la même réflexion. Il faut donc
que ce en quoi ils ſe rencontrent, ne dépende pas
d'eux, & leur ſoit totalement étranger: il eſt donc
facile de diſtinguer les faits d'avec les réflexions de
l'Hiſtorien, dès que pluſieurs Hiſtoires rapportent
le même fait. Si vous liſez ce fait dans une ſeule
Hiſtoire, conſultez la Tradition orale; ce qui vous
viendra par elle ne ſauroit être à l'Hiſtorien; car il
n'auroit pas pu confier à la Tradition qui le précéde ce qu'il n'a penſé que long tems après. Voulez-vous vous aſſurer encore davantage? Conſultez les Monumens, troiſiéme eſpéce de Tradition
propre à faire paſſer les faits à la poſtérité.

Un

Un fait éclatant & qui intéresse, entraîne toujours des suites après lui; souvent il fait changer la face de toutes les affaires d'un très-grand Pays: les Peuples jaloux de transmettre ces faits à la postérité, employent le marbre & l'airain pour en perpétuer la mémoire. On peut dire d'Athènes & de Rome, qu'on y marche encore aujourd'hui sur des Monumens qui confirment leur Histoire: cette espéce de Tradition, après la Tradition orale, est la plus ancienne; les Peuples de tous les tems ont été très-attentifs à conserver la mémoire de certains faits. Dans ces premiers tems voisins du Cahos, un monceau de pierres brutes avertissoit qu'en cet endroit il s'étoit passé quelque chose d'intéressant. Après la découverte des Arts, on vit élever des Colonnes & des Pyramides pour immortaliser certaines actions; dans la suite les Hiérogliphes les désignérent plus particuliérement: l'invention des Lettres soulagea la mémoire, & l'aida à porter le poids de tant de faits qui l'auroient enfin accablée. On ne cessa pourtant point d'ériger des Monumens; car les tems où l'on a le plus écrit, sont ceux où l'on a fait les plus beaux Monumens de toute espéce. Un événement intéressant qui fait prendre la plume à un Historien, met le ciseau à la main du Sculpteur, le pinceau à la main du Peintre; en un mot, échauffe le génie de presque tous les Artistes. Si l'on doit consulter l'Histoire pour savoir ce que les Monumens représentent, on doit aussi consulter les Monumens pour savoir s'ils confirment l'Histoire. Si quelqu'un voyoit les Tableaux du célébre Rubens, qui font l'ornement de la Galerie du Palais du Luxembourg, il n'y apprendroit, je l'avoue, aucun fait distinct; ces Tableaux l'avertiroient seulement d'admirer les chefs-d'œuvres d'un des plus grands Peintres: mais si après avoir lu l'Histoire de Marie de Médicis, il se transportoit dans cette

Gale-

Galerie, ce ne feroient plus de fimples Tableaux pour lui: ici il verroit la cérémonie de Henri le Grand avec cette Princeffe: là cette Reine pleurer avec la France la mort de ce grand Roi. Les Monumens muëts attendent que l'Hiftoire ait parlé pour nous apprendre quelque chofe; l'Hiftoire détermine le Héros des exploits qu'on raconte, & les Monumens les confirment. Quelquefois tout ce qu'on voit de fes yeux fert à attefter une Hiftoire qu'on a entre les mains: paffez en Orient, & prenez la Vie de Mahomet; ce que vous verrez & ce que vous lirez vous inftruiront également de la révolution étonnante qu'a foufferte cette partie du Monde; les Eglifes changées en Mofquées, vous apprendront la nouveauté de la Religion Mahométane; vous y diftinguerez le refte de l'ancien Peuple, de ceux qui les ont affervis; aux beaux morceaux que vous y trouverez, vous reconnoîtrez aifément que ce Pays n'a pas toujours été dans la barbarie où il eft plongé; chaque Turban, pour ainfi dire, fervira à vous confirmer l'Hiftoire de cet Impofteur.

Nous direz-vous que les Erreurs les plus groffiéres ont leurs Monumens, ainfi que les faits les plus avérés, & que le Monde entier étoit autrefois rempli de Temples, de Statues érigées en mémoire de quelque action éclatante des Dieux que la Superftition adoroit? Nous oppoferez-vous encore certains faits de l'Hiftoire Romaine, comme ceux d'Attius Navius & de Curtius? Voici comme Tite-Live raconte ces deux faits. Attius Navius étant Augure, Tarquinius Prifcus voulut faire une augmentation à la Cavalerie Romaine; il n'avoit point confulté le Vol des Oifeaux, perfuadé que la foibleffe de fa Cavalerie qui venoit de paroître au dernier combat contre les Sabins, l'inftruifoit beaucoup mieux fur la néceffité de fon augmentation que tous les Augures du monde. Attius

tius Navius, Augure zélé, l'arrêta & lui dit qu'il n'étoit point permis de faire aucune innovation dans l'État, qu'elle n'eût été désignée par les Oiseaux. Tarquin outré de dépit, parce que, comme on dit, il n'ajoûtoit pas beaucoup de foi à ces sortes de choses: eh bien, dit-il à l'Augure, vous qui connoissez l'avenir, ce que je pense est-il possible? Celui-ci après avoir interrogé son Art, lui répondit que ce qu'il pensoit étoit possible. Or, dit Tarquin, coupez cette pierre avec votre rasoir; car c'étoit-là ce que je pensois. L'Augure exécuta sur le champ ce que Tarquin désiroit de lui: en mémoire de cette action, on érigea sur le lieu même où elle s'étoit passée, à Attius Navius, une Statue dont la tête étoit couverte d'un voile; & qui avoit à ses piés le rasoir & la pierre, afin que ce Monument fît passer le fait à la postérité. Le fait de Curtius étoit aussi très-célébre: un Tremblement de terre, ou je ne sais quelle autre cause, fit ent'rouvrir le milieu de la Place publique, & y forma un gouffre d'une profondeur immense. On consulta les Dieux sur un événement si extraordinaire, & ils répondirent qu'inutilement on entreprendroit de le combler; qu'il falloit y jetter ce que l'on avoit de plus précieux dans Rome, & qu'à ce prix ce gouffre se refermeroit de lui-même. Curtius, jeune Guerrier, plein d'audace & de fermeté, crut devoir ce sacrifice à sa Patrie, & s'y précipita; le gouffre se referma à l'instant, & cet endroit a retenu depuis le nom du *Lac Curtius*, Monument bien propre à le faire passer à la postérité. Voilà les faits qu'on nous oppose pour détruire ce que nous avons dit sur les Monumens.

Un Monument, je l'avoue, n'est pas un bon garant pour la vérité d'un fait, à moins qu'il n'ait été érigé dans le tems même où le fait est arrivé pour en perpétuer le souvenir: si ce n'est que long-tems

tems après, il perd toute son autorité par rapport à la vérité du fait: tout ce qu'il prouve, c'est que du tems où il fut érigé, la créance de ce fait étoit publique: mais comme un fait, quelque autorité qu'il ait, peut avoir pour origine une Tradition erronée, il s'ensuit que le Monument qu'on élévera long-tems après, ne peut le rendre plus croyable qu'il l'est alors. Or tels sont les Monumens qui remplissoient le Monde entier, lorsque les ténèbres du Paganisme couvroient toute la face de la Terre. Ni l'Histoire, ni la Tradition, ni ces Monumens ne remontoient jusqu'à l'origine des faits qu'ils représentoient : ils n'étoient donc pas propres à prouver la vérité du fait en lui-même; car le Monument ne commence à servir de preuve que du jour qu'il est érigé: l'est-il dans le tems même du fait, il prouve alors sa réalité, parce qu'en quelque tems qu'il soit élevé, on ne sauroit douter qu'alors le fait ne passât pour constant: or un fait qui passe pour vrai dans le tems même qu'on dit qu'il est arrivé, porte par-là un caractére de vérité auquel on ne sauroit se méprendre, puisqu'il ne sauroit être faux, que les Contemporains de ce fait n'ayent été trompés, ce qui est impossible sur un fait public & intéressant. Tous les Monumens qu'on cite de l'ancienne Gréce & des autres Pays, ne peuvent donc servir qu'à prouver que dans le tems qu'on les érigea on croyoit ces faits; ce qui est très-vrai : & c'est ce qui démontre ce que nous disons, que la Tradition des Monumens est infaillible lorsque vous ne lui demandez que ce qu'elle doit rapporter, savoir la vérité du fait, lorsqu'ils remontent jusqu'au fait même ; & la croyance publique sur un fait, lorsqu'ils n'ont été érigés que long-tems après ce fait. On trouve, il est vrai, les faits d'Attius Navius & de Curtius dans Tite-Live; mais il ne faut que lire cet Historien, pour être convaincu qu'ils ne

nous

nous font point contraires. Tite-Live n'a jamais vu la Statue d'Attius Navius, il n'en parle que sur un bruit populaire ; ce n'est donc pas un Monument qu'on puisse nous opposer, il faudroit qu'il eût subsisté du tems de Tite-Live ; & d'ailleurs qu'on compare ce fait avec celui de la mort de Lucréce, & les autres faits incontestables de l'Histoire Romaine ; on verra que dans ceux-ci la plume de l'Historien est ferme & assurée, au lieu que dans celui-là elle chancelle, & le doute est comme peint dans sa narration (*id quia inaugurato Romulus fecerat, negavit Attius Navius, inclitus eâ tempestate Augur, neque mutari, neque novum constitui, nisi aves addixissent, posse. Ex eo irâ Regi motâ, eludereque artem (ut ferunt) agendum, inquit, divine tu, inaugura, fieri ne possit quod nunc ego mente concipio? Cum ille in augurio rem expertus professò futuram dixisset; atqui hæc animo cogitavi, te novaculâ cotem discissurum: cape hæc & perage quod aves tuæ fieri posse portendunt. Tum illum haud cunctanter discidisse cotem ferunt. Statua Attii posita capite velato, quo in loco res acta est, in comitio in gradibus ipsis ad lævam curiæ fuit ; cotem quoque eodem loco sitam fuisse memorant, ut esset ad posteros Miraculi ejus Monumentum.* Titus-Liv. Lib. I. Tarq Prisc. Reg.) Il y a plus, je crois que cette Statue n'a jamais existé; car enfin y a-t-il apparence que les Prêtres & les Augures, qui étoient si puissans à Rome, eussent souffert la ruine d'un Monument qui leur étoit si favorable? Et si dans les orages qui faillirent à engloutir Rome ce Monument avoit été détruit, n'auroient-ils pas eu grand soin de le remettre sur pié dans un tems plus calme & plus serein? Le Peuple lui-même, superstitieux comme il étoit, l'auroit demandé. Cicéron qui rapporte le même fait, ne parle point de la Statue, ni du rasoir, ni de la pierre qu'on voyoit à ses piés ; il dit au contraire

traire que la pierre & le rafoir furent enfouis dans la place où le Peuple Romain s'affembloit. Il y a plus, ce fait eft d'une autre nature dans Cicéron que dans Tite-Live : dans celui-ci Attius Navius déplaît à Tarquin, qui cherche à le rendre ridicule aux yeux du Peuple, par une queftion captieufe qu'il lui fait : mais l'Augure, en exécutant ce que Tarquin demande de lui, fait fervir la fubtilité même de ce Roi Philofophe, à lui faire refpecter le Vol des Oifeaux qu'il paroiffoit méprifer (*ex quo factum eft, ut eum (Attium Navium) ad fe rex Prifcus accerferet. Cujus cum tentaret fcientiam Auguratûs, dixit ei fe cogitare quiddam : id poffetne fieri confulnit. Ille, inaugurio acto, poffe refpondit : Tarquinius autem dixit fe cogitaffe cotem novaculâ poffe præcidi. Tum Attium juffiffe experiri, ita cotem in comitium allatam, infpectante & Rege & Populo, novaculâ effe difciffam. In eo evenit ut & Tarquinius Augure Attio Navio uteretur, & Populus de fuis rebus ad eum referret. Cotem autem illam & novaculam defoffam in comitio, fupraque impofitum puteal accepimus.* Cicer. de Divinit. Lib. I.) Dans celui-là Attius Navius eft une créature de Tarquin, & l'inftrument dont il fe fert pour tirer parti de la fuperftition des Romains. Bien loin de lui déplaire en s'ingérant dans les affaires de l'Etat, c'étoit ce Roi lui-même qui l'avoit appellé auprès de fa perfonne, fans-doute pour l'y faire entrer. Dans Cicéron, la queftion que Tarquin fait à l'Augure n'eft point captieufe, elle paroît au contraire préparée pour nourrir & fomenter la fuperftition du Peuple. Il la propofe chez lui à Attius Navius, & non dans la Place publique en préfence du Peuple, fans que l'Augure s'y attendît. Ce n'eft point la première pierre qui tombe fous la main dont on fe fert pour fatisfaire à la demande du Roi, l'Augure a foin de l'apporter avec lui : on voit en un mot dans Cicéron,

Attius

Attius Navius d'intelligence avec Tarquin pour jouer le Peuple; l'Augure & le Roi paroissent penser de même sur le Vol des Oiseaux. Dans Tite-Live au contraire Attius Navius est un Payen dévot qui s'oppose avec zéle à l'incrédulité d'un Roi, dont la Philosophie auroit pu porter coup aux Superstitions du Paganisme. Quel fond peut-on faire sur un fait sur lequel on varie tant, & quels Monumens nous oppose-t-on? Ceux, dont les Auteurs qui en parlent ne conviennent pas. Si on écoute l'un, c'est une Statue; si on écoute l'autre, c'est une couverture. Selon Tite-Live le rasoir & la pierre se virent long-tems, & selon Cicéron on les enfouit dans la Place (*cura non deesset, si qua ad verum via inquirentem ferret, nunc famâ rerum standum est, ubi certam derogat vetustas fidem; & latus nomen ab hâc recentiore insignitus Fabula est.* Tit. Liv. Lib. VII. Q. Serv. L.) Le fait de Curtius ne favorise pas davantage les Sceptiques; Tite-Live lui-même qui le rapporte, nous fournit la réponse. Selon cet Historien, il seroit difficile de s'assurer de la vérité de ce fait si on vouloit la rechercher; il sent qu'il n'a point assez dit, car bientôt après il le traite de Fable. C'est donc avec la plus grande injustice qu'on nous l'oppose, puisque du tems de Tite-Live, par qui on le sait, il n'y en avoit aucune preuve; je dis plus, puisque du tems de cet Historien il passoit pour fabuleux.

Que le Pyrrhonien ouvre donc enfin les yeux à la lumiére, & qu'il reconnoisse avec nous une régle de vérité pour les faits. Peut-il en nier l'existence, lui qui est forcé de reconnoître pour vrais certains faits, quoique sa vanité, son intérêt, toutes ses passions en un mot paroissent conspirer ensemble pour lui en déguiser la vérité? Je ne demande pour Juge entre lui & moi que son sentiment intime. S'il essaye de douter de la vérité de cer-

certains faits, n'éprouve-t-il pas de la part de sa raison la même résistance, que s'il tentoit de douter des Propositions les plus évidentes ? & s'il jette les yeux sur la Société, il achévera de se convaincre, puisque sans une régle de vérité pour les faits elle ne sauroit subsister.

Est-il assuré de la réalité de la régle, il ne sera pas long-tems à s'appercevoir en quoi elle consiste. Ses yeux toujours ouverts sur quelque objet, & son jugement toujours conforme à ce que ses yeux lui rapportent, lui feront connoître que les sens sont pour les Témoins oculaires la régle infaillible qu'ils doivent suivre sur les faits. Ce jour mémorable se présentera d'abord à son esprit, où le Monarque François, dans les Champs de Fontenoi, étonna par son intrépidité & ses Sujets & ses Ennemis. Témoin oculaire de cette bonté paternelle qui fit chérir Louis aux Soldats Anglois même, encore tout fumans du sang qu'ils avoient versé pour sa gloire, ses entrailles s'émurent, & son amour redoubla pour un Roi, qui, non content de veiller au salut de l'Etat, veut bien descendre jusqu'à veiller sur celui de chaque Particulier. Ce qu'il sent depuis pour son Roi, lui rappelle à chaque instant que ces sentimens sont entrés dans son cœur sur le rapport de ses sens.

Toutes les bouches s'ouvrent pour annoncer aux contemporains des faits si éclatans. Tous ces différens Peuples, qui malgré leurs intérêts divers, leurs passions opposées, mêlérent leur voix au concert de louanges que les Vainqueurs donnoient à la valeur, à la sagesse & à la modération de notre Monarque, ne permirent pas aux contemporains de douter des faits qu'on leur apprenoit. C'est moins le nombre des Témoins qui nous assure ces faits, que la combinaison de leurs caractéres & de leurs intérêts, tant entre eux qu'avec les faits mêmes. Le témoignage de six Anglois, sur les victoires foires de Melle & de Lauffeld me fera plus d'impression que celui de douze François. Des faits ainsi constatés dans leur origine, ne peuvent manquer d'aller à la postérité ; ce point d'appui est trop ferme, pour qu'on doive craindre que la chaîne de la Tradition en soit jamais détachée. Les âges ont beau se succéder, la Société reste toujours la même, parce qu'on ne sauroit fixer un tems où tous les hommes puissent changer. Dans la suite des siécles, quelque distance qu'on suppose, il sera toujours aisé de remonter à cette époque, où le nom flatteur de *Bien-aimé* fut donné à ce Roi, qui porte la Couronne, non pour en-orgueillir sa tête, mais pour mettre à l'abri celle de ses Sujets. La Tradition orale conserve ces grands traits de la vie d'un homme, trop frappans pour être jamais oubliés : mais elle laisse échapper à travers l'espace immense des siécles mille petits détails & mille circonstances toujours intéressantes lorsqu'elles tiennent à des faits éclatans. Les Victoires de Melle, de Raucoux & de Lauffeld passeront de bouche en bouche à la postérité : mais si l'Histoire ne se joignoit à cette Tradition, combien de circonstances, glorieuses au grand Général que le Roi chargea du Destin de la France, se précipiteroient dans l'oubli ! On se souviendra toujours que Bruxelles fut emporté au plus fort de l'hyver ; que Berg-op-Zoom, ce fatal écueil de la gloire des Requesens, des Parmes & des Spinolas, ces Héros de leur siécle, fut pris d'assaut ; que le Siége de Mastricht termina la Guerre : mais on ignoreroit sans le secours de l'Histoire, quels nouveaux secrets de l'Art de la Guerre furent déployés devant Bruxelles & Berg-op-Zoom, & quelle intelligence sublime dispersa les Ennemis rangés au tour des murailles de Mastricht, pour ouvrir à travers leur Armée un passage à la nôtre, afin d'en faire le Siége en sa présence.

La postérité aura sans-doute peine à croire tous ces faits ; & les Monumens qu'elle verra, seront bien nécessaires pour la rassurer. Tous les traits que l'Histoire lui présentera, se trouveront comme animés dans le marbre, dans l'airain & dans le bronze. L'Ecole Militaire lui fera connoître comment dans une grande ame les vues les plus étendues & la plus profonde politique se lient naturellement avec un amour simple & vraiment paternel. Les Titres de Noblesse accordés aux Officiers, qui n'en avoient encore que les sentimens, seront à jamais un Monument authentique de son estime pour la Valeur Militaire. Ce seront comme les preuves que les Historiens traîneront après eux, pour déposer en faveur de leur sincérité, dans les grands traits dont ils orneront le Tableau de leur Roi. Les Témoins oculaires sont assurés par leurs sens de ces faits qui caractérisent ce grand Monarque ; les contemporains ne peuvent en douter, à cause de la déposition unanime de plusieurs Témoins oculaires, entre lesquels toute collusion est impossible, tant par leurs intérêts divers, que par leurs passions opposées ; & la postérité qui verra venir à elle tous ces faits par la Tradition orale, par l'Histoire & par les Monumens, connoîtra aisément que la seule vérité peut réunir ces trois caractéres.

SIXIE'ME PROPOSITION.

Je vais diviser en deux parties cette Proposition, parce qu'elles n'ont rien de commun entre elles, sinon qu'on y parle dans toutes les deux de Moïse.

Premier Membre de la sixiéme Proposition.

Moses cœteris Histori-	Moïse, plus ferme &
	cis

cis audentior hanc epo-cham (creationis) determinare non dubitavit.	plus afluré que les autres Historiens, n'a point hélité à nous marquer l'époque de la création du Monde.

La Censure de la Faculté ne caractérise point cette premiére Partie, à moins qu'on ne dise qu'elle a voulu y faire allusion, en prononçant qu'il y a dans ma Théſe des Propoſitions contraires à l'Autorité des Livres de Moïſe. Mais cet oubli de la Faculté a été bien réparé par l'Auteur du Mandement, lequel, à l'occaſion de cette Propoſition, déclame contre moi avec beaucoup de zéle. Moïſe, dit cet Auteur, eſt peint dans ma Théſe comme un Ecrivain hardi, un Hiſtorien plus hardi que les autres, plus hardi même que les Poëtes qui ont débité tant de Fables, parce que j'ai oſé dire, voyez quelle eſt ma témérité! que Moïſe avoit fixé l'époque de la Création du Monde, ce que les autres Hiſtoriens n'avoient pu faire.

JUSTIFICATION.

Le Procès qu'on me fait ici n'eſt point du reſſort des Théologiens, mais des Grammairiens. Il n'eſt queſtion que de fixer le vrai ſens du terme *audentior*, qui fait toute la difficulté. Mes Cenſeurs m'ont fait un crime d'avoir employé ce terme pour Moïſe, parce qu'il leur a plû de le rendre par ceux de *plus hardi*, de *plus téméraire*, de *plus impudent*. Il ne faut pourtant qu'être familiariſé avec les Auteurs de la bonne Latinité, pour ſavoir que ce terme eſt toujours pris chez eux en bonne part, & qu'il ſignifie cette noble confiance qu'inſpire la valeur dans les combats, ou cette intrépidité de courage que donnent aux ames bien nées la vertu & l'amour de la vérité. Témoin ce vers de Virgile, où Anchife dit à Enée (a), *que les obftacles qui fe préfentent ne vous arrêtent pas, mon Fils, mais que votre courage vous en faffe triompher.* Et cet autre d'Ovide: (b) *Ajax marchoit au combat avec cette noble confiance qui infpire les Héros.* On voit par-tout dans Cicéron cette expreffion, *audenter dixerim, audeo confiteri* (c). *Je parlerai avec cette confiance que donne la vérité.* Cet Orateur, en parlant ainfi, ne prétendoit pas fe donner pour un Téméraire & un Impudent. Je pourrois citer une foule d'autres Paffages de différens Auteurs, qui tous condamnent l'interprétation de la Faculté.

Mais je veux que le mot *audentior* foit également fufceptible d'un bon & d'un mauvais fens, le bon n'étoit-il pas déterminé par ce que j'ajoûte immédiatement après? Si je dis que Moïfe n'a pas héfité à fixer l'époque de la Création, j'en donne auffi-tôt la raifon. ,, Cette époque, dis-je, a
,, fa preuve dans l'ordre de la Semaine, dont nous
,, appercevons l'ufage chez toutes les Nations. Sé-
,, parées comme elles font par la diverfité du lan-
,, gage, des mœurs & des climats, comment le
,, hazard auroit-il pu les raffembler dans un ufage
,, fi arbitraire, s'il ne prenoit fa fource dans la
,, fource même du Genre humain ? C'eft donc
,, fort mal à propos que Spencer en rapporte l'ori-
,, gine au Culte des Planêtes, dans lefquelles il
,, eft évident que la Superftition n'a logé fes
,, Dieux que long-tems après Moïfe. Cette épo-
,, que de la Création du Monde, en même tems
,, qu'elle confond la ridicule prétention de ces
,, Peuples jaloux de fe perdre dans l'enfoncement
des

(a) *Tu ne cede malis, fed contra audentior ito.* Virg.
(b) *Ajax audentior ibat.* Ovid.
(c) *Cicero pro Ligario.* 8.

,, des siécles, détruit & renverse encore tous ces
,, Systêmes de fabrique ancienne & nouvelle sur
,, la formation de cet Univers". Je me lasse de
citer. Qu'on prenne la peine de lire la suite de la
Position jusqu'à la fin; & l'on verra que cet Argument tiré de l'ordre de la Semaine, m'a paru si
propre à établir l'époque de la Création fixée par
Moïse, que je n'ai pas craint de l'employer, pour
attaquer les Hypothéses de Leibnitz, de Wisthon,
& même de l'éloquent & savant Auteur de l'Histoire Naturelle. Ce n'est pas que je regarde ces
illustres Philosophes comme heurtant de front le
Récit historique de Moïse. Ils ont, jusques dans
leurs Hypothéses, respecté cet Historien comme
un homme inspiré. Mais ne traitant pas leur sujet
en Théologiens, ils ont cru que pour être d'accord avec lui, il suffisoit de penser que l'homme
n'a été créé, & que le globe n'est devenu pour
lui une habitation convenable, qu'au tems qu'il a
marqué dans son premier Chapitre de la Genése;
que ç'a été l'unique but que s'est proposé ce divin
Législateur, laissant aux Philosophes à discuter, si,
avant cette formation de la Terre, la matiére n'avoit pas été déjà créée depuis plusieurs siécles. Or
c'est cela même que j'attaque, tant est grande mon
exactitude Théologique ! Ne pouvant me persuader que Dieu se fût occupé à rouler d'épouvantables sphéres dans des tems où l'Univers étoit privé de son Chef, de son Roi, de son Pontife. Cela posé, si Moïse, selon ma maniére de
raisonner, a très-bien fixé l'époque de la Création,
comment puis-je le regarder *comme un Ecrivain
hardi, plus hardi que les autres, plus hardi même
que les Poëtes qui ont débité tant de Fables* ? Il
paroît qu'on a aussi mal pris le sens de cet endroit
de ma Thése, qu'on en a mal entendu le Latin,
lorsqu'on a travesti en injure un éloge donné à
l'Historien des Juifs.

En

En effet, je dis que Moïse est le seul d'entre tous les Philosophes anciens qui ait eu des idées saines de la Création. Ils ont tous reconnu une matière préexistante à l'opération divine, au lieu que le Dieu de Moïse a tiré le Monde du sein du néant; ce n'est pas le seul avantage que Moïse ait sur eux. Plusieurs d'entr'eux ont cru que le Monde étoit éternel, non seulement quant à la matière, mais encore quant à la forme; parce qu'ils supposoient en Dieu une nécessité aveugle & impétueuse, qui l'avoit poussé à produire le Monde de toute éternité. Mais le Dieu de Moïse, seul suffisant à lui-même, agit sans nécessité, comme il agit sans besoin. Voilà un second avantage que Moïse conserve sur la plupart des Philosophes. L'événement de la Création arrivée dans le tems, se trouve, il est vrai, dans les Cosmogonies & les Théogonies des différens Peuples. Les Epicuriens-mêmes, en entrant dans le tissu de cette longue chaîne de Tradition qui remplit tous les tems, rendent hommage à la vérité du récit de Moïse. Mais cette Tradition est défigurée par mille Fables, que la crédulité des Peuples, l'imagination des Poëtes, l'esprit systématique des Philosophes y ont ajoûtées. L'Historien des Hébreux est le seul chez lequel elle se trouve dans toute sa pureté.

Second Membre de la sixiéme Proposition.

In fastis Hebræorum se nobis offerunt tres Chronologiæ pro vario Scripturarum textu : libenter ego crediderim nullam ex his tribus à Mose Chronologiam proficisci, sed tria tantum esse Systemata præpostere adorna-

On trouve trois Chronologies dans les Fastes des Hébreux, selon les différens Textes des Ecritures. Je croirois volontiers qu'aucune des trois n'a Moïse pour Auteur, mais que ce sont trois Systêmes

ta, & in ipsam Mosis Historiam alienis manibus inserta.	inventés après coup, & insérés par des mains étrangéres dans l'Histoire même de Moïse.

Cette Proposition a été condamnée comme contraire à l'Intégrité & à l'Autorité des Livres de Moïse, *Integritati & Autoritati Librorum Mosis adversas.*

JUSTIFICATION.

Je me montre par-tout trop ardent Défenseur des Livres de Moïse, pour qu'on puisse me soupçonner d'avoir voulu dans cet endroit sapper leur autorité par le fondement. ,, Nous démontrerons ,, contre les Déïstes", dis-je, au commencement ,, de la troisième Position, ,, l'authenticité, la vérité ,, & la divinité du Pentateuque.... Tel sera l'or- ,, dre de notre Démonstration. Le Pentateuque, ,, le plus ancien de tous les Livres, étoit du tems ,, de Moïse, personnage réel & non chimérique: ,, Moïse lui-même en est l'Auteur dans toutes ses ,, parties ".

Qu'avez-vous donc prétendu, me direz-vous? Ces paroles, nous l'avouons, sont décisives: mais on ne sauroit comprendre, comment d'un côté vous soutenez que Moïse est l'Auteur des différentes parties qui composent le Pentateuque, & de l'autre que la Chronologie qu'on y lit lui est étrangére. Cette contradiction palpable n'a pu que nous faire naître bien des soupçons.

Si vous aviez connu mes intentions, puis-je répondre à ceux qui me tiennent ce langage, toutes vos conjectures m'auroient été favorables. Ignorez-vous la difficulté que nous font les Déïstes à l'occasion des trois différentes Chronologies qu'on lit dans les différens Textes ? Ne vous êtes-vous jamais demandé à vous-même comment il pouvoit se faire que Moïse eût écrit une Chronologie, & qu'elle se trouvât si altérée qu'il ne fût plus possible de prononcer avec certitude laquelle des trois est de Moïse, ou même s'il y en a une de cet Auteur ? Eh bien c'est cette difficulté qui par les réflexions qu'elle m'a fait faire pour y trouver une réponse solide, a donné naissance à mon opinion sur la Chronologie. Développons cette importante matière.

Les derniers siécles virent paroître beaucoup de Chronologues, qui ajoûtérent à la confusion des tems l'embarras de leurs opinions. Il ne fut plus permis d'être simplement ignorant, il falut avoir la peine de l'être avec sylfême. Chaque Chronologue élevoit infiniment au-dessus des autres Textes celui dont il adoptoit la Chronologie. Il y en a même qui se sont étudiés à ramasser toutes les difficultés qu'on pouvoit faire pour détruire l'autorité des Textes qu'ils ne suivoient pas, & que leurs Adversaires faisoient valoir contre eux. Prétentions vaines de part & d'autre, puisque tous les Textes ont une égale autorité sur cet article. Il est aisé de sentir par-là que les différentes Chronologies ont suivi la fortune des différens Textes. Dans la primitive Eglise où la Version des Septante étoit presque seule en usage, on n'y connoissoit guéres que la Chronologie que cette Version renferme. Aussi dès que l'Eglise d'Orient fut, pour ainsi dire, renversée par les Hérésies qui la déchirérent & les ravages des Barbares, on vit tomber avec elle l'autorité qu'avoit acquise la Chronologie des Septante par l'usage qu'on faisoit de cette Version. L'Eglise d'Occident ne fut pas plutôt la seule florissante, que la Chronologie du Texte Hébreu fut la seule qu'on suivit, parce que la Version Latine qu'on lisoit & qu'on lit encore
dans

dans cette Eglise est faite sur le Texte Hébreu. Nous voyons fort peu d'Auteurs qui ayent suivi la Chronologie des Samaritains. Ce Texte n'a pas été assez en usage pour qu'elle pût avoir beaucoup de Défenseurs. La Chronologie des Hébreux devint donc la base du calcul ordinaire des Savans, qui, plus occupés à lier entre eux les événemens dont l'Ecriture fait mention qu'à examiner s'il n'en etoit point arrivé d'autres, ne s'apperçurent jamais que ce Calcul fût trop court. On en voit au contraire qui paroissent avoir donné tous leurs soins à l'abréger. Pourvu qu'il leur parût exact & suivi, ils croyoient être parvenus à la vérité. Mais il est clair qu'un Calcul qui a paru exact cessera de l'être, si l'on découvre des choses qui auroient dû entrer dans ce Calcul: or c'est ce qui est arrivé. La Nation Chinoise, long-tems ignorée des Savans, ne fut jamais placée dans la suite des faits que l'on arrangeoit. On ne jettoit les yeux que sur les Egyptiens, les Assyriens, les Grecs, les Romains, sur ces Peuples en un mot qui ont quelque relation avec ce qu'on lit dans l'Ecriture, & dont l'Histoire étoit trop connue pour ne pas les faire entrer dans le Plan Chronologique. Les Déïstes profitérent de cet oubli, & attaquérent vivement le Récit de Moïse. Ce Récit, selon eux, n'étoit pas conforme à la vérité, puisqu'il faisoit descendre tous les hommes de Noé, & qu'on trouvoit un Peuple qui remontoit bien plus haut que cette époque. La difficulté se tournoit en démonstration aux yeux de beaucoup de gens, & le triomphe des Déïstes paroissoit décidé, parce que les Théologiens s'obstinoient à défendre la Chronologie du Texte Hébreu. Peut-être craignoient-ils que si les objections des Impies leur faisoient changer de Systême, ce ne fût une espéce de tache pour la Religion.

Des Chrétiens aussi zélés, mais mieux instruits

ftruits, convinrent qu'à la vérité le Calcul des Hébreux ne pouvoit s'accorder avec les époques fixes & invariables de l'Empire de la Chine, époques qu'on ne fauroit révoquer en doute fans introduire le Pyrrhonifme hiftorique ; mais ils firent voir en même tems aux Déiftes qu'ils n'avoient rien gagné pour leur caufe. On leur préfenta la Chronologie des Septante, & il fut aifé de démontrer que cette Chronologie étoit affez étendue pour expliquer l'origine de toutes les Nations. On laiffa certains Impies fe perdre dans des Calculs arbitraires qui ne font appuyés fur aucun fait, & l'on crut avec raifon avoir fatisfait à tout dès qu'on eut ajufté la Chronologie de l'Ecriture avec les faits connus & prouvés.

L'Impiété chercha de nouvelles armes. Jufques-là, dirent les Déiftes, nous ne nous étions attachés qu'à vous faire voir que ce Calcul que vous difiez être de Moïfe n'étoit pas conforme à la vérité ; mais puifque vous nous en préfentez un autre, voici ce que nous vous difons à notre tour. Ce Livre que vous regardez comme Divin ne mérite notre foi qu'autant que nous pouvons nous affurer qu'il eft parvenu à nous fans altération : or la nouvelle Chronologie que vous venez de nous citer, nous démontre clairement que ce Livre n'eft point venu à nous fans altération. Il y a plus : nous apprenons qu'il y en a encore une troifiéme, & que vous ne favez laquelle des trois eft vraie, ni même s'il y en a une qui le foit. Vous voyez donc que le Texte de ce Livre a été altéré, & que ce qui, felon vous, a été infpiré, eft fujet à la révolution des tems & à la négligence des hommes Pourquoi voudriez-vous que le Texte eût fouffert une fi grande altération dans une de ces parties, & que nous ne puffions pas fuppofer qu'il en a fouffert dans les autres ? Nous fommes d'autant mieux

fon-

fondés à vous faire cette objection, poursuivront aujourd'hui les Déistes, que Mr. l'Archevêque de Paris avoue dans un Mandement, que *si la Chronologie qui fait une partie considérable du Pentateuque n'est point d'un Auteur inspiré*, on ne peut s'assurer *de l'authenticité de ce Livre saint*.

Cette difficulté ne paroîtra pas sans-doute méprisable à ceux qui sont en état de défendre la vérité. Un Livre altéré dans sa substance, disent les Déistes, ne mérite, selon vous-même, aucune foi : or le Pentateuque est altéré dans sa substance, puisque, selon vous, il l'est dans une de ses parties considérables. On aura beau répondre que les trois Textes sont d'accord sur les faits, & que c'est une preuve qu'ils n'ont point été altérés sur ce point. Cette réponse, diront les Déistes, ne nous rassure pas dans une affaire d'aussi grande conséquence. Vous nous montrez un Livre, pour ainsi dire, en lambeaux : l'altération s'y fait trop sentir. Nous ne sommes pas obligés d'expliquer comment les trois Textes sont d'accord sur les faits quoiqu'ils ayent été altérés. Nous expliquerez-vous mieux comment ces trois Chronologies nous viennent sur trois lignes si différentes, dont chacune suit exactement & régulièrement sa direction, quoique, selon vous, elles ayent la même source, & que ces différences, régulières en elles-mêmes, doivent leur origine à l'altération ? Si cette altération, si régulière dans la Chronologie, a été, comme vous le dites, l'effet du hazard, la conformité des trois Textes sur des faits faux & altérés de longue main, a pu l'être aussi.

Le célèbre P. Tournemine a senti l'inconvénient qui résulte de ces différences. Les efforts qu'il a faits pour accorder les Chronologies, prouvent que cette difficulté ne lui étoit pas inconnue; mais son explication, toute ingénieuse qu'elle est, a deux défauts trop essentiels pour qu'on l'adopte sérieusement, & pour qu'elle puisse sur-tout servir contre les Déistes. Elle est d'abord un peu trop gratuite, & ne se soutient pas assez. Pourquoi ce qu'on applique à quelques Patriarches ne doit-il pas s'appliquer à tous ? Pourquoi cette exception ? Pourquoi le Nombre Centenaire n'est-il pas omis par-tout dans le Texte Hébreu, ou pourquoi n'est-il pas ajoûté dans les Septante à tous les Patriarches ; de sorte que cette Version comptât toujours cent ans de plus que l'Hébreu ? C'est de quoi le P. Tournemine ne donne point de raison, ou celles qu'il donne sont si légéres qu'elles ne sauroient satisfaire un Lecteur attentif.

Cette difficulté m'a occupé fort long-tems. Toujours prévenu que Moïse avoit écrit une Chronologie, plus j'approfondissois l'objection, plus elle grossissoit à mes yeux, sur-tout lorsque les raisons qui prouvent mon opinion se furent présentées à mon esprit. Car si on ne les reçoit pas comme propres à délier ce nœud, elles fortifient extraordinairement la difficulté. Quant à moi, j'ai cru pouvoir m'en servir en faveur de la Religion.

J'ai donc prétendu que Moïse n'étoit Auteur d'aucune de trois Chronologies ; que c'étoit trois Systêmes inventés & arrangés après coup. De-là j'ai conclu contre les Déistes, que la différence des Chronologies ne pouvoit nullement leur servir pour prouver l'altération du Texte. Je me trouve donc obligé de faire trois choses, de prouver d'abord que cette idée est vraie : en second lieu, qu'elle résout la difficulté des Déistes : en troisiéme lieu, j'ai à répondre à certains Chrétiens, qui m'accusent d'avoir trahi leur cause en voulant la défendre.

On ne seroit point à s'appercevoir que Moïse n'est Auteur d'aucune des trois Chronologies, si

dans

dans les vains efforts qu'on fait depuis long-tems pour déterminer celle qu'il peut avoir écrite, on avoit fait attention aux différences qui les séparent. Ces différences ne sont point telles qu'on puisse les atribuer à la négligence ou à l'ignorance des Copistes. Ces Chronologies sont trois Systêmes suivis & liés. Remontez aussi haut que vous voudrez; parcourez les Manuscrits les plus anciens, vous n'en verrez jamais aucun de la Version des Septante qui paroisse plutôt s'accorder dans la Chronologie qu'il renferme, avec celle du Texte Hébreu, qu'avec celle qu'on lit communément dans cette Version. Entre les divers Manuscrits des Septante ou du Texte Hébreu, vous pourrez voir de légéres erreurs de Copistes, qu'il ne vous sera pas difficile de corriger; mais dans les paralléles que vous ferez des Chronologies entre elles, l'altération, qui est la seule ressource de mes Adversaires, ne pourra jamais fournir une clef pour expliquer les différences qui s'y rencontrent, parce que, bien loin d'annoncer la négligence ou l'ignorance d'un Copiste, elles supposent au contraire la réflexion.

Qu'on examine attentivement si les différences qui se trouvent entre les divers Manuscrits d'un Texte, sont du même genre que celles qui se trouvent entre les Chronologies; & puisqu'on ne peut s'empêcher de voir qu'elles sont d'une nature si différente, il faut donc leur refuser la même origine, & avouer que les unes sont dûes à la négligence des Copistes, & les autres à la réflexion de ceux qui ont arrangé ces Systêmes.

Si ces trois Textes ont pu produire chacun leur Chronologie par l'altération des Manuscrits, comme vous le prétendez, dites-moi, je vous prie, pourquoi au lieu de trois nous n'en voyons pas davantage? Apprenez-moi comment il a pu se faire que tous ceux qui ont transcrit la Version des

des Septante se soient jamais écartés de la Chronologie que nous y lisons ? Direz-vous qu'ayant un Manuscrit des Septante devant les yeux, il n'est pas surprenant qu'ils le suivissent ? Mais pour cela, il faut supposer que ces Scribes ne fissent point de faute considérable ; car s'ils en faisoient, comme vous le prétendez dans votre Système, pourquoi ne puis-je pas supposer que plusieurs erreurs de cette espéce ayent réuni les Chronologies entre elles, comme des erreurs les avoient séparées ? Pourquoi ne voyons-nous pas les Manuscrits d'un Texte se rapprocher du moins de quelques-uns des Manuscrits des autres Textes ? Le Texte Hébreu avoit originairement la vraie Chronologie, & lorsque je dis le Texte Hébreu, je parle de celui qui étoit avant le Schisme des dix Tribus. De la Chronologie de ce Texte, il en est sorti deux autres, on ne sait pas trop comment : mais depuis ce tems-là ces Chronologies se sont conservées exactement. Ce qui a donné naissance à celles-là n'a pu en donner à d'autres. Depuis ce tems-là on a vu plusieurs autres Versions, comme l'Ethiopique, la Cophte, l'Arabe ; ces différens Textes, quoique copiés très-souvent, n'ont produit aucune Chronologie nouvelle. D'ailleurs, avant l'invention de l'Imprimerie, qui n'est pas fort ancienne, on copioit tout ; c'étoit la seule voye pour se procurer les Livres ; nous ne voyons pourtant point que la négligence des Copistes ait produit rien d'approchant par rapport aux Manuscrits des autres Ouvrages.

Mais reprenons les choses de plus haut. Arrêtons nous au tems où la Version des Septante fut faite : si dans ce tems-là on croyoit que la Chronologie qu'on lisoit dans le Texte Hébreu étoit de Moïse, il y auroit de la témérité, je dirai même une espéce de folie à dire que les vénérables Vieillards préposés pour faire cette Version, ne s'y soient

pas

pas conformés. Car, outre le respect infini qu'ils avoient pour tout ce qui étoit sorti de la plume de leur divin Législateur, on ne sauroit se persuader que des hommes qui traduisent une Histoire se déterminent à bouleverser la Chronologie, quand ils sont persuadés quelle est de l'Auteur même de l'Histoire. Je ne dois pas insister là-dessus. Ainsi on est forcé de reconnoître une conformité parfaite entre la Chronologie du Texte Hébreu & celle des Septante à l'origine de cette Version. Jusques-là le Texte Hébreu avoit conservé la Chronologie que Moïse, selon vous, y avoit lui-même inférée. C'est après cette époque que la négligence ou l'ignorance des Copistes observent une régularité singuliére, & qu'en fort peu de tems elles opérérent ce qu'elles n'avoient point produit pendant l'espace de douze cens ans que le Texte avoit été copié si souvent. Il faut de plus que tout cela se soit fait en fort peu de tems; car, dès l'origine du Christianisme, on lisoit dans les Septante la Chronologie qu'on y lit aujourd'hui. Ces différentes révolutions sont nécessairement renfermées depuis le tems de Ptolomée Philadelphe jusqu'à la venue du Messie tout au plus. Ce tems a suffi, selon vous, pour l'altération; & nous voyons pourtant que depuis l'établissement du Christianisme jusques à l'invention de l'Imprimerie, quoique les différens Textes ayent été copiés fort souvent, ils n'ont souffert aucune altération, du-moins essentielle.

Il me semble que toutes ces considérations doivent faire impression sur un esprit non prévenu. Il ne croira point que l'altération ait produit dans les Livres sacrés ce qu'elle n'a jamais fait dans les Histoires profanes, & que la vigilance superstitieuse des Juifs à conserver les Livres sacrés dans leur entier, n'ait pas pu empêcher ce qu'une médiocre attention a fait éviter dans tous les autres Ouvrages,

ges. Or, dès qu'on a des raisons aussi claires pour croire que ces Chronologies ne sauroient devoir leur origine à l'altération, il faut reconnoître par une suite nécessaire qu'aucune n'est de Moïse, & que par conséquent elles ont toutes été insérées après coup dans le Texte.

Voici une nouvelle raison qui doit achever de convaincre ceux que l'habitude de l'ancienne opinion tient encore en suspens. J'ai consulté plusieurs des plus célèbres Rabbins, pour savoir d'eux si dans les Manuscrits Hébraïques on se servoit autrefois de quelque espéce de Chiffres pour exprimer les époques, ou si on les écrivoit tout de suite en se servant des Lettres ordinaires. Ils m'ont répondu qu'on avoit toujours écrit les époques comme on écrit les autres faits, & qu'au lieu de mettre par des Chiffres particuliers à cette Langue 1752, par exemple, on avoit toujours écrit *mil sept cens cinquante-deux*. Or cela posé, la grande raison de mes Adversaires tombe absolument, & mon opinion se trouve par-là singuliérement confirmée. Selon eux, on ne doit point être surpris de toutes ces différentes altérations, parce que, disent-ils, il est aisé d'altérer des chiffres ; mais cela devient moralement impossible lorsque les nombres sont écrits tout au long ; & d'ailleurs, comment cette altération produiroit-elle un Système suivi ? De plus, si vous vous permettiez de supposer que la négligence des Copistes eût fait mettre dans les époques des mots les uns pour les autres, vous auriez de la peine à empêcher un Déiste de supposer la même chose pour les faits. Il y a plus, dans l'Hébreu, une seule lettre peut changer le sens de la phrase ; vous ne pouvez donc plus attribuer les différentes Chronologies à l'altération du Texte.

Je ne dois pas omettre ici une idée qu'un homme de beaucoup d'esprit me communiqua lorsque j'étois à Paris. Selon lui, ces trois Chronologies

doi-

doivent leur origine à l'altération du Texte. Moïse en a écrit une que nous n'avons pas à la vérité, si on considére chaque Chronologie en particulier. En cela, comme on voit, nous sommes d'accord. Il prétend que la Chronologie de Moïse se trouve comme dispersée dans les trois Textes qu'il faut nécessairement consulter. Voici comme il s'y prend pour une recherche si difficile. Il s'agit, par exemple, de fixer une époque que l'Hébreu place trois cens vingt-neuf ans après le Déluge, le Samaritain sept cens vingt-neuf ans, & les Septante neuf cens soixante & douze ans, dans cet ordre,

Hébreu 329.
Samaritain 729.
Septante 972.

Le chiffre 9, *dit-il*, termine deux fois les nombres donnés, & il se trouve d'ailleurs dans tous les nombres; je dois donc le prendre pour le dernier chiffre du nombre qui exprimera l'époque que je cherche. Il dit la même chose sur le chiffre 2, qu'il place par conséquent immédiatement avant le chiffre 9. Le chiffre 7, *dit-il* enfin, s'y trouve deux fois, tandis que le chiffre 3 ne s'y trouve qu'une; je dois donc le préférer & en faire le premier chiffre de mon nombre, ce qui lui donne 729, & lui fait donner la préférence au Calcul Samaritain. Cette méthode, quoiqu'ingenieuse, est un peu trop arbitraire: je ne vois pas comment on pourroit s'assurer que le Système qui en naîtroit seroit précisément celui de Moïse, je ne sai pas même s'il pourroit en résulter une Chronologie exacte. Il faudroit avoir pour cela éprouvé cette méthode sur toutes les époques, & peut-être on verroit alors que cette idée ne peut se soutenir dans toute la suite du paralléle des différentes Chronologies. Son Auteur a d'ailleurs à répondre aux raisons que j'ai alléguées pour prouver que les trois Chro-

Chronologies qu'on lit dans les différens Textes ne sauroient devoir leur origine à l'altération des Manuscrits.

De toutes ces réflexions, je conclus contre les Déïstes, que la diversité des Chronologies ne prouve rien contre l'intégrité & l'authenticité du Pentateuque.

Vous avez raison, diront-ils; nous ne pouvons plus vous opposer la différence des Chronologies pour vous prouver que les Livres de Moïse ne sont pas parvenus à nous sans altération: mais nous vous demandons avec l'Auteur du Mandement, comment vous pourrez empêcher que nous ne disions de plusieurs faits importans qu'attefte le Pentateuque, & même de tout ce que vos Ecritures renferment, ce que vous dites des Chronologies.

Dès que vous avouez, répondrai-je, que les différentes Chronologies ne doivent point leur origine à l'altération, il s'ensuit qu'elles ont été insérées: c'est un fait dont nous ne devons plus disputer ensemble. Il ne me reste qu'à vous démontrer que vous ne pouvez pas le dire de tout ce qu'on lit dans les divines Ecritures: or je ne vous ai pas avancé gratuitement qu'aucune de ces Chronologies ne pouvoit être de Moïse; c'est sur mes raisons seules que vous vous êtes rendu; & si, bien loin d'avoir les mêmes raisons à alléguer pour prouver l'altération des faits, ces raisons vous sont contraires, me direz-vous encore que ce que j'avance sur les Chronologies, vous pouvez le dire aussi des faits que ces Livres renferment? Or il ne me sera pas difficile de vous faire voir que les Chronologies & les Textes se trouvent dans des circonstances tout opposées. Rappellez-vous les raisons que j'ai apportées pour prouver que les Chronologies ne pouvoient être le fruit de l'altération des Manuscrits, par la négligence ou l'ignorance des Copistes. C'est, vous ai-je dit, parce que ce sont

trois

trois Systêmes suivis & liés, absolument différens: c'est parce qu'on ne sauroit assigner un tems où cette altération ait pu se faire. Or avez-vous trois Textes qui se contredisent sur les faits? Ne les voyez-vous pas dans toute la suite des tems conserver une parfaite conformité? Je vous ai démontré qu'on ne pouvoit point assigner un tems où l'on pût faire voir que les Chronologies étoient alors conformes; & je vous défie au contraire de me faire voir un tems où les Textes n'ayent pas été d'accord sur les faits. La jalousie des Juifs & des Samaritains dans les tems les plus reculés, a suffi pour nous mettre à couvert de l'imposture: les faits qui se trouvent dans les Cérémonies des Juifs, comme dans leurs Livres, vous font remonter malgré vous à leur source. Parmi ces faits, il y en a de très-éclatans qui ne pouvoient être qu'odieux aux Juifs, parce qu'ils transmettent à la postérité l'opiniâtreté de leurs Péres, la légéreté de leur caractére, & cette espéce de stupidité qu'on ne peut s'empêcher de conclure de leur conduite. Ne puis-je pas assurer que s'ils avoient ajoûté des faits, ils se seroient bien gardés de les choisir si fort à leur desavantage? Croyez-vous que la politique de Jéroboam, qui ne craignit point de renverser l'Autel de son Dieu pour assurer son Trône, n'auroit point décrédité des Livres qui lui étoient si contraires, s'il avoit eu à leur reprocher qu'ils n'étoient qu'un amas confus de faits que chacun y avoit insérés? Je dirai donc aux Déistes, que puisque les raisons sont si opposées sur ces deux points, ils ne doivent pas en tirer les mêmes conséquences, & que si les unes les font conclure que Moïse n'est Auteur d'aucune Chronologie, les autres au contraire doivent les déterminer à croire qu'il a écrit les faits que le Pentateuque renferme.

Me poursuivra-on encore en me demandant, comment il a pu arriver que ce fait de l'insertion
des

des Chronologies ne nous ait point été transmis? Je dirai ici à certains Chrétiens qui me font plutôt cette difficulté que les Déïstes, qu'ils m'apprennent pourquoi Esdras n'a pas transmis à la postérité les changemens qu'il fit dans les divines Ecritures. Ne convient-on pas assez universellement (& je ne vois pas qu'on puisse faire autrement) qu'il substitua aux noms des Lieux & des Villes qui n'étoient plus connus, ceux qui de son tems étoient en usage? Comment a-t-on découvert ce fait? C'est par les difficultés des Impies qui ont donné occasion d'examiner ces endroits de l'Ecriture: car ce fait ne nous vient pas par la Tradition. C'est le raisonnement qui l'a fait découvrir, comme il a fait naître mon idée sur la Chronologie. Le premier qui avança qu'Esdras avoit changé ces noms ne fut pas regardé comme un impie, quoiqu'il donnât une espéce d'atteinte aux Livres de Moïse; car, selon ce sentiment, Esdras a changé des choses que Moïse avoit écrites. Mais pour revenir aux Déïstes, que peuvent-ils conclure de ce que la Tradition ne nous a pas transmis ce fait? Une raison négative, comme disent tous ceux qui savent raisonner, n'a jamais affoibli des preuves positives qui sont claires par elles-mêmes.

Votre opinion, me disent quelques Docteurs, n'a besoin pour être proscrite que de sa nouveauté: elle est dès-là téméraire.

Si depuis l'établissement du Christianisme il ne s'étoit introduit aucune nouvelle opinion parmi les Chrétiens, je pourrois mériter cette note: mais je ne vois pas pourquoi on séviroit plutôt contre mon opinion, qu'on n'a sévi contre tant d'autres. La nouveauté ne sauroit être une raison suffisante: il faut qu'un sentiment renferme par lui-même quelque chose de dangereux pour pouvoir être proscrit. Croyez-vous que les premiers Chrétiens ayent connu les Opinions de Molina, la Pré-
motion

motion Physique, l'Intention Extérieure défendue par Catharin, &c ? Il y a même une très-grande différence entre mon opinion & celles-là. Leurs Auteurs ont tenté pour la plupart d'expliquer ce que l'Esprit Saint nous apprend que nous ne connoîtrons pas ; ce sont des Systêmes qui ne portent sur rien, & qui n'aboutissent à rien. Mon opinion au contraire n'est pas précisément un Systême ; c'est un Fait que j'ai découvert. Ce ne sont point des idées vagues, qui ne doivent leur origine qu'à mon imagination ; c'est une chose qui depuis long-tems étoit exposée aux yeux de tout le monde, qu'on n'a point apperçue parce qu'on ne l'a pas regardée.

En prescrivant votre opinion, poursuit-on, on n'a fait que renouveller l'anathême dont le Concile de Trente l'avoit déjà frappée. Ignorez-vous que ce saint Concile décida que la Vulgate étoit autentique dans tous ses Livres & dans toutes ses Parties ? Or la Chronologie est sans-doute une des Parties du Pentateuque.

Cette objection, bien loin d'assurer le triomphe de mes Adversaires, se tourne en preuve accablante contre eux. Ils apprennent par cette définition du Concile de Trente, que quoique ce saint Concile eût en vue d'assurer l'autenticité des Livres Sacrés contre les entreprises des Novateurs, il n'a pas cru devoir aller si loin qu'on a été contre moi par la Censure qu'on a portée. En effet, ce saint Concile décida que la Vulgate étoit autentique dans toutes ses parties ; & cependant jamais les Théologiens n'ont cru que cette définition regardât la Chronologie qui y est renfermée, puisqu'ils se sont partagés sur cette Chronologie. On a donc toujours cru que l'autenticité de ces Livres étoit absolument séparée de l'autenticité de la Chronologie ; par conséquent celui qui attaque ces Chronologies, ne sauroit être regardé comme renversant l'autenticité du Texte. Pourquoi donc aujourd'hui, pour pouvoir justifier l'anathême lancé contre moi, voudroit-on lier l'autenticité de la Chronologie à l'autenticité du Texte? Pourquoi voudroit-on faire ce que le Concile de Trente n'a pas fait? Je dis plus, pourquoi voudroit-on lier ce que le Concile de Trente nous a appris à séparer? En effet (& cette observation vient encore à l'appui de mon sentiment) il paroît par le tissu des Livres de Moïse que ce divin Législateur n'a pas écrit une Chronologie. Qu'on examine ces Livres & l'on verra que ce grand homme ne s'étoit point proposé d'écrire l'Histoire du Genre-humain, ou, pour parler plus exactement, le but de l'Esprit saint qui dirigeoit sa plume, n'étoit pas de satisfaire la curiosité des Juifs sur leur noble Antiquité. C'étoit l'Histoire de la Religion que Moïse écrivoit. Il donnoit des Loix à ce Peuple indocile, dont il connoissoit, par une fatale expérience, le caractére volage & toujours porté à l'Idolâtrie.

Ce Peuple devoit avoir son Dieu pour son Roi: il falloit cimenter cette alliance par toute sorte d'endroits, & donner aux Israélites les motifs les plus puissans pour être fidéles. On voit avec quelle attention, avant de leur proposer l'alliance, il leur met sous les yeux les bienfaits dont Dieu les avoit comblés. C'est dans le même esprit qu'il a écrit les autres Livres. C'est avec les mêmes vues qu'il leur a appris que leurs Péres avoient ressenti, comme eux, les effets de la toute-puissance de Dieu; & afin de graver à jamais dans leur cœur que ce Dieu étoit le seul véritable, il les fait remonter à leur origine, & les rend, pour ainsi dire, spectateurs de la création de leur premier Pére. Le Monde, qu'il leur fait voir sortant des mains de Dieu, étoit sans-doute un spectacle bien frappant pour ce Peuple, & bien capable de le détourner

tourner à jamais d'affocier aucune Créature au Culte qu'il devoit rendre à fon Créateur ; mais les âges des Patriarches & une Chronologie fuivie, étoient inutiles à ce but. Leurs actions ne devoient être écrites qu'autant qu'elles fervoient à l'Hiftoire de la Providence. Ce que je dis ici ne m'eft pas particulier. Il y a plufieurs Chronologues qui penfent que Moïfe n'a pas marqué exactement la fuite généalogique de tous les Patriarches, & que cet Auteur a paffé quelquefois du Trifayeul à l'arriére Petit-fils. Or il est évident que fi Moïfe s'étoit propofé d'écrire l'Hiftoire du Genre-humain & une Chronologie exacte, il n'auroit pas ainfi paffé du Trifayeul à l'arriére Petit-fils, parce qu'il n'auroit pu le faire fans aller directement contre fon Projet.

Je ne dois pas finir cette petite Differtation fans demander ce que la Sorbonne par fa Cenfure, & l'Auteur du Mandement, me propofent à croire. Les Docteurs & l'Auteur du Mandement voudroient-ils obliger de penfer que Moïfe eft l'Auteur d'une de ces Chronologies? Cette décifion feroit pour le moins auffi nouvelle que mon opinion. Car dans leur fentiment, les différences viennent de l'altération qui s'eft gliffée dans les Manufcrits : or ils ne peuvent pas avouer que l'altération ait bouleverfé ainfi la Chronologie de Moïfe, qu'ils ne difent en même tems qu'aucune des trois en particulier n'eft de Moïfe : il faut qu'ils difent, comme cet homme d'efprit dont j'ai expofé le fentiment, que la Chronologie de Moïfe fe trouve comme difperfée dans les trois Textes, qu'il y a faute par-tout : donc, felon eux, Moïfe n'eft l'Auteur d'aucune des Chronologies que nous lifons dans les différens Textes. D'ailleurs, ferois-je obligé d'ajoûter foi aux Divines Écritures, fi les trois Textes qui ont une égale autenticité fe contredifoient fur les Faits qu'ils rapportent? Or je vois pour les Chronologies ce dont je vous parle pour les Faits. Je ne saurois donc être forcé d'ajoûter foi à aucune des Chronologies. La censure ne tombe donc pas sur la première partie de cette Proposition. Je puis soutenir que Moïse n'est Auteur d'aucune des Chronologies que les différens Textes renferment. Seroit-ce donc la suite qui auroit attiré la foudre sur ma tête, savoir, que ce sont trois Syftêmes inventés après coup, & inférés dans le Texte par des mains étrangéres? Mais j'en appelle à la bonne-foi de mes Censeurs. Dès qu'il est bien décidé qu'on peut soutenir que Moïse n'est pas l'Auteur des différentes Chronologies qu'on lit dans les trois Textes, quel anathême peut mériter celui qui aime mieux croire que ces Chronologies qu'il remarque être suivies & liées ont été inférées dans ces Textes comme étant trois Syftêmes, que de les attribuer à l'altération des différens Textes? S'il y a du danger, le sentiment qui explique l'origine de ces Chronologies par l'altération, n'est-il pas pour le moins aussi dangereux que celui qui les rapporte à l'insertion? Quel seroit d'ailleurs l'objet de la Foi? De croire que Moïse a écrit une Chronologie en général? Qu'on me fasse voir un objet de Foi arrêté par l'Eglise qui soit ainsi vague & indéterminé. Quelle utilité en reviendroit-il aux Fidéles? Nous serions obligés de croire que Moïse a écrit une Chronologie que nous n'avons plus. Pour faire sentir combien peu cet objet est digne de la Foi des Chrétiens, qui ne s'exerce que sur des objets respectables, je demande à ceux qui voudroient défendre cette Décision: Croyez-vous que l'Eglise puisse jamais s'occuper des Livres Divins que certains Auteurs prétendent avoir été perdus? Croyez-vous, leur dirai-je toujours, que l'Eglise décide jamais cette Question, & que nous voyions émaner de ce Tribunal Sacré un Jugement qui nous ordonne de croire qu'il y a eu d'autres Livres Divins

vins que ceux qui nous reftent? Non fans-doute: peu inquiéte de ce que nous n'avons pas, l'Eglife n'exerce fon pouvoir que fur ce que Dieu a bien voulu laiffer aux hommes, pour leur fervir d'inftruction. Cependant on décide aujourd'hui contre moi, que Moïfe avoit écrit une Chronologie, & en même tems on permet de croire que nous l'avons perdue. Revenons plutôt à la fage modération du Concile de Trente. Eclairé par les lumiéres des plus favans Théologiens, &, ce qui eft bien plus, affifté du Saint Efprit, il ne crut pas devoir toucher à une partie qui ne paroît pas liée & néceffaire aux Livres Sacrés. Il y a plus: fa Décifion donne plutôt à connoître qu'il ne regardoit pas la Chronologie comme une des parties du Pentateuque, puifqu'il décide que la Vulgate eft autentique dans toutes fes parties, & que d'un autre côté, la Chronologie qu'on lit dans la Vulgate n'a reçu aucune autorité de cette décifion. Car on n'a pas héfité à rejetter la Chronologie du Texte Hébreu qu'on lit dans la Vulgate. En un mot, d'un côté le Concile de Trente en décidant que le Pentateuque eft d'un Auteur infpiré, nous permet & nous oblige peut-être de croire que la Chronologie n'en eft pas; & de l'autre, Mr. l'Archevêque ne craint point d'armer les Déiftes & de contredire le Concile en difant: *Si la Chronologie qu'on lit dans le Pentateuque n'eft point d'un Auteur infpiré, que devient l'autenticité de ce Livre?*

En voilà affez, ce me femble, pour rendre aux yeux de bien des gens mon opinion probable. Je puis du-moins me flatter que ceux que le préjugé n'aveuglera pas, n'héfiteront pas à me rendre juftice fur la pureté de mes intentions, & qu'ils reconnoîtront fans peine que cette Propofition ne peut autorifer perfonne à fupporter un complot d'impiété formé avec les Déiftes par celui qui l'a défendue.

SEPTIEME PROPOSITION.

Oeconomia Mosaïca in Pœnis tantùm ac Præmiis temporalibus sancita. .... Cum nativus sensus indicet bona tantùm temporalia, consequens est ad ea Mosem unicè respexisse. ... Legem itaque Mosaïcam habemus Divinitùs sancitam, sed quia positam in Pœnis tantùm ac Præmiis temporalibus, ideò non æternùm duraturam.

L'Oeconomie Mosaïque n'étoit fondée que sur les Peines & les Récompenses temporelles... Puisque le sens naturel des termes de l'Alliance ne présente à l'esprit que des biens temporels, tout nous porte à penser que Moïse les avoit uniquement en vue..... Nous sommes maintenant convaincus de la divinité de l'Oeconomie Mosaïque; mais, parce qu'elle ne proposoit que des Peines & des Récompenses temporelles, elles ne devoit pas durer éternellement.

Cette Proposition a été condamnée comme donnant atteinte à la gloire de la Loi ancienne & à la bonté de Dieu dans l'Alliance qu'il a faite avec le Peuple Juif. *Dignitati Legis antiquæ, & Dei cum Populo Judaïco fœdus ineuntis bonitati detrahentes.*

JUSTIFICATION.

Je donne si peu d'atteinte à la dignité de la Loi ancienne & à la bonté de Dieu dans l'Alliance qu'il contracta avec le Peuple Juif, que c'est de ma Thése même que je vais tirer les raisons qui confirment l'une & l'autre.

Et 1. quant à ce qui regarde la dignité de la Loi ancienne, voici comme je m'exprime. ,, Quand
,, Moïse

„ Moïse vient à donner ses Loix, on diroit que la
„ Divinité affecte de se montrer toute entiére dans
„ la personne de ce Législateur.... La Sanction de
„ Moïse, par cela seul qu'elle est revêtue de ces
„ caractéres, est nécessairement marquée du sceau
„ de la Divinité. Les Déïstes font un crime à
„ Moïse de ce profond silence qu'il a gardé sur
„ les Peines & les Récompenses qui attendent le
„ vice ou la vertu dans une autre vie; mais nous
„ adorons Dieu lui-même parlant par la bouche
„ du Législateur, qu'il remplit de son souffle di-
„ vin là où ils ne croyent voir qu'un Législateur
„ fourbe & menteur". Et dans la Proposition censurée, voici ce qu'on lit: *Nous sommes maintenant
convaincus de la divinité de la Légation de Moïse.*

De tous ces Passages où Dieu est représenté donnant des Loix aux Israélites par l'organe de Moïse,
il est aisé de conclure que je ne donne aucune atteinte à la dignité de l'Oeconomie Mosaïque, puisqu'elle ne sauroit en avoir une plus grande que d'ê-
tre l'ouvrage de Dieu même.

Je ne suis pas moins exact sur la maniére dont
la bonté de Dieu se déploye sur les Israélites, en
conséquence de l'alliance qu'il avoit jurée avec eux.
„ Ouvrez, dis-je aux Déïstes, les Livres de l'An-
„ cien Testament, & vous verrez dans tout le
„ cours de cette Histoire la Nature obéir servile-
„ ment à cet ordre politique, établi par Moïse.
„ Vous y verrez Israël tiré des trésors de la Pro-
„ vidence, pour être un monument éclatant de
„ l'attention particuliére avec laquelle elle veille sur
„ lui. Accru dans le nombre de ses Enfans d'une
„ maniére miraculeuse, il entre, sous la conduite
„ de Josué successeur de Moïse, dans la terre de
„ Canaan, si long-tems promise à ses Péres. Le
„ Ciel s'arme en sa faveur, & fait tomber une
„ Pluye de pierres sur les Amorrhéens; le Soleil
„ s'arrête dans sa course pour être le témoin de sa

„ victoire fur fes ennemis ; le fon de fes trompet-
„ tes ébranle les murs de Jéricho & les renverfe ;
„ il met en fuite les Cananéens ; il taille en piéces
„ l'Armée de Sennacherib, & en fait un horrible
„ carnage par la main de l'Ange exterminateur ; la
„ main d'une Femme lui fuffit pour délivrer Bé-
„ thulie, qu'affiége dans fa fureur le cruel Holopher-
„ ne ; & c'eft cette même main qui fait tomber
„ à fes pieds ce Guerrier redoutable ; les char-
„ mes pudiques de la belle Efther fléchiffent le
„ cœur d'Affuerus fon époux, & font renaître le
„ calme dans le fein même des tempêtes. Sous
„ Cyrus, que Dieu fait naître & qu'il arme de fon
„ tonnerre, Ifraël fon fils revoit avec joie fa pa-
„ trie, la paix & l'abondance régnent dans fes murs ;
„ & fous les Machabées il fignale fa valeur en triom-
„ phant avec gloire du fuperbe Antiochus.... Les
„ Gentils eux-mêmes, comme nous l'affure l'Hif-
„ toire de Judith, attendoient pour le combattre
„ avec avantage, que le volage Ifraël eût porté fon
„ encens à d'autres Dieux ; tant la Providence qui
„ veilloit fur lui, s'étoit manifeftée par d'innom-
„ brables prodiges ! "

La Loi de Moïfe ayant été dictée par Dieu même, & cette Loi répandant fur les Ifraélites des faveurs qui étoient le prix de leur attachement pour elle ; il eft évident qu'en reconnoiffant dans cette Loi ces deux auguftes Prérogatives, on ne donne atteinte ni à fa dignité, ni à la bonté de Dieu, s'il eft vrai que l'Ecriture ne la caractéri-fe point par une fin plus parfaite que celle des Peines & des Récompenfes temporelles. Or c'eft une vérité fi clairement exprimée dans l'Ecriture, qu'il eft furprenant que la plupart des Théologiens n'en ayent point été frappés.

„ Et pour nous en convaincre, ne cherchons
„ point ailleurs que dans Moïfe & dans Saint Paul
„ le véritable efprit de fes Loix. „ Si vous écou-
„ tez,

„ tez, dit Moïſe, la voix du Seigneur votre Dieu,
„ & que vous gardiez toutes les Ordonnances que
„ je vous preſcris aujourd'hui, il vous élévera au-
„ deſſus de toutes les Nations de la Terre. Toutes
„ ces bénédictions ſe répandront ſur vous, & vous
„ en ſerez comblés. Vous ſerez bénis dans la ville,
„ vous le ſerez dans vos champs. Le Seigneur
„ abbattra devant vous l'orgueil de vos plus fiers
„ ennemis. Il vous fera jouïr d'une heureuſe abon-
„ dance, en multipliant le fruit de votre ventre,
„ le fruit de vos Beſtiaux, le fruit de votre Terre.
„ Pour tant de bienfaits, il ne demande que votre
„ docilité à ſes Préceptes. Si vous refuſez d'en-
„ tendre la voix du Seigneur votre Dieu, & que
„ vous négligiez d'obſerver toutes les Ordonnan-
„ ces & les Cérémonies que je vous preſcris dans
„ ce jour, toutes ces malédictions fondront ſur
„ vous & vous accableront. Vous ſerez maudits
„ dans la ville, vous le ſerez dans vos campagnes.
„ Le Seigneur enverra parmi vous l'indigence &
„ la famine, & ſa malédiction vous privera du
„ fruit de vos travaux. Il vous frappera de mi-
„ ſére & de pauvreté, de fiévres peſtilentielles,
„ de froids exceſſifs, de chaleurs brulantes, d'un
„ air corrompu & empeſté. Le Ciel ſera d'ai-
„ rain, & la terre ſur laquelle vous marchez ſera
„ de fer." Il eſt évident pour tout homme qui
ne voit dans l'Ecriture que ce qui y eſt exprimé,
que ces paroles ne renferment autre choſe que des
promeſſes & des menaces purement temporelles.
Suppoſé que Moïſe n'ait pas eu uniquement en
vue les biens & les maux de cette vie, je voudrois bien qu'on m'expliquât quel a pu être ſon
deſſein, en affectant de ne jamais nommer les biens
ſpirituels & éternels comme le prix de la fidélité
à ſa Loi. Le Peuple Juif n'étoit-il donc pas déjà aſſez charnel par lui-même, ſans que ſon Chef
& ſon Conducteur favoriſât encore ſon panchant

pour les biens terrestres, en ne lui peignant jamais les biens célestes que sous la figure de ceux-ci? Car je défie de me citer un seul endroit de Moïse, où, par rapport à l'accomplissement de sa Loi, il ait insinué, même obscurément, le Dogme des Peines & des Récompenses d'une autre vie.

Vous trouvez que j'avilis l'Oeconomie Mosaïque & que j'intéresse la bonté de Dieu, parce que je la resserre dans les seules Peines & les seules Récompenses temporelles. Moïse vous paroît inférieur dans ce Systême aux Solon, aux Licurgue, aux Numa & aux autres Législateurs, qui, pour ajoûter plus de poids à leurs Loix, les appuyoient sur un fondement plus digne & plus noble que celui des Peines & des Récompenses temporelles; puisqu'au-delà des bornes du trépas ils leur montroient un Dieu rémunérateur du vice & de la vertu. Mais ce qui va vous étonner sans doute, c'est que ce qui vous blesse ici comme injurieux à la personne de Moïse, est précisément ce qui me prouve la divinité de sa Légation.

En effet, proposer, comme l'ont fait tous les Législateurs, des Peines & des Récompenses éternelles, pour fléchir l'esprit indocile des Peuples qu'ils civilisoient, c'étoit, sans-doute, leur enseigner une vérité dont le plus souvent les Législateurs eux-mêmes n'étoient pas persuadés. Mais pour s'élever jusqu'à cette idée, ils n'avoient assurément aucun besoin d'inspiration divine. Le Dogme des Peines & des Récompenses d'une autre vie qu'ils s'appliquoient à imprimer fortement dans l'esprit des Peuples, leur tenoit lieu des Peines & des Récompenses temporelles, qui les auroient frappés bien plus vivement que des biens & des maux qu'on ne pouvoit leur montrer que dans un grand éloignement.

Mais s'écarter de la voie tracée par tous les Législa-

giflateurs, en ne donnant à ſes Loix d'autre appui
que celui des Peines & des Récompenſes temporelles, c'eſt en même tems qu'on paroît le plus ſe
rapprocher de l'homme, imiter de plus près le Dieu
qui l'a créé, ou plutôt, c'eſt agir en Dieu. C'eſt
ſous ces traits que Moïſe s'offre à moi, & que je
vous le préſente moi-même. Les Peines & les
Récompenſes temporelles ſont les ſeuls liens avec
leſquels il veut enchaîner à ſa Loi l'eſprit & le
cœur des Juifs. Il eſt ſi ſûr de lui & des promeſſes qu'il fait pour cette vie, qu'il en rend garant le
le Dieu même dont il ſe dit inſpiré. C'eſt à l'Hiſtoire des Juifs à nous apprendre, ſi la nature n'a
pas obéï ſervilement, comme je le dis dans ma
Théſe, à cet Ordre Politique. Il devoit durer
juſqu'au tems où Moïſe avoit prédit que prendroit
fin cette forme Théocratique de Gouvernement,
que lui ſeul, entre tous les Mortels, a oſé donner
à un Etat civil & politique.

Or cette Hiſtoire nous apprend que les Peines &
les Récompenſes temporelles ont ſuivi les Juifs, ſelon qu'ils ont été fidéles ou infidéles à leur Loi;
puiſque l'Ammonite Achior nous inſtruit lui même (a) que pour attaquer les Juifs avec eſpérance
de la victoire, il falloit auparavant s'aſſurer s'ils
n'avoient point été prévaricateurs, & que, faute de
cette ſage prévoyance, les forces les plus redoutables étoient venues ſouvent ſe briſer devant une
poignée de Soldats Hébreux. De-là je tire ce raiſonnement contre vous. Pouvez-vous ne pas reconnoître l'Envoyé de Dieu dans un Homme qui
commande au Ciel & à la Terre, & qui diſpoſe
des Saiſons durant une longue ſuite de ſiécles, ſans
que la Nature lui ait jamais été rebelle? Lorſque
parcourant tous les ſiécles, vous voyez la Nation
Juive triompher de ſes ennemis, & recueillir des

(a) *Jud.* V.

moiſ-

moiſſons abondantes, toutes les fois qu'elle eſt fidéle; & cette même Nation, devenir le jouët de ſes ennemis & vivre ſous un Ciel d'airain, toutes les fois qu'elle proſtitue ſon encens à des Dieux étrangers: ce Miracle conſtant de tant de ſiécles ne vous montre-t-il pas Dieu lui-même dans cet Ordre Politique établi par Moïſe ? Réfléchiſſez ſur cette idée, & vous trouverez dans chaque événement de l'Ancien Teſtament une preuve du ſentiment que je ſoutiens.

Quelle imprudence dans Mr. l'Abbé Dugué, d'avoir prêté les mains, ſans y penſer, à Spinoza, en détruiſant dans ſon Livre des *Régles pour l'Intelligence des Ecritures*, les Promeſſes temporelles, fondement de l'Oeconomie Moſaïque, ſous prétexte de les ſpiritualiſer! A Dieu ne plaîſe que j'aſſocie à Spinoza l'Auteur de pluſieurs Ouvrages qui ſeront éternellement utiles à la Religion. Je dirai ſeulement avec Mr. Hooke mon Maître dans cette Queſtion Théologique, qu'il n'a pas connu le véritable eſprit de l'Oeconomie Moſaïque, lorſqu'il a avancé que les Promeſſes faites dans l'ancienne Loi regardent les Juſtes de tous les âges, comme ſi l'eſprit de l'ancienne & de la nouvelle Alliance étoit le même. Et comment ces deux Alliances, obſerve Mr. Hooke, ne différeroient-elles pas? L'une étoit une Loi temporelle & politique, établie pour ſéparer Iſraël de toutes les autres Nations, & l'autre eſt la Loi ſpirituelle du Meſſié, faite pour réunir tous les hommes & éteindre toutes les inimitiés qui diviſoient le Juif & le Gentil.

Nous applaudiſſons volontiers, me direz-vous, à cette preuve que vous donnez de la Légation de Moïſe. Mais, démentant les principes par leſquels vous aviez établi que toute Religion ſuppoſe eſſentiellement le Dogme des Peines & des Récompenſes d'une autre vie, vous bornez la Loi de Moy-

Moïſe, cette Loi que vous nous dites être divinē, aux ſeules Peines & aux ſeules Récompenſes temporelles; comme ſi en ne lui ſuppoſant point d'autre fin, vous ne la rendiez pas dès-lors indigne & du Dieu qui l'a dictée par l'organe de Moïſe, & des Juifs mêmes, dont elle renferme tout l'eſprit dans la courte durée de cette vie. Eſt-ce donc que la Loi de Moïſe n'étoit pas une Religion? Voudriez-vous qu'on le conclût de votre Syſtême?

C'eſt là ſi bien mon intention, que j'ai épargné aux autres la peine de tirer cette conſéquence. Car, après avoir détaillé ce que je m'étois propoſé de dire ſur l'Oeconomie Moſaïque, voici ce que j'ajoûte. ,, Outre cette Conſtitution CIVILE
,, ET POLITIQUE, dans laquelle Dieu étoit entré
,, comme leur Roi temporel, ils lui étoient enco-
,, re attachés par une RELIGION, qui étoit non
,, ſeulement appuyée ſur la Loi naturelle, mais en-
,, core ſur la révélation que Dieu donna d'abord
,, à Adam, qu'une Tradition continuelle perpé-
,, tua chez ſes Deſcendans, qui fut renouvellée a-
,, près le Déluge dans la perſonne de Noé, con-
,, firmée aux Patriarches ſes ſucceſſeurs, qui la
,, tranſmirent par héritage aux Hébreux leurs Pe-
,, tits-fils''.

Ce langage, dites-vous, eſt nouveau: mais pour l'être, en eſt-il donc moins vrai? Pour reprimer ma témérité, vous allez m'oppoſer l'opinion commune des Théologiens qui ont toujours confondu ces deux choſes enſemble. Mais, je vous répondrai avec Mr. Boſſuet, qu'il y a beaucoup de différence entre une Opinion commune de l'Ecole & une Maxime ou un Decret, ou, comme Melchior Canus le dit, un Dogme & un Jugement fixe de l'Ecole. Or je vous demande à préſent, dans quels Théologiens vous avez lû que c'étoit une erreur de dire que la Loi de Moïſe n'eſt pas la Religion des Juifs, & que le ſentiment contraire passoit dans toutes les Ecoles & dans toutes les Universités pour un Decret fixe & certain? Vous auriez donc tort, dis-je à mes Censeurs, de me reprocher ici de parler autrement que le torrent des Théologiens sur la Loi de Moïse. Vos reproches ne pourroient être fondés qu'autant que j'appuyerois sur de mauvaises raisons la nouveauté de ce Systême. Mais c'est ce qu'il faut maintenant examiner. C'est dans l'Ecriture elle-même que je vais, en marchant sur les traces de Mr. Hooke, lui chercher des preuves.

Voici comme s'exprime ce Professeur. ,, Les ,, Promesses attachées à une Alliance doivent ê- ,, tre si claires & si expresses, qu'elles puissent être ,, facilement entendues des deux Parties contrac- ,, tantes: que les Juifs nous montrent donc ces ,, Promesses qui regardent l'autre vie clairement ,, exprimées dans l'ancienne Alliance" (a). Je me suis expliqué de la même maniére dans la Proposition censurée. La Loi de Moïse ne renferme point dans sa Constitution les Peines & les Récompenses éternelles; c'est ce que j'ai droit de soutenir contre vous, en m'en tenant aux termes mêmes de l'Alliance, jusqu'à ce que vous m'ayez prouvé le contraire par quelque Passage précis & formel: Donc, l'impuissance de satisfaire à ce que je vous demande, vous oblige à ne pas confondre, comme vous l'avez fait jusqu'ici, la Loi de Moïse avec la Religion des Juifs.

Hé quoi! me direz-vous, ignorez-vous donc qu'on voit dans plusieurs endroits des Livres de Moïse & des Prophétes des traces de l'immortalité de l'ame, & que les Juifs étoient excités par la vue

(a) *Promissa fœderi annexa debent esse clara & diserta, ut ab utrâque parte stipulante intelligantur. Illa igitur promissa futura vitæ ostendant Judæi in pacto veteri clarè expressa.*

vue des Récompenses éternelles à se rendre dociles à la Loi ? Je me défendrai contre vous avec les armes que me fournit la Sorbonne. ,, Nous re‑
,, connoissons volontiers, dit Mr Hooke, que les
,, Patriarches & les Prophétes ont soupiré après
,, les Récompenses célestes. Mais étoient-elles
,, pour cela le prix attaché à l'observance de la
,, Loi? Nullement. Dans la collection des Ecri‑
,, tures qui forment l'Ancien Testament, on trou‑
,, ve plusieurs choses qui n'appartiennent point du
,, tout à l'Alliance contractée sur le Mont Sinaï.
,, Ce sont comme des préludes de la Grace Evan‑
,, gélique. Nous ne nions pas que les Récompen‑
,, ses temporelles figuroient les Récompenses éter‑
,, nelles; mais il n'en est pas moins vrai que la vie
,, éternelle n'étoit ni révélée (a), ni promise dans
,, la Loi Mosaïque. Si vous le disiez, vous pour‑
,, riez également soutenir que la Mort de Jésus
,, Christ a été révélée dans cette Loi, parce que
,, l'Immolation de l'Agneau Paschal en étoit la fi‑
,, gure. Les Promesses attachées à une Alliance
,, doi‑

(a) *Fatemur quidem plurima esse in veteri Testamento, ex quibus efficitur ingeneratam fuisse Patriarcharum & Prophetarum mentibus spem futuræ vitæ; sed nequaquam ex eo sequitur vitam & immortalitatem fuisse proprium præmium Legis. Multa sunt in illâ collectione Scripturarum, quæ vetus dicitur Testamentum, quæ nequaquam ad Legem Mosaicam seu ad illud pactum initum in Monte Sinâ pertinebant, quæque erant præludia & anticipationes Gratiæ evangelicæ. Fatemur etiam præmia spiritualia adumbrata fuisse illis temporalibus promissionibus. Verùm non propterea dici potest vitam æternam in foedere Mosaico magis promissam fuisse, quàm dici potest revelatam fuisse cruentam mortem Filii Dei, quin Agni Paschalis mactatio illius figura erat. Promissa foederi annexa debent esse clara & diserta, ut ab utrâque parte stipulante intelligantur.*

,, doivent être si claires & si formelles, qu'elles
,, puissent être facilement entendues des deux Par-
,, ties contractantes". Montrez-nous donc, vous
dirai-je comme aux Juifs, ces promesses qui regardent l'autre vie clairement exprimées dans l'ancienne Alliance. Il ne vous serviroit de rien d'extraire des Livres de l'Ancien Testament une foule
de Passages pour me prouver que le Dogme des
Peines & des Récompenses d'une autre vie étoit
reçu chez les Juifs. Avec tous ces Passages vous
ne ferez jamais rien contre moi, à moins que vous
ne me prouviez qu'ils sont rélatifs à la Loi.

Qu'est-ce donc, me direz-vous, que cette Loi
de Moïse, que vous nous dites n'être point la Religion des Juifs? Ce n'est, vous répondrai-je a-
vec Mr. Hooke, qu'une Constitution civile, sur-
ajoûtée par Dieu, comme Chef politique de la
République, à la Religion des Patriarches (a).
Vous avez ici le vrai dénouement de toutes les difficultés: les Esprits-forts d'un côté ont attaqué
l'omission du Dogme des Peines & des Récompenses d'une autre vie, comme une imperfection
qui rendoit l'Oeconomie Mosaïque indigne de
Dieu auquel on l'attribue; & les Jansénistes de
l'autre en ont voulu conclure, que Dieu, par le
refus des Graces qui n'étoient point promises à la
Loi, laissoit les Juifs dans l'impuissance de l'accomplir. Dès-là qu'on accorde une fois que la
Loi Mosaïque n'étoit qu'une Constitution civile
& politique, les Esprits-forts ne peuvent plus prendre occasion du silence de Moïse sur les Peines
& les Récompenses temporelles, pour décrier sa
Loi comme indigne de Dieu auquel il l'attribue;

ni

(a) *Certissimum est Legem Mosis fuisse civilem constitutionem à Deo ut Reipublica capite politico sancitam
non in melioribus repromissionibus superadditam Religioni Patrum.*

ni les Janfénistes, pour nier que Dieu ait accordé aux Juifs des Graces pour fon accompliffement. On fent dès-lors que les Graces, de la maniére dont l'entendent les Janfénistes, ainfi que les Récompenfes éternelles qui paroiffent aux Déiftes être une fuite de la Religion, n'entrent point d'elles-mêmes dans une Conftitution purement civile & politique. Or, puifque la Loi donnée par Moïfe aux Juifs n'étoit que cela, il pouvoit fort bien ne faire aucune mention de Graces & de Récompenfes éternelles. Ce Syftême n'eût-il que ce feul avantage, de venger la Loi de Moïfe contre les traits malins des Déiftes, & contre le zéle fombre & chagrin des Janfénistes, ce devroit être pour nous une raifon de l'adopter. Combien cette raifon devient-elle plus forte, lorfqu'en réfléchiffant fur l'Oeconomie Mofaïque, nous trouvons ce Syftême fondé dans l'Ecriture-même! Mais pour ne point vous égarer dans la nouvelle carriére que je vous ouvre ici, prenez avec moi Saint Paul pour guide & pour interpréte de l'Oeconomie Mofaïque.

Cet Apôtre, en ne ceffant d'oppofer les vérités aux figures, ne nous permet pas d'ignorer quelle étoit la nature de cette Oeconomie. Il nous la repréfente comme l'ombre des biens à venir, & fes Récompenfes comme la figure des Récompenfes céleftes, qu'elle ne montroit que dans le lointain, & qui appartenoient à une Loi plus parfaite. Toute fon Epître aux Hébreux n'eft que la preuve de cette grande vérité. Si le Miniftére de JESUS-CHRIST eft plus noble que celui de Moïfe, c'eft parce que l'Alliance, dont il eft le Médiateur, eft fondée fur de meilleures promeffes. *In melioribus repromiffionibus fancitum* (a). Ici l'Apôtre fait un paralléle entre JESUS-CHRIST & Moïfe.

(a) *Epift. ad Heb.* VIII.

Il oppose la Loi que Moïse avoit donnée aux Juifs à la Loi nouvelle, dont JESUS-CHRIST par sa qualité de Messie est l'Auteur ; & pour terminer ce paralléle en faveur de JESUS-CHRIST, il oppose également les promesses que le Législateur des Juifs avoit attachées à sa Loi, aux Promesses que le Législateur des Chrétiens avoit attachées à la sienne. Il croyoit donc que les Promesses des deux Testamens étoient d'une nature différente. Or en quoi seroient-elles différentes, si, comme vous le dites, les Récompenses célestes entroient dans le Plan de la Loi Mosaïque ? En quoi, je vous prie, le premier Testament auroit-il été défectueux, & pourquoi auroit-il fait place à un plus parfait, s'il promettoit la vie éternelle & les biens spirituels (*a*) ?

Saint Paul, toujours fidéle au paralléle qu'il avoit établi entre les Législateurs des deux Testamens, appelle le Tabernacle *l'ombre des choses célestes*; & prévenant la difficulté qu'on pouvoit lui faire, il se dit à lui-même, *mais le premier Testament avoit des Ordonnances du Service Divin*. C'est comme s'il disoit, mais en quoi la Loi de JESUS-CHRIST peut-elle avoir de la supériorité sur la Loi de Moïse, puisque comme elle, cette derniére avoit des Ordonnances du Service Divin, & qu'elle étoit destinée à honorer Dieu par un Culte qu'il avoit lui-même ordonné ? A cela que répond l'Apôtre ? Que la Loi de Moïse, encore qu'elle eût des Ordonnances du Service Divin, devoit néanmoins le céder à la Loi de JESUS-CHRIST, parce que son *Sanctuaire étoit terrestre, & mondain*. Saint Paul ne pouvoit faire sentir d'une façon plus éner-

―――――――――――――――――――

(*a*) *Quantò & melioris Testamenti mediator est, quod in melioribus repromissionibus sancitum est. Quod si illud prius culpâ vacasset, non utique secundi locus inquireretur.* Epist. ad Heb. VIII.

énergique que tout ce qui se trouvoit dans l'ancienne Loi ne regardoit Dieu que comme Roi temporel des Juifs. Ici le Sanctuaire est considéré par l'Apôtre comme le Trône de la Majesté Divine; &, pour montrer que toutes ces Ordonnances, quoique rélatives au Service Divin, ne constituoient pourtant pas la Religion des Juifs, il nous apprend que le Sanctuaire où elles étoient dirigées, étoit terrestre & mondain, & qu'elles-mêmes ne pouvoient être que cela. Ces honneurs & ces hommages que prescrivoit la Loi de Moïse, & qui étoient une espéce de Culte Religieux, parce qu'ils avoient Dieu pour objet, s'adressoient donc dans la personne de Dieu au Roi temporel des Juifs.

,, Si quelqu'un, dit encore cet Apôtre, mépri-
,, soit la Loi de Moïse, on le faisoit mourir sur
,, le témoignage de deux ou trois personnes: quels
,, tourmens, pensez-vous, continue-t-il, mé-
,, ritera celui qui foulera aux pieds le Sang de la
,, nouvelle Alliance"? L'Apôtre ne cesse, comme l'on voit, d'opposer l'ancienne Loi à la nouvelle. Il les avoit déjà envisagées du côté de leurs Auteurs, du côté des Récompenses qu'elles promettent, du côté même de leurs Sacremens, & par tous ces divers endroits la Loi de JESUS-CHRIST lui paroissoit fort supérieure à celle de Moïse. Maintenant il trouve cette supériorité dans les Péines-mêmes que chacune inflige à ses Infracteurs. Les mépris de l'ancienne Loi, nous dit-il, étoit puni par des châtimens temporels: d'où je conclus, en suivant toujours la pensée de Saint Paul, que la Loi de Moïse n'étoit pas une Religion; puisque la Religion que les hommes ont outragée, doit être vengée par des supplices éternels. Me direz-vous que l'Apôtre n'exclut point les Peines éternelles qui suivoient l'infraction de la Loi Mosaïque? Mais parler ainsi, n'est-ce pas détruire le paralléle commencé par l'Apôtre? C'est même pla-

ces

cer Moïse au-deſſus de J. C. puiſque les Peines temporelles devoient encore ſe joindre aux Peines éternelles, pour ſatisfaire à la Loi du premier qui pourſuivoit la punition du coupable dans cette vie, tandis que le ſecond n'a, pour venger la ſienne, que les Peines éternelles.

Cette Doctrine de l'Apôtre nous apprend donc que tout l'Ancien Teſtament étoit une figure du Nouveau, que Moïſe à la tête de l'ancienne Loi figuroit par avance le Meſſie à la tête de la nouvelle Loi ; que le Royaume temporel des Juifs dont Dieu étoit le Chef politique, étoit une image du Royaume ſpirituel de JESUS-CHRIST; que les promeſſes & les menaces de l'ancienne Loi étoient auſſi une figure des promeſſes & des menaces de la nouvelle Loi. De-là nous ſommes naturellement conduits à dire que l'Oeconomie Moſaïque devoit être néceſſairement abrogée à cauſe de ſon imperfection (a). Or c'eſt cette imperfection de la Loi, qui va nous fournir des armes contre elle-même; c'eſt-à-dire, que nous en conclurons contre elle qu'elle n'étoit point la même choſe que la Religion des Juifs, mais ſeulement une Conſtitution civile ſur-ajoûtée à leur Religion ; & que ſi elle étoit religieuſe, c'eſt parce que Dieu la faiſoit ſervir de figure à la Religion de JESUS-CHRIST. La Loi, dit Saint Paul, ne conduiſoit à rien de parfait, & par conſéquent elle ſuppoſoit l'Evangile; mais l'Evangile eſt fondé ſur de meilleures eſpérances, puiſque nous faiſant franchir le trépas, elles nous approchent de Dieu. Donc, dit cet Apôtre, cette premiére Alliance devoit être abrogée, puiſque ſi elle n'eût point été défectueuſe, elle n'auroit pas fait place

à

(a) *Reprobatio fit præcedentis Mandati propter infirmitatem ejus & inutilitatem. Ad nihil enim perfectum adduxit lex. Introductio verò melioris ſpei per quam proximamus ad Deum.* Epiſt. ad Heb. VII.

à une seconde Alliance plus parfaite & par ses secours & par ses promesses. Or, dit Mr. Hooke argumentant sur ce raisonnement de l'Apôtre, l'Evangile ne nous auroit pas donné de meilleures espérances, si la Loi ancienne avoit été fondée sur les Récompenses éternelles ; & la Loi nouvelle n'auroit nullement perfectionné l'ancienne, si celle-ci avoit contenu autre chose que l'ombre & la figure des biens célestes (*a*).

Elle étoit imparfaite cette Loi, dit encore Mr. Hooke, & son imperfection en entraînoit nécessairement la ruine. Mais pourquoi cette imperfection? C'est que, selon lui, elle étoit une Constitution civile portée par Dieu comme Chef politique de la République, & uniquement fondée sur les Récompenses temporelles. Elle ne faisoit point envisager aux hommes leur souverain bien, ne leur indiquoit aucuns moyens pour l'obtenir, ne leur fournissoit aucun remède, je ne dis pas, contre les péchés considérables, mais même contre les plus légers. Tout se terminoit à une pureté extérieure & à une justice légale. Les Juifs, remarque à ce sujet Mr. Hooke, ont été si pénétrés des suites qu'entraînoit contre eux le sentiment que je soutiens, qu'ils exigent qu'on croye non seulement comme articles de Foi les Dogmes de la Résurrection & d'une Vie future; mais qu'on soit encore persuadé qu'ils sont clairement énon-

(*a*) *Ergò vetus Testamentum vacabat culpâ & secundo locus erat, quia illud prius non erat positum in melioribus repromissionibus, vitâ scilicet immortali & spiritualibus bonis. Nihil aliud nostrâ Propositione continetur..... Non introduxisset profectò Evangelium meliorem spem, si lex antiqua æternis in Coelo proemiis, ut Lex Christiana, sancita fuisset ; nec perfecisset nova ullo modo veterem, si hæc non tantùm umbram & figuram futurorum bonorum habuisset, sed etiam illas clarè propalasset & fuisset pollicita.*

énoncés dans la Loi. *Il faut que vous croyiez*, dit le Rabin Jéhuda, *que l'Article de Foi sur la Résurrection des Morts est un point de la Loi, & si quelqu'un d'ailleurs persuadé que c'est un Article de Foi, nioit qu'il fût exprimé dans la Loi, il doit être regardé comme un Apostat de sa Foi* (a). Les Juifs ont donc bien senti que, pour refuser toute supériorité au Christianisme, ils devoient regarder leur Loi & leur Religion comme la même chose, prétention dont on vient de prouver la fausseté.

Enfin, ce qui prouve invinciblement, que la Loi de Moïse n'est qu'une Constitution civile & politique, c'est la libre acceptation des Juifs par rapport à cette Loi. Croit-on que, si cette Loi eût été érigée par Dieu en Religion, il eût laissé les Juifs libres sur cet Article? La raison qui veut que Dieu prescrive le Culte dont il doit être honoré par les hommes, ne leur laisse sur cela aucune liberté. C'est à eux à s'y soumettre, s'ils ne

(a) *Lex Mosaïca secundum litteram spectata, non ostendebat hominibus summum eorum bonum, nec media indicabat ad illud obtinendum, & proindè nec dici potest perfecta nec immutabilis: nam ad hoc satis est quod lex illa fuerit constitutio civilis, à Deo lata ut Reipublicæ capite politico, sancita Proemiis & Poenis solummodo temporalibus, & nulla habuerit remedia gravioribus peccatis, nec levioribus quidem, nisi ad externam mundationem & legalem quamdam Justitiam. Hanc majorem Propositionem adeò veram intelligunt Judæi, ut fidem resurrectionis & futuræ vitæ non tantùm inter fidei articulos recensuerint, sed etiam cogant suos profiteri illam contineri in Lege.* Oportet sciri, inquit Rabbi Jehuda, Articulum Fidei de Resurrectione Mortuorum ex Lege esse; quod si quis firmâ fide crediderit Resurrectionem Mortuorum, non autem crediderit esse illam ex Lege, ecce ille reputetur ac si hæc omnia negaret *atqui tamen & hæc omnia jam confessa sunt.*

ne veulent pas encourir l'anathême dont Dieu frappe les Esprits rebelles & les Cœurs indociles. Nous ne voyons pas que Jesus-Christ ait consulté les hommes, comme Moïse consulta les Israélites pour leur proposer sa Loi. Pourquoi cette différence de conduite dans Moïse & dans Jesus-Christ? C'est que Moïse ne proposa aux Juifs qu'une Constitution civile & politique, que les suffrages des hommes ne peuvent ratifier; au-lieu que Jesus-Christ apporta aux hommes un Culte nouveau, que sa volonté seule ratifioit. Nous en trouvons la preuve dans le discours que Moïse adressa aux Israélites, au sortir de cette familiarité intime dont Dieu l'avoit honoré pendant tout le tems qu'il demeura sur le Mont Sinaï. ,, Votre
,, Dieu & le mien, leur dit-il, m'a ordonné de vous
,, rappeller les prodiges qu'il a opérés en votre fa-
,, veur dans l'Egypte : ils sont trop récens pour
,, qu'ils ne soient pas encore présens à votre sou-
,, venir. Ne vous semble-t-il pas encore voir ce
,, bras tout-puissant se déployer pour vous, &
,, faire succomber sous ses coups redoublés ce
,, fier Pharaon dont vous redoutiez si fort la puis-
,, sance; comme un Aigle porte ses aiglons, il
,, vous a fait traverser la Mer rouge sur ses ailes,
,, pour vous mettre à couvert de la poursuite im-
,, pie & téméraire de l'Egyptien. Cette Mer qui
,, lui a servi de tombeau, ne s'est séparée que
,, pour assurer votre retraite. Sa tendresse pour
,, vous égale sa puissance. Voici donc ce qu'il
,, vous propose aujourd'hui. Si vous voulez, vous
,, dit-il, par ma bouche, exécuter les Loix que
,, vous donnerai, si vous voulez accepter l'Allian-
,, ce que je veux bien contracter avec vous, si
,, vous voulez enfin que je sois votre Roi, vous
,, serez mon Peuple, la terre que vous occuperez
,, sera mon partage, vous serez la Nation sainte.
,, Je vous protégerai contre vos ennemis, je ferai
,, fleurir

„ fleurir votre Nation Votre fidélité à accomplir
„ les Préceptes de ma Loi sera pour vous un garant
„ assuré de ma fidélité à remplir mes promesses.
„ Quoique je domine sur tous les Souverains de la
„ Terre, que je dispose à mon gré des Royaumes
„ & des Empires, je veux pourtant devoir à vos
„ suffrages cette Puissance particuliére, dont jouïs-
„ sent ces hommes que je fais régner sur les Na-
„ tions."

Fondé sur ce discours de Moïse, ne puis je pas dire à mon tour aux Docteurs qui m'ont condamné? Dans cette liberté que Dieu laisse aux Juifs pour accepter son Alliance ou la refuser, n'y voyez-vous pas empreinte, s'il est permis de parler ainsi, cette Constitution civile & politique contre laquelle vous vous élevez? Est-ce donc que les hommes peuvent impunément ne pas soumettre leur liberté à la Religion qui les enchaîneroit? Mr. Hooke s'étoit déjà servi de cet Argument pour prouver que la Loi de Moïse n'étoit qu'une Constitution civile & politique, qu'elle avoit été portée par Dieu, non comme souverain Arbitre du destin des hommes, mais comme Roi temporel des Juifs; que Dieu n'avoit acquis ce droit sur les Juifs que par la libre élection de ce Peuple, & non par la divinité de son Etre, qui lui donne pouvoir sur tous les hommes, que cela étoit prouvé suffisamment par cela même que la Loi ne leur fut donnée qu'en conséquence de leur libre acceptation (a).

A ces différentes preuves, je vais encore en ajoûter une qui mérite toutes vos réflexions. Vous ne pouvez nier que tous les hommes ne soient obligés d'embrasser un Culte que Dieu lui-même a pres-

(a) *Lex Judaïca fuit Constitutio politica & civilis: nam lata est à Deo, non tanquàm omnium hominum moderatore, sed tanquàm Rege Judæorum politico. Usus est in illa ferenda non Jure suo divino, sed eâ potestate qua ipsi, &c.*

prescrit avec l'appareil le plus frappant; donc, vous dirai-je, la Loi de Moïse n'étoit pas une Religion. Car tout le monde sait que les Nations voisines des Juifs pouvoient ne pas suivre leur Loi; il leur suffisoit, pour plaîre à Dieu, qu'elles pratiquassent les devoirs de la Loi naturelle, qu'elles suivissent en un mot la Religion qui avoit sauvé Adam, Noé & tous les Patriarches. Les Auteurs Catholiques qui font vivre Job du tems de la Loi de Moïse, quoique avec tout le monde ils le regardent comme un Saint, ne se sont jamais avisés d'en faire un Juif pour le sauver. Je ne dois pas m'arrêter davantage là-dessus. Si vous persistez malgré cela à croire que cette Loi n'en étoit pas moins une Religion, quelles conséquences n'en tireront pas les Déistes? Nous avons raison, vous diront-ils, de nous en tenir à présent à la Loi naturelle; c'est la Religion de tous les tems. Dans les premiers siécles elle a sauvé ceux qui la suivoient, & quoique Dieu eût prescrit un Culte nouveau par le ministére de Moïse, les hommes ne furent pas obligés pour cela, selon vous-même, à se conformer à ce Culte. Il leur fut libre de s'en tenir toujours à la seule Loi naturelle. Il y avoit donc en ce tems-là deux Religions différentes également agréables à Dieu, ou du moins où l'on pouvoit se sauver également. Il y a plus, les Juifs mêmes n'étoient obligés à suivre cette Religion que parce qu'ils l'avoient bien voulu, comme il est évident par l'Histoire que Moïse nous en a laissée. Les hommes peuvent donc refuser un Culte nouveau dès qu'il est sur-ajouté à la Loi naturelle. Les Déistes, comme on voit, méneroient bien loin ceux qui seroient assez faciles pour leur accorder de tels Principes.

Mais sans nous écarter de l'Institution même de la Loi, nous verrons clairement que ce ne pouvoit être qu'une Oeconomie civile & politique. Je n'imagine pas qu'on veuille reconnoître un Culte nouveau

veau dans les dix Cummandemens. Ce feroit une erreur de penfer que les Ifraélites les ignoraffent, avant que Dieu les eût tracés fur des Tables de pierres. Moïfe commence par-là, parce que toute politique doit avoir pour bafe la Loi naturelle. Combien cela eft-il plus vrai lorsqu'il s'agit d'un Etat où Dieu eft Roi? Après ces dix Commandemens, fuivent les Loix fur les Efclaves. *Si tu achétes un Efclave Hébreu, il te fervira fix ans & fera libre la feptiéme, fans rien payer.* Les Loix qui viennent après, roulent fur les meurtres volontaires ou involontaires, fur le refpect dû aux Parens & les peines qu'on doit infliger à ceux qui feront affez dénaturés pour y manquer, fur la punition que mérite celui qui, après avoir creufé une foffe, ne la couvre pas; on le fait répondre de tout le mal qui peut arriver par-là; on y régle le payement dont on doit dédommager celui qui aura été frappé par le Bœuf d'un autre. De-là le Légiflateur paffe au larcin, au dommage que les Beftiaux peuvent caufer dans les champs, & à ce que doit payer celui qui brulant les épines de fon champ laiffe communiquer le feu aux vignes & au blé de fes voifins. Il entre auffi dans un grand détail fur les prêts, les gages & les dépôts. Après plufieurs autres Loix politiques, qui n'annoncent point un Culte de Religion, le Monarque Dieu fait régler les honneurs qu'on doit lui rendre, & les tributs qu'on doit lui payer. Ces Loix rédigées dans un Livre & dictées par Dieu même, Moïfe les lit au Peuple, qui promet de s'y conformer; & prenant du fang des Animaux qui venoient d'être immolés, il le répand fur le Peuple comme pour être le fceau à l'Alliance dont il eft le Médiateur: Aaron, Nadab & Abiu, avec 70 des anciens d'Ifraël, font députés pour aller fur la Montagne ratifier avec Dieu l'Alliance fcellée fous le fceau du ferment le plus refpectable: Dieu appelle fon Miniftre Moïfe, pour lui

lui apprendre quelle doit être sa Pompe Royale, quel doit être le Palais où Sa Majesté habitera, pour donner de-là des ordres à son Peuple & décider de la paix & de la guerre.

Hé quoi! dites-vous, cette diversité de Sacrifices, cette multitude de Sacremens, cette multiplicité d'Ablutions, cet ordre pompeux de Cérémonies, ce Sacerdoce enfin perpétué dans les Enfans d'Aaron, toutes choses que la Loi de Moïse prescrivoit, ne compofoient-elles pas la Religion des Juifs? Non, vous répondrai-je, toutes ces choses, par cela même qu'elles n'étoient que des ombres & des figures, ne méritoient point cet augufte nom. La Religion ne paffe point, elle eft immortelle comme le Dieu qu'elle adore. Qui jamais a nommé la Loi donnée aux Juifs la Religion de Moïfe? Ce n'eft pas que la Loi avec fes Ordonnances ne fût religieufe. Mais pourquoi l'étoit-elle? C'eft parce que, par fa conftitution divine, elle s'incorporoit néceffairement avec la Religion que les Juifs avoient héritée des Patriarches leurs Péres, & que Dieu la faifoit fervir de figure à la Religion Chrétienne. Confidérée fous ce double afpect, elle prenoit un air de Religion, & le répandoit fur fes Sacrifices, fes Sacremens, fes Ablutions, fes Cérémonies, fon Sacerdoce. Mais tout cela, à proprement parler, n'étoit point la Religion des Juifs, parce que rien de cela n'a paffé chez les Chrétiens. Leur Religion (je prens ce terme dans fa rigueur) n'étoit point autre que celle des Patriarches, laquelle eft la même chez les Chrétiens, avec cette-différence, que fur ce premier fond de la Religion, Dieu a, pour ainfi dire, enté tous ces Myftéres qu'il nous a révélés par Jesus-Christ fon Fils, & qui compofent notre Symbole.

L'Auteur du Mandement trouveroit peut-être mauvais que je laiffaffe fans réponfe ce qu'il dit pour détruire mon fentiment fur l'Oeconomie Mofaïque,

De cette maxime si sensée, que les termes d'une Alliance doivent être si clairs & si précis, que les Parties contractantes en saisissent facilement le sens, j'avois conclu que, puisque le sens naturel de la Loi Mosaïque annonçoit des biens purement temporels, c'étoit une conséquence nécessaire que Moïse avoit eu uniquement en vue les biens de cette espéce. A cela que répond l'Auteur du Mandement ? Qu'il n'est point vrai que Moïse n'ait donné aux Juifs aucune connoissance des biens & des maux de l'autre vie, pas même une première notion de la félicité future ; que lui-même n'avoit envisagé ni ces biens, ni ces maux, mais qu'animé par la Foi, il avoit préféré l'ignominie de JESUS-CHRIST aux trésors de l'Egypte, parce qu'il envisageoit la récompense du Ciel ; d'où il résulte, selon lui, que le sage Législateur des Juifs ne leur proposoit souvent les biens & les maux de la vie présente, pour les détourner du culte des Idoles, que parce qu'il les voyoit fort touchés de ces biens & de ces maux. Ne croiroit-on pas, en entendant parler ainsi l'Auteur du Mandement, que Moïse parloit aux Juifs des biens & des maux temporels, à peu près comme nos Orateurs Chrétiens en parlent quelquefois au Peuple ? Toute la différence que cet Auteur paroît y mettre, c'est que Moïse en parloit plus souvent aux Juifs, parce qu'ils étoient beaucoup plus sensibles aux choses terrestres. Mais en pensant ainsi, dans quelle erreur ne donne-t-on pas ? Moïse parloit par l'autorité de Dieu, il ne faisoit point des promesses & des menaces vagues, elles étoient la condition de l'Alliance que le Peuple Juif contractoit avec Dieu par sa médiation ; & la fidélité de Dieu à ses promesses exigeoit leur accomplissement, selon que les Israélites observeroient ou enfraindroient l'alliance. Aussi voit-on, en parcourant l'Ancien Testament, que les Peines ou les Récompenses temporelles se sont constamment attachées au corps de la Nation, suivant sa fidé-

fidélité ou son infidélité à l'égard de la Loi. On dit souvent aux Chrétiens que Dieu les punit dans leurs biens à cause de leurs péchés. Mais quel est le Pontife de la Loi nouvelle, qui oseroit assurer des moissons abondantes aux Chrétiens sur leur fidélité à remplir leurs devoirs, & qui ne craindroit pas de donner Dieu pour garant de ses promesses? La primitive Eglise, composée, pour ainsi dire, d'autant de Saints qu'il, avoit de Chrétiens, est celle qui a le plus souffert. C'est l'esprit de la nouvelle Loi. Les souffrances y sont souvent envoyées aux Elus comme des faveurs ménagées par le Ciel pour affermir leur vertu ou augmenter leur couronne; & cela, parce que la nouvelle Alliance est fondée sur de meilleures promesses que l'ancienne. Nous ne voyons pas que tant qu'ils ont été fidéles, Dieu ait jamais manqué de donner aux Juifs la sixiéme année la récolte de trois ans, pour réparer par une abondance miraculeuse la stérilité des terres qu'ils avoient ordre de laisser reposer tous les sept ans. Ne pas reconnoître l'effet certain de ces promesses & de ces menaces, ou, ce qui est la même chose, les anéantir absolument sous le spécieux prétexte de les spiritualiser, comme quelques-uns l'ont fait, c'est se liguer avec Spinoza, pour enlever à notre Religion une des preuves les plus convaincantes de sa divinité.

Moïse, dites-vous, animé par la Foi envisageoit la Récompense céleste. Je ne crois pas que personne ait jamais nié cette vérité, si l'on en excepte les Sadducéens. Il ne s'agit point dans ma Proposition de ce que Moïse espéroit pour lui dans l'autre vie, mais uniquement de ce qu'il promettoit dans celle-ci aux Observateurs de sa Loi. Or je prétens qu'il ne leur a jamais promis que des biens purement temporels, comme le prix de leur fidélité à la Loi. L'Auteur du Mandement devoit s'appliquer à me faire voir le contraire, & m'expliquer comment Saint Paul a pu dire que la Nouvelle Alliance étoit fondée

fondée sur de meilleures promesses que l'ancienne, quoiqu'il crût que celle-ci avoit pour objet les Peines & les Récompenses éternelles. Il devroit me rendre raison de ce profond silence que Moïse affecte de garder sur le Dogme des Peines & des Récompenses d'une autre vie, toutes les fois qu'il parle de sa Loi. Je ferai dans un moment ce qu'il n'a pas fait ici. Mais il faut auparavant que je calme ses inquiétudes sur le sort de Moïse & des Juifs.

Il n'étoit pas nécessaire que l'Auteur du Mandement m'avertît que Moïse attendoit les Récompenses célestes. S'il m'avoit ici rendu justice, il auroit vu que je le crois non-seulement de Moïse, mais encore des plus idiots d'entre les Juifs. Voici comme je m'exprime: ,, Leur Religion enseignoit que ,, Dieu, comme Juge équitable, ne borneroit pas ,, à cette vie présente ses Récompenses ou ses Puni- ,, tions. D'où il résulte que les Patriarches & les ,, Prophétes, sans en excepter même le vulgaire des ,, Juifs, ont cru l'immortalité des Esprits, & que le ,, Dogme impie des Sadducéens n'a jamais infecté ,, le corps de la Nation (a)."

Cet Auteur a confondu ce que dans ma Thése j'avois eu soin de distinguer; savoir, l'Oeconomie civile & politique d'avec la Religion des Juifs Les soupirs de Moïse se portoient sans-doute vers le Ciel. Mais cette espérance n'étoit nullement fondée sur l'Oeconomie de sa Loi, qui ne conduisoit à rien de parfait; elle étoit fondée sur la Religion des Patriarches, dont il avoit hérité avec le Peuple Juif. Lorsque les Israélites étoient dociles à la Loi, quoiqu'ils dussent en recevoir la Récompense dans le Ciel,

(a) *Religio docebat Deum moderatorem omnium aquissimum, non tantum in hâc vitâ, sed & in futurâ piorum atque impiorum habiturum esse rationem. Hinc Patriarcha & Propheta, quin & ipsum Judaeorum vulgus, anima tenuerunt immortalitatem, & à Sadducaeorum placitis omni aevo abhorruerunt.*

Ciel, ils n'en avoient pas moins de droit aux Récompenses temporelles, parce qu'elles étoient les conditions de l'Alliance que Dieu avoit jurée solemnellement avec eux.

Mais, dira-t-on, si Dieu récompensoit même dans l'autre vie ceux des Juifs qui observoient exactement la Loi de Moïse, comment cela peut-il s'accorder avec ce que je dis de l'Oeconomie de cette Loi ? Elle ne consiste donc pas dans les seules Récompenses temporelles ?

Cette contradiction n'est qu'apparente. J'ai dit que Dieu récompensoit dans le Ciel l'obéissance des Juifs à sa Loi ; mais c'est de la même maniére qu'il décerne la Récompense céleste à ceux qui observent les Loix du Prince sous la domination duquel ils vivent. Dira-t-on pour cela que les Loix d'un Etat promettent autre chose que des Récompenses temporelles ? Les Récompenses éternelles ne sont pas moins indirectes, ni moins étrangéres à la Loi de Moïse & aux Loix civiles & politiques des Princes, que les Peines éternelles le sont à l'infraction de toutes ces Loix. La Loi de Moïse, ainsi que les Loix de tous les Etats, ne punissoit ou ne récompensoit que dans cette vie ceux qui lui étoient soumis. Mais Dieu, indépendamment de la Loi qui ne poursuivoit ou ne récompensoit les Juifs que dans cette vie, étendoit même au-delà du trépas, comme il le fait encore aujourd'hui par rapport aux Loix de toutes les Puissances, les Peines ou les Récompenses. Ce n'étoit pas le mépris ou le respect pour la Loi qu'il punissoit ou récompensoit dans les Juifs qui l'observoient ou ne l'observoient pas, mais leur mépris ou leur respect pour la Religion, qui commande à tous les hommes d'obéir aux Loix des Puissances dont ils sont les Sujets. Celui qui contrefait la Monnoie de son Prince, sera certainement précipité dans l'Enfer, s'il meurt sans effacer ce crime par son repentir ; mais on ne dira pas pour cela que le châtiment direct de ce crime soit l'Enfer. L'Etat a décerné pour ce crime & autres semblables des Peines, que le Coupable tout repentant qu'il est doit subir; au lieu que son repentir, s'il est animé par la charité, éteint les feux éternels qui l'attendoient après sa mort. Il en arrivoit de même chez les Juifs. Tout homme, qui parmi eux avoit été assez malheureux pour se rendre coupable d'idolâtrie, qui étoit un crime de Léze-Majesté, méritoit la mort, & on la lui faisoit subir sans miséricorde, parce qu'il falloit sa mort pour satisfaire à Dieu comme Roi temporel; mais il évitoit par son repentir les peines de l'Enfer, parce que le sentiment d'un cœur contrit a suffi dans tous les tems pour satisfaire à Dieu comme Dieu. C'étoit le Roi dans Dieu qui punissoit les Juifs dans cette vie, comme c'étoit le Dieu dans Dieu-même qui les punissoit dans l'autre.

Enfin si, comme le veulent mes Censeurs & l'Auteur du Mandement, la Loi de Moïse avoit eu pour objet les biens éternels & célestes, elle auroit sans-doute fourni aux Israélites des moyens pour arriver à cette fin; car une Loi bien ordonnée proportionne toujours les moyens à la fin qu'elle propose. Quelle sagesse & quel ordre se feroient remarquer à vous dans le plan de l'Oeconomie Mosaïque, si la trouvant admirable dans la fin qu'elle propose, vous la trouviez si imparfaite & si défectueuse dans les moyens qu'elle fournit? Ne diriez-vous pas alors que Dieu ne peut être l'auteur d'une Loi, où les moyens démentent absolument la fin? Vous devez donc dire, pour ne point faire d'outrage à la Loi de Moïse, qu'elle n'avoit point en vue les Récompenses éternelles, puisqu'elle ne fournissoit aucuns moyens pour les acquérir. Le sang des Taureaux & des Genisses qu'elle versoit à grands flots ne lavoit, selon la Doctrine de l'Apôtre, que les souillures de la chair & non celles de l'a-

me

me (*a*) Ses Sacremens qui n'étoient, selon le même Apôtre, que des élémens vuides de force & de réalité, ne conféroient qu'une sainteté purement extérieure & légale (*b*).

La Faculté & Mr. l'Archevêque de Paris m'ont condamné comme donnant atteinte par mon Système à la dignité de la Loi ancienne, à la bonté de Dieu dans l'Alliance qu'il contracta avec le Peuple Juif. Ils ont trouvé que si j'étois Déiste d'une part, en ôtant à la Loi de Moïse sa dignité, j'étois Janséniste de l'autre en blessant dans cette Oeconomie la bonté de Dieu. Après que je me suis défendu contre ces deux reproches démentis par ma Thése même, comme on a pu le voir, qu'il me soit permis d'attaquer à mon tour mes propres Juges, & de les placer vis-à-vis d'un Déiste, d'un Juif, & même d'un Janséniste. C'est après leur avoir répondu que je les prierai de prononcer entre eux & moi, pour qu'ils apprennent à l'Univers Chrétien quel sentiment du leur ou du mien est le plus propre à confondre le Déiste, à desarmer le Juif, à convaincre d'entêtement le Janséniste.

Le Déiste vient & dit à Mrs. les Docteurs de Paris & à Mr. l'Archevêque même. „ Par la Cen-
„ sure que vous avez portée contre une Thése soute-
„ nue en Sorbonne, vous convenez qu'une Re-
„ ligion qui ne proposeroit que des Peines & des
„ Récompenses temporelles, seroit indigne & du
„ Dieu qui l'auroit établie, & des hommes qui la
„ recevroient, par cela même qu'elle renfermeroit
„ tout leur espoir dans le cercle étroit de cette vie
„ passagére. Cette décision est fondée sur les prin-
„ cipes de la plus saine Philosophie. Mais puisqu'il
„ est

(*a*) *Cinis vitulæ aspersus inquinatos sanctificat ad mundationem carnis.*

(*b*) *Sacramenta erant infirma & egena Elementa.*

„ eſt évident par les termes même de l'Alliance, qui
„ ne peuvent jamais être trop intelligibles, que
„ Moïſe le Légiſlateur des Juifs s'eſt tû ſur le Dog-
„ me des Peines & des Récompenſes d'une autre
„ vie, & qu'il n'a entretenu les Juifs que de la fer-
„ tilité de la Terre & de la roſée du Ciel, de la fé-
„ condité des Troupeaux & de familles nombreu-
„ ſes, de victoires remportées ſur les ennemis;
„ puiſque même Saint Paul, que vous reconnoiſ-
„ ſez pour le fidéle Interpréte de la Loi Moſaïque,
„ conclut ſon abrogation de ce qu'elle n'étoit pas
„ fondée ſur les mêmes promeſſes que la Loi de
„ Jesus-Crhist, il faut que vous avouïez nécef-
„ ſairement que la Loi de Moïſe n'étoit pas une
„ Religion digne de Dieu, & que ce Légiſlateur
„ a miſérablement abuſé de la folle crédulité des
„ Juifs, pour leur perſuader que c'étoit Dieu qui
„ par ſa bouche daignoit leur faire entendre ſes vo-
„ lontés ſacrées."

Le Juif vient à ſon tour & dit à mes Cenſeurs. „ Je ne puis aſſurément qu'applaudir à la
„ ſageſſe de la déciſion que vous avez portée con-
„ tre une Théſe, qui dégrade notre Loi juſqu'à lui
„ ôter le titre de Religion, & en conſéquence de
„ cette Doctrine erronée à la reſſerrer dans les ſeu-
„ les Peines & les ſeules Récompenſes temporel-
„ les. Mais auſſi, puiſque vous faites tant que de
„ nous accorder que la Loi de Moïſe eſt une Re-
„ ligion divinement inſpirée & qu'elle eſt fondée
„ ſur des eſpérances éternelles, il faut que vous
„ confeſſiez encore que notre Loi ne devoit jamais
„ être abrogée, & que c'eſt nous conformer à la
„ volonté du Dieu qui nous l'a donnée que d'y de-
„ meurer conſtamment attachés. Et pourquoi y
„ renoncerions-nous pour embraſſer la Loi de vo-
„ tre Chriſt? Eſt-elle donc fondée ſur de meilleu-
„ res promeſſes? Hé! peut-il y en avoir de meil-
„ leures que celles qui ſont éternelles? N'eſt-ce pas
„ ce

„ ce dont vous êtes obligés de convenir avec nous ?
„ Après un aveu si décisif pour nous, comment
„ nous prouveriez-vous la nécessité d'entrer dans
„ la nouvelle Alliance, qui n'a rien de plus parfait
„ que la nôtre! Elle ne peut que promettre le Ciel,
„ ainsi que le fait la nôtre. Me direz-vous que les
„ graces, nécessaires pour en ouvrir l'entrée, ne
„ sont attachées qu'à la nouvelle Alliance? Mais
„ parler ainsi, c'est revenir contre ce que vous
„ m'aviez déja accordé, savoir que notre Loi étoit
„ fondée sur des Récompenses éternelles. Car
„ comment pouvoit-elle l'être, s'il est vrai, com-
„ me vous le dites, que les graces qui sont l'uni-
„ que condition pour en faire jouir, n'étoient pas
„ une suite nécessaire de sa Constitution! Pensez-
„ vous donc qu'une telle irrégularité, que vous n'o-
„ seriez pas même attribuer à des Législateurs qui
„ n'ont suivi que leur propre esprit dans le plan de
„ leurs Loix, puisse défigurer la Loi de Moïse,
„ que vous reconnoissez être l'ouvrage de Dieu mê-
„ me? Quelle idée me donnez-vous d'une Loi qui
„ nous promet des biens éternels, & qui ne nous
„ fournit point les moyens nécessaires pour y arri-
„ ver? Cessez donc de nous accorder que la Loi de
„ Moïse est une véritable Religion & qu'elle est
„ fondée sur des Récompenses éternelles, ou recon-
„ noissez avec nous que nous aurions tort de l'a-
„ bandonner pour en suivre une autre qui n'a cer-
„ tainement pas plus de caractéres de divinité que
„ la nôtre. La Synagogue est donc éternelle; &
„ c'est vouloir renverser l'ouvrage de Dieu, que de
„ vouloir la détruire."

Le Janséniste vient aussi à son tour, & dit à la Faculté. „ Je ne suis ni Déïste ni Juif. Je me
„ réunis avec le Chrétien & le Juif contre le Déïs-
„ te, pour reconnoître dans Moïse un Législateur
„ divinement inspiré. Je souscris volontiers au sen-
„ timent qui vous fait envisager dans la Loi de Moï-
„ sé

,, se la Religion des Juifs. Mais il me paroît avec
,, l'Auteur de la Thése proscrite par vous, que
,, Moïse est trop clair, trop précis & trop décidé
,, sur les Peines & les Récompenses temporelles,
,, pour qu'on puisse s'imaginer qu'il ait fondé sa
,, Loi sur de meilleures promesses. La Doctrine
,, du grand Apôtre sur l'imperfection de la Loi,
,, sur l'inutilité de ses Sacrifices, sur le vuide de ses
,, Sacremens, son paralléle entre les deux Allian-
,, ces, ses raisonnemens sur la nécessité qu'il y avoit
,, d'abroger la Loi avec toutes ses Ordonnances,
,, tout cela nous conduit à croire que telles ont été
,, les vues du sage Législateur des Juifs. La Loi
,, ne pouvoit être si imparfaite dans sa fin, sans l'ê-
,, tre aussi dans ses moyens. Voilà pourquoi Saint
,, Paul, qui de tous les Apôtres a pénétré le plus
,, avant dans les Mystéres de la Grace, a établi cet-
,, te même Grace comme la marque caractéristique
,, de la Nouvelle Alliance. *La Loi*, dit-il, *nous*
,, *a été donnée par Moïse; mais Jésus-Christ en réa-*
,, *lisant toutes les figures de l'ancienne, a attaché la*
,, *Grace à la nouvelle Loi. Car si la Loi eût été*
,, *donnée pour vivifier, vraiment la justice seroit de*
,, *la Loi; & Jésus-Christ seroit anéanti à l'égard*
,, *de nous tous, qui voudrions être justifiés par la*
,, *Loi, & non par la Foi qui opére par la dilec-*
,, *tion.* De cette Doctrine si constamment ensei-
,, gnée par le grand Apôtre, & après lui par le
,, Docteur de la Grace Saint Augustin, n'ai-je pas
,, droit de conclure que Dieu refusoit aux Juifs pour
,, l'accomplissement de leur Loi des Graces qui n'y
,, étoient point attachées, & qui n'entroient aucu-
,, nement dans le plan de son Oeconomie? S'il en
,, accordoit à quelques-uns, ce n'étoit point en
,, vertu de l'Alliance jurée avec leurs Péres, mais
,, par anticipation des mérites de Jesus-Christ.
,, Ce que Dieu devoit aux Juifs, c'étoit de rem-
,, plir les engagemens qu'il avoit contractés avec
,, eux

„ eux ſur le Mont Sinaï. Que leur avoit-il pro-
„ mis? Des Récompenſes purement temporelles.
„ Les termes de l'Alliance ne portent pas autre
„ choſe. Or pour leur faire obtenir des Récom-
„ penſes temporelles, il n'étoit pas néceſſaire que
„ Dieu fît couler ſur eux des Graces, qui parce
„ qu'elles ſont ſurnaturelles, n'ont aucun rapport
„ avec une fin purement naturelle. On ne voit
„ point dans l'Ancienne Alliance que Dieu ait pro-
„ mis quelque choſe de plus aux Juifs. S'il eſt par-
„ lé quelque part de Graces & de ſecours, tout
„ cela doit être rélatif à la fin que la Loi propoſoit,
„ & ne pas s'imaginer auſſi-tôt qu'il s'agit de Gra-
„ ces & de ſecours ſurnaturels. Donc, ce n'eſt
„ point bleſſer la vérité que de ſoutenir, comme
„ nous faiſons, que Dieu laiſſoit les Juifs dans l'im-
„ poſſibilité d'accomplir les Préceptes de la Loi
„ avec cet eſprit d'amour qui ſeul ouvre les portes
„ du Ciel; & prétendre que Dieu leur accordoit
„ des Graces, qui ſont l'apanage de la Nouvelle
„ Alliance, c'eſt ſuppoſer que les Juifs, qui vi-
„ voient ſous une Loi de crainte, vivoient pour-
„ tant ſous une Loi d'amour, ce qui eſt une terri-
„ ble contradiction."

Seroit-ce trop s'avancer ici, que de dire que mes Cenſeurs, tant qu'ils tiendront à leurs Principes, ne répondront jamais rien de ſolide & de raiſonnable à ces raiſonnemens que je viens de mettre dans la bouche du Déïſte, du Juif & du Janſéniſte? Ils ne peuvent ſe défendre contre le Déïſte, qu'en lui prouvant que Moïſe a fondé ſa Loi ſur le Dogme des Peines & des Récompenſes d'une autre vie. Or je ſoutiens qu'il eſt impoſſible qu'ils ayent en cela le moindre avantage ſur lui. Il y a plus: je dis que c'eſt trahir la Cauſe Chrétienne que de fournir au Déïſte des armes avec leſquelles il triomphera. Mais ſi je me préſente au combat contre lui, je le force d'adorer Dieu lui-même dans les Loix qu'il donne aux Juifs par l'organe de Moïse. Je lui fais voir que ce Législateur ne devoit point attacher les Peines & les Récompenses éternelles à une Loi, qui toute divine & religieuse qu'elle étoit, n'étoit pourtant qu'une Constitution civile & politique, pour élever entre le Juif & le Gentil un mur de division, qui ne devoit être abbattu que par le Messie.

Le Juif ne tiendra pas davantage contre moi. Armé des mêmes traits avec lesquels l'Apôtre Saint Paul le poursuivoit autrefois, je lui dirai: Inutilement vous prétendez m'échapper. Feuilletez, tant qu'il vous plaira, le Livre de la Loi, je vous défie de me citer un seul endroit, où Moïse votre Législateur ait fait mention, par rapport à votre Loi, du Dogme des Peines & des Récompenses d'une autre vie. Cette imperfection de votre Loi, que vous ne pouvez vous dissimuler, en suppose nécessairement une plus parfaite. Elle ne doit donc pas durer éternellement. C'est cette ruine que vos Prophétes ont tant de fois annoncée. Moïse même n'a-t-il pas prédit que sur ses débris s'éléveroit dans la suite des tems une Loi beaucoup plus parfaite, parce qu'elle seroit fondée sur de meilleures espérances ? Dieu ne s'est-il pas souvent plaint que la fumée de vos Sacrifices, que la chair de vos Boucs & de vos Taureaux, que tout l'appareil de vos Fêtes lui étoit en horreur ? N'étoit-ce pas vous dire clairement qu'il ne souffroit toutes ces choses, que parce qu'elles étoient des ombres & des figures de choses plus parfaites ? Il étoit donc décidé dans les Décrets éternels que la vérité feroit un jour évanouïr ces figures, & que la réalité dissiperoit ces ombres. Les vains efforts, que vos Rabbins ont faits pour montrer dans la Loi le Dogme des Peines & des Récompenses d'une autre vie, qui certainement n'y est pas, ne servent qu'à prouver votre opiniâtreté par rapport à une Loi, que Dieu a lui-même reprouvée à cause de son imperfection

&

& de son inutilité. *Propter infirmitatem ejus & inutilitatem.* En s'exprimant ainsi, Saint Paul ne prétend point flétrir dans votre esprit une Loi qui reconnoît Dieu pour Auteur; mais il vous apprend que vous êtes follement entêtés de la durée d'une figure qui devoit passer, & d'une ombre qui devoit vous échapper.

Je viens enfin aux Jansénistes, & je leur dis. En fouillant par-tout dans les divines Ecritures, pour y trouver des raisons contre la Censure portée par Clément XI. contre votre Doctrine, vous n'avez pas eu de peine à vous appercevoir que Moïse dans sa Loi ne proposoit aux Juifs que des Peines & des Récompenses temporelles. Mais la découverte de cette vérité, au lieu de vous servir, vous est devenue très-nuisible, parce qu'elle vous a confirmés dans votre erreur; semblables à ces Alchymistes, qui achévent de se ruiner en cherchant le grand-œuvre, parce que dans leur chemin ils ont rencontré quelqu'alliance de métaux extraordinaire & inconnue jusqu'alors. De l'opposition des deux Alliances, qui se trouve fondée dans les Ecrits de Saint Paul, & qui est un véritable Commentaire de la Loi Mosaïque, vous vous êtes crus en droit de conclure, que c'étoit l'Apôtre-même qu'on avoit condamné, en vous condamnant. Les Docteurs Catholiques, qui se sont mis sur les rangs pour vous combattre & venger la décision de l'Eglise, ont heurté de front cette découverte que vous aviez faite, sans trop examiner si ce que vous disiez sur la fin de l'Oeconomie ancienne n'étoit pas vrai. De cet empressement à vous combattre les uns & les autres, il est arrivé quelque chose de fort singulier; c'est qu'on vous a vûs défendre contre vos Adversaires votre erreur par une vérité, & ceux-là soutenir la vérité décidée par une erreur. Et pour peindre d'un seul trait de plume toutes vos disputes

Théo-

Théologiques avec les Constitutionnaires, elles étoient un vrai combat d'aveugles.

En effet, si vos Adversaires avoient sû discerner chez les Juifs leur Constitution civile & politique donnée par Moyse sur le Mont Sinaï d'avec leur Religion, ils auroient vu disparoître tous ces passages accumulés dans vos Livres, pour prouver que Dieu n'accordoit point de graces aux Juifs pour l'accomplissement de la Loi. Et c'est parce qu'ils ne l'ont pas fait, que tous leurs raisonnemens contre vous paroissent si foibles (*a*).

Mais ces raisonnemens, qui vous paroissent la foiblesse même, reprennent contre vous toute leur force dans mon Système. Car dès-là qu'il est décidé que la Loi de Moïse n'étoit qu'une Constitution civile & politique, sur-ajoûtée à la Religion des Juifs, qui étoit la même que celle d'Abraham & des autres Patriarches leurs Péres, il est évident que par cela même je fais tomber d'un seul coup toutes vos objections prises de l'imperfection de la Loi, à laquelle Dieu n'avoit point attaché de graces, parce que naturellement les graces sont étrangéres à une Constitution civile & politique. C'est ce que j'avois déjà insinué dans ma Sorbonique. Car, quoique Mr. Millet y ait défiguré mon Système sur l'Oeconomie Mosaïque, en me faisant dire contre mon sentiment qu'elle étoit elle-même la Religion des Juifs, il y reste encore quelques débris

---

(*a*) *Pour se convaincre de ce que je dis, il ne faut que jetter les yeux sur cette foule de Livres enfantés par la dispute, pour répondre aux Objections tirées de l'Ancienne Alliance en faveur de la Doctrine du Pére Quesnel. On n'y lit pas une seule réponse directe. On n'y répond que par des Passages indirects, d'où l'on conclut la volonté de Dieu pour le Salut de tous les Hommes, & l'injustice qu'il y auroit à lui commander aux Hommes des choses impossibles, pour avoir droit de les punir.*

bris de ce Systême renversé à moitié par le Syndic. Voici donc ce que j'y disois. ,, Cette seule ,, remarque sur l'objet de l'Oeconomie Mosaïque ,, foudroye tous ces passages laborieusement accu- ,, mulés par les Jansénistes, pour prouver que les ,, Ruisseaux de la Grace ne couloient point chez ,, les Juifs (a)". Il est évident qu'en parlant ainsi j'étois bien loin de penser comme mes Censeurs. Mais mon infortune a voulu que les idées gravées profondément par les disputes de nos jours se soient uniquement réveillées. On a cru que je favorisois un sentiment, auquel je m'opposois de toutes mes forces, parce que j'étois assez juste pour démêler dans vos raisons l'erreur d'avec la vérité.

Maintenant je reviens à mes Censeurs & je leur dis: vous ne pouvez plus douter que mon Systême sur l'Oeconomie Mosaïque ne soit fondé sur l'esprit même de cette Oeconomie, & sur l'intelgence que nous en a donnée l'Apôtre Saint Paul, qu'il ne soit même l'unique réponse qu'on puisse faire aux raisonnemens des Déistes, des Juifs & des Jansénistes, qui par différentes erreurs attaquent la vérité. Jugez donc si c'étoit un crime pour moi de le rétablir dans ma Majeure, quoiqu'il eût été rayé de ma Sorbonique. Vous n'ignorez pas non plus que mon sentiment est le même que celui de Mr. Hooke, Professeur Royal en Sorbonne. Je vous en ai convaincus par les passages que j'ai cités de lui dans cette Apologie. Vous ne l'ignoriez pas même du tems que vous instruisiez mon procès; puisqu'alors je vous renvoyois aux cahiers qu'il avoit dictés en Sorbonne, pour y lire la parfaite conformité de mes sentimens avec les siens.

Si

(a) *Hâc unicâ animadversione in primarium Mosaïca Legationis objectum, veluti ictu fulminis corruunt omnia argumenta quæ operosè congerunt Janseniani, ut probent Judæos rore gratiæ coelestis aspersos non fuisse.*

Si ma Doctrine vous parut alors bleſſer la dignité de la Loi ancienne & la bonté Dieu dans cette Alliance, pourquoi n'eûtes-vous pas les mêmes yeux pour appercevoir chez Mr. Hooke le venin que ſes ſentimens renfermoient. Ma Thèſe ſans-doute eſt bien moins dangereuſe, qu'un Traité Théologique. Les jeunes Eléves, accoutumés d'é-couter comme des Oracles tout ce que leur Pro-feſſeur enſeigne, ne penſent guéres à être en gar-de contre une Doctrine qu'ils reçoivent avide-ment. Si les Maîtres ſont infectés du poiſon de l'erreur, avec quelle facilité ne le communiquent-ils pas à ceux ſur l'eſprit deſquels ils ont acquis tant d'autorité! Pourquoi donc, vous qui ſaviéz ſi bien que je penſois abſolument comme Mr. Hoo-ke ſur l'Oeconomie Moſaïque, ne vous êtes-vous pas preſſés d'en inſtruire le Public par une promp-te Cenſure? La conduite oppoſée, qu'on a tenue à mon égard, ne feroit-elle pas ſoupçonner qu'on a plus voulu condamner la perſonne que l'erreur. Je ne prétens point vous envelopper tous dans ce reproche, mais il eſt bien certain qu'il s'eſt trouvé des Docteurs qui haïſſoient bien plus ma perſon-ne que mon erreur prétendue. Il faut le condam-ner, diſoient-ils, quand ce ne ſeroit que pour ab-battre ſa fierté. J'ignore en quoi je puis avoir don-ne des marques de la fierté qu'ils me reprochent; mais ce zéle pour la Religion aura certainement de quoi ſurprendre ceux qui penſent qu'on doit aimer ceux mêmes dont on ſe trouve obligé de proſcrire les erreurs.

HUI-

HUITIE'ME PROPOSITION.

Naturam Miraculorum ex se claram ac lucidam mille tricis & ambagibus plures implicuerunt, suisque argumentis id effecerunt, ut nullam ampliùs habeat vim vox Dei per Miracula suam Hominibus voluntatem attestantis.	La nature des Miracles, quoique claire & lumineuse en elle-même, s'est trouvée tellement embrouillée par les vaines subtilités de plusieurs Scholastiques, que ces organes de la Divinité ont perdu entre leurs mains toute la force qu'ils ont naturellement contre les Impies.

CETTE Proposition a été condamnée comme renversant les fondemens de la Religion Chrétienne, *fundamenta Religionis Christianæ subvertentes.* Et pourquoi les renverse-t-elle ? C'est, selon la remarque de l'Auteur de la Préface, parce qu'elle énonce qu'on ne peut à présent tirer des Miracles aucune preuve certaine pour connoître & attester la volonté de Dieu.

JUSTIFICATION.

Voilà encore une Proposition, qui prouve combien il eût été raisonnable de m'entendre. Car on me fait dire ici précisément tout le contraire de ce que j'y établis clairement. On prétend que j'ôte aux Miracles toute leur force, & j'en tire un Argument invincible en faveur de la Religion Chrétienne. Pour s'en convaincre, on n'a qu'à réfléchir sur la Proposition elle-même, & sur ce qui la précéde & la suit.

Quand je suis parvenu aux Miracles, voici de quelle maniére je débute dans cette Question „ Les „ Miracles, cet autre Argument de la Religion „ Chré-

,, Chrétienne, marchent ici de pair avec les Pro-
,, phéties, avec lesquelles ils conservent quelques
,, traits de ressemblance (a)".

On ne sauroit douter que dans le Systême de ma Thése les Prophéties ne soient décisives en faveur de la Divinité de la Religion Chrétienne. Pour peu que j'eusse biaisé sur cela, on m'auroit relevé durement. Or, dans ma Thése, j'établis un paralléle entre les Miracles & les Prophéties ; & c'est parce qu'ils sont marqués les uns & les autres au sceau de la Divinité, que je dis que les Miracles sont ainsi que les Prophéties une preuve démonstrative de la vérité de la Religion Chrétienne.

Mais entrons dans la Proposition même, & d'un œil sévérement critique, examinons ce qu'il peut y avoir de reprehensible. La nature des Miracles est, selon moi, claire & lumineuse par elle-même (b). Il est vrai que je dis qu'elle a été embrouillée par les vaines subtilités de plusieurs Scholastiques. Mais que me font toutes ces vaines subtilités, & tous ces nuages que la dispute a jettés sur les Miracles, si perçant ces nuages qui les enveloppent, mes yeux apperçoivent l'éclat dont ils brillent en eux-mêmes? Pour qui deviennent-ils inutiles ? Ce ne peut être que pour les mauvais raisonneurs de l'Ecole, qui seroient bien fâchés de voir la vérité comme le commun des Hommes. Ce sont ces gens-là que j'ai prétendu peindre dans ma Thése, & l'expression *Theologastri*, que me fit effacer Mr. Hooke, me paroissoit très-bien leur convenir.

Or, je le demande, quel inconvénient y a-t-il à dire, que les Miracles ont perdu toute leur force entre les mains de ces mauvais Auteurs ? J'aimerois autant qu'on dit qu'on ne peut aujourd'hui
prou-

(a) *Alterum Christianæ Religionis argumentum Miracula, quæ cum Prophetiis quandam habent cognationem.*
(b) *Naturam eorum ex se claram ac lucidam.*

prouver l'existence de Dieu, la spiritualité de l'Ame & telles autres vérités, avec le secours des armes que fournit la Philosophie, parce qu'il y a bien des gens qui s'en servent très-mal pour établir ces grandes vérités contre ceux qui les combattent. Est-ce donc la faute de la Philosophie? Nullement, me dira-t-on. Eh bien, répondrai-je à mon tour, si les Miracles sont devenus entre les mains de quelques-uns des armes impuissantes contre les Déistes, ce n'est pas la faute des Miracles, mais de ceux qui raisonnent mal, & qui ne sont pas assez habiles pour en faire sortir des preuves victorieuses contre l'impiété.

Vous dites, par exemple, que le Démon peut faire de vrais Miracles; & pour le prouver, vous m'alléguez l'exemple des Baguettes que les Magiciens de Pharaon convertirent par sa vertu en vrais Serpens, celui du Nil dont toutes les eaux furent teintes de sang, & plusieurs autres Miracles qu'il seroit trop long de détailler ici. Quand je vous objecte que si le Démon fait de vrais Miracles, dès-lors ils ne prouvent plus rien; vous avez recours au nombre & à l'éclat des Miracles, que Dieu ne manquera pas d'opérer, afin que, dans ce conflict où Dieu & le Démon luttent ensemble, on puisse discerner de quel côté est le doigt de Dieu. Mais je vous répondrai dans la personne d'un Déïste, que le Démon ayant une fois le pouvoir de sortir du cercle des Loix générales, il n'y a point de Miracle, quelque éclatant que vous le supposiez qu'il ne puisse opérer; & que deux Démons, pour mieux vous tromper, s'accorderont ensemble à faire des Miracles, dont les uns par leur éclat & par leur nombre l'emporteront sur les autres. Pour vous tirer d'embarras, vous direz qu'il faut juger des Miracles par la Doctrine ; mais croyez-vous que le Démon ne fera des Miracles que pour autoriser une Doctrine évidemment impie;

pie, tel que seroit le Polythéïsme? S'il s'apperçoit qu'avec le tems, des erreurs grossiéres rebutent les esprits par leur grossiéreté, ne peut-il pas alors leur substituer des erreurs plus raffinées, plus subtiles, des erreurs enfin qui surpasseroient la capacité de l'entendement humain? Telle seroit, par exemple, l'erreur qui diviniseroit Jesus-Christ, si véritablement il n'étoit pas Dieu. La Doctrine (je parle de celle qui concerne les Dogmes & nullement la Morale) ne seroit donc pas un signe bien propre à nous faire discerner les Miracles de Dieu d'avec ceux du Démon.

Je prononce donc hardiment que les Miracles ont perdu dans les Livres des Théologiens dont je parle, la force qu'ils ont par eux-mêmes contre les Impies. Quel mal, encore un coup, peut-il y avoir à dire que de prétendus Docteurs élevés dans la poussiére des Écoles, raisonnent si peu conséquemment sur les Miracles, qu'ils seroient battus par certains Déïstes, bien meilleurs Philosophes qu'eux, avec lesquels ils oseroient se mesurer & entrer en lice? C'est pourtant-là l'unique sens de la phrase de ma Thése, où l'on m'accuse de donner atteinte à la preuve des Miracles, laquelle n'est point une Proposition Dogmatique, mais une réflexion jettée en passant sur l'abus des subtilités Scholastiques.

Mais comment puis-je donner atteinte à la preuve tirée des Miracles, moi qui les appelle dans la Proposition même la voix de Dieu attestant aux Hommes ses volontés divines (a)? Les Miracles ne peuvent être dans un tems l'organe de la Divinité, qu'ils ne le soient toujours.

Peu satisfait des différentes définitions, qui me paroissent obscurcir la nature des Miracles au lieu de

(a) *Vox Dei per Miracula suam Hominibus voluntatem attestantis.*

de l'éclaircir, je me demande quels ils peuvent donc être? Je trouve que ce sont des effets surprenans, qui dérogent aux Loix de la Nature, qui nous sont connues, & par cela même qui puissent nous être connues.

Par-là je répons à la difficulté qu'on fait contre la preuve des Miracles, qui est que toutes les Loix de la Nature ne nous étant pas connues, il nous est impossible de déterminer quel est l'événement qui n'est pas renfermé dans l'ordre de la Nature. Assuré de la vérité de ce Principe, fondé sur la sagesse de Dieu-même, je parcours tous les événemens de l'Ancien & du Nouveau Testament, arrivés contre l'ordre des choses qui nous est connu; & parce qu'ils en sortent, j'affirme aussitôt sans hésiter qu'ils annoncent la main Divine qui les a opérés (*a*). Je dépouille le Démon du pouvoir de faire des Miracles, parce que, quelque convaincu que je sois de son pouvoir sur la matiére & même de son influence sur les ames, par le ministére des corps auxquels elles sont unies, je crois pourtant qu'il est assujetti comme nous à l'ordre des Loix générales, & que Dieu a tracé autour de lui un cercle, dont il ne lui est pas possible de sortir. Or, si les Miracles (je parle de ceux que le Démon ne sauroit contrefaire) décélent la main Divine qui les opére, ils prouvent la Religion pour qui on les fait. Voilà ce que je dis nettement: est-ce donc-là infirmer, comme on me le reproche, la preuve des Miracles en faveur de la Religion? Que je suis éloigné d'un tel sentiment, moi, qui ne trouve rien de si beau ni de si propre, que les *Miracles* de JESUS-CHRIST & les *Prophéties* à établir la Divinité

(*a*) *Eo ipso manum divinam indicant.*

nité de sa Mission (*a*) ; moi qui prens soin d'en venger la vérité contre les allégories de l'impie Wolston, avec lesquelles il trouve le moyen d'anéantir ce qu'il y a de plus éclatant dans les actions de ce devin Messie (*b*). Mais je me lasse d'avoir si fort raison contre mes Censeurs, passons à la Proposition des Guérisons.

(*a*) *Praeclara , inquies , Christi Miracula, divinam ejus Legationem ritè comprobantia, si modò vera forent. Vel unorum Evangelistarum narrationis color egregiè confirmat.*

(*b*) *Malè suum virus obtegit Woolsto, dum Mutationem aquæ in vinum apud Canan, Transfigurationem in Monte , Hemorroissa , duorum Paralyticorum & cæci nati Sanationem, trium Mortuorum suscitationem, quin & ipsam Christi expulsionem Venditorum è Templo, Dæmoniacorum nominatim Gadarenorum, sensu figurato intelligit.*

FIN DE LA HUITIE'ME PROPOSITION,

NEU-

NEUVIE'ME PROPOSITION.

Lædunt dæmones, *inquit Tert.* dehinc remedia præcipiunt, & postquam desinunt lædere, curasse creduntur. Ergò omnes morborum curationes à Christo peractæ, si seorsum sumantur à prophetiis, quæ in eas aliquid divini refundunt, æquivoca sunt miracula, utpotè illarum haberent vultum & habitum in aliquibus curationes ab Esculapio factæ.

Les Démons blessent, dit Tertulien, *ensuite ils ordonnent des remédes, & lorsqu'ils cessent de faire du mal, on croit qu'ils ont guéri.* Donc toutes les guérisons de J. C. si on les sépare des prophéties, qui dévoilent à nos yeux leur divinité, n'ont point pour nous persuader la force des miracles, parce que quelques traits de ressemblance pourroient les faire confondre avec celles d'Esculape.

Cette proposition a été condamnée par la Faculté comme blessant avec impiété la vérité & la divinité des miracles de J. C. entant qu'elle assure que toutes les guérisons opérées par J. C. séparées des prophéties, sont des miracles équivoques, & qui n'ont rien de divin, parce que les prétendues guérisons faites par Esculape auroient avec elles quelque conformité & quelque ressemblance. *Quatenus omnes à Christo peractas curationes, seorsim à prophetiis, miracula esse æquivoca & nihil habere divini asserunt, eò quod illarum referrent in aliquibus vultum & habitum prætensæ curationes ab Æsculapio factæ, veritati & divinitati miraculorum Christi non sine impietate derogantes.*

JUSTIFICATION.

Voici de toutes les propositions censurées celle qui a préparé le plus de triomphes à mes adversaires, celle qui a le plus allarmé la foi des Fidéles, celle en un mot qui par l'indignation dont elle rempliſſoit les eſprits, obligea Mr. le Rouge à faire une dénonciation en forme de ma Théſe dans l'aſſemblée du *prima menſis* de Décembre. Pour faire taire ici tous ces cris tumultueux, je prétens faire voir que ma doctrine ſur les guériſons de J. C. eſt puiſée dans l'Ecriture même, interprétée par la Tradition conſtante des Péres, & que je n'ai fait en cela que marcher ſur les traces de Mr. de Bethléem & de Mr. le Rouge lui-même, quoique le premier, dans une Lettre qui fut lue publiquement en Sorbonne par Mr. Gaillande, ſe ſoit élevé contre ma propoſition, comme fort différente de ce qu'il a enſeigné dans ſes Lettres Théologiques, & que le ſecond l'ait traitée d'impie & de blaſphématoire. Mais il faut que je commence par lever le ſcandale qu'ont excité dans Paris certains eſprits aveuglés par leur zéle, en y répandant par-tout qu'en fait de guériſons miraculeuſes, je plaçois Eſculape à côté de J. C. même. Le paralléle que j'ai prétendu établir entre les guériſons de J. C. & celles d'Eſculape, ne tend nullement à prouver que les premiéres ſont auſſi divines que les derniéres. Les guériſons de J. C. indépendamment des prophéties, ont été opérées par une vertu divine, & par conſéquent elles ſont vraiment miraculeuſes. Tout autre ſens donné à ma propoſition ne pourroit être que forcé; car ſi les guériſons de J. C. n'étoient pas en elles-mêmes de vrais miracles, opérés par une vertu ſurnaturelle, comment les prophéties, qui les ont annoncées, leur auroient-elles imprimé quelque choſe de divin? Quel eſt donc le ſens naturel de ma propoſition? C'eſt que les guériſons de J. C. toutes divines qu'elles ſont, ont beſoin des prophéties, pour faire éclater *à nos yeux* le ſceau de la Divinité à laquelle elles ſont marquées, à peu près comme nous nous ſervons d'une pierre de touche

pour

pour discerner le véritable or de celui qui n'en a
que l'apparence, quoique le véritable or soit tel
indépendamment de l'application de la pierre de
touche. Ce qui nous cache la main divine qui a
opéré les guérisons de J. C. c'est que le Diable,
que Tertullien appelle le *Singe de la Divinité*, peut
les imiter & les contrefaire à quelques égards.

Hé bien! me dira l'Auteur du Mandement, &
celui de la Préface de la Censure; on vous accorde
que dans le sens de votre Théfe les guérisons
de J. C. indépendamment des prophéties, font de
vrais miracles; mais ce qu'on ne peut vous pardonner,
c'est qu'elles ne deviennent des miracles
certains & non équivoques pour nous, que lorsqu'elles
font jointes à des prophéties qui les ont
prédites. Parler ainsi, n'est-ce pas ôter aux miracles
la force qu'ils ont naturellement pour prouver
la vérité? N'est-ce pas imiter les Incrédules
de nos jours, dont l'artifice s'occupe à affoiblir en
détail chaque preuve de la vérité de notre Foi,
pour en conclure que toutes les preuves réunies
font aussi impuissantes que chacune en particulier?
Tel est le raisonnement qu'on lit dans le Mandement
de Mr. l'Archevêque de Paris.

Je n'assurerai point ici que mon système soit
exactement le même que celui de Mr. l'Evêque
de Bethléem, parce que je me propose de le démontrer
ailleurs. J'observerai seulement que l'Auteur
du Mandement me fait précisément l'objection
& les reproches que les Jansénistes faisoient à Dom
la Taste, & que ma réponse sera la même que la
sienne. Je dirai donc avec cet Auteur; dans quel
endroit de ma Théfe ai-je nié que les *miracles*,
indépendamment des prophéties, prouvent la vérité
de la Religion Chrétienne? Qu'on relise ce
que j'ai dit pour justifier la huitiéme proposition,
& l'on se convaincra aisément que je n'ai pas prétendu
que la liaison que Dieu a mise entre les différentes
preuves de sa Religion, empêche que cha-

I 2   cune

cune d'elles prife féparément ait toute la force néceffaire pour en établir la vérité. On a tort d'é-
tendre à tous les miracles ce que je dis des feules
guérifons opérées par J. C. comme fi ce divin Légiflateur n'avoit pas fcellé fa miffion par d'autres
prodiges que par des guérifons, & que je ne leur
euffe trouvé de force que celle qu'ils recevoient
des prophéties. Ainfi tout ce raifonnement de
l'Auteur du Mandement, fur la force que confer-
vent féparément les différentes preuves de notre
Religion, eft lui-même fans force contre moi,
puifque je ne donne aucune atteinte à cette vérité.

Il eft vrai que je prononce que toutes les guérifons de J. C. tirent des prophéties qui les ont
annoncées, l'autorité qu'elles ont pour prouver
la divinité de J. C. & celle de fa Religion; mais
ceci a befoin encore d'être expliqué. En appliquant le terme, *toutes*, aux guérifons de J. C. je
n'ai pas prétendu parler de toutes les guérifons
prifes collectivement, mais feulement de toutes
les Religions prifes féparément. Cela eft clair pour
tout homme qui faifira l'enchaînement & le tiffu
de ma Théfe.

Le Démon, avois-je dit un peu auparavant, n'a
pas le pouvoir de faire de vrais miracles, il eft
lui-même affujetti à l'ordre des caufes fecondes,
au-delà defquelles fa vertu ne peut s'exercer. Or,
de ce principe avoué par la faine Philofophie, il
eft naturel de conclure qu'il fe trouve des maladies incurables à tous les efforts du Démon; puifqu'il y en a quelques-unes pour la guérifon defquelles il faudroit renverfer le cours des loix générales. D'un autre côté, il n'eft pas poffible que
fur ce grand nombre de guérifons opérées par Jéfus-Chrift en tant de lieux différens, il n'y en ait
pas eu quelques-unes qui s'échappoient du cercle
des guérifons poffibles à la Nature. Je dois donc
reconnoître en elles quelque chofe de divin, qui
n'eft point renfermé dans la fphére de la Nature,

&

& qui surpaſſe toutes les forces du Démon. Donc indépendamment des prophéties, toutes les guériſons de J. C. réunies ſous un même aſpect, forment une preuve invincible en faveur de la vérité de la Religion Chrétienne.

Le terme, *omnes*, que j'ai employé, non pour déſigner la collection des guériſons de J. C. mais ſeulement chaque guériſon en particulier, ne doit paroître étrange à perſonne; puiſque ſouvent on en fait le même uſage que j'en ai fait ici. Dans cette propoſition, par exemple, *Tous les hommes poſſibles peuvent être créés*, l'attribut ne peut convenir qu'aux individus pris ſéparément. La propoſition eſt vraie en ce ſens, qu'il n'y a aucun homme poſſible que Dieu ne puiſſe tirer du néant; mais elle ſeroit fauſſe, ſi elle s'entendoit de la collection de tous les hommes poſſibles, parce qu'il eſt impoſſible que Dieu s'épuiſe jamais par la création.

Et qu'on ne diſe point que ce ſens, que je donne ici à ma propoſition, ne m'eſt venu dans l'eſprit que depuis qu'on m'a condamné: car, outre que ma Théſe n'en peut recevoir un autre, comme je viens de le faire voir, je m'expliquai nettement ſur cet article le jour que je répondis à l'argument des guériſons qui me fut propoſé par un des Licentiés; l'Argumentant lui-même, le Préſident de la Théſe & les Cenſeurs qui s'y trouvérent, me rendront cette juſtice que pendant tout le cours de la diſpute j'eus toujours en vue ce ſens, excluant avec ſoin le ſens des guériſons priſes collectivement. Il ne fut queſtion entre le Bachelier argumentant & moi, que des guériſons priſes en particulier, & notamment des guériſons du Paralytique & de l'Aveugle né. Je lui ſoutins conſtamment que je croyois ces guériſons divines, par cela ſeul qu'elles avoient été opérées par Jéſus-Chriſt, mais qu'on ne pourroit en tirer un argument invincible contre les Déiſtes, tant qu'on les ſépareroit des prophéties; & c'eſt ſur ce point unique

que roula toute la difficulté, & qu'elle doit encore rouler aujourd'hui. Commençons.

C'est un principe constant dans la Théologie, que le pouvoir du Démon surpasse de beaucoup celui des hommes. Quelques Théologiens ont même été si loin sur cet article, qu'ils n'ont pas craint d'avancer, qu'il peut faire de vrais miracles, dans le sens le plus rigoureux de ce terme, c'est-à-dire, en rompant les loix générales. Pour appuyer leur sentiment, ils citent les prodiges par lesquels les Magiciens de Pharaon répondirent autrefois aux miracles de Moyse. Effectivement, si de leur part il n'y a eu ni prestige ni illusion, s'ils ont véritablement converti leurs verges en serpens, s'ils ont réellement changé en sang toutes les eaux du Nil, comme le prétendent ces Théologiens qui me paroissent ici commettre la cause de la Religion, je ne vois plus dès-lors de miracle auquel les forces du Démon ne puissent atteindre. Faire naître d'un morceau de bois un serpent animé, est, à mes yeux, un prodige qui ne le céde en rien à une résurrection de mort.

Mais sans insister ici sur les miracles des Magiciens de Pharaon, que Mr. l'Evêque de Bethléem & Mr. le Rouge, beaucoup plus hardis qu'il ne m'appartient de l'être, ont produits avec confiance comme une preuve démonstrative du grand pouvoir du Démon, on ne me contestera pas sans-doute qu'il n'ait tiré de la langue d'un serpent des sons articulés, & qu'il ne se soit servi de son organe pour parler à la première femme. Il est encore certain par l'Ecriture qu'il a fait descendre le feu du Ciel sur les troupeaux de Job, & qu'il a affligé ce grand homme d'une cruelle maladie. Il n'est pas moins évident qu'il lui fut permis de transporter J. C. même sur le faîte du Temple de Jérusalem. L'Ecriture ne parle des prodiges de l'Antechrist qu'avec une espéce de frayeur pour les Elus mêmes, tant ils seront séduisans. Ecoutez

tez avec quelle force énergique J. C. a soin de nous prémunir contre les faux Chrifts & les faux Prophétes, qui doivent s'élever dans la fuite des tems & préparer les voies à l'Antechrift: *Ils feront des fignes & des prodiges étonnans, capables de féduire les Elus mêmes, s'il étoit poffible.* Une prédiction fi frappante, & tant de fois répétée par J. C. même, nous rendra inexcufables, fi nous nous laiffons furprendre à l'éclat des miracles dont ils nous éblouïront. C'eft à nous à bien pefer toutes les circonftances d'une prédiction fi terrible; J. C. n'a rien voulu nous cacher de ce qui feroit néceffaire pour nous y rendre attentifs. *Soyez donc fur vos gardes, car je vous ai tout prédit* [a]. St. Paul n'eft pas moins précis fur la féduction dangereufe de l'arrivée de l'Antechrift. Il nous le repréfente environné de l'éclat des miracles, & dépofitaire de toute la puiffance de Satan [b]. Cette puiffance s'exercera & fur les élémens & fur les hommes, fur les élémens, puifqu'il fera defcendre le feu du Ciel, qu'il animera des ftatues & les fera parler; fur les hommes, puifqu'il guérira parfaitement [c] un de fes guerriers, qui paroîtra avoir été tué dans un combat.

Or fi tel eft le pouvoir du Démon, qu'il puiffe faire parler les animaux, & mêmes des ftatues inanimées, précipiter le feu du Ciel, fufpendre dans les airs des corps pefans, guérir en un inftant des hommes mortellement bleffés; s'imaginera-t-on que fon pouvoir l'abandonnera, lorfqu'il s'agira,

par

---

[a] *Vos ergò videte, ecce prædixi vobis omnia.* Marc. XIII. 23.

[b] *Cujus & adventus fecundùm operationem fatanæ in omni virtute & fignis & prodigiis mendacibus.* Ad Theffal. II. 9.

[c] *Et vidi unum de capitibus fuis quafi occifum in mortem, & plaga mortis curata eft.* Apocal. XIII. 3.

par exemple, de rendre la vue à un aveugle né, ou l'usage de ses membres à un paralytique? Ces deux guérisons sont-elles plus difficiles à opérer que ne le sont les prodiges que je viens de rapporter, sur le témoignage même de l'Ecriture? Si les Médecins font quelquefois des cures surprenantes, combien le seroient davantage celles que le Démon pourroit lui-même faire! Supérieures à toutes nos forces, ne pourroient-elles pas nous paroître semblables, à quelques égards, à celles que l'Evangile rapporte de J. C.?

Dira-t-on que J. C. s'est réservé les guérisons comme l'appanage de sa Divinité? Il le peut sans doute, mais l'a-t-il fait? Voilà ce qu'on ne prouvera jamais. Plusieurs faits déposent même le contraire. Ce n'est pas que j'ignore qu'un des caractéres du Messie consistoit dans la guérison des maladies. C'étoit-là une des marques auxquelles on devoit le reconnoître. Mais ce caractére étoit désigné dans les prophéties; il avoit besoin, quant à chaque guérison prise en particulier, d'être muni de ce sceau de la Divinité, pour faire sur les esprits une impression profonde. En un mot, les guérisons ne sont pas tellement propres à la Divinité, que le Démon n'en puisse opérer. C'est ce qui nous est confirmé par l'Histoire sacrée, par l'Histoire profane, par les Péres, par les Théologiens.

Et pour commencer par l'Ecriture, il n'est pas possible de méconnoître dans cette expression énergique de St. Paul, *in omni virtute*, appliquée à l'Antechrist, toutes sortes de guérisons. Tel est le commentaire que les Péres ont fait sur ces paroles de l'Apôtre. Voici comme St. Hypolite martyr, dans son Traité sur la fin du Monde, s'exprime en parlant de l'Antechrist: ,, Il se signale-
,, ra par des prodiges, en purifiant les Lépreux,
,, en ranimant les membres morts des Paralyti-
,, ques, en chassant les Démons; (chose surpre-
,, nan-

,, nante) il annoncera l'avenir auſſi ſurement que
,, s'il étoit préſent [a]."

Lorſque J. C. parut guériſſant tous les malades qui ſe préſentoient à lui, ce fut alors que le Démon, pour retenir ſa proie, entreprit de combattre les guériſons du Meſſie par d'autres guériſons; il en opéra dans les Temples des faux Dieux, ſous le nom deſquels il recevoit l'encens des Payens. Les Temples d'Eſculape & de Sérapis devinrent ſur-tout célébres par les guériſons qui s'y opérérent. Celſe, Porphyre, Julien pour ſe défendre contre les guériſons de J. C. dont les SS. Péres les accabloient, ne manquérent pas de leur oppoſer celles de leurs Dieux. ,, Quand nous
,, diſons, remarque Saint Juſtin, que J. C. a guéri
,, des boiteux, des paralytiques, des gens infir-
,, mes dès leur naiſſance, il ſemble que nous ne
,, diſons rien que l'on ne diſe d'Eſculape [b].

On oſe dire que les Saints Péres ſe ſont inſcrits en faux contre les guériſons miraculeuſes, opérées dans le ſein du Paganiſme. Si j'en crois l'Auteur de la préface de la Cenſure, les guériſons attribuées à Eſculape n'étoient que de prétendues guériſons; & je ſuis un impie & un blaſphémateur, pour avoir établi une eſpéce de paralléle entre les guériſons de ce faux Dieu & celles qui ſont rapportées dans l'Evangile.

Ce paralléle, qu'on me reproche, ne parut pas d'abord à MM. les Députés auſſi odieux, ni même auſſi indécent, qu'on l'a dit dans la ſuite. Car, lorſ-

---

[a] Poſteà edet prodigia, leproſos mundando, paralyticos excitando, expellendo dæmonia; longinqua non aliter quàm præſentia denuntiabit.

[b] Quod claudos autem & paralyticos ſanaverit & ab ipſâ nativitate mutilos ſanaſſe memoravimus; conſentenea bis dicere videmur quæ ab Æſculapio facta eſſe feruntur. Juſt. Apol. 1. pro Chriſt. n. 50.

lorsqu'il fut question de ranger parmi les Propositions qu'on vouloit censurer, celle où je parle des guérisons de J. C. ils retranchérent de leur propre mouvement, ces mots, *in aliquibus*, qui sont un adoucissement à ce que j'avois dit de la ressemblance extérieure que quelques guérisons d'Esculape avoient avec celles de J. C. Cette suppression ne prouve-t-elle pas qu'ils étoient persuadés que ma proposition des guérisons ne pouvoit être soumise à la censure, tant qu'on y laisseroit ce correctif? Ils croyoient donc alors que le Démon pouvoit imiter, à quelques égards, les guérisons de J. C. Mais voyons maintenant ce que les SS. Péres opposent à l'argument des Payens sur les guérisons d'Esculape.

J'ouvre la premiére Apologie de Saint Justin, & j'y lis: 1. Que les plus estimés d'entre les Auteurs profanes ont fait une mention honorable des guérisons miraculeuses attribuées à Esculape: [a] 2. Que les Démons, jaloux d'obscurcir les miracles de guérison & les autres prodiges, qui devoient, selon les prophéties, signaler le glorieux avénement de J. C. avoient introduit Esculape sur la scéne comme un faiseur de miracles de guérison, à peu près comme ils opposérent autrefois à Moyse les Magiciens d'Egypte, lesquels en avoient presque égalé la puissance. [b] [c]. 3. Enfin que c'est
moins

[a] *Scitis enim quot jovis liberos, illi qui in pretio apud vos sunt scriptores memorent, Mercurium quidem.... Æsculapium verò qui licet Medicus fuerit, &c.*

[b] *Ubi verò dæmones rursus intellexerunt ipsum (Christum) vaticiniis promissum omnem morbum curaturum, & mortuos resuscitaturum, Æsculapium subintroduxerunt.*

[c] *Ea quæ diabolus ad imitationem veritatis inter Ethnicos divulgavit, quemadmodum & per magos in Ægypto opera sua effecit.* Dial. cum Triph. &
ibi-

moins sur le récit des Evangélistes que sur le témoignage des Prophétes, qu'il est convaincu que les miracles de J. C. ne sont point l'effet d'un art magique. [a]

Sur ce simple exposé des sentimens de Saint Justin, il n'y a personne qui ne sente que cet illustre Martyr ne doutoit nullement de la vérité des guérisons attribuées à Esculape. Et comment en auroit-il douté? Ne lui étoient-elles pas confirmées par une foule d'Ecrivains estimés qui les rapportoient? Recuser leur témoignage par cette seule raison qu'ils étoient Payens, ce seroit introduire le Pyrrhonisme dans l'Histoire, & par-là donner atteinte en quelque sorte aux Faits même de l'Evangile. Car les Payens pouvoient dire aux Chrétiens: Vous voulez nous obliger à croire les Faits de l'Evangile, parce que vous en avez été les témoins oculaires; nous n'avons garde de recuser ce témoignage des sens; mais pourquoi le recusez-vous, quand il s'agit de nos miracles, dont nous avons été les témoins oculaires, ainsi que vous l'avez été de ceux qui sont rapportés par vos Evangélistes? Est-ce que vos yeux sont de plus fidéles interprétes des choses qu'ils ont vues?

Mais peut-être que Saint Justin aura nié les guérisons d'Esculape, parce qu'il les croyoit impossibles au Démon. Il étoit bien éloigné de le penser, lui qui croyoit que les Enchanteurs de l'E-

---

ibidem, *in Ægypto magos fuisse novimus prope adæquatos virtuti quam Deus per fidelem famulum suum perfecit Moysen.*

[a] *Verùm ne quis nobis opponat, nihil obstare quin etiam qui à nobis vocatur Christus, arte magicâ virtutes quas dicimus ediderit.... Demonstrationem jam aggredimur,* non tam dicentibus credentes quàm prædicentibus.

l'Egypte avoient égalé dans les trois premiers miracles la puissance de Moyse, & que le Démon, par le pouvoir duquel ils avoient agi, avoit fait des prodiges dans d'autres pays que dans l'Egypte. Après ceux qu'il avoit opérés par le ministére des Magiciens de Pharaon, il ne devoit pas lui en couter beaucoup pour guérir des malades dans le temple d'Esculape ; & Saint Justin, qui ne doutoit pas de la réalité des premiers, pouvoit encore moins douter de la réalité des derniers, puisque ceux-ci étoient bien moins difficiles que les autres. Enfin, ce qui est une raison décisive, s'il n'a pas ajoûté foi aux guérisons d'Esculape, si même il ne les a pas crues possibles au Démon; comment peut-il balancer à reconnoître pour divines les guérisons de J. C. à moins qu'il ne les voie annoncées par les Prophétes ?

Qu'on explique ces paroles, *non tam dicentibus credentes quàm prædicentibus*. Si une guérison miraculeuse est divine, par cela seul qu'on ne peut douter de sa réalité, en croire les Prophétes sur la divinité des guérisons de J. C. plutôt que les Evangélistes, ce seroit donner à entendre que ces derniers ont pu nous tromper sur les faits qu'ils rapportent. Or le respect que nous devons avoir pour Saint Justin nous empêche de croire qu'il en ait manqué lui-même pour les Evangélistes. Donc Saint Justin a cru que la vérité d'une guérison miraculeuse n'en suppose pas toujours la divinité, & qu'il est nécessaire que la voix des Prophétes, qui scelle la divinité des guérisons de J. C. en les prédisant, se joigne à la voix des Evangélistes, qui en confirme la vérité en leur apposant le sceau de la plus grande certitude. Si, selon la doctrine de Saint Pierre, le témoignage des Prophétes a plus de force sur nos esprits que celui des Evangélistes [a], c'est que ceux-ci n'étoient que les sim-

---

[a] *Habemus firmiorem Propheticum sermonem, ené bene facitis attendentes.* 2. Petr. I. 19.

simples Historiens des guérisons de J. C. dont ceux-là manifestoient la divinité, en les annonçant plusieurs siécles avant que le Messie en donnât le spectacle aux Juifs. Car, comme le remarque très-bien Saint Justin, c'est répandre un rayon de divinité sur un événement, que de le prédire avant qu'il arrive. [a]

On peut appliquer le même raisonnement au passage d'Origéne, où il dit nettement qu'il n'est convaincu de la divinité de J. C. sur les guérisons d'aveugles & de boiteux qu'il a opérées, que parce qu'elles avoient été prédites par Isaïe [b]; & à celui où Lactance ne craint pas de dire que sans les prophéties qui annoncent les miracles de J. C. il auroit pu passer pour un Magicien, *Magum putassemus*, Inst. lib. 5. Quelle témérité dans ces Péres de raisonner ainsi, s'ils n'avoient été convaincus que les guérisons de J. C. considérées en elles-mêmes, pouvoient être confondues, quant à leur extérieur, qui est la seule chose qui nous frappe, & dont il est ici question, avec les guérisons d'Esculape!

Il paroît par le tour que la dispute avoit pris entre Celse & Origéne, que ce dernier ne fait point difficulté d'accorder à son adversaire les guérisons d'Esculape qu'il lui vantoit: [c] „ En
„ vous

[a] *Quod certè Dei est opus, priùs scilicet promulgare quidquam quàm fiat, atque ita factum exhibere, sicut est prædictum.* Apol. I. n. 14.

[b] *Certè quia claudos cæcosque sanavit, ideò pro Christo Dei Filio habendum constat ex illis prophetiis, tunc aperientur oculi cæcorum, &c.*

[c] *Jam ut concedamus medicum dæmonem aliquem curare morbos corporum qui vocatur Æsculapius, hujus admiratoribus simulque vatis Apollinis objiciemus, Medicinæ peritiam rem esse indifferentem, quæ cadat in malos æquè ac bonos, nec enim statim*

,, vous accordant, dit-il, qu'il y a un Démon,
,, qui, sous le nom d'Esculape, guérit les mala-
,, des, je serai toujours en droit de dire à ses
,, admirateurs, aussi-bien qu'à ceux d'Apollon le
,, Devin, que la science de la Médecine, de
,, même que celle de certaines choses à venir,
,, sont de ces talens qui peuvent se rencontrer é-
,, galement dans les bons & dans les méchans;
,, qu'ainsi il faut autre chose que des guérisons &
,, des oracles, pour prouver qu'Esculape & Apol-
,, lon soient des Dieux. " Ce passage-ci est assurément des plus convaincans; on peut le joindre
au passage du même Pére que j'ai cité plus haut,
& il demeure évident qu'Origéne n'a pas prétendu
établir la Divinité de J. C. sur des guérisons qu'il
trouvoit lui-même insuffisantes pour prouver celle
d'Esculape. Aussi ce Pére a-t-il grand soin de
joindre aux guérisons, les prophéties qui en scel-
lent la divinité. ,, Notre doctrine, dit-il à Celse,
,, a une démonstration qui lui est propre, plus
,, divine sans comparaison, que celle sur laquelle
,, les Grecs ou les Gentils appuyent leur culte &
,, leur religion. L'Apôtre l'appelle une Démon-
,, stration fondée sur l'esprit & sur la vertu de
,, Dieu même, (*in ostensione spiritûs & virtutis*:)
,, 1. Sur son Esprit saint, qui par l'autorité des
,, prophéties imprime le sceau de la vérité aux
,, miracles que les Evangélistes nous racontent de
,, J. C. 2. Sur la vertu de Dieu qui s'est décla-
,, rée en faveur de notre doctrine par des prodi-
,, ges que nous croyons vrais pour bien des rai-
,, sons, & entre autres parce qu'il reste encore
,, par-

statim qui futura prænoscit etiam vir bonus est. Proindè requiri aliam probationem sanatores istos & fatidicos non malos esse, sed probos modis omnibus & qui non immeritò haberi possint pro Diis. Lib. 3. cont. Cels. n. 128.

,, parmi nous quelques vestiges du Don des mi-
,, racles [a] ".

Tertullien n'est pas moins décidé sur la vérité des guérisons opérées par Esculape. Il nomme ceux mêmes qui avoient trouvé dans ce faux Dieu un prompt secours à leurs maladies désespérées [b].

Eusébe, dans sa vie de Constantin, ne craint point de dire que de son tems une infinité de gens rendoient en Cilicie un culte particulier au Démon, sous le nom d'Esculape [c], à cause des guérisons qu'il opéroit sur les malades à qui il apparoissoit en dormant.

Saint Augustin est de tous les Péres celui qui s'est expliqué avec le plus de force sur la croyance qu'on doit donner aux faits miraculeux du Paganisme. Ce Saint Docteur, qui voyoit de l'inconvénient à les nier tous, parce qu'une telle incrédulité auroit pu ébranler en quelque sorte la certitude des faits Evangéliques, comme je l'ai déjà remarqué, entreprend de prouver aux Payens esprits forts, que s'ils ne devoient pas être crédules jusqu'à la superstition, en admettant tout récit miraculeux, ils ne devoient pas être incrédules

[a] *His adjiciendum disciplinam nostram habere quamdam demonstrationem propriam, diviniorem quàm sint Græcorum demonstrationes, quam Apostolus nominat demonstrationem spiritûs & virtutis; utpotè spiritu per prophetias fidem astruente iis quæ de Christo feruntur; virtute verò per prodigia, quæ facta credimus, tùm argumentis aliis, tùm quia supersunt etiam nunc eorum apud nos vestigia.* Lib. 1. cont. Cels. cap. 5.

[b] *Iste ipse Æsculapius Medicinarum demonstrator, aliàs morituris Socordio, & Thanatio, & Asclepiadoto, vitæ subministrator.* Apol. c. 25.

[c] *Quippe qui nunc in templo hominibus dormientibus appareret, nunc morbos ægrotantium sanaret.*

dules jufqu'à l'irreligion, en n'en admettant aucun. ,, Dira-t-on que les faftes de l'Antiquité ,, Payenne ne nous parlent que de faux miracles, ,, & que ces miracles n'ont d'autre appui que le ,, menfonge & l'impofture? Le Payen qui prétend ,, que fur le fait dont il s'agit, il faut rejetter tout ,, ce que racontent fes Hiftoriens, peut nier éga- ,, lement que fes Dieux prennent aucun foin des ,, chofes d'ici-bas ; car fans les différens miracles, ,, qui fubfiftent dans les Annales des Nations, on ,, peut bien affurer qu'ils n'auroient jamais réuffi à ,, s'attirer les adorations des peuples " [a].

Saint Auguftin, par exemple, croyoit fur la foi de Tite-Live qu'Acius Navius avoit coupé, en préfence de Tarquin & de toute l'armée, un caillou avec un rafoir. Il croyoit qu'une Veftale, pour fe juftifier du crime d'incontinence, dont elle avoit été foupçonnée, n'avoit employé que fa ceinture, pour faire rouler fur les flots un vaiffeau que tous les efforts humains ne pouvoient ébranler. En rapportant ces faits, je ne prétends point en juftifier la vérité par la croyance de Saint Auguftin; mais du moins je puis en conclure, que ce Pére attribuoit au Démon des miracles. Il en étoit même fi perfuadé, que c'eût été bleffer, felon lui, l'autorité refpectable des faintes Ecritures, que de les nier [b].

Saint

[a] *An dicet aliquis ifta falfa effe miracula, nec fuiffe facta, fed mendaciter fcripta? Quifquis hoc dicit, fi de his rebus negat omninò ullis litteris effe credendum, poteft etiam dicere nec Deos ullos curare mortalia. Non enim fe aliter colendos effe perfuaferunt, nifi mirabilibus operum effectibus, quorum & hiftoria gentium teftis eft.* S. Auguft. lib. 10. de Civ. Dei. cap. 18.

[b] *Quæ fi negare voluerimus, eidem ipfi cui credimus, adverfabimur veritati.* Lib. 21. de Civit. Dei, cap. 6.

Saint Chryſoſtôme eſt encore bien formel ſur les guériſons miraculeuſes dont le Démon étoit l'auteur dans le ſein du Paganiſme. ,, Les Payens, ,, dit-il, par une vertu & un art diabolique, ont ,, ſouvent rendu la ſanté aux malades '' [a].

Combien cet argument n'acquéreroit-il pas de force, ſi parcourant tous les ſiécles, je faiſois voir par une tradition conſtante des Péres, que le Démon a affecté de renouveller parmi les Hérétiques, les mêmes prodiges de guériſon, par leſquels il avoit ſéduit les Payens! mais comme cette diſcuſſion m'entraîneroit beaucoup au-delà des bornes que je dois me preſcrire ici, pour appuyer ce que j'ai dit juſqu'ici, je vais citer le témoignage d'un Auteur nullement recuſable ſur cette queſtion, puiſqu'il avoue avec beaucoup de candeur, qu'il a contre lui l'Antiquité la plus vénérable, les Théologiens les plus illuſtres, & les Philoſophes les plus eſtimés. Cet Auteur eſt Mr. de Serces, Miniſtre Anglican. Voici comme il s'exprime dans la préface de ſon Traité ſur les miracles. ,, En ſoutenant, comme je fais, que ,, jamais Dieu n'a permis & ne ſçauroit permettre ,, au Démon ni à aucun impoſteur, de faire des ,, miracles pour autoriſer quelque fauſſeté dangereuſe, révoquant même en doute ſi le Démon a le pouvoir phyſique d'en produire, je ,, déclare en quelque façon la guerre à *l'Antiquité ,, la plus vénérable, aux Théologiens les plus illuſ- ,, tres, & à des Philoſophes d'une très-grande ré- ,, putation.* Tous les Péres de l'Egliſe (du moins ,, n'en ſçai-je aucun qui n'ait ſuivi le torrent à ,, cet égard,) pour enlever aux Payens tous les ,, avantages qu'ils prétendoient tirer de leurs mi- ,, racles, ont ſoutenu qu'ils avoient été produits
,, par

[a] *Ethnici dæmonum arte morbos ſæpe curarunt.* Hom. 36.

„ par le Diable . . . . c'eſt-là la grande batterie
„ dont ils ſe ſont ſervi pour renverſer leur ſyſtê-
„ me ſur cette matiére. . . . . . . Les Théologiens
„ des derniers ſiécles ont admis le même principe
„ pour le fond. ”

Vous ne pourrez donc me nier que le Démon ne puiſſe opérer, ni même qu'il n'ait operé parmi les Payens & les Hérétiques des prodiges de guériſon ; mais vous prétendrez peut-être que les guériſons diaboliques furent marquées à des traits qui les empêchérent d'être confondues avec les guériſons de J. C.

Pour prévenir vos réflexions, je vous prie d'obſerver avec moi deux choſes dans les guériſons de J. C. 1. ce qui les caractériſe en elles-mêmes, 2. ce qui les caractériſe par rapport à nous. Ce qui les caractériſe en elles-mêmes, c'eſt la main divine qui les a opérées. Ce qui les caractériſe par rapport à nous comme divines, c'eſt d'abord leur nombre prodigieux ; c'eſt enſuite les prophéties qui les ont anoncées ; c'eſt enfin leur liaiſon avec des miracles du premier ordre, tels que ſont les prodiges de réſurrection & de multiplication des pains, &c. Si je n'ai nommé dans ma Théſe que les prophéties qui répandent ſur elles un caractére de divinité, c'eſt pour éviter de répéter ce que je venois de dire ſur les miracles du premier ordre. Il ne s'agit donc dans la queſtion préſente, que des caractéres intérieurs qui diviniſent les guériſons de J. C. mais, dès-là qu'ils ſont intérieurs, ils ſe dérobent à nos yeux, & par conſéquent ils ne nous en dévoilent pas la divinité.

„ Quelle reſſemblance, dit éloquemment l'Au-
„ teur du Mandement de Mr. l'Archevêque de
„ Paris, les guériſons attribuées à Eſculape peu-
„ vent-elles avoir avec cette multitude innombra-
„ ble de guériſons que le Sauveur du Monde
„ opéroit, ſans moyens humains, par la ſeule
„ force

„ force de la parole, quelquefois *par une vertu*
„ *sortie de lui*, & sans le ministére de la parole;
„ toujours avec cet empire absolu, auquel toutes
„ les maladies & les Démons eux-mêmes obéis-
„ soient? Des guérisons si subites, si parfaites,
„ si supérieures à toutes les forces de la Nature,
„ créées, opérées en tant de lieux différens, sous
„ les yeux de ce peuple nombreux qui étoit à la
„ suite de J. C. si frappantes, & en même tems
„ si touchantes, que presque toujours plusieurs
„ des spectateurs croyoient en lui; des guérisons
„ d'un ordre si nouveau, étoient sans-doute, &
„ indépendamment des prophéties, des miracles
„ certains & non équivoques". Ma comparaison
des guérisons d'Esculape avec celles de J. C.
comparaison que j'ai employée d'après les Auteurs
Payens, est donc bien injuste! C'est le reproche
que me fait un peu plus haut l'Auteur du Mandement, & qui est comme le prélude au morceau
que je viens de transcrire.

D'abord, je conviens que le portrait qui nous
est ici tracé des guérisons de J. C. est fidéle dans
tous ses traits, & que les guérisons d'Esculape
(considérées en elles-mêmes, & non par rapport
aux yeux des hommes) n'avoient aucun de ces
traits, si ce n'est ces deux-ci, sçavoir d'être quelquefois subites & parfaites. Cependant, je soutiens que chaque guérison de J. C. n'a point pour
nous convaincre, la force des miracles, si on la
détache des prophéties qui nous en manifestent
la divinité; parce que les guérisons d'Esculape
ressemblent, à quelques égards, à celles que rapporte l'Evangile. J'ai employé, dites-vous, le
langage des Payens, en comparant les guérisons
d'Esculape à celles de J. C.; dites plutôt que j'ai
marché sur les traces des SS. Péres, lorsqu'ils ont
écrit contre les Payens: j'en ai donné la preuve,
en citant leurs propres témoignages. Il en résulte
évi-

évidemment qu'ils étoient perfuadés que les guérifons de J. C. prifes en elles-mêmes, n'étoient pour nous que des miracles équivoques. Mais pour faire mieux fentir qu'ils avoient été forcés à prendre ce parti, qu'on taxe de *blafphême*, parcourons tous les traits qui paroiffent à l'Auteur du Mandement des marques fi diftinctives de la divinité des guérifons de J. C.

Quelle reffemblance, dites-vous, les guérifons attribuées à Efculape, peuvent-elles avoir avec cette multitude innombrable de guérifons que le Sauveur du Monde opéroit en tant de lieux différens? Aucune fans-doute, répondrai-je; mais auffi n'eft-ce pas-là de quoi il s'agit dans ma **Thèfe**. Je n'y nie pas que tout le corps des guérifons de J. C. ne prouve d'une maniére bien fenfible la divinité de celui qui les opéroit; je n'ai eu en vue, comme je l'ai déjà dit plufieurs fois, que chaque guérifon en particulier.

Jefus-Chrift, continuez-vous, opéroit fes guérifons fans moyens humains, par la feule force de fa parole, quelquefois par une vertu fortie de lui, & fans le miniftére de la parole. Cela ne fuffit-il pas pour les diftinguer de celles que le Démon ne pouvoit opérer qu'en employant des remédes naturels? Cette remarque feroit jufte s'il étoit bien déterminé que le Démon ne peut appliquer les remédes que d'une maniére vifible. Mais comme il peut, en s'infinuant dans les corps & dans les ames, nous en dérober l'application, nous ne pouvons nous affurer fi par rapport à telle maladie, des remédes naturels n'ont pas été employés. D'ailleurs, il y a telles maladies qui ne font caufées que parce que le Démon bleffe. Or il n'a qu'à ceffer de bleffer, pour qu'on s'imagine qu'il aura guéri, quoiqu'il n'ait employé pour cela aucuns moyens humains. C'eft Tertulien lui-même qui dans fon Apologétique nous fournit ces deux ré-

réponses, [a] [b]. Il est vrai qu'Esculape, ou plutôt le Démon sous le nom de cette fausse Divinité, ordonnoit les mêmes remédes & le même régime que les Médecins auroient prescrit; mais comme il le faisoit en apparoissant aux malades en songe, il s'ensuit que lors même qu'ils trouvoient dans ces moyens naturels les mêmes secours qu'ils auroient éprouvés en recourant à l'art de la Médecine, ils étoient guéris miraculeusement. Car on ne niera pas sans-doute que ces visions, ces apparitions, ces recettes extraordinaires imprimées dans la mémoire des malades, & suivies de guérison, n'eussent tout-à-fait l'air de miracles. St. Côme & St. Damien, au rapport de Grégoire de Tours, ne guérissoient pas autrement, dans le tems qu'ils étoient le plus renommés pour leurs miracles.

Les guérisons de Jésus-Christ, poursuivez-vous, étoient subites, & par-là déceloient la main divine qui les opéroit. J'en conviens; mais votre erreur seroit extrême, si vous vous imaginiez qu'une guérison est miraculeuse, dès-là qu'elle est prompte & subite. Vous ne connoissez pas toutes les ressources de la Nature, qui sont telles, qu'elle guérit quelquefois les maladies les plus désespérées. Combien de paralytiques à qui la vue d'un danger présent a rendu tout à coup toutes leurs forces! Je vais en citer un exemple, qui doit paroître d'autant moins suspect, que je le tiens de Mr. Millet, un de mes Commissaires. M'entretenant un jour avec ce Docteur, à l'occasion de la proposition des guérisons qui faisoit alors beaucoup de bruit, je lui demandai s'il croyoit
que

---

[a] *Suppetit illis (dæmonibus) ad utramque substantiam hominis adeundam, subtilitas & tenuitas sua.* Apol. c. 2. 22.

[b] *Lædunt dæmones, dehinc remedia præcipiunt, & postquam desinunt lædere, curasse creduntur.*

que la Nature opérât si subitement des guérisons, qu'on n'y reconnût point son ouvrage. " Quant " au recouvrement de la vue, me dit Mr. Millet, " je n'en connois point d'exemple ; mais pour la " paralysie, je puis vous en citer un. J'ai connu " un Lieutenant-Colonel retiré dans son château, " paralytique d'un bras depuis dix ans. Un jour " qu'il étoit près de son feu, il entendit crier " que le feu étoit chez lui. Ce bruit lui fit faire " un mouvement pour regarder par la fenêtre. " La flamme qui bruloit ses granges fut le premier " spectacle qui frappa ses yeux. Elle étoit prête " à se communiquer au château ; la crainte du " feu surmontant alors l'obstacle que lui opposoit " sa paralysie invétérée, il quitte sur le champ sa " robe de chambre, prend une veste, & se mon- " tre un des plus ardens à éteindre le feu. Cet " Officier, par la révolution subite que le danger " occasionna dans son corps, fut si parfaitement " guéri, que jamais depuis il n'a ressenti au bras " malade la moindre atteinte de paralysie ". Tel fut l'exemple que m'apporta Mr. Millet, pour me confirmer les cures surprenantes que la Nature fait de tems en tems, & qui imitent de si près le prodige. On si telles sont les ressources de la Nature, pourquoi le Démon, à qui elles sont parfaitement connues, ne les feroit-il pas servir aux guérisons qu'il veut opérer, pour mieux séduire ceux qu'il tient sous son empire ? Voici des exemples qui le confirment. Cayus, sous l'Empire d'Antonin, étoit aveugle ; l'Oracle d'Esculape qu'il étoit allé consulter pour sa guérison, lui ordonna de poser la main sur son autel, & de se frotter ensuite les yeux. Cette opération finie, la vue lui fut rendue dans l'instant en présence du peuple. Lucius, attaqué d'une pleurésie, malade désespéré dans son lit, invoqua le Dieu Esculape, & sur le champ il recouvra la santé. Frontonianus étoit aussi aveugle, & le même Dieu lui rendit

su-

subitement l'usage de ses yeux. On peut voir ces trois exemples de guérisons subites opérées par Esculape, dans la troisiéme Lettre Théologique de Mr. de Bethléem. Et pour citer ici une autorité plus grande, Saint Augustin qui pensoit que les Enchanteurs d'Egypte avoient réellement converti par le ministére du Démon leurs verges en serpens, n'explique-t-il pas comment ils opérérent subitement ce prodige par le moyen des causes secondes ? Voici comme il s'exprime sur cette question si épineuse de la Théologie. ,, Si les ,, hommes même les plus méchans peuvent connoître de quelle maniére on fait naître des ,, vers, par exemple, ou des mouches; qu'y a-,, t-il de surprenant que les Démons, qui nous ,, surpassent en sagacité, connoissent ce qu'il y a ,, de plus secret dans la Nature, & de quelle maniére il peut naître des serpens & des grenouilles ? Non seulement les Hommes & les Anges ,, peuvent connoître les vertus prolifiques de certains insectes & de certains animaux, mais ils ,, peuvent mettre eux-mêmes en œuvre ces semences, les développer, & en faire éclorre les ,, productions qui y étoient cachées, à peu près ,, comme un Laboureur fait croître un épi. La ,, seule chose qui pourroit surprendre, c'est la ,, promptitude avec laquelle les Magiciens de ,, Pharaon changérent leurs baguettes en serpens: ,, mais la surprise cessera bientôt, si l'on fait attention que les hommes eux-mêmes font de ces ,, sortes de productions hâtives, en disposant certaines matiéres d'où naissent tout-à-coup des ,, vers, des mouches & d'autres insectes. Ne ,, voyons-nous pas que ces sortes de [a] produc-
,, tions

[a] *Quid ergo mirum, si, quemadmodum potest nosse quilibet homo nequissimus, unde illi vel illi vermes muscæque nascantur: ita angeli mali, pro subtilitate sui sen-*

„ tions se font plus promptement en Eté qu'en
„ Hiver, dans des lieux chauds que dans des
„ lieux froids ? A plus forte raison les Intelligen-
„ ces spirituelles, quelles qu'elles soient, peuvent
„ d'autant mieux accélérer de semblables produc-
„ tions, qu'il leur est plus facile à raison de la
„ subtilité de leur être, de mettre en œuvre les
„ vertus occultes des élémens, & les secrets res-
„ sorts de la Nature ". Or si un changement aussi
difficile que l'est celui d'une baguette en serpent,
peut, au jugement de Saint Augustin, s'opérer
subitement par le Démon, il n'y a pas d'apparence
que ce Saint Docteur ait regardé jamais comme
supérieures aux forces du malin Esprit des guérisons subites.

Les guérisons de J. C. remarquez-vous, étoient
parfaites ; mais celles du Démon, de l'aveu même
des Péres, n'étoient que des illusions & des prestiges.

*sensûs, in occultioribus elementorum seminibus no-
runt, undè ranæ serpentesque nascantur, & hæc
per certas temperationum opportunitates, occultis motibus adhibendas, faciunt creari, non creant. Ad-
hibere autem forinsecùs accidentales causas, ut ea
quæ secreto naturæ sinu abscondita continentur,
erumpant & foris creentur, quodammodo explicando
mensuras & numeros, non solùm mali angeli sed etiam
mali homines possunt, sicut exemplo agriculturæ do-
cui. Quod si quisquam celeritates incrementorum mire-
tur quod illa animantia tam citò facta sunt, attendat
quemadmodum & ista pro modulo facultatis humanæ
ab hominibus procurentur. Unde enim fit ut eadem
corpora citiùs vermescant æstate quàm hyeme, citiùs
in calidioribus locis quàm in frigidioribus ? Unde
quibuslibet angelis vicinas causas ab elementis con-
trahere quantò facilius est, tantò mirabiliores in hu-
jusmodi operibus eorum existant celeritates. Aug.
lib. 3. de Trin.*

ftiges. C'eſt même de cette maniere que l'Ecriture caractériſe les miracles de l'Antechriſt, qui ſurpaſſeront par leur grandeur & leur éclat tous ceux qu'ont opérés & qu'opereront les autres impoſteurs. S. Paul les appelle des prodiges menteurs, *in prodigiis mendacibus*. Ce ſeul avantage que les guériſons de J. C. ont ſur celles du démon, eſt plus que ſuffiſant pour établir entre elles une différence qui empêche de confondre les unes avec les autres.

Saint Thomas va répondre pour moi à cette difficulté, qu'il s'étoit faite à lui-même ſur les miracles de l'Antechriſt, à l'occaſion de l'épithéte de *trompeurs* que Saint Paul leur donne. „ C'eſt
„ une queſtion fort agitée dans les Ecoles, ſa-
„ voir ſi les prodiges de l'Antechriſt ſont appellés
„ menteurs, ou parce qu'il fera illuſion aux ſens
„ par les phantômes qu'il leur préſentera, en pa-
„ roiſſant faire ce qu'il ne fera pas, ou bien ſi
„ c'eſt parce que ces prodiges, tout réels qu'ils ſe-
„ ront, induiront en erreur ceux qui les croi-
„ ront. A cela je réponds, qu'ils ſeront vrais
„ en ce ſens, que leurs effets ſeront réels, ainſi
„ que l'ont été ceux des Magiciens de Pharaon,
„ qui produiſirent de vrais ſerpens". [z] Suivant cette réponſe de Saint Thomas, également préciſe & judicieuſe, les guériſons du démon ſont des preſtiges & des illuſions, ſi nous les conſidérons du côté de la doctrine à laquelle elles ſervent d'ap-

[z] *Ambigi ſolet utrum proptereà dicta ſint ſigna mendacia, quoniam mortales ſenſus per phantaſmata decepturus eſt, ut quod non faciat, facere videatur; an quia illa ipſa, etiamſi erunt vera prodigia, ad mendacium pertrahent credituros. Vere autem dicuntur, quia ipſæ res vera erunt, ſicut Magi Pharaonis veros ſerpentes fecerunt.* S. Thom. 2. 2. q. 178, à 1. ad 2.

K

d'appui, parce que cette doctrine est erronée. Elles ne sont même que des prestiges & des illusions par rapport au miracle, parce qu'effectivement elles n'en ont que l'apparence, n'ayant été produites que par le concours des causes secondes, quoiqu'on nous les donne pour l'effet d'une cause qui a agi par la seule force de sa parole ou par le simple commandement de sa volonté; mais considerées en elles-mêmes & dans leur substance, elles sont réelles & solides. Le terme de *prestige* ne signifie pas toujours, dans la Théologie des Peres, un effet sans réalité, un phantôme qui s'évanouit, une ombre qui se dissipe. Il convient également à toutes les opérations diaboliques, soit qu'elles soient réelles, soit qu'elles ne le soient pas. Si, par rapport aux miracles du démon, le prestige se trouve quelquefois dans l'effet, le plus souvent il n'est que dans les moyens auxquels il a eu recours pour les operer. C'est en effet ce que les Peres ont toujours supposé dans leurs controverses avec les Payens. Car si les prodiges, si vantés par le paganisme, étoient des prestiges en ce sens qu'ils n'avoient aucune réalité; comment les Peres se sont-ils amusés à poursuivre ces phantômes comme s'ils eussent été capables de faire ombrage aux miracles réels & solides de J. C.? Il n'étoit pas besoin de recourir, comme ils l'ont fait, aux prophéties qui les annonçoient, pour faire sentir l'extrême différence qui se trouve entre une ombre & une réalité. L'Ecriture faisoit trop d'honneur aux miracles de l'Antechrist, en les nommant de grands prodiges, *prodigia magna*, & en disant d'eux qu'ils seroient capables de séduire même les Elus, s'il étoit possible. J'aurois tort de m'arrêter plus long-tems sur cet article.

Je conviens avec vous que les guérisons de Jésus-Christ étoient supérieures à toutes les forces de la nature créée; les unes, parce qu'elles n'étoient point du nombre des guérisons possibles à

la

la nature; & les autres, parce que fi elles n'étoient pas fupérieures aux remédes hnmains, elles s'opéroient fans leur miniftére, par la feule force de la parole, par le fimple commandement de la volonté. J'avoue au contraire, que les guérifons opérées par le démon ne furpaffoient point toutes les forces de la nature créée, puifqu'elles étoient opérées par le concours des caufes fecondes. Mais il nous eft impoffible de fçavoir 1. Quelles font les maladies qui font incurables à tous les remédes naturels. 2. Quelles font celles qui, quoiqu'elles puiffent être guéries, l'ont été d'une maniere furnaturelle, c'eft-à-dire, fans l'application des remédes humains; ainfi nous avons befoin des prophéties pour difcerner dans les guérifons de Jefus-Chrift ce double caraétére de Divinité.

Enfin, direz-vous, les guérifons de Jéfus Chrift étoient fi frappantes & en même tems fi touchantes, que prefque toujours plufieurs des fpectateurs croyoient en lui. Au contraire, le démon, dont la haine contre le genre humain eft fi grande, peut-il y renoncer, pour opérer en notre faveur des miracles bienfaifans? Mais vous, qui me faites cette objection, avez vous oublié ce que dit S. Juftin, que le démon ayant lû dans les prophéties, qu'un des caraéteres propres du Meffie feroit de guérir les malades, il a fait faire des cures merveilleufes à Efculape, afin d'affoiblir par avance une des grandes preuves de la Miffion & de la Divinité de Jéfus Chrift? Ne vous fouvient-il plus que S. Auguftin dit formellement, que l'aveugle & fuperftitieufe gentilité n'auroit jamais brûlé d'encens fur les Autels des fauxDieux, s'ils n'en avoient obtenu les vœux par leurs miracles bienfaifans? Comment concilier, direz-vous, ce caraétere bienfaifant du démon avec la haine qu'il nous porte? Vous connoiffez bien peu la malice de cet efprit de ténébres. Pour mieux nous perdre, ſa haine nous comblera de bienfaits, flattera nos penchans & nos paſſions. Peu lui importe, ſi nous ſommes heureux dans cette vie, pourvû que nous ſoyons malheureux dans l'autre. Il conſentira même que nous conſervions quelques vertus, que nos mœurs ſoient pures & auſteres, que nos actions ſoient un ſpectacle édifiant pour les autres. Les différentes héréſies nous en fourniſſent pluſieurs exemples. L'éclat des vertus & la régularité des mœurs deviennent entre ſes mains un aliment dont il nourrit la vanité, l'orgueil & la préſomption des Héréſiarques, en même tems qu'il s'en ſert pour attacher les Fidéles à leur Doctrine: il agit ſans doute quelquefois en lion, mais il agit plus ſouvent en ſerpent, en ſe gliſſant & s'inſinuant parmi les fleurs pour mieux nous tromper. *Beneficia dæmonum*, dit élégamment S. Leon, *ſunt omnibus nocentiora vulneribus*. ,, Quand les démons, dit ,, S. Chriſoſtôme, ces eſprits ſéducteurs guériſſent ,, des maux corporels, ils nuiſent plus qu'ils ne ,, profitent, ils conſervent la vie du corps, & ils ,, tuent l'âme: ſemblables à ces meurtriers ou ,, aſſaſſins, qui préſentent aux enfans des ſucre-,, creries ou des jeux pour les attirer, afin que ,, lorſqu'ils les auront en leur puiſſance, ils les ,, privent tout à la fois de la vie & de la li-,, berté ". [a]

Peut-être que mes cenſeurs m'auroient pardonné, ſi du nombre des guériſons, que j'appelle mi-

[a] *Ut enim ſanarit dæmon, plus obſuit quam profuit; nam corpori quidem emolumento fuit, animo autem immortali detrimentum attulit. Ac quemadmodum plagiarii bellaria, placenta, aſtragalos ſive talos, atque id genus alia, parvulis ſæpe pueris porrigunt, quibus ineſcatos libertate & vitâ privant.* S. Chriſoſt. Hom. 36.

miracles équivoques, lorsqu'on les sépare des prophéties, j'en avois du moins excepté quelques-unes, comme la guérison de l'aveugle né, & celle du Paralytique. J'obferve d'abord que fi fans blafphêmer on peut dire de quelques guérifons de Jéfus-Chrift, qu'elles font des Miracles équivoques, on peut également le dire de toutes en particulier, puifque toutes les guérifons de Jéfus-Chrift par cela même qu'il les a opérées font également refpectables. Mais tournons notre attention du côté des deux guérifons que je viens de citer, parce que ce font celles que mes cenfeurs ont fouhaité le plus de voir exceptées du nombre de celles qui, felon moi, feroient pour nous fans les prophéties, des Miracles équivoques.

Je commence par la guérifon de l'aveugle né; elle eft fans doute une des plus frappantes; & même je fuis porté à croire que le Démon y auroit échoué, s'il avoit été affez téméraire pour l'entreprendre. Mais fi je la propofe à un Déifte comme une preuve invincible en faveur de la Divinité de Jéfus-Chrift, voici ce qu'il me répondra. „ Je crois avec vous, que Jéfus-Chrift a
„ donné la vue à un aveugle né dans les rues de
„ Jérufalem. Mais comment me prouverez-vous
„ que cette guérifon foit miraculeufe? Si l'orga-
„ ne de la vue eût été effentiellement vitié dans
„ cet aveugle né, je vous accorderois facilement
„ qu'il ne falloit pas moins qu'un Miracle pour
„ la rétablir. Mais c'eft ce que vous ne pouvez
„ affurer, d'autant plus que l'Evangile n'en dit
„ rien. Tout ce que je vois, c'eft que Jéfus-
„ Chrift donna la vue à un aveugle né, en lui
„ frottant les yeux avec de la boue, que celui-ci
„ eut ordre d'aller nettoyer dans le Jourdain.
„ Or pour donner la vue à un aveugle né, il
„ n'eft pas néceffaire d'un miracle qui ne foit
„ poffible qu'à Dieu. J'ouvre les lettres Théo-
„ logiques de Mr. de Bethléem, & j'y lis que le

faux

„ faux Dieu Efculape opéra fubitement ce prodi-
„ ge fur Caïus & Frontonianus, en préfence de
„ tout un peuple. St. Auguftin, cette lumiére
„ de votre Eglife, en m'apprenant que les en-
„ chanteurs de Pharaon convertirent réellement
„ leurs baguettes en vrais ferpens, diffipe tous
„ mes doutes fur la poffibilité de rendre la vue
„ à un aveugle né. Il ne faut pour cela qu'abaif-
„ fer des cataractes qui pourront s'être formées
„ dans fes yeux. Vous ne me nierez pas fans
„ doute que le Démon n'ait ce pouvoir. D'ail-
„ leurs, rien n'empêche qu'il ne puiffe mettre
„ lui-même dans les yeux d'un enfant nouvelle-
„ ment né quelque obftacle qui le prive de la
„ vue. Or, il lui eft auffi facile de l'en ôter,
„ quand il le jugera à propos, qu'il lui a été de
„ le placer. En ceffant de bleffer, il paroîtra
„ avoir guéri, felon Tert. cet autre Pére de
„ l'Eglife ". Je ne vois pas ce qu'on pourroit
répondre de folide à ce raifonnement d'un Déifte. Donc, la guérifon de l'aveugle né, rapportée
dans l'Evangile, avoit befoin de la lumiére des
prophéties, pour laiffer appercevoir en elle ce
fçeau de la Divinité dont Dieu l'a marquée.

La guérifon du Paralitique de l'Evangile n'a
pas plus de force, quand on la détache des prophéties. Et quel argument invincible voulez-
vous que j'en tire contre les Déiftes, tandis qu'ils
auront à m'oppofer de ces fortes de guérifons o-
pérées fubitement par les feules forces de la Nature? C'eft un principe reçu dans la Théologie,
me diront-ils, que tout ce qui fe trouve renfermé
dans la fphére de la Nature ne furpaffe point les
forces du Démon. Donc les guérifons de para-
lyfie peuvent être fon ouvrage. Or, ce qui eft
commun à Jéfus-Chrift & au Démon (je ne parle
ici que de l'extérieur des Miracles, parce que
c'eft cela feul qui peut nous décider fur leur vérité) comment peut-il prouver en faveur de l'un,
qu'il

qu'il ne prouve en faveur de l'autre? Donc la guérison du Paralytique de l'Evangile, encore qu'elle soit en elle-même miraculeuse, deviendroit pour nous un Miracle équivoque, si elle n'étoit unie à des prophéties & à d'autres prodiges, qui répandent sur elle un trait éclatant de divinité.

Mais n'est-ce point faire une injure aux guérisons de Jésus-Christ, que de les dépouiller de cette force qu'elles doivent naturellement avoir contre les incrédules, puisqu'elles sont vraiment miraculeuses & divines?

Ce trait ne peut tomber que sur les Péres qui m'ont enhardi par leur exemple à tenir ce langage, St. Justin, Origène, Tertulien, Arnobe, Lactance, St. Augustin, St. Chrysostôme.

Voici donc deux faits qu'il n'est plus possible de me contester: 1. Les Péres ont accordé aux Payens la vérité de quelques-unes des guérisons qu'ils attribuoient à leur Dieu Esculape. 2. ils n'en ont détruit le paralléle, avec celles de J. C. qu'en recourant aux prophéties qui avoient annoncé ces derniéres. On me permettra de remarquer en passant, qu'après le témoignage positif des SS. PP. sur la vérité des guérisons d'Esculape, il est assez surprénant que l'Auteur de la Préface de la Censure ose les traiter de *prétendues* & de *supposées*. Il me paroît dangereux pour la Religion de donner atteinte aux faits qu'ils ont attestés & qu'ils étoient à portée de connoître, parce qu'ils étoient près de leur source. Quant au second fait, voici ce que je prévois qu'on pourra me répondre. Il est vrai que les SS. PP. ont eu recours aux prophéties, pour opposer leur sceau à la Divinité des guérisons de J. C. Mais cette maniére de raisonner contre les Payens ne prouve nullement que ces guérisons prises séparément n'aient point par elles-mêmes toute la force nécessaire pour établir la divinité de sa mission.

Les Péres n'en agiſſoient ainſi avec les payens que pour les combattre plus facilement, & peut-être même pour s'épargner la peine d'entrer dans la diſcuſſion des Miracles que ceux-ci leur vantoient.

Pour répondre à ce raiſonnement ſpécieux, je prétens que ſi les ſaints Péres ont eu recours aux prophéties, comme je l'ai démontré par leurs propres paſſages, c'eſt qu'ils étoient perſuadés que les guériſons de J. C. n'avoient de force que par leur union avec les prophéties qui les prédiſoient. Ecoutez Tertullien qui combat en la perſonne de Marcion ce que vous voulez établir. Cet hérétique, comme tout le monde ſçait, rejettoit l'ancien Teſtament, & par conſéquent les Prophetes. Il ne reconnoiſſoit d'autre livres divins que ceux du Nouveau Teſtament: Moyſe pour lui n'étoit qu'un impoſteur; mais J. C. étoit véritablement l'envoyé de Dieu. Tertullien, pour lui démontrer combien peu ſa croyance étoit ſuivie, lui diſoit qu'il ne devoit pas reconnoître J. C. pour le Meſſie puiſqu'il nioit les Prophetes. Marcion lui répondoit „ qu'il n'avoit pas beſoin des Pro„phéties pour reconnoître le Meſſie en la per„ſonne de J. C. que ſes Miracles lui ſuffiſoient''. Ainſi voilà donc la queſtion agitée entre Tertullien & Marcion, ſçavoir ſi les Miracles prouvent par eux-mêmes, indépendamment des prophéties, & voici comme Tertullien prouve le contraire contre cet hérétique. „ Vous prétendez „ donc, lui dit-il, qu'il (J. C.) a pu prouver „ tout à coup ſa miſſion & ſa divinité par ſes „ ſeuls Miracles; & moi, je vous nie qu'une „ telle preuve, qu'il a lui-même décriée quand „ elle eſt ſeule, ait pu ſuffire à le faire recon„ noître pour ce qu'il étoit. Car n'a-t-il pas pré„ dit qu'il en viendroit après lui pluſieurs qui „ feroient des ſignes & des prodiges capables de „ ſéduire les élus, donnant à entendre par-là
„ que

,, que rien n'est plus incertain que l'opération des
,, Miracles, puisque rien n'est plus facile à un im-
,, posteur que d'en contrefaire? Comment vou-
,, lez-vous que J. C. ait prétendu se faire recon-
,, noître pour le Messie à des marques auxquelles
,, il ne veut pas qu'on reçoive les faux Christs qui
,, peuvent venir d'autant plus subitement, qu'ils
,, ne sont ni predits ni annoncés " (a).

Ne croyez pas que ce sentiment soit particulier à Tertullien, c'est celui de tous les Péres. Origéne, écrivant contre Celse si connu par la subtilité & la pénétration de son esprit, ne cesse de lui répéter qu'il ne se sert des guérisons de J. C. que parce qu'elles ont été prédites. Est-ce pour le combattre plus commodément? Point du tout. Celse lui opposoit continuellement les guérisons opérées par les Dieux du Paganisme, dont il appuyoit la possibilité sur les propres paroles de J. C. lequel avoit prédit qu'il viendroit après lui des imposteurs qui opéreroient les mêmes prodiges. Celse avoit donc réduit Origéne au point de lui en accorder, sinon la réalité, du moins la possibilité; ce qui étoit la même chose pour le but
que

[a] *Non fuit, inquis, hic ordo necessarius (prophetiarum) quia statim se & filium, & Missum, & Dei Christum, rebus ipsis esse probaturus per documenta virtutum. At ego negabo solam hanc illi speciem ad testimonium competisse, quam & ipse post modum exautoravit; siquidem edicens malos venturos & signa facturos & virtutes magnas edituros, aversionem etiam electorum; nec ideò tamen admittendos, temerariam signorum & virtutum fidem ostendit, ut etiam apud pseudo-christos facillimarum. Aut quale est si indè se voluit probari & intelligi & recipi, ex virtutibus dico, undè cæteros noluit; atque & ipsos tam subitò venturos, quàm à nullo autore prædicatos.* Tert. lib. 3. adv. Marc. c. 3.

que s'étoit proposé cet ennemi des Chrétiens. Ce point lui étant une fois accordé, Celfe preffoit Origéne en lui difant, qu'il étoit ridicule de conclure d'opérations exactement femblables, que l'un étoit un Dieu & que les autres étoient des impofteurs. *An non igitur miferabile eft & indignum ex iifdem operibus hunc quidem Deum, alios verò præftigiatores exiftimari?* (lib. 3. contra Cel.) Pour détruire ce parallele injurieux à J. C. Origéne ne trouve d'autre reffource que celle des prophéties. Nous avons cité plus haut le paffage. La réponfe d'Origéne feroit totalement étrangere aux difficultés de Celfe & porteroit abfolument à faux, fi ce Pére n'avoit pas prétendu avouer, qu'il croyoit que les guérifons de J. C. ne prouvoient point par elles-mêmes, mais feulement réunies aux prophéties. Car Celfe lui auroit répliqué, qu'envain il appelloit les prophéties à fon fecours, puifqu'il avoit toujours à réfoudre la queftion qu'il lui avoit propofée, fçavoir pourquoi les guérifons d'Efculape ne prouvoient pas également par elles-mêmes fa divinité. Origéne connoiffoit trop bien la fupériorité de fa caufe, pour avoir voulu par un faux-fuyant, toujours déplacé lorfqu'on défend la vérité, éviter la difficulté de Celfe. En effet quels reproches n'auroit-il pas faits à l'Apologifte de la Religion chrétienne? ,, Eh quoi, lui
,, auroit-il dit, nous avons en main dans l'une &
,, l'autre Religion des preuves qui les confirment.
,, Votre Dieu veut cependant qu'on foule aux
,, pieds nos Dieux adorés de tout tems. Nous
,, vous préfentons des preuves dont vous reconnoiffez la force pour vous faire fentir l'injufte
,, tyrannie que votre Religion veut exercer fur
,, les autres ; & pour toute réponfe vous nous
,, dites, que vous ne vous fervez des guérifons
,, opérées par votre Dieu que parce qu'elles ont
,, été prédites. Ainfi vous prétendez renverfer
,, le parallèle, tandis que dans votre efprit il
,, fub-

,, subsiste dans toute sa force. Puisque vous croyez
,, que les guérisons opérées par votre Dieu
,, prouvent indépendamment des prophéties, ré-
,, pondez-nous donc, & faites-nous voir pourquoi
,, le même privilége ne seroit pas attaché aux
,, guérisons opérées par Esculape? Est-il néces-
,, saire, lorsqu'on a une preuve démonstrative,
,, d'y en joindre une autre? Tout ce que vous
,, prouveriez par vos prophéties, c'est que vous
,, avez une preuve de plus, mais détruiriez-vous
,, pour cela la nôtre, qui, si elle est bonne,
,, suffit pour soutenir la cause de nos Dieux"?
Ces reproches de Celse auroient été fondés; &
ceux qui trouvent ma proposition blasphématoire,
prêtent aux Péres une conduite bien extraordinaire. Il ne s'en trouve pas un seul, qui, pour
détruire le parallèle des guérisons de J. C. avec
celles des fausses divinités, n'ait eu recours aux
prophéties, tandis que de nos jours des gens bien
moins éclairés qu'eux prétendent voir clairement
dans les guérisons elles-mêmes des différences si
palpables, que le parallèle en paroît aussi ridicule
qu'injuste. Comment les Péres n'ont-il pas apperçu ces raisons? Et s'ils l'ont fait, comment peut-
on nous dire qu'ils n'ont eu recours aux prophéties que pour battre leurs adversaires avec plus
de facilité? Qu'y avoit-il de plus simple que de
leur faire sentir les raisons qui renversent ce parallèle? Ils auroient eu en cela un double avantage, c'est qu'en conservant aux guérisons de J.
C. leur force, ils auroient fait évanouïr les prétentions que leurs adversaires appuyoient sur les
guérisons qu'ils opposoient. Je ne serois pas surpris que quelqu'un d'entre eux eût eu recours aux
Prophéties; je dirois alors qu'ils ont voulu montrer aux payens toutes leurs richesses; mais que
tous, d'une voix unanime, ne se soient défendus que par-là, c'est ce qui m'étonne & m'engage
à prononcer avec une ferme assurance qu'ils ont

cru que les guérisons de J. C. ne prouvoient que dépendamment des prophéties, & qu'ils n'ont point apperçu ces prétendues raisons de différence que mes adversaires voient si clairement; raisons, qui me deviennent presque suspectes par l'idée que je me suis formée de l'esprit & du savoir des premiers défenseurs de la Religion chrétienne.

C'est ici le lieu de placer le paralléle de ma Doctrine avec celle qu'on lit dans les Lettres Théologiques de M. l'Evêque de Bethléem, & dans le Traité dogmatique de M. l'abbé le Rouge. Je le fais moins, pour m'appuyer de l'autorité de ces deux Théologiens, que pour témoigner ma surprise de ce que la Sorbonne a censuré dans ma Thèse la même doctrine qu'elle avoit elle-même comblée d'éloges surtout dans les écrits du premier. Si ce paralléle ne rend pas mes sentimens plus plausibles, du moins il justifiera la pureté de mes intentions, & prouvera que j'étois bien loin de me prêter à un complot d'impiété, reproche aussi mal fondé qu'il a eu pour moi de malheureuses suites.

Les Janfénistes, pour soutenir leur doctrine, crurent en 1732 avoir besoin de miracles. Ils prirent donc le parti d'en faire faire sur le tombeau de M. Pâris, Appellant & Réappellant, enterré dans le Cimetierre de S. Médard. Le peuple, toûjours avide du merveilleux, courut en foule au tombeau de ce nouveau Thaumaturge, & vit sur sa tombe s'opérer des prodiges de toutes les sortes, parce qu'il étoit bien déterminé à en voir. Mr. l'Archevêque de Paris & Mr. l'Archevêque de Sens prouvérent la fausseté & la supposition des prétendus prodiges par l'examen critique qu'ils en firent. Mais les Janfénistes, à force de produire des miracles, lassérent le courage des deux Prélats qui ne pouvoient pas écrire tous les jours contre eux. Ce fut alors que parurent sur la scène

ne Mr de Bethléem & Mr. le Rouge. Ils accorderent aux Janféniftes ce qu'ils vouloient, c'eſt-à-dire, qu'il s'étoit opéré fur le tombeau de Mr. Pâris de véritables guérifons, & que ces guérifons étoient miraculeufes, mais en même tems ils leur foutinrent que ces guérifons étoient diaboliques. C'étoit bien plus que de prétendre qu'elles étoient fauffes. Le prémier, par la recherche & par la critique des faits que fourniffent les Annales profanes & eccléfiaftiques & plus encore par le raifonnement dont il les accompagne, combattit les partifans des Miracles de Mr. Pâris. Le fecond combattit en Théologien par les armes de la Tradition.

Paralléle de ma Doctrine avec celle de Mr. l'Abbé le Rouge.

Pour démontrer la parfaite conformité de mes fentimens avec ceux de Mr. le Rouge fur les guérifons de J. C. je commence par le fimple énoncé de fon traité dogmatique, où il promet de donner des preuves pour conſtater la poffibilité, l'exiſtence & la réalité des miracles diaboliques en faveur du menfonge. Touché, comme il le dit, de voir régner dans le public une prévention, finon générale, du moins très-répandue contre tout ce qui s'appelle miracle diabolique, il a cru devoir la combattre de toutes fes forces, parce qu'elle ne peut être que très-préjudiciable aux Fidéles, qui ne pouvant tenir contre les miracles du prémier impoſteur, flotteroient néceſſairement entre l'erreur & la vérité. Comme les Janféniftes, pour fauver les miracles de Mr. Pâris, pouvoient lui objecter que, fi le Démon peut faire des miracles, du moins, à raifon de fa malice, il ne peut opérer des guérifons miraculeufes, Mr. le Rouge les combat encore dans ce retranchement, en leur prouvant que Dieu, fans intéreffer fes attributs, permet au Démon d'opérer certaines guérisons surprenantes, qui, quoique au-dessus de nos forces, ne sont point au-dessus des siennes. Telle est la matiére des deux premiéres parties de son ouvrage. On me dispensera d'entrer dans le détail de ses différentes preuves & d'en examiner la force & la solidité. Il me suffit qu'il ait voulu prouver ces deux points, sçavoir que le Démon peut opérer effectivement des miracles, & que les guérisons n'en sont pas exceptées. Il ne s'agit plus que de sçavoir si Mr. le Rouge, entraîné par les conséquences qui coulent naturellement de son principe, n'a pas ôté aux guérisons de J. C. prises séparement toute leur force pour convaincre, ou plûtôt si par rapport à nous, il ne les regarde pas comme des miracles équivoques, qui attendent les lumiéres des prophéties, pour dévoiler à nos yeux le caractére de Divinité qu'elles ont. Or nous allons démontrer que tout l'ouvrage de Mr. le Rouge ne présente que cette pensée.

J'ouvre son Traité à la page 105. & voici ce que j'y lis en réponse à une objection tirée d'un passage mal interpreté de St. Justin. ,, Si St. Ju-
,, stin n'eût voulu prouver autre chose sinon que
,, J. C. seul, à l'exclusion des fausses Divinités
,, du paganisme, avoit opéré des guérisons mira-
,, culeuses, sans doute que les preuves qui sui-
,, vent iroient-là, & que toutes celles qui com-
,, mencent par 1. 2. & 3. auroient dû tomber sur
,, les guérisons miraculeuses attribuées à Escula-
,, pe, pour ne laisser subsister que les seuls mira-
,, cles de Jésus-Christ; & cependant qu'on par-
,, coure toutes ces différentes preuves, on n'en
,, trouvera pas une qui soit contre *les guérisons*
,, *d'Esculape,* pas un mot sur la comparaison que
,, les Payens prétendoient en faire avec Jésus-
,, Christ. En vérité il seroit bien étrange que S.
,, Justin eut tellement perdu de vue l'unique objet
,, de la dispute, qu'il eut tout à coup pris le chan-
,, ge,

„ ge, & prouvé toute autre chose que ce qu'il
„ s'étoit proposé".

Après un passage si précis, il seroit aussi en vérité bien étrange que Mr. le Rouge prétendit que les guérisons de Jésus-Christ ne peuvent être comparées à celles d'Esculape, tandis qu'il s'efforce de prouver, par l'autorité de St. Justin, que Jésus-Christ n'a point opéré seul, à l'exclusion d'Esculape, des guérisons miraculeuses, & qu'il n'improuve point le parallèle que les Payens ont fait entre les guérisons de l'un & de l'autre. Continuons. „ St. Justin a donc reconnu la réalité
„ des miracles de Simon, comme il a reconnu la
„ réalité de ceux des enchanteurs de Pharaon, &
„ de ceux d'Esculape. Mais en ce cas, par quel
„ endroit les aura-t-il donc distingués de ceux de
„ Jésus-Christ ? Par cette grande raison que les
„ siens avoient été prédits longtems auparavant.
„ *Afin dit-il, qu'on n'aille pas nous dire que rien*
„ *n'empêche d'attribuer aussi à l'art magique les mi-*
„ *racles opérés par Jésus-Christ, nous allons en éta-*
„ *blir la divinité sur les témoignages des Prophè-*
„ *tes qui les ont annoncés, témoignage plus démon-*
„ *stratif encore que celui des Evangélistes qui nous*
„ *les ont racontés.* Une telle réponse, qui est celle de tous les Péres, est une preuve invincible
„ qu'ils ont reconnu la possibilité, la réalité mê-
„ me & l'existence des miracles Diaboliques, puis-
„ que pour les distinguer de ceux de Jésus Christ,
„ ils ont eu recours aux prophéties qui annon-
„ çoient les siens".

Mr. le Rouge oseroit-il bien m'expliquer en quoi il s'écarte ici de mon sentiment ? Dire que les guérisons de Jésus-Christ ne sont distinguées de celles d'Esculape que par les prophéties qui les ont annoncées; c'est, ce me semble, reconnoître formellement que les guérisons de Jésus-Christ sans prophéties étoient des miracles équivoques à

cause

cause de la ressemblance qui se trouvoit entre elles & celles d'Esculape.

Ne nous lassons point, nous trouverons à chaque page de nouvelles preuves de cette Doctrine constamment soutenue par ce Docteur. Voici ce qu'on lit à la page 111. ,, une autre réflexion non ,, moins importante qui se présente encore, c'est ,, qu'Origéne qui combat par toutes ces raisons la ,, prétendue divinité d'Esculape, quoique appuyée ,, sur des guérisons merveilleuses, n'avoit garde ,, d'établir lui-même sur cette seule preuve, la ,, Mission & la Divinité de Jésus-Christ ; c'étoit ,, justement là ce que Celse reprochoit à ce Pére, ,, afin de le mettre ainsi en contradiction avec lui-,, même. Origéne qui rapporte de lui cette ob-,, jection frivole la réfute ainsi : *Oui, certes, nous ,, croyons que Jésus-Christ doit être regardé comme ,, un Dieu, parce qu'il a redressé les boiteux, & il-,, luminé les aveugles; nous le croyons, dis je, à ,, cause des prophéties qui marquent que le Christ ou ,, le Messie devoit faire de telles merveilles.* Comme s'il disoit, c'est parce que nous remarquons ,, dans les miracles de guérisons opérées par Jé-,, sus-Christ l'accomplissement des prophéties qui ,, les annonçoient, que nous le tenons pour le ,, Messie Fils de Dieu. Qu'on chicane tant qu'on ,, voudra sur un sens si clair & si précis, si lié avec ,, les principes d'Origéne, on ne persuadera ja-,, mais à personne qu'il ait voulu établir la Mis-,, sion & la Divinité de Jésus-Christ sur une preu-,, ve qu'il trouve *insuffisante* pour établir la divi-,, nité d'Esculape; c'est-à-dire, sur de *simples mi-,, racles de guérisons* détachés de toute autre cir-,, constance ''.

Que Mr. le Rouge chicane lui-même tant qu'il voudra sur le sens de son livre si clair & si précis, si lié avec ses principes, il ne me persuadera jamais qu'il ait voulu dire que les guérisons de
Jé-

Jésus-Christ prouvent indépendamment des prophéties, sa Mission & sa divinité; tandis qu'il soutient avec Origène que la preuve qui ne seroit appuyée que sur les guérisons seules seroit insuffisante, & qu'elle auroit donné lieu à Celse de révendiquer à juste titre la Divinité d'Esculape. Mais afin qu'on ne lui enléve pas la preuve qu'il fonde sur Origène, Mr. le Rouge va audevant d'une difficulté que le texte de ce Père pouvoit faire naître. ,, La différence est grande, nous ,, dira-t-on. Les guérisons qu'opéroit Jésus-Christ ,, étoient vraiment miraculeuses, au lieu que cel- ,, les d'Esculape étoient toutes naturelles, puis- ,, que Origène les attribue à la science qu'il avoit ,, de la Médécine. Oui, répond Mr. le Rouge; ,, mais c'étoit un démon qui exerçoit cet art, ce ,, qui fait qu'Origène l'appelle *dæmonem medicum*. ,, Or tout ce que fait le démon il le fait invisi- ,, blement, & par des moyens qui nous sont in- ,, connus ou impratiquables; & voilà par rapport ,, à nous où est le miracle: comme cet esprit sé- ,, ducteur joint à une longue expérience des con- ,, noissances beaucoup plus parfaites que nous n'en ,, avons, il peut, en s'insinuant dans les corps & ,, même dans les âmes, y causer des altérations ,, en bien & en mal, sans qu'on s'apperçoive à ,, l'extérieur qu'il agisse; *suppetit illis*, dit Tertul- ,, lien, *ad utramque substantiam hominis adeundam*, ,, *subtilitas & tenuitas sua*". C'est-à-dire, selon Mr. le Rouge, qu'on est toujours en danger de confondre les guérisons du Démon avec celles de Dieu-même, si on détache ces derniéres des prophéties ou autres circonstances semblables, parce que tout ce que fait le Démon, par cela même qu'il le fait invisiblement, & par des moyens qui nous sont inconnus, a par rapport à nous l'air de miracle.

Mais sans nous amuser à compiler tout le Traité de Mr. le Rouge, arrêtons-nous à l'endroit, où

où fort de l'autorité des Péres qu'il avoit cités, il ramaſſe en un corps toutes ſes preuves pour donner plus de poids à ſon ſentiment. Cet endroit ſe trouve à la page 119. où il s'exprime ainſi: ,, Nous avons vu par les paſſages de St.
,, Juſtin, d'Origene, d'Euſebe, de Tertulien, de
,, St. Chryſoſtome & de St. Auguſtin, que les
,, Péres ont reconnu l'exiſtence ou la poſſibilité
,, des guériſons magiques. Quel parti donc ont-
,, ils pris pour prouver aux Payens que celles de
,, Jéſus-Chriſt ne l'étoient pas? Point d'autre pour
,, l'ordinaire, que de recourir aux prophéties, &
,, de faire voir qu'un effet miraculeux prédit plu-
,, ſieurs ſiécles avant ſon accompliſſement, n'é-
,, toit pas moins divin que l'oracle même qui
,, l'annonçoit. *Quod certe,* dit St. Juſtin, *Dei eſt*
,, *opus, priùs ſcilicet promulgare quidquam, quàm*
,, *fiat, atque ita factum exhiberi, ſicut eſt prædictum.*
,, C'eſt ſur ce grand principe que St. Juſtin, que
,, Tertulien, que St. Auguſtin, que Lactance,
,, que St. Irenée lui-même prouve que les mira-
,, cles de Jéſus-Chriſt n'ont point été des effets
,, de la magie, ni des illuſions de Satan. Pour
,, empêcher dit St. Juſtin qu'on ne nous faſſe une
,, telle objection, nous ferons voir par les pré-
,, dictions, que ſi nous croyons vrais les mira-
,, cles de Jéſus-Chriſt, c'eſt moins ſur le récit
,, des Evangéliſtes qui les rapportent, que ſur
,, l'autorité des Prophétes qui les ont prédits,
,, *non tam dicentibus credentes, quàm prædicentibus.*
,, Tertulien & St. Auguſtin employent le même
,, argument.... Lactance va juſqu'à dire que ſans
,, les prophéties qui annoncent les miracles de
,, Jéſus-Chriſt, il auroit pu paſſer pour un Magi-
,, cien, *magum putaſſemus*; c'eſt-à-dire ſelon Lac-
,, tance, que *les prophéties ſeules peuvent arrêter*
,, *les incrédules, & donner lieu de conclure contre*
,, *eux que les miracles de Jéſus-Chriſt n'ont été ni*
,, *des preſtiges, ni des opérations diaboliques.* Auſſi

les

les SS. PP. en ont-ils toujours tiré cette double
„ conséquence, ou l'une des deux, selon les dif-
„ férens adversaires qu'ils avoient à combattre.
„ Nous voyons que St. Irénée employe unique-
„ ment les prophéties pour prouver que les mi-
„ racles de Jésus-Christ n'étoient pas fantastiques :
„ c'étoit la seule chose qu'il eut à prouver contre
„ les Hérétiques de son tems, dont tous les ef-
„ forts diaboliques se terminoient à des fantômes
„ & des illusions. Je ne sçai comment de telles
„ autorités pourront s'arranger avec les idées bi-
„ zarres de nos adversaires, eux qui veulent que
„ *les miracles seuls de Jésus-Christ ayent été suffisans*
„ *pour prouver sa mission.* En attendant qu'ils
„ nous le disent, concluons de tous ces différens
„ témoignages que les Péres n'ont pas cru pou-
„ voir repousser mieux que par les prophéties,
„ l'accusation de magie intentée contre les mira-
„ cles de Jésus-Christ". Que pourrois-je ajouter
à ce passage de Mr. le Rouge, pour le faire qua-
drer avec mon opinion sur les guérisons de Jésus-
Christ ? Si ce Docteur prétend encore ne pas penser comme moi sur cet article, je me flatte que
tous ceux qui liront ce morceau ne pourront l'en
croire.

Malgré des passages si précis & si clairs, Mr.
le Rouge n'a pas craint d'avancer en pleine Faculté que ma proposition des guérisons, qui a
excité son zéle à dénoncer lui-même ma Thése,
étoit contraire à son ouvrage, & lorsqu'on lui en
demanda la raison, voici ce qu'il répondit. „ Je
„ dis, il est vrai, que les guérisons de Jésus-
„ Christ ne prouvent que dépendamment des pro-
„ phéties; & cela est exactement vrai dans l'état
„ présent dont je parle : Toutes les guérisons que
„ le Messie devoit opérer ayant été annoncées
„ par les Prophétes, il est évident que Jésus-
„ Christ se donnant lui-même pour le Messie,
„ devoit, pour la vérité des prophéties, opérer
„ cel-

„ celles-là mêmes qu'elles prédisoient. Mais dans
„ toute autre hypothèse, c'est-à-dire, dans l'hy-
„ pothèse qu'elles n'eussent pas été prédites, elles
„ auroient prouvé par elles-mêmes; & c'est-là
„ mon sentiment.

Quel misérable subterfuge! Et comment un Docteur de Sorbonne n'en rougit-il pas! Personne n'ignore (& sur cela il n'y a jamais eu de difficulté) que J. C. ne pouvoit être le Messie qu'il n'accomplît en sa personne tout ce qui avoit été prédit du Messie: mais il n'est nullement question de cela, quand on agite si les guérisons de J. C. ont une force de conviction qui entraîne les esprits. Si les guérisons de J. C. prouvent par elles-mêmes, c'est-à-dire, si le sceau de Dieu y est visiblement marqué, il est évident que dans l'hypotèse même qu'elles ont été prédites, elles conservent en elles ce sceau, sans qu'il soit nécessaire de les rapprocher des prophéties. Donc, dans le sentiment de ceux qui sont persuadés que les guérisons de J. C. prouveroient par elles-mêmes si elles n'avoient pas été prédites, elles ne perdent jamais leur force, quelque hypothèse qu'on fasse; donc, dans l'hypothèse des prophéties, elles prouvent indépendamment d'elles. C'est pourtant ce que ne veut pas M. le Rouge; & cela est si vrai d'elles, que ce Docteur & même M. de Bethléem, conservent, dans l'hypothèse présente des prophéties, à certains miracles qu'ils appellent miracles du premier ordre, toute leur force, indépendamment des prophéties qui les annonçoient. Telle est donc la force de mon raisonnement contre ces deux auteurs. Si, selon vous, les guérisons de J. C. ne prouvent pas par elles-mêmes, précisément parce qu'elles se trouvent dans une hypothèse qui les fait dépendre des prophéties qui les ont annoncées, ce raisonnement, tout inexact qu'il est, parce qu'il suppose que des miracles, par cela seul qu'ils ont été prédits, perdent

dent la force qu'ils ont naturellement pour prouver ; ce raisonnement, dis-je, devroit aussi avoir lieu par rapport aux résurrections & à tous les prodiges du premier ordre. Ils ne sont pas moins scellés dans les prophéties que les simples miracles de guérison. Cependant quelque intime que soit leur liaison avec les prophéties, vous soutenez qu'ils n'empruntent pas d'elles leur force pour prouver ; & vous Monsieur de Bethléem nommément, ne dites-vous pas que les miracles de résurrection étoient une marque distinctive qui faisoit reconnoître la divinité des guérisons de J. C. & qui les séparoit à jamais de ces autres guérisons, miraculeuses en apparence, parce qu'elles avoient été opérées par le Démon ? Vous ne vous retranchez donc dans l'hypothèse des prophéties, que pour ne pas paroître aux yeux du public, complices de ma prétendue impiété. Mais vos livres, qui sont entre les mains de tout le Monde, démentiront une réponse que les seules circonstances du tems ont pu vous extorquer. En effet, si vous n'avez pas voulu prouver aux Jansénistes que toute guérison par elle-même est un signe équivoque, parce que le Démon peut en opérer quelques-unes, vous n'avez rien prouvé contre eux : car, voici ce qu'ils auront à vous répondre:
,, Puisqu'une guérison miraculeuse prouve par
,, elle-même, lorsqu'elle ne se trouve pas dans
,, l'hypothèse des prophéties, les guérisons d'Es-
,, culape n'étant certainement pas dans cette hy-
,, pothèse, il faut que les Péres n'ayent pas ac-
,, cordé, comme vous le dites, aux payens la
,, vérité de ces guérisons ; autrement ils n'au-
,, roient rien fait contre eux : au lieu de citer les
,, prophéties en faveur des miracles de J. C. leur
,, unique ressource eût été de détruire la fausse
,, prétention sur laquelle on s'appuyoit pour soutenir le paganisme. Il faut aussi que vous nous
,, accordiez que notre appel est légitime, puis-
qu'il

,, qu'il se trouve autorisé par des guérisons mi-
,, raculeuses, qui, parce qu'elles sont réelles &
,, non supposées, de votre aveu même, impri-
,, ment par conséquent à notre doctrine le sceau
,, & le caractère de la vérité ,,. Ce seul argument
des Jansénistes ruine tout le fruit des ouvrages
de Mr. de Bethléem & de Mr. le Rouge. Mais
laissons pour un moment Mr. de Bethléem, pour
ne nous occuper actuellement que du dernier,
dont l'ouvrage va nous fournir de nouvelles preuves de l'insuffisance de sa réponse.

Peut-être que ce Docteur me renverra à la
troisiéme partie de son ouvrage, pour me convaincre qu'il n'a parlé de l'insuffisance des guérisons de J. C. que dans l'hypothèse présente des
prophéties, auxquelles elles devoient être conformes, puisqu'elles y étoient contenues. Ce
qu'il dit ici pourroit être vrai, sans qu'il en fût
moins certain qu'il n'a soutenu que mon système
dans les deux premières parties. Mais c'est de
cette troisiéme partie même, plus favorable en
apparence à son subterfuge, que je prétens tirer
les raisonnemens qui vont l'accabler. Voici de
quelle maniere il debute en posant l'état de la
question entre lui & les Jansénistes. ,, Tel est en
,, effet, dit-il page 302. l'état de la question
,, entre nous & nos adversaires, faussement per-
,, suadés que toute guérison miraculeuse est du
,, ressort de Dieu seul..... Ses (de J. C.) seuls
,, miracles de guérison leur suffisent, sans qu'il
,, soit besoin d'en considérer le principe ou la fin;
,, au lieu que nous prétendons, fondés sur l'écri-
,, ture & la tradition, qu'ils sont insuffisans à cet
,, égard, si on les sépare des prophéties qui ont
,, précedé ,,. Les Jansénistes, persuadés que toute
guérison miraculeuse est du ressort de Dieu seul,
raisonnent conséquemment en soutenant que les
guérisons de J. C. pour prouver la divinité de sa
mission, n'avoient pas besoin de l'autorité des
pro-

prophéties ni des réfurrections de morts, qu'ils n'ont jamais exclues du nombre des preuves qui fervent à établir la Religion, comme quelques-uns le leur ont reproché injuftement. Donc, Mr. le Rouge, pour raifonner à fon tour conféquemment contre eux, à du s'attacher à leur prouver que les guérifons de J. C. étoient des preuves infuffifantes, dans quelque hypothèfe que ce fût, par la raifon que toute guérifon miraculeufe n'eft pas du reffort de Dieu feul. Si tous les raifonnemens qu'il emploie ne portent pas toujours là, ce n'eft pas qu'il ne conclue comme s'ils y portoient effectivement. ,, Si un Ambaffadeur, dit-il pag.
,, 315. pour affurer fon état & les ordres dont il
,, eft chargé, difoit aux Puiffances vers qui il eft
,, envoyé, qu'elles fe donnaffent de garde de ceux,
,, qui, pour lui difputer fon caractére & lui fup-
,, pofer de faux ordres, trouveroient moyen de
,, contrefaire la fignature & le fceau de fon Prin-
,, ce, la raifon voudroit que cet Ambaffadeur
,, donnât des marques fures pour diftinguer ce
,, fceau de ceux qui feroient faux & imités, & il
,, ne pourroit mieux y réuffir, qu'en diftinguant
,, le fien à des traits marqués dans fes Lettres de
,, créance, furtout fi elles étoient bien reconnues
,, & hors d'atteinte, & qu'il lui fût impoffible de
,, conftater autrement fon état & fa qualité d'Am-
,, baffadeur. J. C. eft l'envoyé de Dieu par ex-
,, cellence, celui qui nous parle en fon nom, &
,, comme fon propre fils. Les prophéties font
,, proprement fes lettres de créance, puifqu'elles
,, contiennent fa miffion, & qu'il nous les a don-
,, nées comme telles, felon l'écriture. Ses mi-
,, racles font comme le fceau de fa Doctrine, &
,, des ordres qu'il eft venu nous donner. Or ce
,, fceau devoit être contrefait; lui-même encore
,, nous en a averti, en difant qu'il y auroit de
,, faux Chrifts & de faux miracles : il convenoit
,, donc que pour fe diftinguer d'eux, & fes mi-
,, ra-

„ racles des leurs, il fît voir que les fiens por-
„ toient la véritable empreinte marquée au coin
„ des prophéties, & qu'il en exprimoit lui-même
„ tous les caractéres: autrement, que répondre à
„ l'incrédule, qui, pour fe débarraffer de fes mi-
„ racles de guérifon, les auroit comparés avec
„ ceux des faux Prophétes "?

Quand j'aurois été le maître de prêter mes fen-timens à Mr. le Rouge, je ne l'aurois pu faire d'une maniére plus nette & plus précife. Car, pourquoi les guérifons de J. C. doivent-elles être marquées au coin des prophéties? Eft-ce, parce qu'étant prédites, elles doivent leur être conformes? Point du tout. Mr. le Rouge étcit bien loin d'une telle penfée qui auroit rendu ridicule fon raifonnement contre les Janféniftes; mais c'eft uniquement, parce que les miracles de guérifon, ce fceau de la Doctrine de J. C. peuvent être contrefaits par de faux Chrifts; ce qui doit conféquemment leur ôter toute leur force vis-à-vis des incrédules. Ainfi, felon Mr. le Rouge, pour leur fermer la bouche, & leur ravir tout prétexte de les comparer aux guérifons des impofteurs, il faut munir les guérifons de J. C. du fceau des prophéties, lequel eft le fceau de la divinité même. Ce n'eft pas, felon que le remarque ce Docteur page 361. que des miracles d'un certain ordre, par exemple, des réfurrections de morts, ne prouvaffent indépendamment des prophéties, parce que ces fortes de miracles portent tellement l'empreinte de la divinité, que le Démon, toujours affujetti aux caufes fecondes, ne fçauroit les contrefaire.

Mais quoi, la guérifon d'un aveugle né, fi elle n'eft appuyée fur les prophéties, ne fçauroit-elle donc tenir devant les incrédules? Demandez-le à Mr. le Rouge, il vous répondra que *l'incrédule*, parce qu'il n'eft pas perfuadé de la divinité de ce miracle, *trouvera toujours quelque prétexte pour en*
élu-

éluder la force & l'éclat. Il dira, par exemple, que toute maladie apportée en naissant, n'est pas toujours incurable, soit à l'art soit à la nature; qu'il en est de même de la privation de la vue, qu'elle peut venir de différentes causes, & qu'elle n'est insurmontable, qu'en cas de défaut d'organe, ou de conformation suffisante. Mais il n'en est pas de même d'une résurrection de mort: ni le Démon, ni l'art, ni la nature, ne peuvent y atteindre, ni la calomnie l'infirmer. Un tel miracle, quand il est constaté, pousse à bout l'incrédulité la plus opiniâtre. Aussi voyons-nous que les Scribes & les Pharisiens se sont sentis bien autrement pressés par la résurrection du Lazare, que par la guérison de l'aveugle né; jusque-là que s'étant contentés de chasser celui-ci de la Synagogue, à cause de son dévouement à J. C. ils pensoient à faire mourir l'autre, pour ne point avoir perpétuellement devant les yeux un témoignage aussi accablant de la divinité du Sauveur. Pag. 338. Vous voyez que Mr. le Rouge met une très-grande différence entre une résurrection de mort & la guérison d'un aveugle né. L'une, selon lui, peut braver l'incrédulité la plus outrée; & l'autre, si elle n'est étayée de la prophétie qui l'annonce, ne sauroit se soutenir devant elle. Mais pourquoi cette différence, si une guérison miraculeuse prouve par elle-même? Est-ce que les résurrections, quoique prédites, n'ont pas indépendamment des prophéties, une force qui triomphe de toute la résistance de l'esprit humain?

Mr. le Rouge est si disert & si abondant sur cette matière, que je ne puis encore me résoudre à le quitter. Pour nous imprimer plus fortement son opinion dans l'esprit, le Docteur judicieux nous transporte jusqu'aux tems où l'Antechrist paroîtra, & il nous le montre environné de tout l'éclat de ses miracles. Frappés d'un spectacle si merveilleux, comment nous défendrons-nous d'adorer le Messie dans l'Antechrist? Est-ce en lui

lui opposant les miracles de guérison opérés par Jésus-Christ? Mais l'Antechrist, au rapport de Mr. le Rouge, les balancera par les siens. Les seules prophéties seront alors l'unique ressource qui restera aux élus pour demeurer immobiles dans leur foi. Ecoutons Mr. le Rouge parler lui-même, page 382. „ Or, je demande, le cas ar-
„ rivant, comment pourroit-on s'opposer à l'An-
„ techrist, si pour prouver contre lui que Jésus-
„ Christ est le vrai Messie, l'on n'alléguoit que
„ ses seuls miracles de guérison? L'Antechrist ne
„ manqueroit pas d'y opposer les siens en même
„ tems qu'il s'appuyeroit de tous les oracles des
„ Prophétes qui paroissent établir la grandeur
„ temporelle du Messie. Il faudra donc nécessai-
„ rement alors pour pouvoir détromper les peu-
„ ples & les Juifs surtout, leur donner l'intelli-
„ gence des prophéties, & pour prouver qu'elles
„ ne peuvent convenir, soit dans leur totalité, soit
„ dans leur vrai sens à d'autres qu'à Jésus-Christ.
„ Donc il est vrai de dire, quand ce ne seroit
„ que par rapport à cette derniére séduction, que
„ la preuve de la mission de Jésus-Christ, quoi-
„ qu'établie en partie sur ses miracles, *n'auroit*
„ *pu se soutenir* dans la suite sans la force & le
„ secours des prédictions. " Je craindrois d'affoiblir un tel passage, si je me permettois de faire dessus le moindre commentaire.

Je ne veux pourtant pas dissimuler que dans la troisiéme partie de l'ouvrage de Mr. le Rouge, il ne se trouve épars çà & là quelques raisonnemens qui ne frappent sur l'insuffisance des guérisons que relativement à l'état des Juifs, sur l'esprit desquels elles ne pouvoient opérer une pleine conviction, qu'autant qu'elles justifioient les prophéties qui les avoient annoncées. Mais il est dur pour Mr. le Rouge d'avoir donné tant de prise sur lui-même aux Janfénistes. Car ils ne manqueront pas, s'ils ne l'ont déjà fait, de s'attacher

tacher à cette troisiéme partie de son Traité Dogmatique, qui ne prouve absolument rien contre eux, pour avoir occasion de décrier les deux premiéres, auxquelles il leur seroit plus difficile de répondre. Cependant Mr. le Rouge, quoiqu'il sorte quelquefois de sa Thése dans cette troisiéme partie, y revient de tems en tems, comme on a pu le voir par les passages que j'ai cités ci-dessus, semblable à un homme qui se réveillant en sursaut se rappelle alors les idées dont il est le plus vivement frappé dans le cours de sa vie.

Après avoir instruit le procès de Mr. le Rouge, qu'il me soit permis de lui porter la parole, & de lui dire: „ Quoi, tout votre ouvrage n'est que
„ le développement de ma proposition sur les
„ miracles, & c'est vous qui m'avez dénoncé?
„ Vous avez osé vous asseoir au rang de mes Ju-
„ ges, vous qui, associé publiquement à mon im-
„ piété, deviez subir le même jugement que
„ moi? Cette proposition, dont vous avez pré-
„ tendu dans vos écrits que la vérité pouvoit
„ seule soutenir ceux qui en seroient fermement
„ convaincus, contre les prodiges de l'Antechrist,
„ ses blasphêmes & son impiété, vous l'avez en-
„ tendu tranquillement traiter, que dis-je en-
„ tendu, vous l'avez traitée vous-même d'impie
„ & de blasphématoire? La Doctrine de ma Thé-
„ se est la même que celle de votre ouvrage, &
„ votre bouche s'est jointe à celles qui ont pro-
„ noncé anathême contre moi? Il falloit, ou que
„ vous fussiez tombé dans l'imbécilité la plus
„ profonde, si vous ne vous apperceviez pas que
„ notre cause étoit commune; ou il faut que vous
„ vous soyez rendu coupable de la méchanceté
„ la plus noire, si vous avez cru qu'en vous dé-
„ chaînant le premier contre moi, vous rassem-
„ bleriez sur ma tête seule un orage qui devoit
„ menacer également la vôtre & la mienne. Choi-
„ sissez

„ fiſſez, *Docteur judicieux*, lequel des deux vous
„ voulez avoir été, ou ſtupide ou méchant.

Il eſt étonnant ſans-doute qu'un Prêtre, qu'un Docteur, qu'un Cenſeur Royal mérite l'une ou l'autre de ces épithétes; mais l'eſt-il moins que la Faculté requiſe, lors de mon affaire, par un des Commiſſaires, d'examiner juridiquement l'ouvrage de Mr. le Rouge, dont elle connoiſſoit très-bien le ſyſtême, ait affecté de nous ſéparer & de procéder contre moi ſans dire un mot de mes complices; comme ſi elle n'avoit pas dû envelopper dans la même condamnation ceux que j'avois pris pour mes maîtres en cette matiére.

Dira-t-elle que le ſentiment de Mr. le Rouge n'eſt pas le même que le mien? Mais ſi elle le dit, elle le dira ſeule, elle le dira ſans le croire, elle le dira ſans qu'on l'en croye. Un particulier, tel que Mr. le Rouge, peut bien pécher par ignorance, par imbécilité; mais il n'en eſt pas de même d'un corps auſſi éclairé que la Sorbonne. Il ne m'eſt donc pas permis de faire à ce corps le Dilemme que je viens de faire à l'un de ſes membres; & je ne peux dire à tous les Docteurs, ce que je diſois plus haut à Mr. le Rouge, ou vous n'avez pas apperçu la choſe la plus évidente, ou ſi vous l'avez apperçue, vous avez commis l'injuſtice la plus inouïe. Docteurs, choiſiſſez lequel des deux vous voulez avoir été....

J'eſpére qu'on me pardonnera de m'être un peu écarté ici de la modération que je m'étois preſcrite, ſi l'on conſidére que ce Mr. le Rouge eſt, à proprement parler, l'auteur de toutes mes diſgraces; que ma Théſe n'eût peut-être point été dénoncée, s'il ne ſe fût hâté de la dénoncer lui-même; qu'à l'exception de Mr. de Bethléem, il n'y avoit perſonne dans la Faculté, qui en eût moins le droit que lui; que je ſuis devenu la victime de ſon ignorance, s'il a cru effectivement

qu'il

qu'il y avoit entre fes fentimens & les miens la moindre différence; ou de fa duplicité, s'il s'eſt propofé de le perfuader à la Faculté par la vivacité de fon zéle contre moi & la violence de fon procédé; que fi ce dernier motif étoit par hazard celui de Mr. le Rouge, il n'auroit pas gardé avec moi cette ombre de probité que les malfaiteurs mêmes refpectent entr'eux, puifque fe reconnoiſſant intérieurement pour mon complice, il fe feroit promis l'impunité en devenant mon dénonciateur; en un mot, qu'un homme aſſez vil pour s'abaiſſer à une pareille indignité, & aſſez méchant pour tromper par une pareille manœuvre un Corps auſſi refpectable que la Faculté, & pour l'expofer à tout le mépris qui fuit tôt ou tard les injuſtices; qu'un homme de cette efpéce, dis-je, ne mérite pas le moindre ménagement, & que de quelque caractére qu'il foit revêtu, il s'eſt manqué fi groſſiérement à lui-même, que les autres ne peuvent plus tomber dans la même faute à fon égard.

Paralléle de ma doctrine fur les guérifons de J. C. avec celle de Mr. de Bethléem.

Quand on réfléchit fur cet efprit de haine & de fureur qui eſt comme empreint dans tous les ouvrages qui ont paru contre Mr. de Bethléem, on eſt d'abord furpris que les Appellans n'ayent pas pris occafion de ma Théfe, qui, felon eux, renferme la même doctrine que les Lettres Théologiques, pour venger fur ce Prélat les terribles coups qu'il a portés aux miracles du tems. Le paralléle de ma doctrine avec la fienne, paralléle qu'ils avoient comme promis dans les *Nouvelles Eccléfiaſtiques*, auroit été la meilleure réponfe qu'ils euſſent jamais faite; car je ne compte pour rien toutes les brochures dont ils inondérent alors la Ville, & qui fe font précipitées depuis dans l'oubli l'oubli qui les attendoit. Si ma doctrine sur les guérisons est évidemment impie & blasphématoire, il s'ensuivoit nécessairement de ce paralléle, que Mr. de Bethléem n'avoit réussi à décrier les miracles de Mr. Paris, qu'en ébranlant les fondemens de la Religion. Pourquoi donc ne se sont-ils pas appliqués à en convaincre le public? Mais ce qui est une surprise pour bien des personnes qui n'approfondissent pas les choses, paroît aux clairvoyans un trait de prudence consommée de la part des Appellans. En associant à mon impiété prétendue Mr. de Bethléem, ils ont confirmé leurs partisans dans l'opinion où ils étoient déjà, que les Lettres Théologiques étoient un ouvrage affreux, détestable, qui frappoit d'un même coup & sur les miracles de J. C. & sur les miracles du Diacre Paris. S'ils eussent été assez imprudens pour entreprendre le paralléle en question, ils auroient reproduit aux yeux du public les mêmes traits victorieux dont l'Auteur des Lettres Théologiques les avoit accablés; or c'est à quoi l'intérêt du parti s'opposoit fortement. Ce qu'une crainte judicieuse ne leur a pas permis de faire, je vais moi-même l'exécuter. Mais avant que d'exposer les sentimens de Mr. de Bethléem, il est nécessaire que je fasse connoître les ennemis qu'il avoit à combattre.

Les Appellans, comme je l'ai dit un peu plus haut, pour maintenir leur appel contre la Bulle, eurent recours à des miracles, qu'ils crurent sans-doute plus décisifs en cette occasion que tous les raisonnemens qu'ils avoient jusqu'alors hazardés. Le tombeau de Mr. Paris fut choisi pour être le lieu où devoient se jouer avec éclat les scénes miraculeuses dont on vouloit étayer un parti, qui n'étant plus soutenu par des Arnaud, des Pascal & des Nicole, tomboit dans l'avilissement. Dès-lors on ne s'en approcha plus qu'avec une sainte horreur. Il en sortoit, disoient-ils, une vertu
qui

qui rendoit la vue aux aveugles, la parole aux
muěts, l'ouïe aux fourds, l'ufage des membres
aux paralytiques, la puiſſance de marcher droit
aux boiteux, enfin la fanté à tous ceux que leur
confiance dans le ſaint Diacre y attiroit en foule.
Le concours augmentoit, les miracles redou-
bloient, le parti de l'appel triomphoit. C'étoit
Dieu qui ſe déclaroit viſiblement en ſa faveur.
C'étoit pour lui attirer du reſpect qu'il avoit en
effet interrompu l'ordre de la nature. Le moyen
d'en douter! Les choſes réuſſiſſoient au gré des
Appellans, lorſque les convulſions vinrent mal à
propos gâter l'œuvre divine. Soit qu'elles fuſſent
un effet de l'artifice des Convulſionaires, ſoit que
leurs organes ébranlés par une imagination frappée les cauſaſſent, ſoit enfin qu'elles fuſſent en
partie furnaturelles, comme on ne peut en douter,
ſi ce que l'on en rapporte eſt vrai : toujours eſt-il
certain que le parti en fut vivement allarmé, &
qu'il auroit bien autant aimé n'avoir point de miracles, que d'en avoir qui tenoient de ſi près au
fanatiſme, & qui le couvroient de honte. Leur
obſcénité les fit d'abord proſcrire. Mais on ſe raviſa
dans la ſuite, & il fut déterminé qu'on les divi-
niſeroit. Ce n'étoit pas une petite affaire; mais
il falloit abſolument franchir ce pas terrible, ſi
l'on vouloit conſerver les guériſons miraculeuſes
qui étoient alors le ſeul eſpoir de l'appel. Les
convulſions étoient nées du même tombeau que
les guériſons miraculeuſes, & de plus elles leur
étoient liées très-intimement: les convulſions les
accompagnoient toujours, & ſouvent mêmes elles
influoient ſur elles. Les plus ſages d'entre les
Appellans écrivirent avec zéle & dignité contre le
mélange odieux que leurs confréres Convulſioniſtes tentôient d'introduire dans les œuvres miraculeuſes opérées ſur le tombeau de Mr. Paris.
Mais en abandonnant à leur mauvais ſort toutes
les convulſions, qui plus d'une fois ont fait rougir

le parti, ils laiſſoient malgré eux échapper de leurs mains les guériſons miraculeuſes qu'ils s'obſtinoient à retenir. Car ſi les Anti-Convulſioniſtes prouvoient très-bien que les convulſions ne pouvoient venir de Dieu, les Convulſioniſtes à leur tour leur prouvoient auſſi très-bien que leur liaiſon avec les guériſons étoit trop intime, pour qu'il fût poſſible de la rompre. *Elles font chaîne avec elles juſqu'à en être les chaînons*, leur diſoient-ils; *on ne peut y appercevoir de couture qui les ſépare.*

Cette premiére diviſion des Appellans en Convulſioniſtes & Anti-Convulſioniſtes, fut bientôt ſuivie d'une autre. Parmi les premiers, les uns furent appellés Mélangiſtes ou Diſcernans, parce-qu'ils s'appliquoient à ſéparer dans les convulſions ce qui venoit de Dieu d'avec ce qui venoit de la Nature ou du Diable. Mais ſouvent ſur cela même ils ne s'accordoient pas; car les uns trouvoient très-digne de Dieu ce que les autres donnoient au Diable. Ceux qui diviniſoient tout dans les convulſions, retinrent le nom de Convulſioniſtes. Pour annoblir ce qu'il y avoit d'odieux & de ridicule dans les convulſions, ils eurent recours aux figures; & dès-lors le Convulſioniſme monté ſur le figuriſme, comme parle un ſage Appellant, pénétra par-tout & acheva de renverſer le peu de bon-ſens qui reſtoit dans les têtes des Appellans Convulſioniſtes. On vit paroître ſur la ſcéne des Figuriſtes par excellence, de qui ſont nés, comme de leur tige & de leur racine, les Auguſtiniſtes & les Valliantiſtes.

Quelque diviſion qu'il y ait eu parmi les Appellans au ſujet des convulſions, ils ont néanmoins conſervé toujours un centre de réunion dans les guériſons miraculeuſes. La cauſe de l'appel y eſt ſi fortement liée, que la même main qui ébranleroit les unes, renverſeroit néceſſairement l'autre. Mr. de Bethléem, pour confondre à jamais l'appel & ses partisans, attaqua les miracles du côté de leur certitude, du côté du principe qui les a produits, & du côté des circonstances qui les ont accompagnés. Ces trois côtés sont assurément très-foibles, & jamais le parti n'a pu tenir contre ceux qui l'ont attaqué par quelqu'un de ces trois endroits. Comment donc auroit-il pu résister à Mr. de Bethléem, qui dirigea ses batteries de tous ces côtés-là?

1. Il lui fut aisé de faire voir que tous ces miracles si vantés dans le parti étoient l'ouvrage du mensonge. Il dévoila les indignes artifices qu'ils avoient mis en œuvre, pour leur donner du lustre & du crédit; & cela d'une maniére à le faire rougir, si pourtant il est encore capable de quelque pudeur. Il prouva que les témoignages sur lesquels on les appuyoit, avoient été, les uns supposés par les mensonges les plus impudens, les autres surpris & extorqués, les autres enfin altérés & falsifiés. Il décrédita pour jamais tous ces témoignages, en nous les montrant rendus par des personnes qui n'avoient point vu les guérisons qu'elles attestoient, ou qui, si elles en avoient été les témoins, ne les avoient vues qu'avec une imagination frappée, qui montre les choses tout autres qu'elles ne sont. Ce n'étoit donc pas des miracles qu'elles attestoient, mais des songes que leur imagination ardente avoit réalisés. Et quelle autre chose pouvoit-on attendre, selon la remarque de Mr. de Bethléem, d'une imagination troublée par la rumeur publique, par l'idée de fréquens miracles fortement gravée dans leur esprit, par un désir ardent qu'il s'en opérât, par les cris & les agitations des Convulsionnaires, par le concours & le tumulte, par l'enthousiasme réel ou affecté de plusieurs personnes, qui postées çà & là crioient de tems en tems, *miracle!* En falloit-il tant pour frapper l'imagi-

nation du peuple? D'ailleurs, les perfonnes miraculées ne pouvoient-elles pas avoir feint d'être plus malades qu'elles ne l'étoient, ou même avoir fimulé des infirmités qu'elles n'avoient pas? Ne pouvoit-on pas avoir employé des remédes capables d'opérer les guérifons? Ceux qui fe preffoient fur la tombe de Mr. Paris, étoient-ils donc gens à épier fi l'art ou la nature n'avoient point eu de part dans ces guérifons dont on donnoit le fpectacle à St. Medard? On étoit fi charmé d'avoir des miracles, qu'on n'y regardoit pas de fi près. On n'avoit garde de trop chicaner fur la maniére dont les guérifons s'opéroient, ou d'attendre même que le tems y mît le dernier fceau. Dans cette difpofition des efprits, les miracles avoient beau jeu, auffi en avoit-on de toutes les fortes & en très-grand nombre. Dieu fait combien on enleva de guérifons à l'art & à la nature, dont on fit honneur à Mr. Paris, dans le deffein d'accréditer fon culte.

Mr. de Bethléem ne fe contenta pas de ce premier moyen contre les Miracles du tems. Outre qu'il eft fujet à bien des chicanes, qui enveloppent toujours les faits de quelques nuages, il fentit parfaitement qu'il ne réduiroit jamais les Appellans au filence, tant qu'il s'en tiendroit à leur prouver la fauffeté de leurs guérifons prétendues miraculeufes; parce qu'ils lui en produiroient toujours plus qu'il n'en pourroit détruire. Il prit donc le parti de les ramener au principe de ces guérifons qu'ils vantoient avec tant d'oftentation. Il leur accorda qu'il s'étoit opéré des guérifons réelles fur le tombeau de Mr. Paris; mais il ne leur accorda ce point, que pour les obliger à convenir que ces fortes de guérifons n'étoient que de purs effets de l'Art ou de la Nature. Le merveilleux qui les environne, n'étoit pas, felon lui, une preuve décifive qu'elles fuffent miraculeufes. Car que favons-nous fi l'Art & la Nature ne peuvent

vent pas aller jufque-là? Les bornes de l'un & de l'autre ne font pas fi diftinctement marquées, qu'on ne puiffe fe tromper en attribuant à Dieu ce qui eft une fuite toute fimple des opérations que la phyfique met fur leur compte. Ce qu'il y a de certain, c'eft qu'il y a des remédes & des fecrets capables d'opérer des effets, en genre de guérifon, qui tiennent du prodige. Je ne tarderai pas à en citer plufieurs exemples d'après les Lettres Théologiques. Je ne fuivrai point ici Mr. de Bethléem dans tous les raifonnemens qu'il a faits aux Appellans, pour les convaincre que la Nature, de concert avec l'Art, auroit pu opérer leurs guérifons les plus furprenantes, & par conféquent qu'ils n'en pouvoient tirer aucun avantage en faveur de leur appel. Ceux qui ne fe laiffent point aveugler par des préjugés de parti, conviennent qu'il n'y a rien de folide à leur oppofer.

Mr. de Bethléem ne s'arrêta pas en fi beau chemin. Il voulut jouïr de tout l'avantage que lui donnoient fur eux les Appellans. Vous voulez, leur dit-il, qu'il y ait quelque chofe de furnaturel dans vos guérifons. Je fuis bien éloigné de vous le contefter. J'y foufcris d'autant plus volontiers, que vous me fourniffez par-là de nouvelles armes pour vous combattre. En effet, il reftoit à examiner entre Mr. de Bethléem & les Appellans, fi ce furnaturel n'étoit point l'ouvrage du Démon. Or que la chofe fût ainfi, c'eft fur quoi il ne pouvoit y avoir le moindre doute, & c'eft fur quoi il les a preffés très-vivement. Le grand argument qu'il a fait valoir contre eux, c'eft celui des convulfions, dont il a montré dans quelques-unes de fes lettres le ridicule, l'extravagant & l'obfcéne, & par cela même l'impoffibilité d'avoir Dieu pour principe, & dans d'autres leur liaifon intime, tant phyfique que morale, avec les guérifons miraculeufes. Les différens moyens qu'il a employés pour le prouver, font hors d'atteinte

teinte à tous les traits des Appellans, comme on peut s'en convaincre par les lettres 17 & 18, où il a traité cette matiére. Plus j'y penfe, & moins je conçois que les Appellans continuent à fe déclarer pour des guérifons deshonorées par les convulfions obfcénes, au fein defquelles elles font nées. Eft-ce donc que des convulfions, qui mettent continuellement la pudeur en danger, font dignes du Dieu de fainteté ? Qui peut donc les avoir caufées, fi ce n'eft le Démon, cet ennemi de toute vertu ? Mais peut-être que le Démon a mêlé fon œuvre avec celle de Dieu, dans le deffein de l'obfcurcir ? Si tel a été fon deffein, il y a parfaitement réuffi. C'eft cette œuvre moitié divine, felon eux, & moitié diabolique que les Appellans ont comparée mille fois avec les prodiges que J. C. a opérés ; eux qui me reprochent aujourd'hui le paralléle de fes prodiges avec les guérifons d'Efculape, fans confidérer que ce paralléle de ma Théfe tombe fur la fubftance & nullement fur la maniére dont les faits comparés fe font opérés. Dieu s'écartoit des loix de la Nature dans les guérifons que J. C. opéroit, & voilà pourquoi elles étoient miraculeufes & furnaturelles dans le fens propre : mais c'étoit en fuivant ces mêmes loix que le Démon opéroit les fiennes fous le nom d'Efculape, & voilà pourquoi elles n'étoient miraculeufes & furnaturelles qu'en apparence. Mais vous, Appellans, qui m'avez traité d'impie dans vos feuilles périodiques, vous avez eu le front de comparer, je ne dis pas aux guérifons de J. C., mais encore à tous ces Miracles du premier ordre qui ont fignalé fa puiffance divine, vos guérifons ; & quelles guérifons encore ? Des guérifons fouillées par des convulfions ridicules, obfcénes & horribles ; des guérifons opérées fucceffivement & avec beaucoup de lenteur ; des guérifons enfin qui n'ont pas été ftables. Et comment les avez-vous comparées à celles de Jésus-Christ? Ce n'est pas dans leur substance seulement, mais encore dans la manière dont elles ont été opérées. Vous voyez que mon paralléle, qui ne tombe que sur l'extérieur des guérisons, est bien différent du vôtre, qui atteint jusqu'à l'opération intérieure de ces mêmes guérisons. Je vous permets de comparer vos guérisons à celles de J. C. pourvu que ce soit de la même manière que je leur ai comparé les guérisons d'Esculape, seule façon de n'être ni impie, ni blasphémateur. Mais revenons à Mr. de Bethléem, qui veut bien oublier pour un moment, que les convulsions, cet opprobre de votre parti, se sont incorporées avec vos guérisons miraculeuses. En ne faisant attention qu'au beau côté par où vous affectez de nous les montrer, c'est-à-dire, en les séparant des convulsions & autres circonstances ridicules qui les ont défigurées, il vous démontre qu'elles ne sont point décisives en faveur de votre appel, par l'impuissance où vous êtes de prouver que le Démon n'en soit pas l'auteur.

Ouvrons la troisiéme Lettre de Mr. de Bethléem, & voyons de quelle manière il détruit sans ressource tout l'espoir que vous fondiez sur des guérisons miraculeuses, qu'on supposeroit même n'être souillées d'aucunes convulsions. C'est ainsi qu'il vous apostrophe,,, Répondez donc
,, & dites-moi pourquoi le Démon ne pourra pas
,, guérir des malades? Est-ce une opération plus
,, difficile que celle de changer une baguette en
,, serpent & de l'eau en sang, ou que de produi-
,, re un nombre infini de grenouilles? Or le Dé-
,, mon l'a fait, l'Ecriture Sainte nous l'apprend,
,, & il l'a fait non en apparence, mais réellement,
,, selon Saint Augustin, selon Saint Thomas, &
,, presque tous les Théologiens & Interprétes....
,, Il paroît donc fort déraisonnable de leur con-
,, tester le pouvoir de rendre quelquefois la san-
,, té aux malades, opération souvent moins diffi-
,, cile

„ cile que celles dont nous venons de parler.
„ D'ailleurs, il est constant, par les divines Ecri-
„ tures & par le témoignage des Docteurs, qu'ils
„ peuvent faire, quand Dieu le leur permet, tout
„ ce qui peut être opéré par des moyens naturels.
„ Or on ne peut douter que bien des guérisons,
„ & celles mêmes qui approchent du miracle, ne
„ soient quelquefois l'effet des causes naturelles.
„ Il ne sera pas inutile d'en citer ici quelques
„ exemples. L'an 1662, Jean Vallis, Docteur
„ Anglois, entreprit d'apprendre à un homme de
„ condition, nommé Daniel Valey, sourd &
„ muët, à comprendre le sens des écrits, à parler
„ & à écrire, & il y réussit. Le Roi d'Angleterre,
„ l'Académie de Londres, & un grand nombre
„ d'étrangers en furent témoins. Le même Doc-
„ teur opéra la même merveille sur un jeune-hom-
„ me d'une famille riche & très-illustre, sourd
„ de naissance. Zachias rapporte un fait sembla-
„ ble d'un Moine de son tems, qui instruisoit à
„ parler des gens qui étoient nés sourds & muëts,
„ & il dit qu'il n'en est pas fort étonné.".

„ La nature est encore plus féconde en ce genre
„ de merveilles, que ne l'est l'industrie des hom-
„ mes. Un Gentilhomme François rongé par la
„ fiévre quarte, tombe dans un fleuve, il en est
„ saisi de frayeur, & cette fiévre opiniâtre est
„ déracinée. Le feu prend dans une chambre où
„ étoit couché un homme paralytique depuis
„ plusieurs années, le plancher se brule, & le
„ feu approche du lit. A la vue d'un danger si
„ pressant, cet homme fait tant qu'il se léve, il
„ gagne une fenêtre par laquelle il se jette en bas,
„ il commence aussi-tôt à marcher, & sa para-
„ lysie est dissipée. Un autre qui depuis six ans
„ étoit perclus de l'usage de ses jambes, & avoit
„ les jarrêts retirés, se met extrêmement en co-
„ lére contre son valet, & fait tant d'efforts pour
„ l'atteindre & le battre, qu'à l'instant ses nerfs
„ s'é-

,, s'étendirent & qu'il recouvra la force de ses
,, jambes. La nature guérit donc quelquefois des
,, fiévres & des paralyfies invétérées, & les guérit
,, même foudainement: voyons encore des muëts
,, de naiſſance, à qui elle délie la langue. Le
,, Roi Créfus avoit un fils muët de naiſſance,
,, pour la guérifon duquel il avoit tenté envain
,, toute forte de moyens. Après qu'il eut perdu
,, la bataille contre Cyrus, un foldat Perfan al-
,, loit le tuer fans le connoître, lorfque fon fils
,, muët effrayé de fon péril, fe mit à crier: arrê-
,, te, foldat, ne tuë point Créfus; ce furent les
,, premiéres paroles qu'il eut jamais dites, mais
,, elles furent fuivies de la facilité de parler pen-
,, dant toute fa vie. Ce qu'opéra foudainement
,, dans ce jeune Prince l'amour pour le Roi fon
,, pére, & la crainte de le voir périr, la colére
,, & l'indignation le firent auſſi tout-à-coup dans
,, un athléte, dont Valére-Maxime & Aulu-
,, Gelle rapportent l'Hiſtoire. *L'envie de parler,*
,, *naturelle aux femmes, le fit auſſi,* dit Zachias,
,, *dans une femme muëtte, qui par fes efforts rom-*
,, *pit les liens qui lui retenoient la langue depuis fa*
,, *naiſſance; enforte que de jour en jour elle parloit*
,, *plus librement.*
,, Voilà donc des muëts de naiſſance guéris par
,, l'induſtrie des hommes; en voilà qui des ef-
,, forts naturels ont donné ou fubitement, ou peu
,, à peu l'ufage de la parole: Voilà auſſi des Fé-
,, bricitans & des Paralytiques rétablis foudaine-
,, ment en fanté & dans l'ufage libre de leurs
,, membres, par des moyens tout naturels. Com-
,, ment donc ofez-vous, Meſſieurs, aſſurer que
,, le Démon ne puiſſe point guérir des fourds &
,, muëts de naiſſance, des paralytiques &c...
,, quoiqu'il ne puiſſe point faire de vrais mira-
,, cles? C'eſt avoir de l'étenduë de fon pouvoir
,, une idée bien oppofée à celle que nous incul-
,, quent les Livres Saints, & à ce qu'ont cru les
,, plus

„ plus grands Théologiens..... Peut-être vous
„ réduirez-vous à prétendre que, quoique le Dé-
„ mon ait souvent assez de pouvoir pour rendre
„ la santé à des malades, c'est un pouvoir que sa
„ haine contre les hommes rend toujours stérile,
„ & qu'il ne veut user de son industrie que pour
„ leur faire du mal.... Mais l'Histoire de l'An-
„ tiquité nous apprend des faits que l'on ne sau-
„ roit concilier avec cette idée. Par exemple, Hé-
„ rodote d'Halicarnasse rapporte que le Roi Crésus
„ ayant été condamné par Cyrus son vainqueur,
„ à être brulé vif, & étant déjà entouré de flam-
„ mes, Apollon qu'il invoquoit à haute voix &
„ avec larmes, couvrit tout-à-coup l'air de nua-
„ ges, quoique le Ciel fût auparavant très-serein,
„ & en fit tomber avec violence une pluie abon-
„ dante qui éteignit le feu. Or qu'étoit cet Apol-
„ lon, sinon un Démon qui se faisoit adorer sous
„ le nom de cet infame dont on n'ose exprimer
„ les abominables amours? Mais si le Démon
„ peut faire un miracle pour conserver à un hom-
„ me la vie, pourquoi ne voudroit-il jamais en
„ opérer pour lui rendre la santé? Nous savons
„ aussi, & par le témoignage des Payens, & par
„ l'aveu de plusieurs Péres de l'Eglise, que la
„ prétendue Déesse Cybelle sauva par un prodige
„ l'honneur & la vie à une Vestale nommée Clau-
„ dia Quintia, accusée faussement d'incontinence.
„ Cette fille protégée par la Déesse, ou plutôt
„ fortifiée par le Démon qu'on adoroit sous ce
„ nom, attacha sa ceinture à un Vaisseau qu'on
„ n'avoit pu ébranler ni par force, ni par indu-
„ strie; & en preuve de son innocence, elle le
„ conduisit par-tout où l'on voulut. Nous savons
„ encore que Luscia, autre Vierge Vestale, ayant
„ été accusée d'avoir violé son vœu de chasteté,
„ elle se purgea de ce crime & se garantit de l'in-
„ famie de la mort, en invoquant la fausse Dées-
„ se, à laquelle elle étoit consacrée. Car ayant
„ pris-

„ pris un crible : *Déeſſe Veſta*, dit-elle, au rapport
„ de Valére-Maxime, *ſi je n'ai apporté à vos ſa-*
„ *crifices que des mains chaſtes, faites que je puiſe*
„ *de l'eau du Tybre avec ce crible, & que j'y ap-*
„ *porte cette eau juſques dans votre Temple.* Cette
„ priére, quoiqu'audacieuſe & téméraire, eut ſon
„ effet, & la nature lui céda. Or quel fut le
„ protecteur inviſible de ces deux filles ? *Voyez* Min.
„ Felix, Tertullien, St. Auguſtin, Lactance &c...
„ & ils vous apprendront que ce fut le Démon,
„ moins à la vérité pour défendre l'innocence,
„ que pour accréditer le culte des faux Dieux....
„ Les Démons pouſſent même leur artifice juſqu'à
„ ſe chaſſer les uns les autres des corps des per-
„ ſonnes qu'ils poſſédent ; c'eſt ce dont on trouve
„ un célébre exemple dans l'Hiſtorien Joſéphe,
„ & que St. Auguſtin & St. Thomas nous enſei-
„ gnent comme une vérité connuë & avouée....
„ Mais puiſque pour parvenir à ſes fins, le Dé-
„ mon peut ſe réſoudre & à défendre l'innocence
„ par des miracles, & à délivrer des énergumé-
„ nes, comment ſeroit-il vrai qu'il ne veuille ja-
„ mais employer ſon induſtrie que pour faire du
„ mal aux hommes ?

„ Mais je vais plus loin ; il faut par des exem-
„ ples précis de guériſons auſſi merveilleuſes, &
„ plus merveilleuſes encore que toutes celles que
„ vous nous vantez, guériſons que le Démon a
„ pourtant opérées, vous convaincre aux yeux
„ du public ou d'un défaut de ſcience & d'une
„ témérité inexcuſables en des Théologiens qui
„ entreprennent de preſcrire des régles pour le
„ diſcernement des miracles, ou d'un défaut de
„ ſincérité porté à l'excès. Vous voulez que l'on
„ regarde comme un dogme conſtant que le Dé-
„ mon employe bien ſon art & ſes forces pour
„ cauſer des maladies aux hommes, mais qu'il
„ n'en uſe jamais pour rendre à des malades la
„ ſanté. N'avez-vous donc jamais entendu par-
„ ler

„ ler du fameux Apollonius de Thiane, qui, tan-
„ dis que St. Paul travailloit avec tant de fuccès
„ à détruire le culte des faux Dieux dans la Gré-
„ ce, y foutint ce culte par un grand nombre de
„ prodiges? Ouvrez le premier tome de *l'Hiſtoi-*
„ *re Eccléſiaſtique* de Mr. Fleury, & vous y
„ trouverez que ce Philofophe délivra la ville
„ d'Ephéfe d'une pefte qui la ravageoit : que par
„ quelques paroles & par fon attouchement, il
„ guérit parfaitement & dans l'inftant une jeune
„ fille de famille Confulaire qu'on croyoit morte
„ & qu'on portoit en terre, & vous trouverez
„ encore aux pages 123, 304, 306 & 315, l'ex-
„ trait de pluſieurs autres prodiges non moins ad-
„ mirables que les deux dont je viens de parler,
„ quoique d'un genre différent. Or ne fut-ce
„ pas par la vertu du Démon qu'Apollonius opéra
„ ces merveilles? Elles furent utiles à la vie & à
„ la fanté des hommes.... un grand nombre
„ d'autres exemples fe préfentent ici à mes yeux,
„ mais je ne les toucherai que rapidement, car le
„ détail en feroit trop fatiguant & pour vous &
„ pour moi. Voyez donc Tacite, Suétone, Dion
„ de Nicée, Tertullien, ou, pour vous épargner
„ ce travail, lifez Mr. Fleury, & vous y trouve-
„ rez que par l'ordre & la protection du Dieu
„ Sérapis, c'eſt-à-dire d'un Démon fous ce nom,
„ l'Empereur Vefpafien rendit fur le champ l'ufa-
„ ge de la vue à un aveugle, & l'ufage de la main
„ à un eftropié, en ne faifant que les toucher....
„ lifez le même Tertullien, & il vous apprendra
„ que c'étoient les Démons qui, fous le nom du
„ faux Dieu Efculape, rendoient la fanté à des
„ perfonnes qui étoient à l'extrémité. Pourroit-
„ on croire en effet que ce foit Dieu qui ait au-
„ torifé par des miracles le culte d'un homme que
„ fes propres adorateurs avouoient avoir été frap-
„ pé de la foudre pour fon avarice ? Confultez
„ dans Gruterus l'infcription de C. Jul. Frontonia-
„ nus,

„ nus, vous y trouverez que ce Frontonianus étoit
„ aveugle, & qu'Esculape lui rendit la vue. Vo-
„ yez dans le même recueil une inscription Grec-
„ que, elle vous apprendra que sous l'empire
„ d'Antonius, une autre aveugle nommé Caïus,
„ ayant par ordre de l'Oracle du même Esculape,
„ posé la main sur l'autel de ce faux Dieu, & l'a-
„ yant ensuite appliquée sur ses yeux, il recouvra
„ la vue sur le champ en présence du peuple qui
„ témoigna sa joie de ce grand prodige. Elle vous
„ apprendra encore qu'un homme nommé Lucius,
„ attaqué de pleurésie & désespéré, fut guéri dans
„ l'instant, après avoir fait quelques cérémonies
„ prescrites par l'Oracle. Il en rendit publique-
„ ment ses actions de grace au Dieu, & le peu-
„ ple s'en réjouit avec lui, dit l'Auteur de l'in-
„ scription. Vous y trouverez aussi les guérisons
„ prétendues miraculeuses d'un autre aveugle, &
„ d'un homme qui vomissoit le sang, & de qui
„ l'on désespéroit. Ouvrez enfin les livres de
„ Strabon, & vous y apprendrez que l'on y ad-
„ miroit souvent des prodiges semblables dans le
„ temple du Dieu Sérapis, ce Dieu que le Sénat
„ de Rome raya du Calendrier des Dieux, &
„ dont il fit abbattre les autels, à cause des in-
„ famies qui accompagnoient son culte. *Il gué-*
„ *rissoit les malades dans son temple, & il y avoit*
„ *des personnes qui avoient soin d'écrire les guérisons*
„ *merveilleuses qui s'étoient faites.* Tant de témoi-
„ gnages, & une foule d'autres encore que je
„ pourrois citer, ne nous permettent pas de dou-
„ ter que les Démons n'ayent quelquefois & le
„ pouvoir & la volonté d'opérer des guérisons….
„ Direz-vous que les Démons ne peuvent ou ne
„ veulent guérir d'autres maladies que celles qu'ils
„ ont causées eux-mêmes; mais ils peuvent donc
„ & veulent quelquefois guérir des maladies, ce
„ que vous nous défendiez de croire de toute ma-
„ ladie en général, & de celles mêmes dont ils
„ font

,, font les auteurs. Ils ne fe fervent donc pas tou-
,, jours de leur puiffance pour frapper & détruire
,, nos corps, ce que vous nous affuriez néanmoins
,, avec tant de confiance. Mais examinons fi le
,, Démon ne peut guérir d'autres maux que ceux
,, qu'il a caufés. Il eft vrai qu'il ne fauroit guérir
,, une maladie fi elle ne peut être guérie par un
,, reffort de la nature, & que tous les miracles
,, qu'il fait, il ne les fait qu'en mettant invifible-
,, ment en action des caufes naturelles. Principe
,, certain, mais rarement utile pour difcerner une
,, guérifon dont il feroit l'auteur, d'avec celles
,, que Dieu opére; puifque outre que la main ne
,, paroît pas, il eft certain, felon la remarque
,, de Saint Thomas, que toute la vertu de la na-
,, ture ne nous eft pas connue, & que les Démons
,, opérent des miracles que nous ne faurions com-
,, prendre, quoique tout ce qu'ils font foit natu-
,, rel, à proprement parler. Il eft vrai encore
,, que fouvent il y a autant & plus d'artifice que
,, de puiffance dans les guérifons que le Diable
,, a opérées. Pour préparer de loin la matiére à
,, fes miracles, & entraîner ou confirmer par ce
,, moyen dans l'erreur, quelquefois il aveugle
,, ceux-ci, il ôte à ceux-là l'ufage de la parole,
,, il rend les uns fourds, il en eftropie d'autres
,, par des embarras invifibles qu'il met dans leurs
,, organes. Il lui eft enfuite bien aifé de con-
,, fommer fes merveilles. Au moment que ces
,, malades ont recours à un moyen qui conduit à
,, la fin qu'il fe propofe, il retire fa main ouvrié-
,, re de leurs maux, & voilà des aveugles éclairés,
,, des fourds, des muëts, des eftropiés guéris fur le
,, champ..... ce feroit interpréter très-fauffement
,, ce principe, que de s'en fervir pour reftrein-
,, dre le pouvoir & la volonté de guérir qu'a le
,, Démon, aux maladies dont il auroit été lui-
,, même auteur. Car outre que, felon Saint Au-
,, guftin, il faudroit avoir un don particulier de
,, Dieu,

,, Dieu, pour connoître l'étendue & les bornes
,, du pouvoir diabolique, nous savons de plus que
,, la guérison d'une fièvre, ou d'une obstruction
,, causée par des accidens naturels, ne sauroit
,, être d'une exécution plus difficile que le chan-
,, gement d'une verge en serpent, & que tant
,, d'autres merveilles dont le Diable a été ou-
,, vrier: nous savons que l'art des hommes & la
,, nature ayant souvent assez de pouvoir pour gué-
,, rir de ces sortes de maux, des Théologiens ne
,, sauroient le contester au Démon: nous savons
,, enfin que, lorsque pour séduire on est capa-
,, ble de sauver & l'honneur & la vie à des inno-
,, cens, & de délivrer des énergumènes, ce qu'il
,, a fait, comme nous l'avons vu; on peut bien
,, vouloir dans le même dessein rendre la santé à
,, des hommes que l'on n'avoit pas frappés soi-
,, même".

De cette Doctrine sur le pouvoir des Démons,
naissoit naturellement cette objection, savoir, que,
si le Démon pouvoir guérir des aveugles, redres-
ser des boiteux, faire couler des esprits vitaux
dans les membres desséchés des paralytiques,
&c... on énerveroit par-là la preuve tirée des
miracles pour la mission du Sauveur. Voici la réponse de Mr. de Bethléem à cette difficulté. ,, 1.
,, Pourquoi les miracles prouvent-ils évidemment
,, la mission de J. C.? est-ce précisément parce
,, qu'il a guéri des boiteux, des aveugles, &c.?
,, C'étoit l'idée que l'idolâtre Celse attribuoit aux
,, Chrétiens; mais il ne l'exprimoit pas toute en-
,, tière, & par-là il en ôtoit la principale force.
,, *Ces miracles*, lui répond Origéne, *prouvent, à
,, la vérité, que J. C. est le fils de Dieu; mais c'est
,, parce que d'anciennes prophéties avoient annoncé
,, que le Messie ouvriroit les yeux des aveugles &
,, les oreilles des sourds, & qu'il feroit aller des
,, boiteux comme des cerfs.* Les prophéties doivent
,, donc concourir avec ces sortes de miracles,
,, pour

„ pour qu'ils prouvent invinciblement la miſſion
„ de J. C. Telle eſt auſſi la Doctrine de Saint
„ Irenée, de Lactance; c'eſt ce qu'enſeigne Mr.
„ de Sacy, & il ſemble que vous l'avouez vous-
„ mêmes. 2. Pourquoi encore les miracles de J. C.
„ font-ils une preuve conſtante qu'il étoit le mi-
„ niſtre & l'envoyé de Dieu? C'eſt parce qu'il a
„ reſſuſcité des morts; miracle que les Démons
„ n'ont jamais fait, miracle ſupérieur à toute leur
„ puiſſance, & qui confirme ſi évidemment le
„ principe divin de ſes autres miracles. J. C. lui-
„ même nous indique cette marque diſtinctive de
„ ſes miracles, en Saint Jean: *Si opera non feciſ-*
„ *ſem in eis quæ nemo alius fecit, peccatum non ha-*
„ *berent.* 3. Enfin, on ne peut ſans folie mécon-
„ noître la main de Dieu dans les miracles de J. C.
„ ni y ſoupçonner celle de Beelzébuth, dès que
„ l'on fait attention qu'ils étoient deſtinés à con-
„ fondre les ſuperſtitions, à abolir par toute la
„ terre le culte des Démons, & à y faire adorer
„ en eſprit & en vérité le ſeul Dieu véritable.
„ C'eſt encore la preuve que J. C. apporte de la
„ vérité de ſes miracles en Saint Luc, où il prou-
„ ve contre les Phariſiens, qu'il ne chaſſoit point
„ les Démons par la vertu de Beelzébuth, parce
„ qu'autrement le Démon auroit travaillé à ſa
„ propre ruine. Sur quoi il eſt bon d'obſerver
„ qu'il ne dit pas que le Démon ne puiſſe point
„ faire des prodiges, mais ſeulement qu'il n'en
„ peut faire qui tendent à détruire ſon empire.
„ Or tels étoient manifeſtement les miracles de
„ J. C. Voilà comment les guériſons que ce divin
„ Sauveur a opérées, prouvent invinciblement ſa
„ miſſion divine. 1. Dieu avoit prédit depuis plu-
„ ſieurs ſiécles que celui qu'il envoyeroit pour la
„ rédemption du Monde, feroit ces miracles. 2.
„ La vertu par laquelle J. C. guérit les malades,
„ fut celle par laquelle il reſſuſcita des morts: or
„ il eſt évident qu'il reſſuſcita les morts par la
„ vertu

„ vertu de Dieu, nulle autre vertu ne le pouvant
„ faire. Enfin, tout miracle deſtiné à ſoumettre
„ les hommes au culte légitime du vrai Dieu, n'eſt
„ point de Satan, mais c'eſt Dieu qui en eſt le
„ principe: or les guériſons de malades opérées
„ par J. C. avoient pour but ces effets ſalutaires.
„ Elles ſont donc à la vérité une preuve très-con-
„ cluante pour la miſſion de J. C., mais elles ne
„ le ſont pas uniquement par elles-mêmes. Leur
„ force au-contraire dépend tellement des pro-
„ phéties qui les annoncent, des réſurrections de
„ morts qui les accompagnent, de la converſion
„ des peuples qui en fut la fin & le fruit; que ſi
„ on les ſépare de ces trois circonſtances enſem-
„ ble, on leur ôte leur principale force, puiſqu'il
„ eſt arrivé tant de fois, que les Démons ont
„ accrédité les fauſſes Religions par des prodiges
„ de différentes eſpéces. Telle eſt, Meſſieurs, la
„ doctrine de tous les tems; & lui donner attein-
„ te, c'eſt, ſous un faux prétexte de Religion,
„ livrer la Religion même aux traits de l'infi-
„ délité.

Je n'ai pas cru devoir interrompre la ſuite des
raiſonnemens qu'emploie Mr. de Bethléem contre les appellans; parce que, outre qu'il ne pourra pas ſe plaindre que j'aye déguiſé ou altéré ſes
ſentimens, en tronquant infidélement ſon texte,
tout lecteur impartial verra clairement dans ce que
je viens de citer, ma propoſition même des guériſons. En effet n'eſt-il pas conſtant, par l'aveu de
Mr. de Bethléem, que nous ne liſons dans l'E-
vangile aucune guériſon opérée par J. C. que le
Démon, ce ſinge de la Divinité, n'ait pu imiter,
que dis-je, qu'il n'ait imitée réellement dans les
temples du Dieu Eſculape & du Dieu Sérapis?
N'a-t-il pas produit ſur cela pluſieurs faits, dont
il prend ſoin de venger la vérité contre les Appellans, qui lui objectoient que ces guériſons qu'il
oppoſoit aux leurs, n'étoient que des fables in-
ven-

ventées par les Payens, pour ternir les miracles de J. C. ,, Je pourrai fouscrire, leur dit-il à la
,, page 35. lettre 3. à cette cenfure, fi vous n'y
,, enveloppez pas tous les prodiges dont les
,, Payens ont fait honneur à leurs Philofophes &
,, à leurs faux Dieux : car je fais qu'ils ont forgé
,, en effet un grand nombre de ces miracles, que
,, des Péres de l'Eglife leur en ont fait le repro-
,, che, & qu'ils ont été forcés quelquefois d'en
,, convenir eux-mêmes. Mais d'étendre cette ré-
,, ponfe à toutes les guérifons miraculeufes que
,, les Payens ont inférées dans leurs faftes, ce fe-
,, roit violer toutes les loix de la critique. De
,, quoi ne douterez-vous pas en fait d'hiftoire non
,, révélée, fi vous niez, par exemple, les deux
,, miracles de Vefpafien? Ce font des miracles
,, opérés par un Empereur en préfence de fa Cour
,, & d'une multitude fort attentive. Ce font des
,, Auteurs contemporains qui nous en font le récit;
,, Auteurs non fabuleux, Auteurs qui difent l'a-
,, voir appris de témoins oculaires & dignes de
,, foi, &c." Or, fi le Démon a opéré, d'une
maniére fubite & parfaite (car c'eft-là où tendent
les exemples cités par Mr. de Bethléem) les mêmes guérifons que nous lifons dans l'Evangile,
il eft évident que les guérifons de J. C. confidé-
rées en elles-mêmes, & détachées de toutes les
circonftances qui les accompagnoient dans cet
Homme-Dieu, étoient des miracles équivoques
pour prouver la divinité de fa miffion. C'eft ce
que Mr. de Bethléem a très-bien fenti, puifque,
pour les rendre inébranlables aux objections des
incrédules & des impies, il a foin de les munir
du triple rempart des prophéties qui les ont annoncées, des réfurrections de morts qui les ont
accompagnées, de la converfion des peuples qui
en fut la fin & le fruit.

Mais ces guérifons opérées par le Démon, fous
les noms d'Efculape & de Sérapis, font-elles donc,

dans

dans l'esprit de Mr. de Bethléem, paralléles à celles que l'Evangile rapporte de J. C.? vous en pourrez juger par la maniére dont il répond aux Appellans qui le lui reprochoient, & qui en prenoient avantage pour le mettre en contradiction avec lui-même. Si les guérisons du Démon, disoient les Appellans, imitent parfaitement les guérisons de J. C. le Démon peut donc faire de vrais miracles; ce qui est contre vos principes. C'est donc une contradiction de votre part de soutenir que le Démon ne peut faire de vrais miracles, tandis que vous lui accordez le pouvoir de produire des guérisons paralléles en elles-mêmes aux guérisons de J. C. Qu'est-ce que répond à cela Mr. de Bethléem? ,, Vous vous imaginez, leur
,, dit-il pag. 390. lett. 9. qu'en disant d'un côté
,, que le Démon peut faire des guérisons. . . .
,, telles dans leur substance que J. C. en a opé-
,, rées, & de l'autre qu'il ne peut pas faire de vrais
,, miracles, je tombe en contradiction avec moi-
,, même, que je ne m'entens pas, ce qui vous
,, fait ajoûter: *Et pourquoi parle-t-il sur cette ma-*
,, *tiére, s'il n'a pas ses idées nettes & arrangées?*
,, Mais voyez que toute la brouillerie est dans les
,, vôtres, & que vos raisonnemens ne portent pas
,, plus contre moi, que contre la Religion & con-
,, tre vous-mêmes. . . . Origéne, St. Augustin, St.
,, Thomas, Théodoret, & tant d'autres Docteurs
,, qui, comme vous le savez, ont cru que les
,, Démons par le ministére des enchanteurs d'E-
,, gypte, firent réellement les trois premiéres mer-
,, veilles que Dieu avoit faites par la main de
,, Moïse, ont-ils donc nié que Moïse ait fait alors
,, de vrais miracles, ou en ont-ils attribué de vé-
,, ritables à la vertu des Démons? Ils n'ont fait
,, ni l'un ni l'autre. Je les imite, lorsque je sou-
,, tiens, & que les guérisons opérées par le Sau-
,, veur & par les Apôtres, sont des miracles pro-
,, prement dits, & que lorsque le Démon paroît
,, en

„ en opérer de femblables dans leur nature, il ne fait
„ pas néanmoins de vrais miracles. Pouvez-vous
„ donc m'infulter fur cela, fans infulter de même
„ ces grands-hommes, & fans avilir par confé-
„ quent votre raifon aux yeux de tout homme
„ fage.... C'eft s'écarter de la Religion & de la
„ droite raifon, que de conclure qu'on attribue à
„ la Nature ou aux Démons la vertu d'opérer de
„ vrais miracles, comme notre Seigneur J. C. en
„ opéra, de ce qu'on les fait ouvriers de merveil-
„ les qui y reffemblent. Pour être coupable de
„ cette erreur que vous m'imputez, il faudroit que
„ j'euffe dit que le Démon a opéré fes miracles
„ de la même maniére que J. C. a opéré les fiens.
„ Mais oferiez-vous en hazarder le reproche? Du
„ moins ne le feriez-vous pas impunément". Les
guérifons de J. C. ne différent donc, felon Mr. de
Bethléem, de celles du Démon que dans la maniére de les opérer, & nullement dans leur fubftance; mais comme la main du Démon ne paroît
pas dans les guérifons qui font de fon reffort, nous
ne pouvons difcerner les guérifons dont il eft l'auteur d'avec celles que Dieu opére. C'eft Mr. de
Bethléem que j'ai imité, en fuivant ce principe,
comme il a imité lui-même les faints Péres.

Non, me dira peut-être Mr. de Bethléem. Vous
prétendez dans votre Théfe que le pouvoir diabolique s'étend fur toutes les guérifons de J. C. au
lieu que c'eft une calomnie dont je me fuis défendu dans ma neuviéme lettre, contre les injuftes
reproches des Appellans. Voici comme j'y parle.
„ Qu'ils reviennent au jugement, qu'ils repren-
„ nent ma huitiéme lettre, & qu'ils lifent encore
„ une fois ce que j'y ai écrit à la page 36, qu'ils
„ en péfent enfin les termes & le fens. Voici mon
„ principe: *Le Démon ne fauroit guérir une mala-*
„ *die, fi elle ne peut être guérie par aucun reffort de*
„ *la nature; & tous les miracles qu'il fait, il ne*
„ *les fait qu'en mettant invifiblement en action les*
„ *caufes*

„ *caufes naturelles.* Faut-il un commentaire à ce
„ texte? N'eft-il pas évident que je n'y attribue
„ au Démon de pouvoir, en fait de guérifons,
„ qu'à l'égard des maladies qui ne font point na-
„ turellement incurables? Pour le contefter, il
„ faudroit faire profeffion ouverte de mauvaife
„ foi". C'eft une calomnie, je l'avoue, de la
part des Appellans, d'avoir étendu à toutes fortes
de guérifons, le pouvoir que vous donnez au
Diable; il eft évident que vous le reftraignez aux
maladies qui ne font point incurables à la vertu
des caufes naturelles. Mais fouffrez, Monfeigneur, que je vous repréfente que je n'ai point
donné dans ma Théfe atteinte à cette vérité. J'y
dis pofitivement que le Démon ne fauroit faire un
vrai miracle. Je ne crois donc pas le Démon
capable d'opérer toutes fortes de guérifons. J'excepte comme vous toutes celles qui s'échappent
du cercle des guérifons poffibles à la nature, parce que le Démon ne peut agir qu'en mettant invifiblement en action les caufes naturelles *Pour le
contefter, il faudroit faire profeffion ouverte de mauvaife foi.* Vos écrits contre les Appellans me défendent d'avoir de vous une idée fi injurieufe au
caractére d'honnête homme, fous lequel vous vous
y peignez fi naturellement.

Je prévois que Mr. de Bethléem m'objectera,
que ma propofition des guérifons eft reprehenfi-
ble, en ce qu'elle énonce de toutes les guérifons
de J. C. qu'elles font des miracles équivoques,
au lieu qu'on ne peut le conclure de fes écrits,
où il dit pofitivement que le Démon ne fauroit
guérir des maladies qui ne pourroient l'être par
aucun reffort de la nature. Or, s'il y a de telles
maladies, c'eft-à-dire des maladies incurables à la
vertu des caufes naturelles, qui doute qu'il n'y en
ait plufieurs de cette efpéce parmi celles que J. C.
a guéries? Toutes les guérifons de J. C. ne font
donc point des miracles équivoques. Je penfe

comme Mr. de Bethléem, que, parmi les guérisons opérées par J. C. il s'en trouve quelques-unes bien supérieures à tous les efforts diaboliques; mais nous n'en croyons pas moins l'un & l'au're que toutes les guérisons de ce divin Sauveur, sans en excepter une seule, font des miracles équivoques. Il ne suffit pas, en effet, que Jésus-Chrift ait opéré de ces fortes de guérisons à l'égard desquelles le pouvoir du Démon est impuissant, la nature n'offrant point à son activité les moyens d'agir; il faut encore qu'on puisse s'assurer quelles sont les maladies qui résisteroient à tous les remèdes naturels. Or Mr. de Bethléem oseroit-il se flatter de résoudre ce problême, en nous assignant les maladies que le Démon peut guérir, & celles qui par leur nature surpassent son pouvoir? Non sans-doute: car il convient lui-même, pag. 39. Lettre 9. que ses lumiéres sont trop courtes, pour donner une réponse précise à cette question sans-doute bien épineuse. St. Thomas dit que les Démons opèrent des miracles que nous ne saurions comprendre, quoique tout ce qu'ils font soit naturel, à proprement parler. Sur quoi Mr. de Bethléem remarque que c'est *rarement* que l'on peut connoître si une guérison surpasse toute la vertu des causes naturelles, & par conséquent si une guérison excède, par sa nature, le pouvoir du Démon. Mr. de Bethléem me permettra de lui dire que l'expression *rarement*, qu'il applique au discernement des guérisons supérieures à la vertu des causes sensibles, n'est nullement exacte. Je ne vois qu'un cas où ce discernement pourroit se faire. Ce seroit, par exemple, celui où je verrois marcher avec deux jambes un homme à qui on les auroit coupées. Mais alors ce discernement loin d'être difficile, comme le suppose Mr. de Bethléem, seroit aisé & infaillible, une telle guérison étant évidemment surnaturelle dans sa substance même. Oui, je le ré-

répéte, excepté le cas où un homme feroit rétabli dans les membres dont quelque accident l'auroit privé, (cas, comme l'on voit, où la même main qui reſſuſcite eſt abſolument néceſſaire,) je ſoutiens qu'il nous ſera toujours impoſſible de diſcerner ſi des guériſons ſupérieures à la vertu des cauſes ſenſibles, viennent de Dieu ou du Démon, lorſqu'on ſe bornera à les conſidérer dans leur ſubſtance. Faiſons-en l'eſſai ſur les guériſons opérées par Jéſus-Chriſt. Si j'ouvre l'Evangile, je vois les guériſons s'opérer indifféremment ſur des paralytiques, des fébricitans, des hydropiques, des ſourds, des muëts, des aveugles, des boiteux, des lépreux, des démoniaques. Or Mr. de Bethléem étend à ces mêmes guériſons le pouvoir du Diable. Le grand principe ſur lequel il ſe fonde, c'eſt que le Démon peut faire ce que d'autres cauſes naturelles peuvent opérer. Or l'expérience, dit-il, nous apprend que des paralyſies, des embarras dans les yeux, dans les oreilles, à la langue, &c. ont quelquefois des reſſources dans la nature. C'eſt en conſéquence de ce principe qu'il nous repréſente le Démon guériſſant des ſourds & muëts de naiſſance, des aveugles, des boiteux, des membres deſſechés, des paralytiques, des hydropiques. Il n'y a pas juſqu'aux démoniaques, que le Démon, ſelon lui, ne puiſſe guérir, un Démon conſentant alors, pour mieux nous tromper, d'être chaſſé par un autre Démon.

De cet aveu de Mr. de Bethléem, qui ſe décéle une infinité de fois dans ſes Lettres Théologiques, je conclus contre lui, ou plutôt avec lui, (car il ne paroît l'avoir nié que depuis ma malheureuſe affaire,) que toutes les guériſons de Jéſus-Chriſt, même les plus éclatantes, ſi on les conſidére dans leur ſubſtance, ſont des miracles équivoques, puiſque le Démon peut les contrefaire, & par conſéquent qu'il faut répandre ſur elles

elles la lumiére des prophéties ou des résurrections, pour dévoiler à nos yeux le divin qui les caractérise, & qui les distingue si fort des guérisons diaboliques. Est-ce donc que le Démon, me direz-vous, a pu opérer toutes les guérisons qui ont signalé la vertu bienfaisante de Jésus-Christ? Non, vous répondrai-je. Il n'y en a peut-être pas une qu'il eût pu opérer; mais, selon vous, il n'y en a pas une qu'il n'ait contrefaite; & cela suffit pour qu'elles soient toutes équivoques, si on ne les considére qu'en elles-mêmes, puisqu'on ne peut reconnoître la contrefaction que par des circonstances étrangéres. Je conviens donc que dans le nombre infini des guérisons que J. C. a opérées, il n'y en a peut-être pas une qui ne fût au-dessus des forces du Démon; mais nous prétendons l'un & l'autre qu'il n'y en a aucune dans laquelle je puisse l'appercevoir. Il m'est impossible de savoir si telle guérison est supérieure à toutes les forces naturelles, ou si, supposé qu'elle ne le soit pas, elle a été opérée indépendamment de l'action des causes naturelles. Si Mr. de Bethléem veut me forcer à respecter le sceau de la Divinité dans chaque guérison de J. C. sans aucun rapport aux circonstances qui l'accompagnent, il faut qu'il m'en assigne une que le Démon ne puisse contrefaire. Or c'est ce que ses principes sur le pouvoir du Démon ne lui permettront jamais de faire. En un mot, il faut se résoudre, aveugles mortels que nous sommes, à ne savoir que d'une maniére vague & générale qu'il y a des guérisons qui par leur substance exigent absolument la main de Dieu. Mais nous ignorerons toujours parfaitement quelles sont les maladies qui dérangent la constitution animale au point qu'aucun pouvoir borné ne sauroit y remettre l'ordre & le jeu nécessaire à la vie. Donc, pour raisonner conséquemment, il n'y a aucune guérison de J. C. considérée en elle-même, qui
soit

soit une preuve invincible de la divinité de sa mission, puisque toutes ont été imitées & contrefaites par le Démon.

Mr. de Bethléem me renverra sans-doute à sa neuviéme lettre, pour y apprendre ses vrais sentimens sur les guérisons de Jésus-Christ. J'avoue qu'en la lisant, je n'ai pas été médiocrement surpris de le voir biaiser. On diroit qu'il craint de s'être trop avancé dans sa troisiéme lettre. Ce n'est plus cet homme qui parloit aux Appellans d'un ton si fier & si hardi. C'est au contraire un homme, qui au-lieu de marcher droit à son but avec une noble confiance, nous distrait en nous promenant à travers cet amas de contradictions, que se pardonnent volontiers les Appellans. Mais il n'en est pas moins vrai que ce qui les a offensés dans la troisiéme Lettre Théologique, c'est qu'ils ont cru y lire que les guérisons de J. C. ne sont une preuve constante qu'il étoit le Messie, qu'autant que ces miracles se trouvent joints, soit aux prophéties qui les ont annoncées, soit aux résurrections qui les ont accompagnées, soit à la conversion des peuples qui en fut la fin & le fruit. Comme les guérisons opérées sur le tombeau de Mr. Paris, ne sont jointes à aucune de ces trois circonstances, il s'ensuivoit qu'elles ne prouvoient rien par elles-mêmes; & voilà ce qui chagrinoit les Appellans. De-là cette foule d'écrits, où le désespoir de l'appel se peint par les injures grossiéres qu'ils y vomissent contre Mr. de Bethléem, & plus encore par les mauvais raisonnemens dont ils attaquent sa troisiéme lettre; car c'est contre elle que se sont portés tous les efforts du parti. A voir de quelle maniére il y répond dans sa neuviéme, on diroit que le grand nombre de leurs écrits l'a effrayé. Ils lui avoient objecté que, selon lui, les guérisons de J. C. n'étoient point par elles-mêmes, une preuve de sa mission, & que leur force dépendoit des pro-

phé-

phéties, &c. A cela que répond Mr. de Bethléem ? Qu'il eſt bien vrai, qu'il rend ces merveilles dépendantes, pour faire une preuve *très-concluante, évidente, invincible*, contre les incrédules, de l'adjonction de quelqu'une des trois circonſtances ci-deſſus, mais qu'il n'en exige aucune des trois, pour que les merveilles de guériſon faſſent ſimplement preuve forte de la miſſion du Sauveur; que les en ſéparer, ce ne feroit pas les rendre inutiles, mais ſeulement leur ôter leur principale force; enfin que les miracles de guériſon prouvent par eux-mêmes la miſſion de Jéſus-Chriſt, & qu'ils en ſont une preuve déciſive & même démonſtrative aux yeux des perſonnes que le préjugé n'offuſque point, & qui conſultent la raiſon toute pure. Voyez les pages 413. & 417. de la neuviéme lettre. Or parler ainſi, qu'eſt-ce autre choſe qu'incidenter mal à propos, & déſavouer, quoiqu'obſcurément, ſes premiers ſentimens? Pour moi je n'ai point l'idée d'une preuve *forte, déciſive*, & même *démonſtrative aux yeux de tout homme qui voudra écouter tranquillement ſa raiſon*, qui pourtant n'eſt ni *concluante*, ni *évidente*, ni *invincible* contre les incrédules. Cette nuance m'échappe. J'avois toujours cru, (& qui ne s'y feroit pas trompé?) qu'une preuve eſt toujours *très-concluante, évidente, invincible* contre les incrédules, dès-là qu'elle eſt capable de ſoumettre la raiſon.

Car enfin, puis-je dire à Mr. de Bethléem, cet incrédule obſtiné, que vous voulez forcer à reconnoître la divinité des miracles du Sauveur, combat ces miracles par de bonnes raiſons, ou bien il ne les attaque que par de vaines ſubtilités. Dans le premier cas, ſon obſtination eſt louable, & on ne pourroit que blâmer un homme qui ſe rendroit à une preuve, dont l'incrédule auroit démontré par de bonnes raiſons la foibleſſe. Mais ſi ces raiſons ne ſont que de vaines ſubtilités (ce qui

qui eſt le ſecond cas) il eſt aiſé de les faire diſ-
paroître, & de le forcer à reſpecter, malgré lui,
une preuve qu'il établit lui-même, en la combat-
tant ſi mal. Mais depuis que vous lui avez appris, Monſeigneur, que le Démon a opéré dans
différens tems les mêmes guériſons que Jéſus-Chriſt,
penſez-vous que vous puiſſiez, ſans autre appui
que celui de ces merveilles, former contre lui
une preuve démonſtrative au tribunal d'une raiſon
tranquille ? Il vous répondra, votre troiſiéme
lettre à la main, que, puiſque le Démon a opéré
des merveilles ſemblables à celles que vous attribuez à Jéſus Chriſt, en fait de guériſon, il ſeroit
très-imprudent à lui de le reconnoître pour Dieu
ſur des merveilles qui, de votre aveu, ſont équivoques, dès-là que vous lui en faites partager
l'honneur avec le Démon. Pour le tirer de ſon
doute, il faut que vous donniez aux guériſons
miraculeuſes de Jéſus-Chriſt quelque appui qui
puiſſe les maintenir contre les objections de l'incrédule, qui pourra, s'il le veut, les attribuer
impunément à l'art magique, ou à la vertu diabolique. C'eſt le parti que prit Origéne vis-à vis
de Celſe, qui lui conteſtoit la force de la preuve
tirée des guériſons. Pour les rendre reſpectables
aux yeux de cet eſprit-fort, il répandit ſur elles la
lumiére des prophéties. ,, Ces miracles de gué-
,, riſons, dit-il à Celſe, prouvent à la vérité que
,, Jéſus-Chriſt eſt le fils de Dieu; mais c'eſt par-
,, ce que d'anciennes prophéties avoient an-
,, noncé que le Meſſie ouvriroit les yeux des
,, aveugles, & les oreilles des ſourds, & qu'il fe-
,, roit aller des boiteux comme des cerfs." Ce
fut auſſi la reſſource de St. Irenée contre les
Diſciples de Simon & de Carpocrate. ,, S'ils
,, prétendent, dit-il, que les miracles du Sei-
,, gneur ſont *également* des illuſions, nous les
,, raménerons aux prophéties, par leſquelles nous
,, démontrerons & que ces miracles ont été pré-
,, dits,

,, dits, comme ils ont été faits, & qu'il eſt le fils
,, unique de Dieu. " C'eſt encore la penſée de
Tertulien dans ſon troiſiéme livre contre l'hérétique Marcion. ,, Vous prétendez, lui dit-il, qu'il
,, n'étoit pas néceſſaire que Dieu rendît témoi-
,, gnage à ſon fils par ſes Prophétes, parce qu'il
,, devoit prouver d'abord lui-même, par ſes mi-
,, racles, qu'il eſt le fils, l'envoyé & le Chriſt de
,, Dieu. Mais moi je vous nie que pour atteſ-
,, ter cela, le ſeul témoignage des miracles ait
,, ſuffi ".

Oui, direz-vous, c'étoient les prophéties qui donnoient aux miracles de guériſon, le dernier degré de force & d'évidence; mais rien n'empêche que cette preuve des miracles de guériſon n'ait de la force par elle-même, encore qu'elle ne ſoit point de nature à confondre le libertinage & l'incrédulité. Je ſais, Monſeigneur, que vous le répétez pluſieurs fois dans votre nieuviéme lettre, & même que vous l'avez inſinué dans votre troiſiéme, en ajoûtant qu'on leur ôte leur principale force, ſi on les ſépare des prophéties, &c... Mais c'eſt préciſément ſur cela que je prends la liberté de vous attaquer, en vous démontrant par vos propres principes, que les miracles de guériſon, conſidérés en eux-mêmes, ne forment pas ſeulement un commencement de preuve ſur l'eſprit d'un homme qui ne croit point par l'impulſion ſubite d'un inſtinct aveugle. Quelle ſorte de preuve voulez-vous faire ſortir de guériſons, que vous reconnoiſſez vous-même le premier ne point ſurpaſſer le pouvoir du Démon? Eſt-ce donc, à votre avis, raiſonner ſenſément, que d'attribuer à Dieu ce qui pourroit également, ſelon vous, être attribué au Démon? Pour éviter une telle mépriſe, qui ſouvent confondroit le Démon avec Dieu, il faut attendre que quelque choſe d'extérieur aux guériſons, rompe l'équilibre qui tenoit l'eſprit en ſuſpens entre ces deux Etres.

Il n'y a qu'un seul cas que j'excepte, mais que l'incrédule n'exceptera pas comme moi. C'est celui où l'on réuniroit sous un même point de vue, cette multitude infinie de guérisons de toute espéce, que Jésus-Christ a opérées. Je pense qu'il est très-vraisemblable que parmi elles il s'en est trouvé, auxquelles les efforts de la Nature & du Démon ne sauroient atteindre. Mais les esprits-forts diront que, quelque vraisemblable que cela soit, il n'est pas impossible que cela soit autrement. Il paroît par vos écrits, que vous ne donnez aux guérisons de Jésus-Christ force de preuve par elles-mêmes, qu'en les mettant sous le point de vue où je les représente ici. Je pense donc, Monseigneur, sur ce point la même chose que vous. Mais pour vous ramener entiérement à mon sentiment sur les guérisons de Jésus-Christ, je n'ai plus qu'une chose à vous demander, savoir, si vous croyez qu'il y ait une seule guérison de Jésus-Christ prise séparément des autres, & sans aucun rapport aux prophéties ou aux miracles essentiellement divins, dont il puisse résulter une preuve décisive de la mission du Sauveur. Si vous le croyez, je vous oppose à vous-même, qui dites par-tout dans vos lettres qu'il n'y a aucune guérison attribuée par l'Evangile à Jésus-Christ, que le Démon n'ait pû contrefaire, que même il n'ait effectivement contrefaite. Vous m'avouerez qu'on ne peut rien conclure d'une guérison, que j'ai autant de droit de donner au Démon, que vous de la donner à Dieu. D'ailleurs, vous m'avez dit vous-même, dans la visite que j'eus l'honneur de vous faire durant les premiers troubles, qu'excitoient à l'occasion de ma Thése des esprits inquiets & turbulens, que ma proposition n'étoit nullement reprehensible, si je n'avois voulu parler que de chaque guérison en particulier. Vous fîtes plus, car vous me promîtes alors de me fournir des moyens de défense

&, si vous ne m'avez pas tenu parole, je ne dois m'en prendre qu'à Mr. Galliande, dont le zéle contre ma Théfe vous arracha cette lettre, qui n'auroit jamais dû partir de la main de l'Auteur des Lettres Théologiques. Vous penfez donc comme moi, qui prétens que toutes les guérifons de Jéfus-Chrift font des miracles équivoques, lorfque nous les confidérons féparément les unes des autres, fans aucun rapport aux prophéties qui les ont annoncées. J'ai juftifié ce fens au commencement de la propofition. Il eft vrai que dans ma Théfe, je n'ai nommé expreffément que les prophéties. Mais je n'ai point exclu les miracles effentiellement divins; au contraire, je les y fais marcher de pair avec les prophéties; quant à la converfion des peuples, c'eft une preuve que je refpecte à l'égal de vous-même. Je ne prévois plus qu'une difficulté que vous pourrez me faire à l'occafion des régles de difcernement entre les miracles divins & les miracles diaboliques, que vous avez tracées dans vos lettres. C'eft à quoi je vais fatisfaire.

Quoique nous ignorions quelle eft l'étendue du pouvoir du Démon, & que nous ne puiffions marquer les bornes qui l'arrêtent, nous en favons pourtant affez pour ne pas lui attribuer un effet qui s'échapperoit du cercle des caufes naturelles. En conféquence de ce principe, dont la vérité n'a pas befoin de grands raifonnemens pour fe faire fentir, il eft aifé de difcerner les miracles effentiellement divins de ceux qui ne le font pas. Et c'eft ce que vous avez heureufement exécuté dans la douziéme & dans la treiziéme de vos Lettres Théologiques. Ces miracles, d'eux-mêmes & par eux-mêmes, indépendamment de toute circonftance, de toute fin, annoncent néceffairement la main de Dieu. La violation manifefte des loix naturelles fait toute leur divinité. Mais fi les miracles font équivoques dans leur nature,

c'eftc'est-à-dire, s'ils sont de nature à pouvoir venir d'une autre main que de celle de Dieu, il faut, comme vous le remarquez très-bien, les considérer dans ce qui est lié avec eux, dans ce qui les environne, dans ce qui les suit, pour voir si tout y est digne de Dieu, ou s'il n'y a pas quelques traits de la main du Démon. Or ces traits se rencontrent dans tout miracle, qui porte un caractére d'indécence & d'obscénité; qui se trouve indissolublement lié à des événemens dont le Dieu sage & saint ne sauroit être le principe; qui est opéré au milieu des agitations du corps & dans le délire de la raison; qui est l'effet des moyens superstitieux qu'on a employés pour l'obtenir. Un miracle est-il deshonoré par quelqu'une de ces circonstances vicieuses que je viens d'indiquer, dès-lors c'est un miracle de séduction, un miracle diabolique, de quelques caractéres avantageux qu'il puisse d'ailleurs être décoré. Dieu comme cause surnaturelle ne fait jamais rien de contraire à la sainteté des mœurs, rien qui puisse y être funeste. Cette maxime, dites-vous, est si évidente aux yeux de la Raison & de la Religion, que pour y contredire il faudroit être fanatique à lier. D'un autre côté, il seroit indigne de Dieu d'ôter lui-même à des hommes l'usage de la raison, pour les rendre les hérauts de ses desseins, & les ministres de sa puissance. Tout cela n'est digne que du Démon.

Mais si ces marques sont suffisantes pour nous faire appercevoir l'œuvre diabolique dans un miracle, qui les porte dans lui-même, ou dans ses circonstances, ou dans les effets, on ne peut pas dire qu'elles le soient pour nous faire découvrir la main divine dans une merveille qui ne seroit point flétrie par ces marques infamantes. Car vous-même vous dites à la page 795. que ce seroit une excessive illusion de juger que tout miracle, qui ne seroit pas indécent, vienne de Dieu,

Dieu. Pour s'aſſurer qu'un miracle eſt divin, il faut quelque choſe de plus que des marques viſiblement excluſives de l'opération diabolique. Le Démon, vous le ſavez, ſe transforme en Ange de lumiére; & vous convenez qu'il employe la fourberie, non ſeulement dans les tentations ſecrettes, mais encore lorſqu'il opére des prodiges. Or cette fourberie va quelquefois juſqu'à ne laiſſer rien échapper dans les miracles qui puiſſe déceler la ſource impure d'où ils coulent. Tels ſont, par exemple, les miracles du Diacre Secundellus, dont vous rapportez l'hiſtoire dans votre troiſiéme lettre, à la page 40. d'après Saint Grégoire de Tours. Vous y remarquez que c'étoient des miracles de guériſon; que celui qui les opéroit étoit un ſaint homme, qui s'étoit éloigné du Monde pour vivre inconnu en Dieu avec J. C.; que la maniére dont il les opéroit, n'étoit ni moins édifiante, ni moins propre & à fortifier dans les cœurs des fidéles, & à faire concevoir aux impies le reſpect dû à la Religion, puiſque c'étoit au nom de Notre-Seigneur J. C. qu'il guériſſoit les malades, comme faiſoient les Apôtres, & comme ont fait tant d'autres Saints. Tels ſont encore les miracles opérés ſur le tombeau du faux Saint Juſtin. ,, Ces miracles, dites-vous, affermiſſoient
,, les peuples dans leur zéle pour Dieu & pour
,, les Saints; ils étoient même très-capables d'oc-
,, caſionner des réflexions propres à faire rentrer
,, en eux-mêmes les libertins, & les prétendus
,, eſprits-forts en fait de Religion. N'importe,
,, le Démon fait ces miracles: ni Glaber, ni Baronius ne trouvent d'inconvénient à le penſer
,, & à le dire, & la ſuite de l'hiſtoire oblige en
,, effet de l'avouer. Tant il eſt vrai, ajoûtez-
,, vous, que quoique le Démon faſſe ſouvent
,, des miracles inutiles, il ne laiſſe pas d'en o-
,, pérer qui en un ſens ſont utiles, mais qui
,, toujours ſont très-pernicieux par quelque en-
,, droit

,, droit ". Les guérisons de J. C. ne sont donc
,, pas précisément divines, parce qu'on n'y découvre aucun trait indigne de la main de Dieu, ni aucun mélange de circonstances odieuses. Quoique parmi elles il n'y en ait aucune qui, prise séparément, ne soit un miracle équivoque, elles gagnoient cependant dans le paralléle que les Payens osoient en faire avec leurs prodiges; prodiges pour la plupart vils, inutiles, ridicules; prodiges, dont les Chrétiens les ont fait rougir plus d'une fois. C'est en marchant sur les traces des SS. PP., Monseigneur, que vous avez couvert à jamais de confusion les Appellans, qui, dans les accès de leur fanatisme, n'ont pas craint d'opposer aux guérisons de J. C. leurs guérisons opérées dans le sein des convulsions. Si ce paralléle des guérisons de J. C., rapprochées de celles que les Payens & les Appellans ont vantées, écrase les uns & les autres, ce n'est que parce qu'on trouve dans les derniéres un mélange de circonstances odieuses & indignes de la Divinité. Mais vis-à-vis d'un Déiste, à qui l'on accorde que le Démon peut opérer des guérisons paralléles dans leur substance à celles de J. C., & qui ne sont souillées par aucun trait indigne de la main de Dieu, les guérisons de J. C., prises séparément les unes des autres, & sans aucun rapport aux prophéties & aux miracles essentiellement divins qui les accompagnoient dans J. C., perdent absolument toute leur force; & prises collectivement, elles en perdent nécessairement une partie, puisqu'il n'y a que de la vraisemblance, & qu'il n'y a aucune démonstration qu'il s'en soit trouvé une seule au-dessus de ces loix que les Démons peuvent suspendre ou mettre en jeu au gré de leur méchanceté. Or ce n'est que sous ce point de vue qu'elles sont des miracles équivoques.

On peut juger maintenant, si j'étois bien fondé à reclamer l'autorité de Mr. de Bethléem, & à vouloir me couvrir de fes écrits comme d'un bouclier impénétrable aux coups dont j'étois menacé. Je n'ignore pas que ce Prélat a protefté dans une lettre lue publiquement en Sorbonne, que ma doctrine étoit bien différente de ce qu'il avoit enfeigné dans fes écrits. Mais cette lettre, dont il femble que la Faculté a pris droit, pour ne point l'envelopper dans ma condamnation, la juftifiera-t-elle aux yeux du public éclairé, qui veut qu'en fait d'erreur on ne refpecte perfonne? Si je fuis tombé dans le précipice, n'eft-ce pas Mr. de Bethléem qui l'a creufé fous mes pas? Cette lettre à laquelle je ne devois pas fans-doute m'attendre, effacera-t-elle toutes fes Lettres Théologiques, qui font teintes de ma doctrine? N'y lira-t-on pas toujours, que le Démon a le pouvoir d'opérer, qu'il a même opéré des guérifons paralléles dans leur fubftance à toutes les guérifons que l'Evangile rapporte de Jéfus-Chrift? N'y verra-t-on pas toujours que le Démon, qui fait fe transformer en un Ange de lumiére, porte quelquefois la rufe, pour mieux nous tromper, jufqu'à ne deshonorer par aucun trait indigne de la main de Dieu, fes propres merveilles? De ces principes inculqués tant de fois dans les Lettres Théologiques, ne tirera-t-on pas toujours cette conféquence naturelle, que les guérifons de Jéfus-Chrift, prifes en elles-mêmes, ne font donc que des miracles équivoques, & qu'elles tirent toute leur force des prophéties qui les ont annoncées, & d'autres circonftances, qui leur font tout-à-fait extérieures. Quel triomphe c'eût été pour vous Appellans, que cette cenfure de la Faculté de Théologie de Paris, fi les convulfions, ce fruit du fanatifme, n'étoient point venues gâter l'œuvre de vos merveilles! Il ne vous falloit qu'une fimple guérifon, fupérieure aux caufes fenfibles, & paralléle dans fa fubftance à celles de Jéfus-Chrift, pour rendre votre appel refpectable à

ceux

ceux mêmes qui l'ont condamné. Car toute guérison de Jéſus-Chriſt, priſe en elle-même, porte ſelon la Faculté de Théologie, l'empreinte viſible de la main divine qui l'a opérée. Si vous n'avez pu en produire quelques-unes, plus malheureux en cela que les Hérétiques & les Payens, dont les Annales nous offrent des guériſons d'aveugles, de paralitiques, &c.... vous auriez eu du moins la conſolation de prouver à Mr. de Bethléem que les trois quarts de ſes lettres ne ſignifient abſolument rien contre vous, & que la Sorbonne a reprouvé tout ce qu'il a écrit des guériſons opérées par le Démon.

Encore un mot ſur ce parallèle des guériſons de J. C. avec celles d'Eſculape, & de mon ſentiment avec celui de Mr. de Bethléem. 1. Je crois avoir confondu Mr. le Rouge, & je ne penſe pas qu'il y ait un ſeul lecteur ſenſé qui n'ait ſenti l'identité de ſon ſyſtême ſur les miracles & du mien. Or ce Mr. le Rouge a mis à la tête de ſon ouvrage dogmatique ſur les miracles, qu'il alloit établir la même doctrine que celle que le Prélat défendoit dans ſes Lettres. Que Mr. de Bethléem, qui n'a jamais reclamé contre cette prétention de Mr. le Rouge, le faſſe donc aujourd'hui. Que le Prélat prouve enfin au Docteur de Sorbonne, que ſon opinion eſt fort différente de la ſienne; ou qu'ils demeurent convaincus tous deux de n'avoir eu d'autre ſentiment dans leurs écrits que celui qu'on a condamné dans ma Théſe. Que tout ce que j'ai dit contre Mr. le Rouge ſoit appliqué à Mr. de Bethléem, & réciproquement, tout ce que j'ai dit contre Mr. de Bethléem à Mr. le Rouge; & qu'on juge après cela de la conduite de la Faculté qui a ſéparé, dans ſa cenſure, mon ouvrage de ceux de mes complices, comme elle a ſéparé, dans ſes punitions, ma perſonne de celle de mes examinateurs. 2. En liſant les ouvrages de MM. de Bethléem & le Rouge, pour s'aſſurer s'ils ont
ſou-

soutenu la Doctrine proscrite dans ma Thése, il ne faut pas se laisser entraîner à certains endroits où ils paroissent s'éloigner de mon sentiment. Ce n'est pas par quelques phrases éparses çà & là, qu'il faut juger du sentiment d'un Auteur. De l'inconséquence dans le jugement, peu de force dans l'esprit, un défaut de mémoire, la difficulté de la matiére, & une infinité d'autres causes, peuvent le mettre de tems en tems en contradiction avec lui-même, & l'écarter de ses principes: c'est ce qui est arrivé à Mr. le Rouge. Il faut encore bien moins chercher son opinion dans la réponse qu'il fait à une difficulté qu'on lui propose: il arrive souvent qu'embarrassé par cette difficulté, il affoiblit son sentiment pour émousser la pointe du trait qu'on lui lance; c'est ce qui est arrivé à Mr. de Bethléem, sur-tout dans ses derniéres Lettres. Pour connoître le sentiment d'un Auteur, il faut examiner les principes qu'il pose; là n'étant que vis-à-vis de lui-même, & ne voyant encore ses ennemis que de loin, il ne se déguise point, il ouvre sans méfiance le large chemin dans lequel il se propose de marcher; & si les obstacles qu'il rencontre dans la suite l'engagent dans quelque détour, il n'y a que ceux qui ne l'ont pas vu partir qui puissent prendre ce faux-fuyant pour sa véritable route.

DIXIE'ME PROPOSITION.

Fidem omnimodam merentur (Patres) ubi Traditionem suo avo vigentem commemorant; ast ubi in subsidium Traditionis veniunt eorum ratiocinia, jam tum ratione eorum momenta ponderentur. Non

Si les Péres sont simples Historiens de la Tradition de leur tems, leur autorité est d'un poids à qui tout doit céder; mais lorsqu'ils se permettent de l'appuyer de leurs raisonnemens,

le

le respect qu'on doit avoir pour eux, ne défend pas d'en examiner la force & la solidité.
Je ne compte pas le nombre des Scholastiques, mais je pése leurs raisons.

numerum Scholasticorum, sed rationes perpendo.

Cette proposition a été censurée comme téméraire & injurieuse aux Théologiens Catholiques : *Temerarias, in Theologos Catholicos injuriosas.*

JUSTIFICATION.

Les Docteurs préposés pour examiner ma Thése, ne s'occupérent d'abord que de la partie de la proposition qui roule sur les Scholastiques. Le projet de la censure qui fut remis à tous les Docteurs pour qu'ils pussent donner leur avis dans les assemblées générales, ne faisoit aucune mention de ce qui regarde les Péres. Les assemblées particuliéres se terminérent donc sans qu'on eût ajoûté ce premier membre. Il y a plus : les assemblées générales se terminérent aussi sans qu'aucun Docteur requît dans son avis l'addition de ce premier membre. Pour s'en convaincre, on n'a qu'à jetter les yeux sur le plumitif. Comment donc cela s'y trouve-t-il, direz-vous ? Je me plaignis de ce qu'on me censuroit, parce que je prétendois avoir le droit d'examiner les raisons des Scholastiques, tandis qu'on ne trouvoit pas mauvais que j'examinasse les raisonnemens des SS. Péres. Mes cris eurent une issue toute contraire à celle que je devois attendre. Je ne pouvois me persuader qu'après la sévérité avec laquelle MM. les Députés, au nombre de trente-six, avoient extrait de ma Thése ce qu'ils avoient trouvé de reprehensible, ils eussent rien de plus à y ajoûter : je voyois d'ailleurs presque toutes les assemblées générales finies, personne n'ayant encore trouvé mauvais ce que je dis sur les SS. Péres. Je me persuadai donc que ma remarque feroit effacer du nombre des propositions à censurer, le dernier membre de celle que j'examine, qui faisoit alors toute la proposition. On sentit la vérité de mon observation : il n'étoit pas difficile en effet de comprendre que les raisonnemens des Scholastiques ne méritent pas plus de respect & de soumission que ceux des SS. PP. Mais, au-lieu d'effacer la proposition, on y joignit le premier membre qu'on y lit aujourd'hui. Ne pourrois-je pas dire avec quelque espéce de fondement qu'il n'a pas été censuré par la Faculté, puisqu'il n'a été improuvé ni dans les assemblées particuliéres ni dans les assemblées générales, & qu'il ne fut ajoûté que dans la derniére que tinrent les Députés, non pour donner de nouveaux avis, mais pour recueillir ceux des assemblées générales. Je n'insiste point davantage là-dessus : je vais justifier ce premier membre, puisqu'il se trouve enveloppé dans la censure.

Pour cela, je demanderai à MM. les Députés. Croyez-vous qu'on doive recevoir aveuglément les raisons de ceux qui peuvent se tromper, & même qui se sont trompés quelquefois ? Non sansdoute. Or telle étoit la condition des SS. Péres. Leurs lumiéres, quelqu'étendues qu'elles fussent, ne passoient point le cercle étroit que Dieu a tracé à l'esprit humain. Le gros volume des retractations de Saint Augustin, cette lumiére de l'Eglise, en est la preuve. Ce saint Docteur ne rougit pas d'avouer que depuis même qu'il fut Evêque & qu'il se signaloit contre les hérétiques, il avoit été engagé dans l'erreur des Sémipélagiens. Quoique Saint Augustin soit le seul Pére qui ait fait un livre de retractations, il ne faut pas se persuader qu'il soit le seul qui ait donné dans l'erreur. Qui ne sait que plusieurs des premiers

Péres de l'Eglife furent infectés de l'héréfie des Millenaires. L'Eglife d'Afrique, à la tête de laquelle nous voyons Saint Cyprien & Saint Firmilien, n'a-t-elle pas regardé comme invalide, jufqu'au tems de la décifion, le Baptême donné par les hérétiques ? Qui n'eft pas inftruit des différends qui s'élevérent entre Saint Auguftin & Saint Jérôme ? Aucun des deux n'ayant cédé à fon adverfaire, qu'on m'apprenne quel parti je dois prendre s'il ne m'eft pas permis d'examiner les raifons que ces deux Péres ont alléguées ? Dites-moi fi je dois croire les Péres qui ont prétendu qu'Efdras avoit été infpiré pour remettre au jour les divines Ecritures, qui par les malheurs des tems avoient été felon eux totalement perdues.

Si les Péres peuvent errer dans les queftions de foi, avant qu'elles ayent été décidées par l'Eglife, comme on peut s'en convaincre en jettant les yeux fur l'Hiftoire Eccléfiaftique, pourquoi ne pourroient-ils pas établir des points de foi fur des raifonnemens qui ne feroient pas toujours exacts ou folides ? Cela me paroît d'autant plus difficile à comprendre, que je ne vois pas un feul Théologien qui regarde toutes les raifons qu'on lit dans les Péres comme convaincantes. Les premiers Péres de l'Eglife qui s'occupérent à combattre les Gentils, hazardérent quelques raifonnemens que nous ne craignons point de reprouver. Telle eft, par exemple, la preuve qu'ils tiroient des livres des Sybilles. Depuis que le docte Blondel a démontré par une foule de raifons que ces livres ont été fuppofés par des Chrétiens, pour avoir l'avantage de combattre plus commodément leurs adverfaires, quel eft le Théologien qui voudroit s'en fervir contre les Déïftes de nos jours ? L'Eglife de Paris, en retranchant dans la Profe qu'on chante à la Meffe des Morts, cés mots, *Tefte David cum Sibyllâ*, n'a-t-elle point fait voir qu'elle ne penfoit pas comme les Péres que ces livres fuſſent autentiques ? Elle n'a point craint d'apprendre aux Fidéles, à qui cette Profeſ eſt ſi connue, que l'opinion univerſellement répandue dans l'Egliſe ſur ces livres étoit ſans fondement, & que non ſeulement tout ce qui ſe trouvoit dans les Péres n'étoit pas irréfragable, mais même que leurs opinions n'avoient pas droit de captiver nos eſprits, quoique l'Egliſe les adoptât univerſellement dans ſes priéres. Voici encore quelque choſe de bien plus frappant. Nous voyons une Fête ſolemnelle établie dans toute l'Egliſe pour célébrer l'immaculée Conception de la Sainte Vierge. Les plus célébres Univerſités, entre autres la Faculté de Paris, en font un des articles de leur doctrine. Nous ne voyons preſque pas de Théologien qui ne la défende, & cependant les Fidéles ne ſont pas obligés de la croire. Un Ordre nombreux fait profeſſion de penſer autrement. Saint Bernard, Pére de l'Egliſe, s'eſt élevé contre ce ſentiment. Que la Faculté me diſe ſi je ne puis pas examiner les raiſons de ce Pére, & ſi je dois les regarder aveuglément comme ſolides. D'un côté, en condamnant ma propoſition, ils interdiſent l'examen des raiſons que les Péres alléguent en faveur de leurs ſentimens; & de l'autre ils ordonnent de rejetter quelquefois les ſentimens de ces Péres dont ils ne veulent pas permettre l'examen.

La Faculté, en condamnant cette propoſition, s'eſt encore écartée de l'eſprit de l'Egliſe, qui, en déclarant apocriphes des livres dont beaucoup de Péres s'étoient ſervis comme autentiques, nous a appris à ne pas recevoir ſans diſcernement tout ce qui ſe trouve dans leurs ouvrages. Auſſi voyons-nous les uns imbus des idées de Platon, les autres d'Ariſtote, tous attachés à quelque Philoſophe, former toujours leurs raiſonnemens ſur les principes particuliers à la Secte qu'ils ſuivent. Ceux qui avoient pris Platon pour leur maître, n'ont-
ils

ils pas prétendu trouver dans ses ouvrages les mystéres du Christianisme clairement développés, tels que ceux de la Trinité & du Péché originel ? Pourquoi permettez-vous à vos éléves, puis-je dire à la Faculté, d'abandonner les Péres sur cet article ? Vous leur accordez donc le droit d'examiner leurs opinions, & les raisons sur lesquelles ils les appuyent. Tertulien remarque avec beaucoup de sagacité, que la plupart des hérésies sont nées de l'usage où étoient les Chrétiens lettrés & nouvellement convertis au Christianisme, de transporter dans cette Religion les dogmes qu'ils avoient puisés chez les Philosophes Grecs, & de les accommoder le mieux qu'ils pouvoient avec ceux qu'elle enseigne. Cet avis ne doit-il pas nous rendre circonspects, & nous apprendre à discerner avec soin, dans les écrits des premiers Chrétiens, les opinions de leur Secte d'avec les dogmes du Christianisme ?

Si j'ouvre St. Jérôme, j'y lis dans la vie de St. Paul l'Hermite, que l'Anachoréte St. Antoine allant le visiter, rencontra dans son chemin des Faunes & des Satyres qui s'entretinrent avec lui sur la Religion. Si je prends les ouvrages de St. Augustin, j'y verrai que ce Pére croyoit les Antipodes impossibles, parce qu'il ne pouvoit concevoir qu'il y eût des hommes qui eussent la tête en bas & les pieds en haut, ce qui, selon ce saint Docteur étoit nécessaire, supposé la réalité des Antipodes. Si je voulois parcourir tous les Péres, je vous citerois une infinité d'exemples de cette espéce. Je vous ferois voir qu'ils ont été imbus des erreurs du tems. Je sais que les vérités opposées aux erreurs dont je viens de parler ne sont point nécessaires à la Religion, & si j'en parle, ce n'est que pour faire voir qu'il faut examiner les Péres, soit dans leur Métaphysique, soit dans leur Physique.

En un mot, qui jamais a osé dire que le St. Esprit

prit avoit donné une affiftance particuliére aux Péres lorfqu'ils travailloient leurs ouvrages? Faut-il que pour adhérer à la cenfure de la Faculté, je confonde les écrits de SS. PP. avec les divines Ecritures, ou avec les décifions des Conciles ? Car, s'il ne m'eft pas permis d'examiner ni leurs fentimens ni leurs raifonnemens, je ne vois pas qu'on doive moins de foumiffion à leurs ouvrages qu'aux décifions des Conciles.

Ne croyez pas par tout ce que je viens de vous dire, que je veuille rabbaiffer à vos yeux les Péres de l'Eglife. Plein de refpect pour leurs perfonnes & d'eftime pour leurs écrits, je fuis bien éloigné d'une telle idée. Je fais au contraire très-peu de cas de ceux qui font affez ignorans pour croire que nos Auteurs d'aujourd'hui qui écrivent en faveur de la Religion, font infiniment au-deffus des premiers défenfeurs du Chriftianifme. Penfez-vous que je n'admire pas les prefcriptions de Tertulien & le commonitoire de Vincent de Lerins? Ne fais-je pas que nos meilleurs Auteurs en écrivant fur l'Eglife, n'ont fait que répéter ce qui fe trouve dans ces admirables ouvrages fur cette matiére ? Pouvez-vous vous imaginer que les Apologies de St. Juftin & l'Apologétique de Tertulien foient pour moi des ouvrages médiocres? Vous perfuaderez-vous fur ce que j'ai dit de St. Auguftin, que je ne le regarde pas comme un des plus grands hommes qui ayent éclairé, je ne dis pas feulement l'Eglife, mais même le Monde. La *Cité de Dieu* eft un chef-d'œuvre à mes yeux. L'érudition de St. Clément d'Alexandrie m'étonne. Que de reffources, de fagacité, & de force dans l'efprit d'Origéne ! L'Eglife a fourni trop de grands hommes pour que je ne doive pas m'arrêter. Le refpect qu'on porte à leurs lumiéres eft bien plus digne d'eux lorfqu'une raifon éclairée le dirige & l'autorife, que lorfque l'aveugle fuperftition en eft l'ame.

Mais

Mais pourquoi, direz-vous, avec l'idée que vous paroiſſez avoir des SS. PP. avez-vous oſé dire qu'on pouvoit examiner la force & la ſolidité des raiſons qu'ils alléguoient? En le diſant, je me ſuis conformé à la conduite qu'ils ont eux-mêmes tenue. Liſez les derniers Péres, vous verrez qu'ils ſe permettent quelquefois de penſer différemment des Péres qui les ont précédés. Il eſt difficile d'avoir une plus grande idée que celle que j'ai conçue de l'illuſtre Evêque de Meaux. Je me ſuis pourtant toujours permis d'examiner ce qu'il diſoit, & vous qui m'avez cenſuré, ne vous permettez-vous pas auſſi de peſer les raiſons de ce grand-homme? Que lui manque-t-il pourtant pour être un Pére de l'Egliſe, ſi ce n'eſt l'antiquité? C'eſt préciſément cette antiquité, me répondrez-vous peut-être, qui nous a porté à interdire tout examen de ce que les Péres ont écrit. Vous croyez donc que les raiſons ſe fortifient à proportion qu'elles vieilliſſent? vous vous imaginez que les raiſonnemens de Mr. Boſſuet contre les Proteſtans n'ont pas encore acquis la force qu'ils auront dans la ſuite? Si vous vous recriez en diſant que je vous prête des idées qui vous ſont totalement étrangéres, je vous demanderai ce que vous avez prétendu décider par la condamnation de la propoſition. Car enfin, vous ne ſauriez vous plaindre que je donne atteinte à la Tradition; comme vous, je la reſpecte; comme vous, je dis qu'il ne faut jamais s'en écarter. Souffrez que je vous répéte le commencement de ma propoſition, pour ne pas vous laiſſer de doute là-deſſus. Les *Péres*, dis-je, *méritent toute notre foi lorſqu'ils rapportent ce qu'on croyoit de leur tems.* Peut-on énoncer plus nettement la force que doit avoir la Tradition ſur nos eſprits? Croyez-vous que je me ſois contredit en diſant qu'on peut examiner les raiſons ſur leſquelles ils appuyent cette Tradition, & que nous pouvons même le improuver ? Si cela est, comme la censure le donne assez à connoître, ce n'est pas moi qui me suis contredit, mais c'est vous qui confondez ce qui doit être distingué; c'est-à-dire, la Tradition avec les opinions particuliéres aux SS. PP. Ecoutez Melchior Canus adopté par Mr. Bossuet. *On peut*, dit ce dernieur Auteur, *s'écarter non seulement des Scholastiques, mais des SS. PP.* & voici comme il le prouve par Melchior Canus, qui s'exprime ainsi: „ Les Fidéles, dit-il, ne sont „ pas obligés d'embrasser toutes les opinions des „ Péres de l'Eglise, même sur des matiéres im- „ portantes, mais seulement ce qu'ils ont jugé „ certainement & invariablement véritable. Que „ devons-nous dire des Scholastiques modernes, „ qui sont infiniment au-dessous des SS. PP. soit „ qu'on considére la sainteté de leur vie, ou leur „ science dans les Livres Saints, ou l'autorité qu'ils „ ont acquise dans l'Eglise ? " Voyez avec quel soin Melchior Canus & Mr. Bossuet distinguent les opinions des Péres de l'Eglise d'avec ce qu'ils jugent certainement & invariablement véritable, c'est-à-dire, d'avec la croyance de leur tems. Si vous me demandez pourquoi les Péres sont plutôt infaillibles pour l'un que pour l'autre, il ne me sera pas difficile de vous répondre. Rappellez-vous ce que j'ai dit dans ma Dissertation sur la certitude des faits historiques, en parlant des réflexions que les Historiens mêlent aux faits qu'ils rapportent, & vous aurez le vrai dénouement de ce qui vous embarrasse. La Tradition est infaillible, parce que plusieurs Historiens ne sauroient s'accorder à nous attester une chose qui ne seroit pas. L'ouvrage de Mr. Bossuet où il a jetté le moins de raisonnemens, est celui qui aura le plus d'autorité dans la suite des tems. C'est son *Exposition de la Doctrine de l'Eglise*, qui confondra les hérésies qui s'éléveront; parce que lorsqu'on consulte la Tradition, on n'a égard aux

rai-

raisonnemens qu'autant qu'ils servent à la constater. Un Auteur, qui du tems de St. Augustin auroit fait un catalogue sec & non raisonné des vérités que l'Eglise croyoit dans ce tems-là, auroit une très-grande autorité parmi nous. Les raisons que les Péres alléguent font donc par elles-mêmes aussi étrangéres à la Tradition que les réflexions des Historiens le sont aux faits qu'ils rapportent; & comme nous pouvons improuver celles-ci, nous ne sommes pas obligés d'adhérer à celles-là.

Vous vous offenserez peut-être de ce que je confonds les Péres de l'Eglise avec les Historiens profanes: vous croyez que leur sainteté doit influer sur la force de la Tradition. Je ne vous desavouerai pas là-dessus; mais leur sainteté n'influe que parce qu'un Chrétien doit croire qu'un Saint n'a pas pu vouloir nous en imposer; au contraire la sainteté n'influe nullement sur les opinions. Origéne, quoique soupçonné d'hérésie n'en tient pas pour cela un rang moins distingué parmi les plus célébres Péres de l'Eglise. On cite aussi volontiers Tertulien, quoiqu'infecté de l'hérésie des Montanistes, que St. Cyprien qui se donne pour son fidéle Disciple dans les choses où il ne s'éloignoit pas de la Foi. Eusébe de Césarée, dont la foi n'est pas encore bien décidée sur la divinité du Verbe, jouit d'une très-grande réputation parmi les Péres. Socrate & Sozoméne, tous deux Ariens, ont aussi leur autorité & servent à former la chaîne de la Tradition. La sainteté est sans-doute une circonstance qui influe sur la force du témoignage, mais ce n'est pas précisément ce qui rend la Tradition infaillible. Voilà pourquoi des hommes qui ne sont pas reconnus pour saints entrent dans le tissu de cette chaîne. Pourquoi distinguons-nous aujourd'hui dans Tertulien ce qui se ressent de l'hérésie de Montan d'avec la Foi Catholique qui se trouve répandue dans ses livres?

Par la même raison que nous diftinguons certains faits que les Hiftoriens rapportent comme vrais, quoiqu'ils foient faux. Il fut contredit dans le tems. Nous voyons tous les autres Hiftoriens de la croyance de l'Eglife, contredire Tertulien en cela; ainfi nous concluons que bien loin de rapporter la croyance de l'Eglife, il nous fait voir que l'héréfie l'a infecté.

A vous entendre, direz-vous, la Tradition n'auroit qu'un fondement purement humain. Je pourrois me difpenfer d'examiner ce point, parce qu'on n'a aucun reproche à me faire fur cet article; mais je veux bien, fans m'arrêter long-tems, faire là-deffus quelques réflexions.

Un Fidéle doit croire tout ce qui nous vient par les divines Ecritures ou par la Tradition. Ce que l'Eglife a cru dans un tems comme de Foi, elle le croira toujours, parce que fa croyance ne fauroit varier. Or comment s'affurer par exemple que dans tous les fiécles, en remontant jufqu'aux Apôtres, les Fidéles ont adoré Jéfus-Chrift préfent dans l'Euchariftie ? Il faut interroger les témoins, parce qu'il s'agit d'un fait : or ces témoins, ce font les Péres de l'Eglife qui n'ont point eu pour cela d'affiftance particuliére en compofant leurs ouvrages. Sur leur témoignagne nous affurons que l'Eglife a cru une telle vérité, & delà nous concluons contre les Hérétiques qu'on doit la croire aujourd'hui, parce que l'Eglife n'a pu jamais errer. Les Péres font témoins d'un fait; la certitude qu'ils nous donnent ne peut donc avoir qu'un fondement humain appuyé fur la régle des faits. Mais fuppofons, dira quelqu'un, que tous les Péres d'un même fiécle euffent donné dans l'erreur (car il femble que, felon votre Doctrine, cela eft poffible) en ce cas ils feront les témoins de la croyance de leur fiécle, & ils nous feront donner comme eux dans l'erreur; la chaîne de la Tradition fe trouvera

in-

interrompue. Cette difficulté ne peut être faite que par un homme qui n'entend pas ce que c'est que Tradition ; mais une question que je vais lui faire, va le remettre dans le bon chemin. Je lui demande donc qu'il me dise si parce que chaque Historien en particulier peut vouloir nous en imposer, on peut supposer qu'ils nous veuillent tous d'un commun accord induire en erreur ? Je sens déjà votre réponse, je vais la prévenir. Ces Péres, direz-vous, qui par l'hypothése se seroient trompés, auroient été dans la bonne foi ; au lieu qu'il est bien plus difficile qu'un homme de bonne foi nous rapporte un fait qui soit faux, surtout s'il est contemporain. Voici ma réponse. Y a-t-il de fait plus éclatant & plus intéressant que la croyance de l'Eglise ? Nous convenons que si un Historien étoit assez hardi pour vouloir en imposer à la postérité sur un fait public & éclatant, il seroit bientôt démenti par son siécle. A plus forte raison devrons-nous le dire de ceux qui voudroient attribuer à l'Eglise des erreurs qu'elle reprouveroit. Vous ne voyez qu'un certain nombre de Péres dans chaque siécle qui nous transmettent la Doctrine de l'Eglise ; mais vous ne sauriez supposer que tous ces Péres eussent donné dans l'héréfie, que vous ne soyez obligé de reconnoître, que d'autres qui auroient connu la véritable doctrine de l'Eglise se seroient élevés contre eux pour avertir la postérité de leurs erreurs. Il n'y a de même qu'un certain nombre d'Historiens dans chaque siécle, parce que ces Historiens sont fidéles ; car s'ils n'avoient avancé que des faits faux, nous en aurions d'autres qui les auroient démentis. Les Protestans ont eu certainement de trèsbons Auteurs qui auroient pu servir utilement l'Eglise par leurs ouvrages, s'ils n'avoient pas donné dans l'erreur ; ils seroient même entrés dans la chaîne de la Tradition. Mais croyez-vous qu'il soit difficile à la postérité de s'appercevoir que ce ne sont point des témoins de la croyance de l'Eglise ? Il sera aisé aux siécles à venir de voir que Nicole dans *la perpétuité de la Foi*, dans *l'unité de l'Eglise*, & dans *les Calvinistes convaincus de Schisme*, sert de témoin à l'Eglise sur sa Doctrine, au lieu que dans ses *Disquisitions* de Paul Irenée il témoigne en faveur d'une Secte étrangére. Vous voyez donc que les Péres n'ont point été assistés dans leurs ouvrages par l'Esprit Saint, & que la Tradition n'en est pas moins à l'abri. Certains Théologiens de nos jours serviront à constater dans la suite la Foi de l'Eglise dans ce siécle ; mais les raisons qu'on lit dans leurs ouvrages, ne serviront guére à la défendre contre les hérésies qui pourront naître.

L'Eglise, insisterez-vous encore, en approuvant les ouvrages des Péres, ne les a-t-elle pas adoptés pour siens ? Est-il donc permis de n'en croire l'Eglise, qu'après s'être permis d'examiner si ce qu'elle dit est vrai ? L'Eglise, je l'avoue, a muni de son suffrage les écrits des Péres : elle exhorte ses enfans à les feuilleter sans cesse, à y chercher la Tradition. Mais on se tromperoit fort si l'on s'imaginoit qu'un tel suffrage entraîne l'approbation de tout ce qui est contenu dans les livres des Péres. La croyance de l'Eglise est une, & les Péres sur certains points sont souvent opposés les uns aux autres. Leurs écrits, quelqu'admirables qu'ils soient, quelque préconisés qu'ils ayent été par l'Eglise, ne sont pourtant point les ouvrages de cette Eglise, qui animée par le soufle de l'Esprit Saint, ne peut parler qu'un langage, qui est celui de la vérité.

Il est vrai qu'elle choisit quelquefois dans les Péres les expressions dont elle forme les Canons de ses Conciles. Elle a fait cet honneur, par exemple, à St. Augustin dans les matiéres de la Grace, & c'est de-là qu'il a mérité le surnom de *Docteur de la Grace*. Lorsque l'Eglise en use
ainsi

ainsi à l'égard d'un Pére, les expressions qu'elle emprunte de lui, & qu'elle consacre pour sceller la foi, deviennent alors son ouvrage, & méritent le respect qu'elle exige pour ses décisions. Mais ce respect s'arrête-là, & n'influe pas sur tout ce qu'un Pére aura écrit sur la même matiére. Je finis sur le premier membre de cette proposition. Je ne puis pas m'imaginer quel sens on a eu dans l'esprit en la condamnant. Pour moi il me semble que de quelque côté qu'on l'envisage, la proposition contradictoire à la mienne est hérétique, ou fausse & dangereuse. Les Péres, dis-je d'abord, *méritent toute notre foi lorsqu'ils sont témoins de la tradition de leur siécle.* Qu'on prenne la proposition contradictoire, elle ne peut être que celle-ci. *Les Péres ne méritent pas notre foi, lorsqu'ils sont témoins de la tradition de leur siécle.* Je ne crois pas que la Faculté ait voulu établir cette proposition. Passons au reste; voyons si sa censure peut s'y arrêter. *Lorsqu'ils* (les Péres) *se permettent de l'appuyer* (la Tradition) *de leurs raisonnemens, le respect qu'on doit avoir pour eux ne défend pas d'en examiner la force & la solidité.* Voici la contradictoire: *Lorsque les Péres se permettent de l'appuyer de leurs raisonnemens, le respect qu'on doit avoir pour eux défend d'en examiner la force & la solidité.* Il faut que cela soit vrai pour que la censure de la Faculté soit légitime, & il faut en même tems qu'il ne puisse pas se trouver un mauvais raisonnement dans un Pére de l'Eglise. Mais, pendant la condamnation même de ma proposition, la Faculté par sa conduite crioit à haute voix qu'elle pensoit comme moi. Quel est celui qui n'a pas entendu dire aux Docteurs à l'occasion de la proposition des guérisons, que les Péres dont on leur objectoit des passages, avoient été trop loin là-dessus. Les Docteurs pensoient donc alors qu'on pouvoit peser les raisons des Péres. Je passe aux Scholastiques.

„ Si les Fidéles, dit Melchior Canus, ne font
„ pas obligés d'embraffer toutes les opinions des
„ Péres de l'Eglife, même fur des matiéres im-
„ portantes, mais feulement ce qu'ils ont jugé
„ certainement & invariablement véritable, que
„ devons-nous dire des Scholaftiques modernes,
„ qui font infiniment au-deffous des SS. PP. foit
„ qu'on confidére la fainteté de leur vie, ou leur
„ fcience dans les Livres Saints, ou l'autorité
„ qu'ils ont acquife dans l'Eglife". Ce principe
de Melchior Canus fait d'abord fentir qu'après
ce que je viens de dire fur les Péres, je pourrois
me difpenfer de parler des Scholaftiques. Mais je
dois apprendre au public où j'ai puifé la Doctrine
que la Faculté a condamnée. C'eft dans l'illuftre
Boffuet, l'honneur de l'Eglife Gallicane. C'eft
ce grand-homme que la Faculté a flétri par la
condamnation de la propofition que je difcute.
Lorfque je compofois ce morceau de ma Théfe,
j'avois fous les yeux l'Appendix à la Défenfe du
Clergé de France. Je voulus traduire exactement
ce que Mr. Boffuet y dit des Scholaftiques d'après
Melchior Canus. Je ne crus pas pouvoir prendre
de meilleurs guides. Voici donc la propofition
que je voulus traduire, & qui eft mot à mot dans
Mr. Boffuet. *Pour décider une queftion théologique,
on ne compte pas le nombre de ceux qui la défendent,
mais on péfe leurs raifons.* Je couchai en conféquence dans ma Théfe, *Non numerum Scholaftico-
rum fed rationes perpendo.* Il ne faut qu'entendre
très-médiocrement le Latin, pour voir que ma
propofition latine exprime le même fens que celle
de Monfieur Boffuet. Vous croirez peut-être que
le fens de la propofition dans l'ouvrage du Prélat,
n'eft pas le même que celui que j'ai prétendu lui
donner dans ma Théfe. Je protefte que je n'ai
eu en vue que de m'y conformer: mais voyons fi
je l'ai fait, & fi Mr. Boffuet, dans la fuite de
l'ouvrage, ne perfifte pas à dire qu'il ne compte
pas

pas les Théologiens, mais qu'il s'attache à peser leurs raisons. Pour prouver cette vérité, il rapporte ce que dit Melchior Canus en agitant la question, savoir, si un mariage contracté sans Ministre de l'Eglise, est un Sacrement. Ce Théologien, qui tient pour l'affirmative, répond ainsi à l'autorité de presque tous les Théologiens qu'on lui opposoit. ,, Que les Thomistes, dit-il, s'u-
,, nissent avec les Scotistes, que les Théologiens
,, anciens & modernes se liguent *tous* contre moi,
,, il faudra pourtant que j'en triomphe. Car ne
,, croyez pas, comme quelques-uns se l'imaginent
,, que tout se décide par des Théologiens". Je vais encore citer Mr. Bossuet pour fermer absolument la bouche à mes adversaires. ,, On n'est
,, pas obligé, dit-il, de suivre l'opinion de *tous*
,, les Scholastiques. L'Auteur (Canus) assure que
,, sur une matière importante, il seroit téméraire
,, de s'en écarter: *L'unanimité de tous les Scholasti-*
,, *ques sur une matière importante, donne à une opi-*
,, *nion tant de probabilité qu'il y auroit de la témérí-*
,, *té à les contredire.*. Remarquez quel est l'effet
,, de l'unanimité des Scholastiques sur une opi-
,, nion; elle la rend *probable*, & c'est être témé-
,, raire que de les mépriser tous: mais il n'y a de
,, témérité que lorsque l'uanimité est *parfaite*, &
,, qu'il s'agit d'un point important". S'il m'est permis d'ajoûter quelque chose à la remarque de Mr. Bossuet, je dirai que Melchior Canus paroît parler en cet endroit de ce qu'il appelle Decret de l'Ecole. Ce qui me confirme dans ce sentiment, c'est que nous venons de lui entendre dire plus haut, que tous les Théologiens anciens & modernes ligués contre lui, ne l'empêcheront pas de penser que le mariage contracté sans Ministre de l'Eglise ne soit un Sacrement. Cette question est assurément par elle-même importante; elle l'étoit surtout beaucoup avant le Concile de Trente. D'ailleurs, cette *unanimité parfaite* que Canus exige,

démontre bien qu'il eſt plus à propos de peſer les raiſons des Théologiens que de les compter. L'autorité des Scholaſtiques n'eſt irréfragable que lorſqu'ils ſervent à continuer la chaîne de la Tradition: car il ne faut pas ſe perſuader, comme quelques Théologiens que je connois, que la Tradition ſe ſoit arrêtée aux Péres: elle ſe continuera toujours juſqu'à la fin des ſiécles. Vous pourriez me dire que Melchior Canus prétend, que de s'oppoſer à un decret invariable de l'Ecole, ce ſeroit s'approcher de l'héréſie. Mais écoutez ce qu'il entend par un decret invariable de l'Ecole. C'eſt Mr. Boſſuet qui va vous l'apprendre. ,, Un decret ,, fixe, certain & indubitable de l'Ecole, eſt celui ,, que tous les Scholaſtiques ont ſoutenu invaria ,, blement & dans tous les tems, non comme une ,, opinion, mais comme un jugement fixe & iné ,, branlable; & ceci confirme ce que nous avons ,, répété ſi ſouvent, que ceux qui diſent mainte ,, nant, *tous les Scholaſtiques, ou tous les Docteurs* ,, *d'aujourd'hui penſent ainſi,* énervent & affoibliſ ,, ſent eux-mêmes ce qu'ils veulent prouver: car ,, ce qu'ils combattent n'eſt certainement ni héré ,, tique, ni erroné, puiſque, de leur propre aveu, ,, ils n'ont point de Tradition inconteſtable en fa ,, veur de leur opinion; or, comme dit élégam ,, ment un Auteur, la foi ne dépend pas des tems, ,, mais des Evangiles". Il eſt aiſé de voir que ſelon Mr. Boſſuet, on ne doit pas diſtinguer un decret de l'Ecole de la Tradition; & à Dieu ne plaiſe que je veuille donner atteinte à la force de la Tradition. J'accorde aux Scholaſtiques tout ce que la foi exige; & je leur refuſe ce qu'une raiſon ſaine ne peut ſe déterminer à leur donner. Lorſque je les enviſage comme continuant la chaîne de la Tradition, je ſouſcris avec ſoumiſſion à ce qu'ils m'apprennent, parce qu'alors j'obéis à l'Egliſe; mais lorſque je les vois raiſonner & avoir des ſentimens particuliers, qu'ils partagent, ſi

vous

vous voulez avec beaucoup d'autres Théologiens, alors je me détermine à peser leurs raisons ; car je ne pourrai jamais me résoudre à compter les Théologiens. Comment pourrois-je en effet ne faire occuper à Mr. Bossuet qu'une place que Becan occuperoit comme lui ? Ce grand-homme resteroit fixe & immobile dans la balance, quand même vous entasseriez une foule de Scholastiques les uns sur les autres pour l'emporter. Prétendez-vous donc que les opinions en Théologie soient une affaire de calcul & non de raisonnement ? Les Jacobins doivent-ils gagner leur cause contre la Société des Jésuites, s'ils sont assez heureux pour avoir plus de Scholastiques dans leur ordre ? Se feroit-on persuadé que j'en voulois dans ce dernier membre, à la Faculté, où l'on compte les voix pour se déterminer ? Mais n'est-il pas évident que je parle dans cette proposition des Théologiens qui sont connus par leurs ouvrages ? Ecoutez le P. Daniel Jésuite, qui dans sa réponse aux Provinciales, pour décharger sa Compagnie de l'accusation d'avoir corrompu la morale en introduisant le Probabilisme, s'efforce de prouver que c'étoit alors le sentiment commun des Théologiens. Quels Théologiens dois-je suivre ? Dois-je m'attacher à ceux qui dans ce siécle défendoient le Probabilisme, ou à ceux d'aujourd'hui qui le reprouvent avec horreur par les suites dangereuses qu'il entraîne ? Je vois sur certaines questions l'Ecole partagée. Dois-je attendre avec respect qu'elle se soit décidée, pour me déterminer ?

Il y a des Scholastiques remplis d'erreurs, ou d'opinions fausses ; & d'autres de questions inutiles & ridicules. Je ne crois pas m'éloigner de la vérité, en disant qu'il n'y en a pas un où la paille ne soit mêlée avec le bon grain. Qu'on ne trouve donc pas mauvais que j'examine, afin de séparer cette paille & de ne retenir que ce qui peut m'être utile. Car je ne m'arrête pas à ce que m'ont dit plufieurs Docteurs, que cette propofition n'étoit mauvaife que dans la bouche d'un jeune homme. Mais une propofition peut-elle être fauffe dans ma bouche & vraie dans celle d'un Docteur? La cenfure d'ailleurs n'eft-elle pas générale, & n'ordonne-t-elle pas indifféremment à tout le monde de compter les Théologiens au-lieu de pefer leurs raifons? Mr. Boffuet fe trouve donc enveloppé dans cette condamnation.

[*Réflexions fur le Mandement de Mr. l'Evêque de Montauban.*

Je ne fai pourquoi Mr. de Montauban, qui depuis plus de vingt ans qu'il eft Evêque, avoit cru devoir garder un profond filence fur tous les livres qui ont paru contre la Religion, l'a rompu à l'occafion de ma Théfe. Ce zéle doit d'autant plus furprendre, que ma Théfe étoit inconnue dans mon Diocéfe, qu'elle eft écrite dans une langue étrangére, & traite des matiéres inacceffibles au commun des hommes: *jufqu'ici*, nous dit-il dans fon Mandement, *l'Enfer avoit vomi fon venin goute à goute; aujourd'hui ce font des torrens d'erreurs & d'impiétés qui ne tendent à rien moins qu'à fubmerger la Foi, la Religion, les Vertus, l'Eglife, la Subordination, les Loix & la Raifon.* Mais cinq ou fix lignes d'inftruction peuvent-elles être une digue affez forte pour réfifter à ce *torrent d'erreurs & d'impiétés* qui lui faifoient craindre la *fubmerfion* de tant de vérités?

De quelques expreffions que fe foit fervi Mr. de Montauban pour faire fentir l'horreur qu'on devoit avoir de ma Théfe, je ne crains point de lui dire qu'elle n'étoit point fi dangereufe que le livre du Pére Pichon, contre lequel fon zéle ne s'eft point allumé. Le plus grand nombre des Evêques du Royaume convaincus du mal qu'il pouvoit produire, en ont arrêté le cours par des Mandemens rai-

raisonnés, tandis qu'on leur a vu garder un profond silence sur ma Thése. Le livre du Jésuite étoit fait pour être entre les mains de tous les Fidéles; il est par conséquent à leur portée. Voilà les livres dangereux, quand même ils ne renfermeroient que quelques *goutes de venin*, parce que, ainsi que l'Evangile nous l'apprend, un peu de mauvais levain suffit pour corrompre toute la masse. Le Diocése de Montauban avoit d'autant plus droit d'attendre une instruction de son Pasteur contre ce livre, qu'il avoit lui-même travaillé à le répandre, & qu'il avoit ordonné qu'on le lût dans son Séminaire, malgré les représentations de feu Mr. Bastid alors Supérieur, qui lui répéta plusieurs fois que ce livre contenoit des principes mauvais & dangereux pour la saine morale. C'est ce Supérieur qui m'a appris cette anecdote, & je ne suis pas le seul qui la sache.

Mr. de Montauban a cru qu'il lui suffisoit *d'exposer mes erreurs* prétendues *pour en inspirer de l'horreur, & en faire sentir la malice, la fausseté, le ridicule*. Je crois par la même raison qu'il me suffit de lui exposer les vérités opposées à ces erreurs; vérités que je prendrai mot à mot dans ma Thése, pour lui démontrer qu'il a été bien mal informé.

Extrait du Mandement.	*Extrait de la Thése.*
Il étoit réservé à notre siécle de voir l'impiété former un systême qui renverse tous les dogmes à la fois; qui excuse tous les vices, & qui pour leur ouvrir une carriére plus vaste & plus tranquille, ôte la crainte des supplices éternels, ne	Toute Religion suppose essentiellement ces trois vérités, savoir, la connoissance d'un Dieu, l'immortalité de l'Ame, & le dogme des Peines & des Récompenses d'une autre Vie.... L'ame est immortelle, libre & née pour la vérité

donnant d'autre terme à l'homme que le tombeau.

Qui (mon système) ne pouvant refuser à l'évidence l'existence d'un Dieu, ne le représente que comme un Être insensible aux injures qu'il peut recevoir de la créature; un Etre indolent, qui abandonne l'homme à sa propre conduite, sans lui prescrire des loix, & sans exiger de sa dépendance aucun hommage fixe, voyant avec la même indifférence l'encens que la superstition offre aux idoles, & celui que la Religion fait bruler aux pieds de ses autels.

rité.... La Religion des Juifs enseignoit que Dieu, comme Juge équitable, ne borneroit pas à cette vie les peines & les récompenses. Les Patriarches & les Prophétes, & même le vulgaire des Juifs, ont cru l'immortalité de l'ame. Dieu existe, & par conséquent il a droit d'exiger notre culte, & l'ordre dont il est l'auteur, ne nous permet pas de le lui refuser. Delà la Religion.... La révélation dont Dieu a favorisé les hommes n'a point été livrée à leur caprice & à leur inconstance: il a établi un ordre pour la conserver.... Toutes les fois qu'Israël a osé associer au vrai Dieu les fausses Divinités, & qu'il a fait bruler sur leurs autels un encens adultére, il a éprouvé la vengeance du vrai Dieu, comme il avoit ressenti ses faveurs lorsqu'il avoit été fidéle.. La vue de cet Univers nous éléve à la connoissance de cet Etre suprême qui gouverne tout par sa Providence.... Par la sage dispensation de

Système affreux, qui porte l'esprit de blasphême jusqu'à comparer l'aveuglement des Payens sur la pluralité des Dieux & le fanatisme de Mahomet avec le Christianisme.

de la Providence, la Révélation est aussi ancienne que le Monde, parce qu'elle est essentielle à la Religion.

Ce n'est ni chez les Payens, ni chez les Mahométans que coulent les pures sources de la révélation ; donc nulle de ces Religions n'est vraie ni divine.... La Religion Chrétienne est donc vraie & divine.... Elle est maintenant la seule dépositaire de la révélation.... La superstition que Mahomet, ce sublime & hardi imposteur, est venu apporter au monde, n'est point couverte du voile sacré des mystéres, mais enveloppée dans des rêveries & des visions qui décélent son imposture. La supercherie lui a tenu lieu de miracles pour surprendre le peuple.... Les Patriarches animés par un désir ardent ont soupiré après la venue de J. C. une longue suite de Prophétes l'a annoncé, un nombre infini de miracles a averti de son arrivée : la Nature soumise & tremblante l'a reconnu pour son

Systême qui se rapprochant beaucoup de la ridicule folie du Pyrrhonisme, jette des doutes affectés sur la certitude des Livres Saints, l'infaillibilité de la Tradition, l'autorité des Miracles.

son maître. La nuit des tems n'a pu lui cacher l'avenir. Les Evangélistes qui ont écrit son histoire, ont été divinement inspirés; & cette histoire a été scellée du sang d'une foule de Martyrs. C'est sur cet assemblage de preuves que la Religion Chrétienne demeure inébranlable.

Nous démontrerons contre les Déïstes, l'autenticité, la vérité & la divinité du Pentateuque.... qui nous assurera la vérité de tous ces faits? Ce sont d'abord les livres autentiques. Tels sont les cinq livres de Moïse, le livre de Josué, les livres des Juges & de Ruth, les quatre livres des Rois, le livre d'Esther, les livres des Paralipoménes, le livre de Tobie, celui de Judith, les deux livres des Machabées, ceux qui portent les noms d'Esdras & de Néhémie.... Isaïe, Jérémie, Ezéchiel, Daniel, &c. vrais auteurs des livres qui portent leurs noms.... Le Nouveau Testament est autenttentique dans toutes ses parties, & n'a souffert aucune altération : les livres qu'il renferme ont été composés par ceux à qui on les attribue.... Lorsque les Péres sont témoins de la Tradition de leur tems, leur autorité est d'un poids à qui tout doit céder.... Les miracles, cet autre argument de la Religion Chrétienne, marchent de pair avec les prophéties avec lesquelles ils conservent quelque trait de ressemblance..,. Ils sont la voix de Dieu qui manifeste ses volontés aux hommes.... Ils décélent la main divine qui les a opérés. Ils prouvent admirablement la mission divine de Jésus-Christ.... Ils rendent sacré le témoignage de celui qui les apporte en preuve de sa doctrine.

Qui confondant tous les états & toutes les conditions, traite la subordination de droit barbare, l'obéissance de foiblesse, la Principauté de Tyrannie.

Les Sujets ne peuvent point faire la guerre à leur Prince légitime.... Les Rois ne sont comptables de leurs fautes qu'au souverain Arbitre de l'Univers.... St. Louis consulta autant la Loi naturelle que la saine Poli-

Qui ravalant l'homme à la condition des brutes, ne lui attribue qu'une ame matérielle.

Système enfin qui ôtant à la Religion tout ce qu'elle a de surnaturel, à Dieu sa justice & sa providence, à l'homme sa raison, à l'Etat sa police, se réduit à la simple Loi naturelle.

Politique, en interdisant aux grands Vassaux de sa Couronne de se faire mutuellement la guerre.... Ce seroit un abus de la Puissance spirituelle, que de délier les Sujets du serment de fidélité qu'ils doivent à leur Prince.

L'ame est essentiellement distinguée de la matiére.

La Religion Chrétienne est vraie & divine.... Le jour de la Pentecôte, selon la promesse de Jésus-Christ, le Saint Esprit descend sur les Apôtres, & les transforme en des hommes nouveaux.... Les Apôtres composent le symbole qui doit régler la croyance des Fidéles... Dieu comme juge équitable, punit ou récompense après le trépas le vice ou la vertu.... Dieu gouverne tout par sa providence.... La Société est souvent sans force, si le glaive spirituel ne vient quelquefois à son secours ; & la Société religieuse n'a pas toujours assez d'empire sur les esprits, si la
ter.

terreur des Loix civiles ne la fait respecter. Il est donc nécessaire que ces deux Sociétés se prêtent mutuellement la main & forment ensemble une espéce de confédération, qui leur sera toujours avantageuse, pourvu qu'elle se renferme dans les limites que Mr. Bossuet a prescrites.

On trouve assez extraordinaire qu'on m'accuse dans ce Mandement d'ôter à Dieu sa justice & sa providence, & à l'homme sa raison pour m'en tenir à la simple loi naturelle; comme si la loi naturelle ne supposoit pas nécessairement en Dieu la justice & la providence, & en l'homme la raison.

Après cette justification de ma Thése qu'on vient de lire, & l'histoire affligeante mais vraie que j'ai donnée dans la premiére partie de mon Apologie, de la conduite qu'on a tenue à mon égard; qu'il me soit permis à présent de demander, à qui l'on doit imputer le scandale? Est-ce à moi, qui, après avoir fait toute ma vie une étude particuliére de la Religion, avois résolu de lui consacrer ma plume, qui ai tâché de faire dans ma Thése le tableau du Christianisme le plus noble & le plus frappant, & de fournir même de nouvelles armes à la Religion; qui dans l'Encyclopédie ai combattu ses adversaires; qui ai soumis mes sentimens à l'examen de trois Docteurs; qui les ai soutenus en présence de plusieurs autres, sans aucune reclamation; qui ai répondu pendant une heure sur la question même des Miracles, avec l'approbation expresse de mon Président; & qui voyant ma Thése déférée, ai constamftamment offert de vive voix & par écrit toutes les explications & retractations qu'on pourroit défirer ? Ou le fcandale doit-il être imputé à mes cenfeurs, qui n'ayant aucun égard à l'Apologie que les plus habiles Docteurs ont faite de ma Théfe, m'ont condamné fans examen & pour fatisfaire à la haine de mes ennemis ; qui en refufant conftamment de m'entendre, m'ont empêché de faire connoître mon innocence ou du moins ma foumiffion ; qui ont profcrit des opinions foutenues publiquement dans leurs Ecoles ; qui ne voulant pas fuivre le plan de ma Théfe, ont refufé d'expliquer les propofitions par ce qui les précéde & les fuit ; qui ont prêté, en me condamnant, des armes aux incrédules ; qui m'ont puni feul fans punir auffi mes maîtres, & qui ont publié leur cenfure fans donner aux Fidéles le contrepoifon de mon erreur prétendue ? J'en appelle au fouverain Juge des hommes ; c'eft à celui à qui le dernier enfant de l'Eglife eft auffi cher que les Docteurs, les Pontifes & les Rois, à prononcer entre moi & mes ennemis. Affligé par fa permiffion dans ce que les hommes ont de plus fenfible, il ne m'appartient pas de pénétrer fes decrets ; je ne puis & ne dois que les adorer. Je me contenterai donc de m'écrier dans la réfignation la plus foumife à fes volontés : *Juftus es, Domine, & omnia judicia tua veritas.*

Fin de la feconde Partie.

SUITE
DE L'APOLOGIE
DE Mr. L'ABBÉ
DE PRADES,
OU
RÉPONSE A L'INSTRUCTION
Paſtorale de Mr. l'Evêque
D'AUXERRE.

TROISIÉME PARTIE.

Nil conſcire ſibi, nullâ palleſcere culpâ.

Par Diderot

A AMSTERDAM,
Chez MARC MICHEL REY.
M DCC LIII.

AVERTISSEMENT.

LA premiére Partie de mon Apologie contient l'histoire de ma condamnation, ma Thése Latine & Françoise, avec quelques Lettres écrites à la Faculté de Théologie, à Mr. l'Archevêque de Paris, & à Mr. l'ancien Evêque de Mirepoix, preuves non suspectes de ma docilité & de ma soumission.

 La seconde est composée de la justification des propositions condamnées, contre la Censure de la Faculté de Théologie & le Mandement de Mr. l'Archevêque de Paris; de la conformité de mon sentiment sur les guérisons de J. C. avec l'opinion de Dom la Taste Evêque de Bethléem, & de Mr. le Rouge Docteur de Sorbonne, & de ma Réponse au Mandement de mon Evêque Mr. de Montauban.

 Mon Apologie n'auroit eu que ces deux Parties, qui paroîtroient à présent, si l'Instruction Pastorale de Mr. d'Auxerre n'eût donné lieu à cette troisiéme, que j'ai cru devoir publier la premiére, de crainte qu'elle ne vînt un peu tard après les deux autres. Ce n'est pas qu'elle ne renferme des vérités de tous les tems sur l'usage de la raison en Théologie; l'étude de la Philosophie; les causes finales; l'origine de nos idées; les fondemens de toute Société; l'état de Nature, &c.... car je n'ai rien négligé pour survivre à l'Instruction à laquelle je ré-

AVERTISSEMENT.

pondois; mais il ne falloit pas laisser aux préjugés dont elle fourmille, le tems de prendre racine dans les esprits qui ne sont déjà que trop prévenus.

Cette troisiéme Partie est autant la défense du Discours préliminaire de l'Encyclopédie, d'où j'ai tiré ma premiére position, que la défense de ma Thése. Quel que soit le jugement que puisse en porter Mr. d'Auxerre, je crois qu'il doit se féliciter d'être tombé plutôt entre mes mains, qu'entre les mains de Mr. d'Alembert: car on pourroit bien appliquer à cet illustre & redoutable Athléte, ce que Dioméde dit à Glaucus, Insensé, tu ne sais pas que c'est contre moi que le Ciel envoie les enfans des Péres infortunés.

Les renvois & les chiffres qu'on rencontrera dans cette Partie, sont relatifs aux articles & aux pages des deux Parties qui devoient précéder, & qui ne se feront pas attendre longtems.

O B-

OBSERVATIONS
SUR
L'INSTRUCTION PASTORALE
DE MONSEIGNEUR
L'EVESQUE
D'AUXERRE.

N achevoit d'imprimer mon Apologie, lorsque j'ai reçu une Instruction Pastorale de Mr. l'Evêque d'Auxerre, dans laquelle ce Prélat se propose de démontrer que *la vérité & la sainteté de la Religion ont été méconnues & attaquées en plusieurs chefs dans la Thése que j'ai soutenue en Sorbonne, & que je viens de justifier.*

J'ai lu cette Instruction avec toute l'attention dont je suis capable, & dans la disposition la plus sincére de supprimer ma défense, d'avouër ma faute & d'en demander pardon à Dieu & aux hommes,

mes, si M. d'Auxerre remplissoit la promesse de son titre, & s'il me prouvoit que mes expressions s'étoient écartées en quelques endroits de la pureté de mes sentimens; car c'est-là tout ce que j'avois à craindre de lui : l'impiété n'ayant jamais habité dans mon cœur, le pis qui pouvoit m'être arrivé, c'est qu'elle se fût malheureusement trouvée sur mes lèvres.

Mais l'Instruction Pastorale de Mr. d'Auxerre ne m'a point ôté la persuasion intérieure de mon innocence. J'écoutois la voix de ma conscience, en même tems que je lisois son ouvrage, & elle ne m'a rien reproché. Je n'ai senti qu'une chose bien plus redoutable pour mes adversaires que pour moi; c'est que la prévention & le zéle peuvent aveugler les hommes les plus éclairés, leur montrer des erreurs monstrueuses dans les propositions les plus chrétiennes & les plus vraies, leur faire adopter des conjectures téméraires comme des faits démontrés, & les emporter au-delà des bornes de toute justice.

Ma réponse à Mr. d'Auxerre ne sera pas aussi étendue que le volume de son Instruction sembleroit l'exiger; ce volume renfermant un certain nombre de vérités que je voudrois avoir signées de mon sang; quelques objections qui s'adressent à d'autres que moi; dans le grand nombre de celles qui me concernent, plusieurs que j'avois prévues & que j'ai réfutées dans mon Apologie, d'autres qu'il m'étoit impossible de prévoir & auxquelles je vais satisfaire.

I.

Mr. l'Evêque d'Auxerre, après avoir peint avec beaucoup de chaleur & de vérité, dans les premiéres pages de son Instruction, les progrès énormes que l'impiété a faits de nos jours, s'écrie pag. 10. & 11. „ *Qui auroit jamais pu prévoir qu'u-*
„ ne

,, ne doctrine anti-chrétienne seroit publiquement sou-
,, tenue en Sorbonne, par un de ses Bacheliers, avec
,, l'approbation du Préfident & des Cenfeurs, fans
,, qu'aucun de fes Docteurs reclamât? Mais ce qui
,, est encore plus furprenant, c'est que toute la Licen-
,, ce ayant affifté à cette Théfe, & quelqu'un des Ba-
,, cheliers l'ayant vivement attaquée fur quelqu'une
,, des impiétés qu'elle contient, ce cri de la Foi fi
,, jufte & fi néceffaire, n'ait pas réveillé les Doc-
,, teurs préfens, & qu'il ayent laiffé finir tranquille-
,, ment une action fi nuifible à la Religion, & fi in-
,, jurieuse à la Faculté de Théologie de Paris. Qu'on
,, dife tant qu'on voudra qu'il y a eu de l'artifice &
,, de la fraude pour faire paffer la Théfe; qu'on' tâ-
,, che d'excufer le Syndic & le Préfident, en cou-
,, vrant leur fraude du nom de furprife & de négli-
,, gence; ce font-là des excufes peu recevables de la
,, part de Docteurs prépofés pour examiner les Théfes
,, & pour y préfider: elles ne fuffifent pas pour effa-
,, cer l'opprobre qui en retombe fur la Faculté même...
,, Plaignons la Faculté des pertes qu'elle a faites, &
,, du décbet où elle est tombée ,, ... Ajoûtons (nous)
à cette peinture un trait bien frappant, & qui n'auroit pas dû échapper de la mémoire de Mr. d'Auxerre, de ce Prélat qui paroît s'attacher avec tant
de zèle, de charité & d'amour pour la Religion,
à deshonorer la Sorbonne & la Faculté de Théologie toute entiére; c'est que cette doctrine *anti-
chrétienne*, applaudie de toute la Faculté avant que
d'être profcrite, a trouvé pour défenseurs les hommes les plus fages & les plus éclairés des Maifons
de Navarre & de Sorbonne, lorfqu'on l'eut déférée & qu'il fut queftion de la profcrire.

Que la Faculté de Théologie répondra-t-elle à
Mr. d'Auxerre? Se tiendra-t-elle pour couverte
d'opprobre, & laiffera-t-elle paffer à la poftérité fa
honte fcellée dans les Ouvrages d'un Evêque &
dans les Faftes de l'Eglife? Mais pourra-t-elle
reclamer contre les reproches d'ignorance, de né-

négligence, d'aviliſſement, de dégradation dont elle eſt accablée par le Prélat Janſéniſte, ſans s'avouer coupable envers moi de l'injuſtice la plus criante? Docteurs de Sorbonne, répondez; voici l'argument qu'on vous propoſe. S'il eſt vrai que ma Théſe fût un tiſſu de blaſphêmes horribles, comme vous l'avez annoncé dans le préambule de votre Cenſure, vous avez tous applaudi à mon impiété, & Mr. d'Auxerre a raiſon. Si ma Théſe au contraire n'expoſe rien qui ne ſoit conforme aux principes de la ſaine Philoſophie & aux vérités du Chriſtianiſme, pourquoi l'avez-vous condamnée comme un tiſſu de blaſphêmes? Il n'y a point de milieu; il faut ou ſouſcrire aux accuſations de Mr. d'Auxerre par le ſilence le plus humiliant, ou retracter votre Cenſure. O Docteurs, vous n'avez pas tardé à recueillir les fruits amers de votre injuſtice; vous avez cru pouvoir écraſer impunément l'innocence, parce qu'elle étoit ſans appui, ſans force & ſans protection; mais l'œil de vos ennemis étoit ouvert ſur vos démarches, & ma vengeance eſt venue d'où je l'attendois. Ces mots de Mr. d'Auxerre, *rien ne peut effacer l'opprobre qui eſt retombé ſur la Faculté même*, vous font frémir de rage; & les hommes noirs dont vous avez ſervi la paſſion, en me condamnant, voyent votre honte & s'en réjouiſſent.

II.

Mr. d'Auxerre rend compte, page 12. 13. & ſuivantes, de la Cenſure de la Sorbonne & du Mandement de Mr. l'Archevêque de Paris; puis il ajoûte, p. 17. ,, *Nous reſpectons ces Cenſures & nous*
,, *louons le zéle pour la Religion qui les a dictées.*
,, *Mais nous croyons qu'elles auroient été plus utiles*
,, *à l'Egliſe & que les Fidéles en auroient tiré plus*
,, *de profit, ſi on les avoit ſoutenues par une Inſtruc-*
,, *tion qui fît connoître l'importance & le prix des*
,, ,, *dogmes*

„ *dogmes attaqués par la Thése. Ce feroit peu de*
„ *chofe à un Médecin d'expofer la grandeur & le*
„ *danger de la maladie, s'il ne prefcrivoit les remé-*
„ *des propres à guérir ceux qui en font atteints & à*
„ *en préferver les autres. Les Fidéles ont befoin*
„ *d'être confolés & affermis dans les principes de la*
„ *Foi, dans le même tems qu'on les avertit de fuir*
„ *& d'avoir en horreur les productions de l'Incrédu-*
„ *lité. La beauté des Vérités Chrétiennes n'eft ja-*
„ *mais fi raviffante, que* quand on la met en re-
„ gard *avec les ombres noires & les ténébres infer-*
„ *nales que l'Impiété a voulu fubftituer au grand jour*
„ *de la Religion.*

Rien n'eft plus vrai que ces maximes; mais ne font-elles pas bien déplacées? Ne fuffifoit-il pas à Mr. l'Evêque d'Auxerre de faire fon devoir, fans accufer la Faculté & Mr. l'Archevêque de Paris d'avoir manqué au leur? Mon accufateur n'a-t-il pas ici l'air d'un homme qui craint qu'on ne remarque pas affez le mérite de fon zéle & de fa vigilance, & qui pour le faire fortir davantage, *le met en regard* avec l'indolence de Mr. l'Archevêque? On diroit prefque que cette Inftruction foit autant faite contre les défenfeurs de la Bulle, que contre les prétendus adverfaires de la Religion. Eh! Monfeigneur, qu'a de commun ma Théfe avec le Janfénifme? Je ferois cent fois plus impie que vous ne le croyez, qu'on n'en croira pas les Appellans plus Catholiques. Ce font des raifons qu'on attend de vous, & non pas de l'*oftentation* & des perfonalités.

III.

On lit, page 13. de l'Inftruction de Mr. d'Auxerre, ces mots extraits de la cenfure de la Faculté: „ *L'impiété ne s'eft plus bornée à pénétrer*
„ *dans les maifons particuliéres; elle a effayé de fe*
„ *gliffer dans le fanctuaire même de la Religion dont*
„ *elle*

,, elle a cru se venger, si elle pouvoit y répandre
,, quelque goûte de son venin".... Même Instruction, page 16. dans l'extrait du Mandement de Mr. l'Archevêque de Paris, ,, d'audacieux Ecri-
,, vains ont consacré, comme de concert, leurs
,, talens & leurs veilles à préparer ces poisons, &
,, peut être ont-ils réussi au-de là de leur espérance à
,, fasciner les esprits, & à corrompre les cœurs"..
Dans le Mandement de Mr. de Montauban, page 5. ,, un de nos Diocésains a trahi son Dieu, sa Re-
,, ligion, sa Patrie, son Pasteur; s'est livré aux
,, ouvriers d'iniquité, & leur a servi d'organe"...
Dans l'Instruction Pastorale de Mr. d'Auxerre, page 78. ,, la Thése du Sr. de Prades se rend suspecte,
,, non seulement par la maniére dont elle s'exprime,
,, mais encore par les liaisons très-connues du Soute-
,, nant avec les Auteurs de l'Encyclopédie dont il a
,, tiré un grand nombre de ses positions." Et page 152. ,, nous suivrons ici la Thése, non comme la
,, production d'un simple particulier, mais comme
,, nous donnant une occasion de dévoiler les erreurs
,, des Incrédules de nos jours, à qui le Sr. de Prades
,, a prêté son nom".

Voilà donc la Faculté de Théologie, Mr. l'Archevêque de Paris, Mr. l'Evêque de Montauban, Mr. l'Evêque d'Auxerre, & une infinité d'autres personnes entraînées par leurs témoignages, & convaincues que ma Thése est l'ouvrage d'un complot. Je suis annoncé dès ce moment à toute la Chrétienté, & je serai transmis à tous les siécles à venir, comme un malheureux qui a livré le sanctuaire de son Dieu, & vendu ses talens & ses veilles aux ouvriers de l'iniquité. Cette accusation me couvre à jamais de tout le deshonneur de la trahison & de l'apostasie: elle suffit pour compromettre l'honneur, l'état, la fortune, la liberté, le repos, & peut-être la vie de ceux qui pourront être soupçonnés de complicité. C'est un Corps d'hommes recommandables par la sainteté

teté de leurs caractéres, & par la préfomption de leur prudence & de leurs lumiéres, qui a été premier découvert cette conspiration, & qui en allarmé le Monde Chrétien; le témoignage de leur bouche & de leur écrit est confirmé par celui du premier Archevêque de France, de deux autres Prélats, & d'un grand nombre d'Ecrivains; tous déposent que ma Théfe est la production d'une cabale acharnée à renverser la Religion. Qui ne croiroit, à juger du fait par son importance & par l'appareil de ses circonstances, qu'il est appuyé sur les preuves les plus évidentes? Cependant il n'y en a aucune; & il est inconcevable comment la fiction la plus ridicule, le menfonge le plus abfurde, la fausseté la plus avérée pour mes connoissances, pour mes amis & pour une multitude d'indifférens, a pu prendre un corps, & pour ainfi dire, se réalifer. Il faut ici reconnoître l'adresse malheureuse de ces gens qui ont pour principe *qu'on peut calomnier son ennemi en fureté de confcience*; ce font eux certainement qui ont tramé toute cette iniquité. Mais quoi donc? Me rendrai-je par mon filence le complice de leur noirceur? Non sans-doute. Je n'ai qu'une voix, mais je l'éleverai, & je dirai à toute la Faculté de Théologie, à Mr. l'Archevêque de Paris, à Mr. l'Evêque de Montauban, à Mr. l'Evêque d'Auxerre, & à tous ceux qui peuvent être dans le même préjugé qu'eux, „ que ma Théfe foit bonne ou
„ mauvaife, qu'elle renferme un fyftême abomi-
„ nable d'impiété, ou que ce soit un plan fublime
„ de la Religion Chrétienne, c'est moi seul qui
„ l'ai faite; il n'en faut blâmer ou louer que moi.
„ Hâtez-vous donc d'arrêter les progrès d'une ca-
„ lomnie que vous n'avez que trop accréditée,
„ qui fait tort à votre jugement, & qui couvre de
„ honte la Sorbonne. En effet à quel point
„ d'ignorance & d'aviliffement ce Corps ne feroit-
„ il pas defcendu, fi une fociété d'impies avoit
„ pu

,, pu former avec quelque vraisemblance de succès le projet de lui faire approuver ses erreurs, & qu'elle eût consommé ce projet!

,, Mais je me sens ici pressé par un intérêt beaucoup plus vif que celui que je dois prendre à l'honneur de la Faculté de Théologie; c'est l'intérêt que j'ai & que j'aurai toujours à la propagation du Nom Chrétien. Si parmi ceux qui sont instruits de la fausseté du complot supposé par la Sorbonne & par les Prélats, il s'en trouvoit quelques-uns qui eussent malheureusement du panchant à l'incrédulité, ne pouvant s'imaginer que vous n'avez fait aucun usage des régles par lesquelles vous jugez de la certitude des faits, ne seroient-ils pas tentés de croire que ces régles sont mauvaises? Qui les empêcheroit de dire, il en est de la plupart de ces faits qu'on nous oppose, comme du complot du Bachelier de Prades? Y a-t-il dans l'Antiquité quelque transaction dont il fût plus aisé de découvrir la fausseté? Qu'on vienne après cela nous citer le témoignage des contemporains, & les ouvrages des hommes les plus sages & les plus éclairés? Nous sçavons tous combien la conspiration dont on l'accuse est chimérique; la voilà cependant constatée par les autorités les plus graves, scéllée des témoignages les plus authentiques, consignée dans les fastes d'un Corps illustre, attestée par des Ecrivains du tems même & du rang le plus distingué, & transmise à la postérité avec un cortége de preuves & de circonstances auxquelles il ne sera guéres possible de résister sans encourir le reproche de Pirrhonisme. En effet, qui de nos neveux osera donner un démenti à la Sorbonne, à un Archevêque de Paris, à deux autres Prélats, & à une foule d'Ecrivains qui ne manqueront pas de répéter le même mensonge? Je vous conjure donc par l'amour que vous

,, avez

,, avez fans-doute pour la vérité, par le respect
,, que vous vous devez à vous même, par le zéle
,, que vous montrez pour la Religion & pour le
,, falut de vos fréres, par les premiers principes
,, de la juftice & de l'humanité qui ne permettent
,, pas de difpofer de l'honneur, de la fortune,
,, du repos & de la vie des hommes, de
,, vous retracter inceffamment, de rendre gloire
,, à votre caractére, & de ne pas emporter avec
,, vous l'iniquité au pied du Trône du Dieu vi-
,, vant qui nous jugera tous.

IV.

,, *La grande maladie de notre fiécle*, dit Mr. d'Au-
,, xerre, page 20. de fon Inftruction, *c'eft de*
,, *vouloir appeller du Tribunal de la Foi, à celui de*
,, *la Raifon;* . . . *comme fi la raifon fouveraine &*
,, *incapable d'ignorance & d'erreur ne méritoit pas*
,, *le facrifice de la nôtre, dont les bornes étroites*
,, *nous arrêtent fi fouvent.* . . . *Cet efprit où l'in-*
,, *crédulité prend fa fource, fe montre à decouvert*
,, *dès l'entrée de la Théfe dont nous parlons.*
 Je ne connois rien de fi indécent & de fi injurieux à la Religion, que ces déclamations vagues de quelques Théologiens contre le Raifon.
On diroit, à les entendre, que les hommes ne
puiffent entrer dans le fein du Chriftianifme que
comme un troupeau de bêtes entre dans une éta-
ble, & qu'il faille renoncer au fens commun,
foit pour embraffer notre Religion, foit pour y
perfifter. Etablir de pareils principes, je le répéte, c'eft rabaiffer l'homme au niveau de la
brute, & placer le menfonge & la vérité fur une
même ligne. La Religion Chrétienne eft fondée
fur un fi grand nombre de preuves, & ces preuves font fi folides, que s'il y a quelque chofe à
redouter pour elles, ce n'eft pas qu'elles foient
difcutées, c'eft qu'on les ignore. Il me femble
donc

donc que quelqu'un qui se proposeroit une instruction solide sur cette matiére, distingueroit bien les vérités qui forment l'objet de notre Foi, des démonstrations qui servent de base à notre Culte. Les démonstrations Evangéliques ne peuvent être examinées avec trop de rigueur, & ce seroit un blasphême que de les supposer incapables de soutenir la critique des hommes. Mais cet examen & cette critique appartiennent également au Théologien & au Philosophe. Ce n'est, à parler exactement, qu'une application de la Dialectique aux preuves de la Religion, des régles d'Aristote à la divinité de Jésus-Christ; & cette application ne peut être trop sévére, l'objet en est trop important. C'est être Chrétien comme on eût été Musulman, que de ne pas consacrer à cette étude une partie considérable de sa vie.

Le seul effet qui puisse en résulter, lorsque les passions ne s'en mêlent point, c'est d'affermir le Chrétien dans la pratique des préceptes de sa Religion, & de l'éclairer sur le sacrifice qu'il a fait de sa raison & de ses lumiéres, à l'incompréhensibilité des vérités révélées. Ce seroit être bien mauvais Théologien, que de confondre la certitude de la révélation, avec les vérités révélées. Ce sont des objets tout-à-fait différens. Pour que l'entendement se soumette parfaitement à l'un, il faut qu'il ait été pleinement satisfait sur l'autre : mais d'où lui viendra cette satisfaction, sinon d'un exercice libre & sincére de ses facultés? Voilà ce que j'avois en vue, lorsque j'ai commencé ma Thése; & je n'ai, ce me semble, aucun reproche à me faire, parce qu'il est arrivé à Mr. l'Evêque d'Auxerre de méconnoître mon but, de mesinterprêter mes sentimens, & de m'accuser d'incrédulité.

V.

Je vais parcourir le plus rapidement qu'il me sera possible les pages 21. 22. 23. & les suivantes. Si je m'étendois sur tout ce que j'y remarque de dangereux, d'inexact, de faux, je risquerois de faire une Apologie aussi longue que l'Instruction. Mr. d'Auxerre commence l'énumération de mes attentats par ces mots : ,, *On traite de l'homme dans* ,, *la Thése, & après avoir dit que Dieu répandit* ,, *sur son visage un souffle de vie, on ne lui donne* ,, *que des idées brutes & informes qui naissent des* ,, *premiéres sensations, ou qui ne se développent que* ,, *par les sensations.*'' Il est vrai que l'expression *produit* dont je me suis servi, convient également à ces deux sentimens; mais quel inconvenient y a-t-il à cette ambiguité, s'il est tout-à-fait indifférent pour la Religion; que les idées naissent des sensations ou ne se développent que par elles? ,, *Le* ,, *Soutenant n'a pas clairement parlé là-dessus: On* ,, *doute, après l'avoir lu, si l'homme qu'il imagine* ,, *est sans idées, & comme une table rase sur la-* ,, *quelle il n'y a rien d'écrit ; ou s'il a quelques* ,, *idées, mais informes, enveloppées, confuses.*''. Je laisse le choix à Mr. d'Auxerre. Veut-il que l'homme de ma Thése soit sans idées, comme une table rase sur laquelle il n'y a rien d'écrit? A la bonne heure. Lui conviendroit-il mieux qu'il eût quelques idées, mais informes, enveloppées, confuses? Je consens qu'il les ait. Je serai peut-être mauvais Philosophe en embrassant la derniére de ces opinions, mais je n'en ferai pas moins bon Chrétien. ,, *La premiére réflexion qui se pré-* ,, *sente, c'est que ce n'est point-là l'homme dont la* ,, *création nous est décrite dans la Genése.*'' Non, ce n'est point d'Adam que j'ai parlé : & quelle hérésie y a-t-il à cela? Dans le dessein où j'étois de développer la génération successive de nos connoiſſances, il eût été bien ridicule de choiſir le premier homme, à qui Dieu les avoit toutes accordées par infuſion. ,, *On ne dit point dans la* ,, *Théſe d'où vient l'homme dont on y parle, ni qui lui* ,, *a formé un corps.* " Il y a beaucoup d'autres choſes qu'on n'y dit point: mais après y avoir exprimé clairement que l'âme étoit un don de Dieu, je ne me ſerois jamais imaginé qu'on eût quelque doute de mon orthodoxie ſur la formation du corps. ,, *On conſerve l'expreſſion de l'E-* ,, *criture, que Dieu répandit un ſouffle de vie ſur* ,, *ſon viſage* (ou lui donna une âme raiſonnable;) ,, *mais on veut après cela qu'il ait été laiſſé ſans* ,, *connoiſſances, ſans réflexions, ſans idées diſtinc-* ,, *tes, à peu près comme une bête brute, un auto-* ,, *mate, une machine miſe en mouvement; où* ,, *a-t-on pris l'idée phantaſtique d'un tel homme.*" Dans la Nature: oui, Monſeigneur, je penſe très-ſincérement, & ſans m'en croire moins Chrétien, que l'homme n'apporte en naiſſant ni connoiſſances, ni réflexions, ni idées. Je ſuis ſûr qu'il reſteroit comme une bête brute, un automate, une machine en mouvement, ſi l'uſage de ſes ſens matériels ne mettoit en exercice les facultés de ſon âme. C'eſt le ſentiment de Locke; c'eſt celui de l'expérience & de la vérité; il m'eſt commun avec le grand nombre des Théologiens & des Philoſophes modernes; ſur trente Profeſſeurs ou environ qui rempliſſent les chaires de Philoſophie dans l'Univerſité, il y en a vingt qui rejettent l'hypothéſe contraire, & ce ſont les plus eſtimés. Ils auroient certes l'inattention la plus mépriſance ſur ce qu'il plaît à Mr. l'Evêque d'Auxerre de penſer & d'écrire, s'ils ſouffroient tranquillement que ce Prélat les accuſât de matérialiſme, pour avoir prétendu avec le Philoſophe Anglois, que nous paſſons de la notion poſitive du fini à la notion négative de l'infini; que ſans les ſenſations nous n'aurions ni la

con-

connoissance de Dieu, ni celle du Bien & du Mal moral; en un mot, qu'il n'y a aucun principe, soit de spéculation, soit de pratique, inné. ,, *Quel*
,, *égarement d'esprit de former un homme factice &*
,, *imaginaire, qui n'a jamais été, pour chercher en-*
,, *suite dans des spéculations métaphysiques l'origine*
,, *& la progression de ses connoissances, tandis*
,, *qu'on laisse à l'écart l'homme réel & effectif qui*
,, *a Dieu pour auteur.* " L'homme factice & imaginaire, c'est celui à qui l'on accorde des notions antérieures à l'usage de ses sens. Ce fut la chimére de Platon, de St. Augustin & de Descartes. Ce dernier a été le restaurateur de ce systême parmi nous, & l'on se souvient encore que sa preuve de l'existence de Dieu tirée des idées innées, le fit accuser d'Athéïsme. Quel jugement eût-il fallu porter alors de ceux qui lioient indivisiblement la croyance de Dieu avec le sentiment d'Aristote; & que devons-nous penser aujourd'hui de ceux qui traitent d'impie le vieil axiôme, *Nil est in intellectu, quod non priùs fuerit in sensu*, & qui semblent faire dépendre la vérité de la Religion des idées innées ; sinon, que plus ces Théologiens se portent avec véhémence & avec fureur à condamner les autres, plus, ainsi que je l'ai déjà dit avec Mr. Bossuet, ils montrent clairement, non que le sentiment qu'ils proscrivent est hérétique ou erroné, mais qu'eux-mêmes ont beaucoup d'ignorance & de témérité. Je n'ai garde d'appliquer ce passage à Mr. d'Auxerre; mais il faut avouer qu'il peint bien quelques Théologiens qui pensent comme lui. ,, *La Thése ne nous mon-*
,, *tre l'homme que comme une bête . . . qu'il s'agit*
,, *d'apprivoiser . . . à qui il faut apprendre qu'elle*
,, *est capable de penser & de raisonner; mais qui ne*
,, *pense pas encore, & qui ne pensera qu'après que*
,, *les objets corporels auront frappé ses organes &*
,, *produit en elles des sensations.*" J'ai montré dans ma Thése non l'homme qui n'a été qu'une fois,

mais l'homme de tous les jours; je l'ai montré tel que l'expérience me l'a fait connoître, composé de deux substances *essentiellement* différentes, mais dont l'une n'exerce ses facultés qu'en vertu de l'autre; n'acquérant des connoissances que par le moyen de ses sens; au dessous de la bête dans la passion, (& le faux-zéle en est une) dans l'yvresse & dans la folie; semblable à la bête dans l'imbécillité, dans l'enfance & dans la caducité; & semblable à la bête farouche dans les deserts, dans les forêts, chez le Cannibale & chez le Hottentot. Il est très-permis à Mr. d'Auxerre de s'en former des idées plus sublimes & moins vraies; mais qu'il prenne garde de ne pas attacher à sa belle chimére plus d'existence & de valeur qu'elle n'en mérite. ,, *Nous cherchons les motifs d'une* ,, *conduite si bizarre & si indécente dans une Thése* ,, *de Théologie; & voici ce que nous avons lieu de* ,, *penser.*" Voici des conjectures qui feront beaucoup d'honneur à la pénétration & à la charité de Mr. l'Evêque d'Auxerre. Voici une façon nouvelle de damner les hommes dont les Jansénistes ne s'étoient point encore avisés; c'est de supposer qu'on ne croit pas ce dont on n'a point occasion de parler. ,, *En parlant de la création de* ,, *l'homme d'après les Livres saints & selon la doc-* ,, *trine orthodoxe, on ne pouvoit s'empêcher d'énon-* ,, *cer les avantages de la Nature . . . le don de la* ,, *Grace . . . la justice & l'amour de Dieu . . .* ,, *la desobéissance de l'homme, ses suites, le reméde,* ,, *la matiére de l'Incarnation . . . quel est le Chré-* ,, *tien qui ne doive désirer qu'on lui rappelle ces vé-* ,, *rités fondamentales?*" Ce Chrétien-là, c'eût été Mr. d'Auxerre, s'il se fût rappellé que toute la Théologie a été distribuée en plusieurs Théses que les Bacheliers soutiennent dans le cours de leur Licence; que chaque Thése a son objet; que la vérité de la Religion est celui de la majeure; que les mysteres de la Grace, de l'Incarnation,

de la Rédemption y feroient déplacés; & qu'un Bachelier s'expoferoit à quelque reprimande defagréable & jufte, s'il faifoit rentrer dans un acte, les matiéres qu'il a dû foutenir dans un autre, au-delà de ce que les liaifons le demandent.
„ *Dira-t-on qu'il a confidéré l'homme en Philofophe*
„ *& non en Théologien ? Quelle défaite ! Eft-ce là*
„ *le tems de dépofer le perfonnage de Théologien pour*
„ *faire celui de Philofophe ? Et d'ailleurs eft-il per-*
„ *mis à un Philofophe Chrétien de raifonner fur des*
„ *hypothéfes arbitraires qui contredifent les princi-*
„ *pes de la Foi ?* " L'hypothéfe fur laquelle j'ai raifonné, ne contredit en rien les principes de la Foi; il y auroit de la témérité à l'avancer; & il y a une indifcrétion inexcufable à entreprendre la cenfure d'une Théfe fans en avoir feulement démêlé la marche & le deffein. J'avois la vérité de la Religion à démontrer aux Sceptiques, qui n'accordent ni ne nient rien; aux Pyrrhoniens, qui nient tout; aux Athées, qui nient l'exiftence de Dieu; aux Déïftes qui croyent en Dieu, mais qui rejettent la révélation; aux Théïftes qui admettent la premiére de ces vérités, mais qui font Sceptiques fur la feconde; aux Juifs, aux Mahométans, aux Chinois, aux Idolâtres qui ont leurs Religions. Je demande maintenant à Mr. d'Auxerre même, quel perfonnage il me convenoit de de faire avec la plupart de ces incrédules : quel étoit l'homme que j'avois à leur préfenter, ou celui de la Création qui leur eft inconnu, ou celui de la Nature qu'ils ne peuvent s'empêcher de reconnoître en eux-mêmes? Etoit-ce à la Religion ou à la Philofophie à faire les premiers pas? De quelles armes avois-je à me fervir dans ce premier choc? Falloit-il employer la Raifon ou l'Autorité ? La Dialectique ou la Révélation? ou l'une & l'autre alternativement? Le Miffionnaire Evangélique eft Philofophe & Théologien, felon le befoin, *perfonam fert non inconcinnus utramque.*

N'est-ce pas même le rôle que Mr. d'Auxerre a pris avec moi? Ne me prouve-t-il pas par la raison la nécessité des Idées innées, quand il me croit mauvais Philosophe? N'entasse-t-il pas les autorités de l'Ecriture & des Péres, *conatus imponere pelio ossam*, quand il m'attaque en Théologien. Cette méthode excellente est plus en usage que jamais sur les bancs. Là, les Argumentans représentent les différents adversaires de la Religion; le Soutenant fait face à tous. Il est arrivé dans les Ecoles de Théologie une grande révolution depuis que Mr. d'Auxerre en est sorti; & s'il vouloit prendre la peine de comparer les Théses de son tems avec celles d'aujourd'hui, peut-être reviendroit-il un peu de ce *mépris souverain* qu'il a conçu pour la Faculté moderne. Elle doit sa supériorité sur l'ancienne, aux ennemis qui se sont élevés de toutes parts contre la Religion: la variété de leurs attaques & la nécessité de les repousser a rempli les Théses nouvelles d'une infinité de questions dont on n'avoit pas la moindre notion il y a cinquante ans. ,, *Le silence de* ,, *la Thése sur le péché originel forme seul un soup-* ,, *çon grave contre le Soutenant.*" La matiére du péché originel introduite dans ma Thése y auroit formé un grave soupçon d'ignorer celle dont elle auroit occupé la place, & le reproche de l'avoir omise que Mr. d'Auxerre me fait, nous donne le soupçon de l'oubli, très-pardonnable à son âge, de ce qui doit composer la majeure. ,, *Ce n'est* ,, *point ici une simple inattention, une pure omission;* ,, *c'est un silence affecté.*" Rien n'est plus vrai. ,, *Il est visible que c'est d'Adam, tel que Dieu l'a* ,, *formé, que le Sr. de Prades a entrepris de parler;* ,, *puisqu'il lui applique dès l'entrée ce qui n'est dit* ,, *que d'Adam, que Dieu répandit sur lui un soufle* ,, *de vie.*" Ce soufle de vie figurant, selon Mr. d'Auxerre, l'âme raisonnable, il s'ensuit qu'il est applicable à tout autre homme; & je ne serois

pas

pas embarrassé de trouver dans les Auteurs sacrés & profanes mille exemples de cette application. Mais il est étonnant que Mr. d'Auxerre finisse l'examen de mon premier attentat par où il auroit dû le commencer. Il me semble qu'avant de m'accuser d'avoir substitué à l'homme de la Genése un Etre phantastique, il eût été très-à-propos d'examiner s'il étoit question dans ma Thése du premier homme ou d'un de ses descendans ; de l'homme placé dans le Paradis terrestre, ou de l'homme errant sur la surface de la Terre ; de l'homme innocent, éclairé & favorisé des dons du Ciel les plus extraordinaires; ou de l'homme corrompu, proscrit, & sortant avec peine des ténébres de l'ignorance. Si Mr. d'Auxerre s'étoit donné cette peine, il se feroit apperçu que l'homme d'aujourd'hui étant le seul qui fût connu & admis des adversaires que j'avois à combattre, c'étoit le seul que je pusse leur présenter ; car dans toute discussion il faut partir de quelque point convenu, & il ne peut y avoir deux sentimens raisonnables sur la condition actuelle de la nature humaine considérée rélativement à ses facultés intellectuelles & à l'origine de ses connoissances. Il se feroit apperçu qu'ayant à déduire leurs progrès successifs & à conduire l'homme depuis l'instant où il n'a pas d'idées, jusqu'à ce degré de perfection où il est instruit des profondeurs mêmes de la Religion ; de ce point de nature imbécille où il est en apparence au dessous de plusieurs animaux, jusqu'à cet état de dignité où il a, pour ainsi dire, la tête dans les Cieux, & où il est élevé par la révélation jusqu'au rang des Intelligences célestes, je n'ai pu choisir pour modéle l'homme qui sortit parfait des mains de son Créateur, & qui posséda lui seul, en un instant, plus de lumiéres que toute sa postérité réunie n'en acquérera dans tous les siécles à venir. Si Mr. d'Auxerre eût daigné faire cette observation, il m'en eût épargné beaucoup d'autres ; & sa longue Instruction Pastorale se seroit abrégée d'une vingtaine de pages de lieux communs sur les prérogatives d'Adam & sur les avantages de *l'état de pure nature*, où l'on voit évidemment que l'objet de ma Thése lui a échappé, qu'il n'a rien compris à ce que les Philosophes modernes entendent par *l'état de nature*, & qu'on pourroit aisément avoir des idées plus Catholiques que les siennes sur ce que les Théologiens doivent entendre par *l'état de pure nature*.

En attendant que la Sorbonne lui donne quelque leçon sur ce dernier point, je vais lui dire ce que c'est que le précédent dans la nouvelle Philosophie. *L'état de nature* n'est point celui d'Adam avant sa chûte ; cet état momentané doit être l'objet de notre Foi, & non celui de notre raisonnement. Il s'agit entre les Philosophes de la condition actuelle de ses descendans, considérés *en troupeau* & non *en société* ; condition non seulement possible, mais subsistante ; sous laquelle vivent presque tous les Sauvages ; dont il est très-permis de partir, quand on se propose de découvrir philosophiquement, non la grandeur éclipsée de la nature humaine, mais l'origine & la chaîne de ses connoissances ; dans laquelle on reconnoît à l'homme des qualités spéciales qui l'élévent au dessus de la bête ; d'autres qui lui sont communes avec elle, & qui le retiennent sur la même ligne ; enfin des défauts, ou, si l'on aime mieux, des qualités moins énergiques qui l'abaissent au dessous ; condition qui dure plus ou moins, selon les occasions que les hommes peuvent avoir de se policer & de passer de l'état de *troupeau* à l'état de *société*. J'entens par *l'état de troupeau*, celui sous lequel les hommes rapprochés par l'instigation simple de la Nature, comme les Singes, les Cerfs, les Corneilles, &c. n'ont formé aucunes conventions qui les assujettissent à des devoirs, ni

conſtitué d'autorité qui contraigne à l'accompliſſement des conventions, & où le reſſentiment,
cette paſſion que la Nature, qui veille à la conſervation des Etres, a placé dans chaque indivi-
du, pour le rendre redoutable à ſes ſemblables,
eſt l'unique frein de l'injuſtice.

Je vais maintenant examiner un endroit de l'Inſtruction de Mr. d'Auxerre qui ne me concerne en
rien, non plus que beaucoup d'autres, mais qui
montre à merveille combien ce Prélat eſt prodigue des noms d'Incrédules, d'Impies, de Pirrho-
niens, de Matérialiſtes, &c. & combien il eſt malheureux quelquefois dans l'uſage qu'il en fait.

VI.

Mr. d'Auxerre, après avoir cité, page 39. un
endroit de St. Auguſtin où ce Pére dit *que la raiſon & la vérité des nombres n'appartiennent point
aux ſens, & qu'elles demeurent invariables & inébranlables*, s'aviſe d'accuſer d'incrédulité l'Auteur
de l'Hiſtoire Naturelle, pour avoir prétendu *que
les vérités Mathématiques ne ſont que des abſtrac-
tions de l'eſprit qui n'ont rien de réel*. Il ſemble cependant que tout ce qu'on en pouvoit conclure,
c'eſt que Mr. de Buffon n'eſt pas de l'avis de St.
Auguſtin ſur les vérités Mathématiques. Mr. d'Auxerre accorderoit-il à St. Auguſtin la même autorité en Métaphyſique que dans les matiéres de la
Grace, & voudroit-il nous contraindre, ſous peine d'impiété, d'adopter toute la Philoſophie de
ce Pére?

Après la maniére dont j'ai traité Mr. de Buffon
dans ma Théſe, j'eſpére que Mr. d'Auxerre ne
me fera point un crime de prendre ici ſa défenſe.
J'oſerai donc lui répéter que l'accuſation d'incrédulité eſt ſi grave, que celui qui l'intente mal-à-
propos, quel que ſoit ſon nom, ſa dignité, ſon
caractére, ſe rend coupable d'une témérité inexcu-
ſable,

fable; & pour que ce Prélat juge lui-même, s'il doit ou non s'appliquer cette maxime, je lui ferai considérer que s'il n'y a pas un point, une ligne, une surface, un solide dans la Nature, tels que la Géométrie les suppose; les vérités démontrées sur ces objets hypothétiques, ne peuvent exister que dans l'entendement de celui qui les a supposés tels qu'ils ne sont nulle part hors de lui; & que, puisqu'il n'est point question dans l'ouvrage de Mr. de Buffon, des combinaisons numériques qui s'exécutent de toute éternité dans l'entendement divin, mais de ces abstractions considérées dans un homme qui réfléchit, & relativement aux Phénoménes de l'Univers, il a eu raison de dire qu'elles n'avoient de réalité que dans l'esprit de celui qui les avoit faites, & qu'il n'y avoit rien au-de là à quoi elles fussent applicables avec quelque exactitude. Ce sont des précisions dans le Géométre, mais ce ne sont que des approximations dans la Nature; & ces approximations sont communément d'autant plus éloignées du résultat de la Nature, que les précisions ont été plus rigoureuses dans l'esprit du Géométre.

Si Mr. d'Auxerre n'a point entendu Mr. de Buffon, il ne peut s'en prendre qu'à lui-même, d'avoir donné à cet Auteur l'épithéte odieuse d'incrédule, comme s'il eût été très-assuré qu'il la méritoit. Il me semble que ce Prélat a prononcé bien légérement sur des matiéres qu'à la vérité il n'est pas obligé de sçavoir, mais sur lesquelles il est bien moins obligé d'injurier ceux qui les entendent. Poursuivons, & voyons si cette fois sera la derniére que j'aurai lieu de faire la même observation.

VII.

On lit, page 91. de son Instruction que „ *par* „ *un renversement d'esprit aussi singulier que celui* „ *des*

„ des Métaphysiciens qui déduisent du vice les no-
„ tions que nous avons de la vertu; l'*Auteur* de
„ l'*Esprit des Loix* fait naître la diversité des Reli-
„ gions de la variété des climats, de la nature du
„ gouvernement; & le zéle plus ou moins ardent
„ pour le culte, du chaud ou du froid de la Zone
„ qu'on habite; & l'Auteur de l'*Histoire Naturel-*
„ *le*, mettant à l'écart le récit si simple & si sublime
„ en apparence de la création du Monde, selon la
„ *Genése*, engendre notre système planétaire par le
„ choc d'une comète qui va heurter le Soleil & en
„ dissiper dans l'espace quelques portions déta-
„ chées ".

Je crois avoir rendu justice à ces deux hommes célébres, & n'avoir pas montré dans ma Thése moins d'éloignement pour leurs systêmes, que Mr. d'Auxerre n'en a montré dans son Instruction. Pourquoi donc me trouvai-je impliqué avec eux dans la même censure ? Pourquoi partageai-je avec ceux que j'ai combattus, les mêmes qualifications odieuses ? Quelle analogie si étroite y a-t-il entre la diversité des Religions, & les intensités du zéle expliquées par la variété des climats; le Monde engendré par le choc d'une Cométe, & la notion de la vertu déduite de la connoissance du vice, pour que Mr. de Montesquieu, Mr. de Buffon & moi, nous nous soyons rendus coupables de la même impiété ? Seroit-ce la difficulté de trouver une meilleure transition qui m'auroit attiré cette injure ?

Si je consultois mon amour propre, & non celui que je porte à ma Religion, je remercierois Mr. d'Auxerre de cette association; mais quelque honorable qu'elle soit, avec quelque injustice que l'épithéte d'incrédules nous ait été donnée, il ne me convient pas de la souffrir. Je dis *avec quel-*
que injustice que l'épithéte d'incrédules nous ait été
donnée, parce que je suis bien éloigné de croire qu'on ne puisse abandonner la Physique de Moïse

fe, fans renoncer à fa Religion. Quoi donc ? parce que Josué aura dit au Soleil de s'arrêter, il faudra nier, fous peine d'Anathême, que la Terre fe meut ? Si à la première découverte qui fe fera foit en Aftronomie, foit en Phyfique, foit en Hiftoire Naturelle, nous devons renouveller dans la perfonne de l'inventeur, l'injure faite autrefois à la Philofophie, dans la perfonne de Galilée ; allons, brifons les microfcopes, foulons aux piéds les télefcopes, & foyons les Apôtres de la barbarie. Ou plutôt demeurons en repos, fuivons paifiblement notre objet, & permettons aux Phyficiens d'atteindre le leur. Notre devoir eft de les éclairer fur l'Auteur de la Nature, le leur de nous dévoiler fon grand ouvrage. Gardons-nous bien d'attacher la vérité de notre Culte & la divinité de nos Ecritures, à des faits qui n'y ont aucun rapport & qui peuvent être démentis par le tems & par les expériences. Occupons-nous fans ceffe de caufes finales ; mais n'affujettiffons point à cette voye ftérile l'Académie dans fes recherches. Nous perdrons la Théologie & la Philofophie, fi nous nous avifons une fois de faire les Phyficiens dans nos Ecoles, & fi les Philofophes fe mettent à faire les Théologiens dans leurs Affemblées. Ce renverfement d'ordre, dit le Chancelier Bacon, que Mr. d'Auxerre me reprochera peut-être de citer, quoiqu'il fe permette fans ceffe de citer Cicéron, ce renverfement d'ordre n'a déjà que trop retardé le progrès des Sciences : *Effecitque ut homines in iftius modi fpeciofis & umbratilibus caufis acquiefcerent, nec inquifitionem caufarum realium & verè Phyficarum urgerent, ingenti fcientiarum detrimento.* Quelles exclamations ne feroit point Mr. d'Auxerre, lui qui m'accufe d'irreligion pour avoir fuivi la méthode de Defcartes dans la difpofition des preuves du Chriftianifme, fi j'avois ofé avancer, avec le Chancelier Bacon, que le Phyficien doit faire dans fes recherches une entière ab-

abſtraction de l'exiſtence de Dieu, pour ſuivre ſon travail en bon Athée, & laiſſer aux Prêtres le ſoin d'appliquer ſes découvertes à la démonſtration d'une Providence & à l'édification des Peuples? Que diroit-il de moi, lui qui prétend que le Philoſophe ait ſans ceſſe les yeux attachés ſur les récits de Moïſe & ſur les opinions des Péres, ſi je lui ſoutenois avec le même Auteur, que les pas que Démocrite & les autres Antagoniſtes de la Providence faiſoient dans l'inveſtigation des effets de la Nature, étoient & plus rapides & plus fermes, par la raiſon même qu'en banniſſant de l'Univers toute cauſe intelligente, & qu'en ne rapportant les phénoménes qu'à des cauſes méchaniques, leur Philoſophie n'en pouvoit devenir que plus rationelle. *Philoſophia naturalis Democriti, & aliorum qui Deum & mentem à fabricâ rerum amoverunt & ſtructuram Univerſi infinitis naturæ præcluſionibus & tentamentis (quas uno nomine fatum & fortunam vocabant) attribuerunt; & rerum particularium cauſas materiæ neceſſitati, ſine intermixtione cauſarum finalium, aſſignarunt; nobis videtur, quantum ad cauſas phyſicas, ſolidior fuiſſe & altiùs in naturam penetraſſe.*

Ces principes ſont faits pour effrayer les petits génies; tout les allarme, parce qu'ils n'apperçoivent clairement les conſéquences de rien; ils établiſſent des liaiſons entre des choſes qui n'en ont point; ils trouvent du danger à toute méthode de raiſonner qui leur eſt inconnue; ils flottent à l'avanture entre des vérités & des préjugés qu'ils ne diſcernent point & auxquels ils ſont également attachés, & toute leur vie ſe paſſe à crier ou au miracle ou à l'impiété.

VIII.

J'ai dit dans ma Théſe, pag. 1. ,, La multipli-
,, cité des ſenſations qui nous aſſiégent de toutes
,, parts,

,, parts, qui trouvant toutes les portes de notre
,, ame ouvertes, y entrent fans réfiſtance & fans
,, effort; cet effet puiſſant & continu qu'elles pro-
,, duifent fur nous; ces nuances que nous y ob-
,, ſervons, ces affections involontaires qu'elles
,, nous font éprouver; tout cela forme en nous
,, un panchant inſurmontable à aſſurer l'exiſten-
,, ce des objets auxquels nous rapportons nos
,, ſenſations, & qui nous paroiſſent en être la
,, cauſe. Ce panchant eſt l'ouvrage d'un Etre
,, ſuprême, & en même tems l'argument le plus
,, convainquant de l'exiſtence des objets. Il n'y
,, a aucun rapport entre chaque ſenſation & l'ob-
,, jet qui l'occaſionne; & par conſéquent il ne pa-
,, roît pas qu'on puiſſe trouver par le raiſonne-
,, ment de paſſage poſſible de l'un à l'autre. Il
,, n'y a donc qu'une eſpéce d'inſtinct ſupérieur à
,, notre raiſon, qui puiſſe nous forcer à franchir
,, un ſi grand intervale. L'Univers n'eſt donc
,, point une vaſte ſcéne d'illuſions, &c." *

Voici les obſervations critiques de Mr. d'Auxerre ſur ce morceau. Je les rapporterai moins pour les réfuter, que pour me convaincre moi-mê-

---

* *Illa ſenſationum turma, quæ, velut agmine facto, quâ datâ portâ, conſtanter & uniformiter irruunt in animam; illi quos patitur invitùs, affectus; hæc omnia cæco ac mechanico quodam impetu rapiunt ejus aſſenſum ad realem objectorum exiſtentiam quibus ſuas refert ſenſationes, quæque profluere ex illis videntur. Talis inſtinctus eſt ipſummet opus Entis ſupremi, realiſque objectorum exiſtentiæ monumentum ſtat inconceſſum. Quælibet ſenſatio nil habet germanum cum objecto ex quo naſcitur; ergo ratio ſibi relicta, filo, quod utrumque conſociat, impar erit aſſequendo; ergo ſolus inſtinctus à numine impreſſus intervallum adeò immenſum trajicere poterit; ergo non nos larvæ tangunt, ſed objecta, &c.*

même & les autres qu'il n'y a rien qui ne puisse être mal entendu, & que pour confoler *le Philofo-phe* en lui montrant combien la vue courte du peuple eft loin d'atteindre à la fublimité de fes pensées. ,, *La Théfe*, dit Mr. d'Auxerre, *prononce ,, clairement ici, que la fenfation n'a aucune affinité ,, avec l'objet qui l'occafionne* ". Donc elle ne favorife point le matérialifme. Elle conclut de l'hétérogénéïté de l'objet & de la fenfation, l'impoffibilité de trouver par le raifonnement un paffage de la confcience de l'une à l'exiftence de l'autre; & Mr. d'Auxerre convient de l'exactitude de cette conféquence: Mais il défireroit que le Bachelier eût eu recours *aux caufes occafionelles*, pour expliquer comment & par quelle force nous fommes portés à fortir hors de nous, & à réalifer dans l'efpace des modéles de nos impreffions; c'eft-à-dire, que je me fuffe amufé à tournoyer dans un cercle vicieux; car ce paffage immenfe dont il s'agit, & qui n'eft pourtant que de la diftance de notre âme à notre corps; cet intervale que nous franchiffons prefque fans nous en appercevoir, c'eft celui de *l'impreffion à la caufe occafionelle*; c'eft la fuppofition de cette caufe, qui, par une efpéce de création ou d'anéantiffement, va concentrer tout l'Univers dans mon entendement & le refferrer dans un point indivifible qui m'appartient, où l'en faire fortir, le développer & étendre fes limites dans l'immenfité, loin de la portée de mes fens, au de-là même de ma penfée: Et ce que le Philofophe ambitioneroit, ce feroit de fe juftifier à lui-même par le raifonnement, le choix qu'il eft contraint de faire entre ces deux partis: mais avec quelqu'attention qu'il foit rentré en lui-même, il n'y a découvert qu'un inftinct, imprimé fans doute par la Divinité, qui le tire fortement de fa perplexité & le convainc de l'exiftence d'une infinité d'Etres, quoique ce

III. Partie.   B   ne

ne soit jamais que lui-même qu'il apperçoive. „ *Qu'est-ce que cet instinct? quelle est sa nature?* „ *La Thése*, continue Mr. d'Auxerre, *ne donne* „ *là-dessus aucun éclaircissement.* " La Thése a dit là-dessus tout ce que la raison, l'expérience & la Religion lui ont appris, en assurant que cet instinct étoit une suite de l'effet puissant & continu des objets extérieurs sur nos sens, des nuances instantanées que nous y observons, & des affections involontaires qu'elles nous font éprouver; & elle a écarté toute obscurité de son expression, en le définissant un penchant de notre âme, l'ouvrage d'un Etre suprême & l'un des argumens les plus convainquans de son existence & de celle des objets. Après cela, que penser de Mr. d'Auxerre, lorsqu'il avance à la fin de sa critique, avec une confiance très-singuliere, que ce mot *instinct*, est dans ma Thése vuide de sens, que c'est un jargon inintelligible, qu'il n'a été imaginé que pour donner le change au Lecteur, & se ménager un faux-fuyant. La conjecture la plus favorable qu'on puisse former sur ce procédé de Mr. d'Auxerre, c'est que les matiéres philosophiques lui sont étrangeres, & qu'il se bat contre moi, frappant à tort & à travers, sans sçavoir où portent ses coups, comme un homme attaqué dans les ténébres.

IX.

Voici ce qu'on lit dans ma Thése, page 3.
„ De tous les objets qui nous affectent le plus
„ par leur présence, notre propre corps est ce-
„ lui dont l'éxistence nous frappe le plus; sujet
„ à mille besoins & sensible au dernier point à
„ l'action des corps extérieurs, il seroit bientôt
„ détruit, si le soin de sa conservation ne nous
„ occupoit, & si la nature ne nous faisoit une
„ loi

,, loi d'examiner parmi ces objets, ceux qui
,, peuvent nous être utiles *.

Je supplie le lecteur de revenir sur cet endroit sans partialité, & d'examiner par lui-même s'il y apperçoit autre chose qu'une simple exposition de l'état de l'homme, lorsqu'il a acquis le sentiment de son existence, de ses besoins corporels, & des moyens d'y pourvoir; autre chose que les fondemens naturels de la loi de conservation. Cependant Mr. d'Auxerre y a découvert mille monstres divers; il en est de si mauvaise humeur qu'il n'y a pas un mot du passage que je viens de citer, sur lequel il ne me cherche querelle. ,, Com-
,, ment, s'écrie-t-il, page 53. & suivantes, *notre*
,, *conservation mérite donc le premier de nos soins;*
,, *St. Augustin pensoit bien différemment;* ... ,, *en-*
,, *core si l'on ne parloit ici que de l'homme dans l'en-*
,, *fance; mais l'homme de la Thèse est un adulte.*"
,, *on diroit que le soutenant se propose de nous con-*
,, *duire à l'école d'Epicure, en tournant nos premie-*
,, *res pensées sur les besoins de notre corps.*"... *Risum teneatis, amici*; quel galimatias! qu'il faut de courage pour répondre à ces puerilités, & de modération pour y répondre sérieusement! Eh quoi, Monseigneur, vous n'avez pas vu que j'ai pris l'homme au berceau, & qu'après avoir expliqué l'origine de ses idées par la sensation réïtérée des objets qui l'environnent, je remarque qu'entre ces objets son propre corps est celui qui l'affecte le

---

* *Inter hæc innumera, quæ nos undique circumstant, objecta, omnium maximè nostrum corpus, suopte motu nos afficit; sexcentis opportunum malis actione & reactione cæterorum in se corporum, citò dissolveretur, nisi vigiles arrectique ejus saluti provideremus. Hinc nobis incumbit ea necessitas seligendi potissimum abjecta quæ in nostram vergant utilitatem.*

le plus; quelle héréfie y a-t-il à cela, & que fait ici le témoignage de St. Auguſtin? L'Ecriture & tous les Peres enſemble ne changeront point l'ordre de la nature, & ne feront jamais que la connoiſſance de Dieu & la notion du bien & du mal moral, précédent dans l'homme le ſentiment de ſon exiſtence & celui de ſes beſoins corporels. Envérité, Monſeigneur, on dira que vous voyez dans St. Auguſtin tout, excepté la ſoumiſſion aux décrets de l'Egliſe, & que vous êtes meilleur Appellant que bon Logicien.

X.

,, A peine commençons-nous à parcourir les
,, objets qui nous environnent, continuai-je, pa-
,, ge 3. que nous découvrons parmi eux un grand
,, nombre d'Etres qui nous paroiſſent entiérement
,, ſemblables à nous; tout nous porte donc à pen-
,, ſer qu'ils ont les mêmes beſoins que nous éprou-
,, vons, & par conſéquent le même intérêt à les
,, ſatisfaire; d'où il réſulte que nous devons trou-
,, ver beaucoup d'avantages à nous unir à eux.
,, De-là, l'origine de la ſociété dont il nous im-
,, porte de plus en plus de reſſerrer les nœuds,
,, afin de la rendre pour nous le plus utile qu'il
,, eſt poſſible " *.

Que Mr. d'Auxerre trouve-t-il à reprendre là dedans? Qu'y a-t-il là qui puiſſe offenſer ſon oreil-

* *Vix ea circumſpeximus, cum plura nobis obverſantur objecta nos in omnibus referentia. Hinc meritò conjicimus ſua illis æquè ac nobis innata eſſe deſideria, nec minoris eorum intereſſe illis facere ſatis; nobis ergò conducit fœdus cum illis initum. Hinc origo ſocietatis, cujus vincula magis ac magis ſtringere debemus ut ex eâ quam plurimam in nos derivemus utilitatem.*

oreille chrétienne ? Cela ne se devine pas; écoutons le donc. ,, *Chaque homme*, dit-il, *se bornant à
,, chercher sa propre utilité, & celle de l'un ne pou-
,, vant manquer de se trouver souvent contraire à
,, celle de l'autre, c'est les armer les uns contre les
,, autres que de proposer pour fin à chacun sa propre
,, utilité.* ".. ,, *Qui ne sçait & ne sent pas que l'u-
,, tilité commune doit être principalement envisagée
,, dans une société, & que l'utilité particuliére n'en
,, est qu'une suite.* ".. ,, *Qui n'admirera la bizare-
,, rie d'un homme qui nous donne pour base & pour
,, lien de la société ce qui n'est propre qu'à en causer
,, la ruine & la destruction.* ".. ,, *Qu'est-ce en effet
,, qu'une société dans laquelle chacun ne cherche que
,, sa propre utilité, n'a en vue que son intérêt parti-
,, culier ?. N'est-ce pas là une source intarrissable de
,, querelles, de divisions, d'envies, de haines, de
,, guerres, de violences, & un plus grand mal que
,, si les hommes étoient isolés?* "..., *mais Dieu a
,, fait l'homme pour la société. C'est dans l'insti-
,, tution divine qu'un Théologien & même un Philo-
,, sophe en doit chercher l'origine, au lieu de se
,, fatiguer l'esprit, comme fait le Sr. de Prades,
,, (homme bizare), pour la trouver dans l'utilité
,, corporelle qui en peut revenir à chacun, ou dans
,, la crainte qu'ont les hommes les uns des autres &
,, de tout ce qui peut leur nuire, selon l'idée d'un
,, Philosophe de nos jours.* (Mr. de Montesquieu,
,, autre homme bizare): *c'est un égarement de l'es-
,, prit inconcevable de s'épuiser en raisonnemens,
,, pour chercher ce qui est trouvé, & d'aimer mieux
,, s'en rapporter à une Philosophie toujours incertaine
,, & souvent fausse, qu'à l'autorité infaillible des li-
,, vres saints*". ,, *Ouvrons la Genèse, & nous y
,, trouverons dès le second chapitre l'origine de la so-
,, ciété humaine, & les raisons de son institution,
,, dans ces paroles de Dieu même; il n'est pas bon
,, que l'homme demeure seul, faisons lui une aide
,, semblable à lui.*"

Que répondre à cela? Et comment débrouiller ce cahos où tout est confondu, les fondemens de la société avec ses inconvéniens; les besoins des hommes qui les rapprochent, & leurs passions qui les éloignent; la raison de leur société & la nécessité des loix pour la rendre sûre & tranquille, &c. Essayons pourtant, & rendons au caractère respectable de notre adversaire un hommage dont sa façon de raisonner sembleroit nous dispenser. Mais observons auparavant que Mr. d'Auxerre ne se tourmente si fort à multiplier mes prétendus attentats contre la Religion, que pour aggraver de plus en plus *l'opprobre* de la Faculté. Plus j'avance, mieux je découvre que le but de son Instruction est moins de précautionner ses ouailles contre le venin d'une doctrine qui n'est pas à leur portée, que d'avilir la Sorbonne, & que de montrer combien elle est déchue de son ancienne splendeur depuis qu'elle a chassé de son sein les Docteurs appellans. Mais le dessein prémédité de deshonorer une société d'hommes consacrés à l'étude & à la défense de la Religion est-il bien digne d'un Chrétien, d'un Prêtre de J. C. d'un Pontife de son Eglise? Après avoir décélé le but de Mr. d'Auxerre, répondons à ses raisonnemens.

Autant qu'il m'a été possible de les analiser, ils tendent, ce me semble, à prouver 1. Que mes principes ne suffisent pas pour former la société. 2. Qu'ils suffisent moins encore pour expliquer sa durée. 3. Qu'ils différent de ceux que l'Ecriture nous a révélés, & auxquels il convenoit à un Théologien & même à un Philosophe de recourir. Voyons ce qui en est.

Dieu, après avoir formé le premier homme, vit qu'il n'étoit pas bon qu'il demeurât seul, & il dit, *faisons-lui une aide semblable à lui:* voilà, selon Mr. d'Auxerre, l'origine de la société; en voilà la raison & les motifs. Qu'on pése bien ces mots, *faisons lui une aide*; faisons-lui une aide *semblable à lui.* Qu'ai-

Qu'ai-je dit dans ma Théfe? Après avoir conduit un des neveux d'Adam à la connoiffance des objets qui l'environnent, j'ajoûte qu'entre ces objets il en découvre un grand nombre qui lui paroiffent entiérement femblables à lui. (*Faifons-lui une aide femblable à lui*); qu'il eft porté à croire qu'ils ont les mêmes befoins, & qu'il doit trouver beaucoup d'avantage à s'unir à eux. (*Faifons-lui une aide*). Ma propofition n'eft donc qu'une paraphrafe du paffage de la Genéfe que Mr. d'Auxerre m'objecte le plus mal adroitement qu'il foit poffible. L'Ecriture ne donne d'autre fondement à l'attachement futur d'Adam pour Eve, que l'identité des befoins & l'efpérance des fecours, *faifons-lui une aide*; identité & efpérance préfumées fur la reffemblance extérieure & l'analogie des formes, *faifons-lui une aide femblable à lui*; expreffions qui ne fignifient rien, ou qui réuniffent deux motifs *d'utilité propre*. Donc la feule différence qu'il y ait entre le paffage de la Genéfe & celui de ma Théfe, c'eft que, les mêmes principes s'étant trouvés vrais & dans *l'état de nature*, ils ont été appliqués d'un côté à nos premiers parens, de l'autre à un de leurs defcendants; & que l'hiftorien explique l'origine de l'intimité qu'Adam contractera avec la compagne utile que Dieu va placer à fes côtés, & que j'explique dans ma Théfe l'origine de la fociété d'un homme en général avec fes femblables qu'il apperçoit autour de lui. Encore une fois, il ne m'a pas été libre de donner la préférence à Adam fur un de fes neveux, parce qu'Adam eft un perfonnage inftantané, individuel & hiftorique, dont il eût été ridicule d'entretenir des Sceptiques, des Pyrrhoniens, &c. avant que de leur avoir démontré l'autenticité des anciennes Ecritures; & ce n'étoit pas encore le lieu. Le plan de mon ouvrage demandoit que je leur propofaffe d'abord un homme en général, dans la condition duquel ils reconnuffent la leur propre : la feule attention qu'on pût exiger de moi, c'eſt que je ne fuppoſaſſe point cette condition autre qu'elle n'eſt, & que l'hiſtorien ſacré ne nous la repréſente; & c'eſt ce que j'ai obſervé avec le dernier ſcrupule.

Mais ſi les fondemens que j'ai aſſignés à la ſociété ſont les mêmes que ceux qui nous ont été révélés; lorſque Mr. d'Auxerre les prétend inſuffiſans ſoit à la formation de la ſociété, ſoit à ſa durée; ce n'eſt plus ma Théſe, ce ſont les ſaintes Ecritures qu'il attaque; ce n'eſt plus à moi qu'il en veut, c'eſt à Moïſe. Je me garderai bien de défendre le Légiſlateur des Hébreux, contre le Patriarche des Janſéniſtes. Il me ſuffit d'avoir une cauſe commune avec le premier.

Il y a dans le morceau de Mr. d'Auxerre beaucoup d'autres inexactitudes à relever; mais j'eſpére que la Sorbonne prendra ce ſoin pour moi, & que le ſeul qui me reſte, c'eſt d'abréger.

XI.

On lit dans ma Théſe, page 3. „ chaque membre de la ſociété cherchant ainſi à augmenter „ pour lui-même l'utilité qu'il en retire, & ayant „ à combattre dans chacun des autres un empreſſement égal au ſien, tous ne peuvent pas avoir „ la même part aux avantages, quoique tous y „ ayent le même droit. Un droit ſi légitime eſt „ donc bientôt enfreint par ce droit barbare d'inégalité, appellé la loi du plus juſte, parce „ qu'elle eſt la loi du plus fort. Le ſyſtême qui „ donne droit à tous contre tous, & qui les arme les uns contre les autres eſt par ſes conſéquences dangereuſes, digne de l'exécration publique. Pour en réprimer les terribles effets, „ on a vu ſortir du ſein de l'Anarchie même, „ les loix civiles, les loix politiques, &c. "

Je ne tranſcrirai point tout ce que Mr. d'Auxerxerre * a découvert d'épouventable dans ce petit nombre de lignes; il me suffira de dissiper les phantômes de son imagination, par quelques remarques que la moindre attention de sa part m'auroit épargnées, & de le renvoyer pour sa plus ample satisfaction à mon apologie.

Voilà les hommes arrêtés les uns à côté des autres, plutôt en *troupeau* qu'en *société*, par l'attrait de leur utilité propre, & par l'analogie de leur conformation, *faisons-lui une aide, faisons-lui une aide semblable à lui*: qu'arrivera-t-il? C'est que, n'étant encore enchaînés par aucunes loix, animés tous par des passions violentes, cherchant tous à s'approprier les avantages communs de la réunion selon les talens de force, de sagacité, &c. que la Nature leur a distribués en mesure inégale; les foibles seront les victimes des plus forts; les plus forts pourront à leur tour être surpris & immolés par les foibles, & que bientôt cette inégalité de talens détruira entre les hommes le commencement de lien que leur utilité propre & leur ressemblance extérieure leur avoient suggéré pour leur conservation réciproque. Mais comment remedieront-ils à ce terrible inconvénient? Après s'être approchés, après s'être arrêtés

---

* *Cum autem quodlibet Societatis membrum omnem ac totam utilitatem publicam in se velit convertere, æmulis hinc & inde certatim illam ad se trahentibus, omnes ac singuli nati cum eodem jure, non idem sortientur commodum. Jus ergò tam rationi consonum obmutescet ante jus illud inæqualitatis barbarum, quod vocant æquius, quia validius. Nefarium sane systema, dirisque omnibus devovendum, ex quo nascitur jus omnium in omnia & bellum omnium in omnes. Hinc origo legum civilium à quibus imprimuntur motus interni quibus cietur respublica: hinc origo legum politicarum, &c...*

rêtés à côté les uns des autres, après s'être tendus la main en ſigne d'amitié, finiront-ils par ſe dévorer comme des bêtes féroces & par s'exterminer ?-Non, ils ſentiront le péril & la barbarie de ce droit fondé ſur l'inégalité des talens, de ce droit indiſtinctement funeſte au foible qu'il opprimoit, au fort dont il entraînoit néceſſairement la ruine, digne récompenſe de ſes injuſtices & de ſa tyrannie; & ils feront entr'eux des conventions qui répareront l'inégalité naturelle ou qui en préviendront les ſuites fâcheuſes ; quelqu'autorité ſera chargée de veiller à l'accompliſſement des conventions & à leur durée; alors les hommes ne ſeront plus un *troupeau*, mais une *ſociété policée*; ce ne ſeront plus des Sauvages indiſciplinés & vagabonds ; ce ſeront des hommes, ainſi que nous les voyons, renfermés dans des Villes & ſoumis à des Gouvernemens. On voit de plus qu'il en a été des ſociétés entr'elles, comme des hommes entr'eux ; & que pour ſubſiſter, elles ont du ſe ſoumettre à des conventions, ainſi que les hommes avoient fait pour former une ſociété; d'où il s'enſuit qu'une Puiſſance qui enfreint ces conventions de ſociétés à ſociétés, joue le perſonnage du voleur de grand chemin ou de tel autre brigand qui enfreint les conventions de la ſocieté dont il eſt membre. Pour avoir des idées juſtes ſur ces grands objets, il faut concevoir une ſocieté de Souverains, comme on conçoit une ſocieté d'hommes. Si dans la ſocieté d'hommes, il ſe trouve un Citoyen aſſez déraiſonnable pour ne pas ſentir les inconvéniens de *l'Anarchie originelle*, pour ſecouer le joug des conventions établies & pour revendiquer *l'ancien droit d'inégalité*, ce droit barbare qui donnoit à tous droit à tout, armoit les hommes les uns contre les autres, ce Citoyen ſera un *Hobbiſte* & ſe chargera de l'exécration de ſes Concitoyens. La Puiſſance qui tendroit à la Monarchie univerſelle,

faiſant

faifant entre les fociétés le même rôle que l'*Hobbifte* entre fes Concitoyens, mériteroit l'exécration générale des focietés.

Je demande maintenant au Lecteur, s'il y a dans ma Théfe d'autres principes que ceux que je viens d'établir, fi l'on en peut tirer d'autres conféquences & s'il a remarqué, foit dans les conféquences, foit dans les principes, quelque chofe dont la Religion & le Gouvernement aient lieu de s'allarmer. J'en abandonne le jugement à M. d'Auxerre même, quoique je ne fois pas difpofé à me promettre de lui toute la juftice poffible. Qu'il revienne à un nouvel examen, c'eft toute la grace que je lui demande; car je n'oferois exiger qu'il déclarât publiquement mon innocence, s'il venoit par hazard à la reconnoître; il ne pourroit m'abfoudre, fans faire amende honorable à la Sorbonne.

Quant à la propofition que j'ai exprimée dans ma Théfe par *Vis licita tantum ubi nullus judex, legifque proculcantur*, & que j'ai rendue dans la traduction en ces mots: ,, Dans le fyftême où les ,, loix gouvernent les fociétes, ceux-là feuls qui ,, ne reconnoiffent point de Juges qui les domi- ,, nent, peuvent employer la force pour venger ,, leurs droits bleffés, lorfqu'ils réclament en ,, vain les loix que foule impunément à fes pieds ,, l'indépendance de leurs égaux; d'où il réfulte ,, que les Puiffances Souveraines jouïffent feules ,, du droit de fe faire la guerre, &c." Quant à cette propofition, dis-je, je renverrai à mon Apologie. J'obferverai feulement ici que M. d'Auxerre ne la reprend, que parce qu'elle lui paroît expofée d'une manière trop générale; mais je le fupplie de confidérer que l'emploi que j'en fais la reftreint fur le champ & qu'elle fe réduit à ceci, comme il n'y a perfonne qui faffe entre toutes les fociétés le rôle de la Puiffance à qui le dépôt, la confervation & l'accompliffement des conventions

tions ont été confiés dans une feule, & que par conféquent les Souverains n'ont point de Juge fur la terre ; il leur eft donc permis de recourir à la force, lorfqu'on foule aux pieds à leur égard, les conventions générales des focietés entr'elles : *Vis licita tantum, ubi nullus judex, legefque proculcantur ; hinc foli Principes jus habent belligerandi.*

Quoi donc ? ai-je trop exigé de l'intelligence de mes Lecteurs, lorfque j'ai attendu d'eux qu'ils m'interpréteroient favorablement ? Serai-je le feul privé du droit commun à tous ceux qui écrivent & qui parlent, & fans lequel on n'oferoit prefque ni parler ni écrire, le droit d'être écouté avec bienveillance ? Demandai-je en cela une indulgence dont Mr. d'Auxerre lui-même n'ait befoin en cent endroits de fon Inftruction, & que la Sorbonne ne le mette bientôt, peut-être, dans le cas de réclamer ? Il femble que ma malheureufe affaire ait été le moment critique du bon fens & de la probité d'une infinité de perfonnes, & qu'elle ne foit arrivée que pour faire renoncer les hommes les plus pieux à toute charité, & que pour ôter toute lumiére aux hommes les plus éclairés. Je pofe un principe qui affure aux Souverains feuls le droit de faire la guerre ; & le voilà métamorphofé tout à coup en une maxime contraire aux droits de la Royauté. Pour donner quelque vraifemblance à cette impofture, on rapproche malicieufement ce principe de quelques autres repandus dans l'Encyclopédie, qu'affurément je n'entreprendrai pas de juftifier ; mais je ne puis m'empêcher de faire fentir à M. d'Auxerre qu'il eût été plus à propos de paffer fous filence ces principes que de les attaquer fi mal. D'ailleurs il eft très-douteux que le Parlement foit content qu'on ait traité les maximes fuivantes de féditieufes, fçavoir : „ *Que les loix de la Nature & de l'Etat font les conditions fous lefquelles*
„ *les*

„ les Sujets se sont soumis ou sont censés s'être sou-
„ mis au gouvernement de leur Prince... Qu'un
„ Prince ne peut jamais employer l'autorité qu'il
„ tient d'eux, pour casser le contrat par lequel elle
„ lui a été déférée...." Car qu'est-ce qu'un *Parlement*, sinon un Corps chargé du dépôt sacré du *contrat* réel ou supposé, par lequel les peuples se sont soumis ou sont censés s'être soumis au gouvernement de leur Prince? Si Mr. d'Auxerre regarde ce *contrat* comme une chimére, je le défie de l'écrire publiquement. Je ne crois pas que le Parlement de Paris se vît dépouiller tranquillement de sa prérogative la plus auguste, de cette prérogative sans laquelle il perdroit le nom de *Parlement*, pour être réduit au nom ordinaire de *Corps de judicature*. Si Mr. d'Auxerre ne repond point au défi que j'ose lui faire, j'atteste toute la France qu'il a proscrit avec la derniére bassesse des maximes qu'il croit vraies, & tendu des embuches à d'honnêtes Citoyens.

XII.

Enfin nous sommes parvenus à la seconde partie de l'Instruction Pastorale de Mr. d'Auxerre. Quoiqu'elle soit presqu'aussi longue que la premiére, j'espere que mon examen en sera beaucoup plus court. La gravité avec laquelle je combats un adversaire si suspect dans l'Eglise en qualité de Théologien, & si peu important d'ailleurs en qualité de Philosophe, me pèse à moi-même. La seule chose qui me soutienne sur le ton que j'ai pris, c'est le caractere auguste dont Mr. d'Auxerre est revêtu. Je sens toutefois qu'il me seroit beaucoup plus doux d'avoir à faire à un Antagoniste plus raisonneur & moins illustre. Le danger de manquer au respect dû à un supérieur ôte aux facultés de l'âme leur énergie: &

la vérité s'amortit par la crainte de la rendre offenſante.

Mr. d'Auxerre s'occupe dans cette ſeconde partie à démontrer; qu'il y a de l'abſurdité dans le rang que je donne à la Loi naturelle; que la notion de la vertu ne nous vient point du vice; que c'eſt l'idée de l'infini qui nous conduit à celle du fini; que les premiéres régles de l'equité & de la juſtice nous ſont connues par une lumiére intérieure; qu'elles ne ſont point acquiſes, & que nous les apportons gravées en naiſſant dans nos cœurs; que je puis être juſtement ſoupçonné de rejetter la Loi éternelle, & que ma façon de m'exprimer ſur la nature de l'âme favoriſe le matérialiſme. De ces différens points, parcourons ceux ſur leſquels Mr. d'Auxerre me donnera occaſion d'ajouter quelque choſe à ce qu'on trouvera dans mon Apologie.

1. Il n'y a rien de démontré en Métaphyſique, & nous ne ſçaurons jamais rien ni ſur nos facultés intellectuelles, ni ſur l'origine & le progrès de nos connoiſſances, ſi le principe ancien, *nihil eſt intellectu quod non fuerit prius in ſenſu*, n'a pas l'évidence d'un premier axiome. Mais ſi ce principe eſt ſi conforme à la raiſon & à l'expérience, il ne peut-être contraire à la Religion. On peut donc aſſurer ſans danger qu'il n'y a aucune notion morale qui ſoit innée, & que la connoiſſance du bien & du mal découle, ainſi que toutes les autres, de l'exercice de nos facultés corporelles. ,, *Mais comment & en quel tems ,, cette connoiſſance ſe forme-t-elle en nous?* '' Quant à la date, elle varie ſelon la diverſité des caractéres. Il y a des hommes qui, réfléchiſſant plutot que d'autres, commencent plutot à être bons ou méchants, à mettre de la vertu ou de la malice dans leurs actions. Quant à la maniére dont elle ſe forme, je crois que c'eſt une induction

aſſez

assez immédiate *du bien & du mal physique*. L'homme ne peut être susceptible de sensations agréables & fâcheuses, & conserver longtems avec des Etres semblables à lui, pensants, & libres de lui procurer les unes ou les autres, sans les avoir éprouvées, sans avoir réfléchi sur les *circonstances* de ses expériences, & sans passer assez rapidement de l'examen de ces *circonstances* à la notion abstraite *d'injure* & de *bienfait*, notion qu'on peut regarder comme les élémens de la loi naturelle dont les premières traces s'impriment dans l'âme de très-bonne-heure, deviennent de jour en jour plus profondes, se rendent inéfaçables, tourmentent le méchant au dedans de lui-même, consolent l'homme vertueux, & servent d'exemple aux Législateurs.

2. Mr. l'Evêque d'Auxerre ne veut pas que la notion de la vertu nous vienne du vice; & dans le système des idées innées, je crois qu'il a raison; mais dans le système opposé, tout aussi catholique & plus vrai, il est inconcevable qu'un homme sans besoin, sans passion, sans sensations agréables & pénibles, sans aucun soupçon de bien ou de mal physique, pût jamais parvenir à la connoissance du bien ou du mal moral. Au reste je ne blâme personne de penser autrement, ni ne me crois répréhensible de penser ainsi.

3. Il est si faux que la notion de l'infini soit l'ancienne & la génératrice de celle du fini, que nous n'avons aucune idée positive de l'infini. Pour n'avoir pas fait cette attention, Mr. d'Auxerre a prouvé précisément le contraire de sa Thése, quand il a dit, page 95. „ *Tout ce que* „ *nous concevons des objets créés laisse un vuide.* „ *Il y a près de 6000 ans que le monde a été créé,* „ *il auroit pu l'être plutôt. L'étendue de l'univers* „ *est prodigieuse, elle pourroit être plus grande. Il* „ *n'y a point de nombre auquel on ne puisse ajoûter;* „ *point de science qui ne puisse être poussée plus loin,*
„ &c."

,, &c. " Toutes ces propofitions font des réfultats de comparaifons, à l'aide defquelles on a paffé de l'exiftant au poffible, & où le *fini* étoit toujours la chofe donnée & connue, de laquelle on s'élévoit à *l'infini* la chofe cherchée & inconnue.

4. L'Auteur de l'Inftruction prétend que les premiéres régles de l'équité & de la juftice nous font connues par une lumiére intérieure; qu'elles ne font point acquifes, & que nous les apportons en naiffant gravées dans nos cœurs; mais toutes ces prétentions font renverfées par l'axiôme, *nihil eft intellectu, quod non fuerit prius in fenfu;* axiôme qu'il nous fera libre de foutenir jufqu'à ce que quelque autorité fupérieure à celle de Mr. d'Auxerre profcrive & l'expérience & la raifon avec lui, ce qui n'arrivera pas fitôt.

5. Je puis être juftement foupçonné de rejetter la loi éternelle, parce que je n'en parle point, dit-on. Encore une fois, voilà une façon bien finguliére de convaincre les hommes d'incrédulité: les journaliftes des fçavants en ont fait ufage contre Mr. d'Alembert, quand ils ont rendu compte au public du difcours préliminaire de l'Encyclopédie, ainfi ils font en droit de difputer l'honneur de cette invention à Mr. l'Evêque d'Auxerre. Si cette efpéce d'inquifition s'établit, un Auteur fera jugé, & par ce qu'il dit & par ce qu'il ne dit point. Au refte, cet expédient fi commode pour la méchanceté, manquera dans cette occafion à Mr. d'Auxerre. Il rapporte lui-même un paffage de St. Thomas où ce Docteur définit la loi éternelle, ,, *la raifon qui gouverne l'univers &*
,, *qui a fon exiftence dans la divine intelligence;* "
& on lit page 7. de ma Théfe, ,, que le commer-
,, ce admirable de l'âme & du corps, & le repli
,, de notre reflexion fur nous-même nous élévent
,, à la contemplation d'une intelligence toute
,, puiffante qui gouverne cet univers par des loix
,, fages

,, sages & invariables." Au reste, Mr. d'Auxerre qui n'est pas disposé à me faire grace, ou plutôt à la Sorbonne qui, après m'avoir fait payer pour ses fautes, par un retour équitable, paye ici pour les miennes; Mr. d'Auxerre, dis-je, s'abstient de m'attribuer l'espéce d'Athéisme dont il s'agit: il est donc bien décidé que je n'en suis pas coupable; mais cela supposé, dira-t-on; pourquoi ce Prélat a-t-il employé cinquante pages de son Instruction sur un objet qui n'a qu'un rapport indirect à mes prétendus attentats? A quoi tendent toutes ses longues discussions sur la loi éternelle? A quoi elles tendent? Au but réel & secrét de son écrit; car, je l'ai déja dit & je vais le prouver encore, ce n'est pas tant aux ennemis de la Religion qu'il en veut, qu'aux Amis de la Bulle. Mr. d'Auxerre ne s'est occupé si longtems à déclamer contre les impies qui méconnoissent la loi éternelle, que pour tomber ensuite sur ceux qui dispensent de l'accomplir. Il falloit bien en venir au Jésuite Casnedi qui introduit Jésus-Christ au Jugement dernier, s'addressant au menteur en ces mots: ,, *venez, le béni de mon Pére; possé-* ,, *dez le Royaume qu'il a promi à ses saints, parce* ,, *que vous avez menti; invinciblement persuadé que* ,, *dans la circonstance où vous étiez, c'est moi qui* ,, *vous l'ordonnois.*" Cette prosoposée étoit trop scandaleuse & trop plaisante pour n'en pas faire usage dans une Instruction Pastorale.

XIII.

J'ai dit page 7. de ma Thése, ,, l'union de
,, l'âme avec le corps, cet esclavage si indépen-
,, dant de nous, joint aux réflexions que nous
,, sommes forcés de faire sur la Nature des deux
,, principes qui composent notre Etre & sur leurs
,, imperfections, nous éleve à la contemplation
,, d'une intelligence toute puissante qui gouverne
,, cet

,, cet univers par des loix sages & invariables.
,, Il y a donc un Dieu, *hinc Deus*, & son exi-
,, stence s'insinue dans nos esprits si naturelle-
,, ment, *tam molli lapsu*, qu'elle n'auroit besoin
,, pour être reconnue que de notre sentiment in-
,, térieur, quand même le témoignage des autres
,, hommes ne s'y joindroit pas."

La première observation de Mr. d'Auxerre sur cet endroit, c'est que les expressions latines que j'ai employées sont d'une bassesse & d'une indécence qu'on ne peut rendre en François. Je n'ai rien à répondre à ce que je n'ose pas entendre.... mais aussi ce n'est peut-être qu'un affaire de grammaire & de goût. *

La seconde, c'est qu'il est inconcevable que Dieu ait créé l'homme pour le connoître, l'aimer & le servir, & qu'il l'ait abandonné, plongé dans ses sens & tout occupé de son corps, jusqu'à ce que par des réflexions sur la dépendance mutuelle du corps & de l'âme, il se soit donné à lui-même l'idée de son Créateur? Je ne vois pour moi ni danger, ni hérésie, ni incompréhensibilité à ce que la créature se donne à elle-même l'idée de son Créateur; & il ne s'agit point dans ma Thése de savoir si pour atteindre à cette notion importante, il lui faudra beaucoup ou peu de tems. Je me suis chargé de conduire le sceptique pas à pas jusqu'aux pieds de nos autels; & j'ai cru que le moment où il avoit été contraint de

* Le Lecteur en jugera; voici ce passage si indécent. *Servitium illud, junctum simul cum utriusque imperfectionibus, nos erigit ad mentem cuncta summæ consilio providentiæ moventem ac temperantem.* Hinc Deus, *cujus existentia tam molli lapsu subit animos nostros, ut eam constanter retineremus, vel si cæteri homines in hanc rem unanimi sensu non conspirarent.*

de reconnoître en lui-même deux substances, étoit celui où je devois lui annoncer la même distinction dans la Nature; & qu'après avoir admis une substance spirituelle finie, je le trouverois disposé à admettre une substance spirituelle infinie. ,, Mais n'est-ce pas Dieu qui a gravé dans nos ,, cœurs cette connoissance?.. " Nullement. ,, Son ,, universalité ne prouve-t-elle pas la divinité de son ,, origine? " Point du tout. Il ne s'ensuit autre chose de ce fait, sinon que Dieu a parlé si fortement à travers tous les Etres de la Nature, que sa voix s'est fait entendre par toute la terre. ,, Ce,, pendant cette voix si forte n'a frappé l'oreille de ,, l'homme, qu'après que l'usage des sens lui a pro,, curé d'autres connoissances? .... " Assurément.... ,, Comment l'homme n'a-t-il pas compris qu'il ne s'é,, toit pas fait lui-même? " Question absurde de la part de celui qui croit la notion de Dieu innée. L'homme a connu Dieu du moment qu'il a compris qu'il ne s'étoit pas fait lui-même: mais la connoissance de Dieu acquise par cette voye, est une suite de ses sensations & de ses réflexions. D'ailleurs ce Dieu pouvoit être celui de Spinosa. La voye proposée par Mr. d'Auxerre, pour arriver à la connoissance du vrai Dieu, y conduit, il n'en faut pas douter; mais elle n'est pas aussi simple qu'elle le paroît d'abord. Il faut remonter de soi-même jusqu'à un premier homme qui ait été créé, se démontrer que le monde n'est pas éternel, que la matiere est contingente, & retomber dans une autre preuve. Le coup d'œil sur l'Univers est plus prompt & plus sûr.

XIV.

On lit page 6. de ma Thése: ,, *Tempore quo*
,, *hæc inerat Philosophis persuasio, mundum esse*
,, *opus fortuitum & incognitatum quod Naturæ exci*
,, *derat, aut omnia nasci ex corruptione, ipsa qui-*
,, *dem*

„ *dem Providentia peſſumdabatur.* Et pag. 7. de
la traduction: „ au tems où les Philoſophes re-
„ gardoient le monde comme un ouvrage échap-
„ pé à l'aveugle Nature, & croyoient que tout
„ naiſſoit de la corruption, la Providence étoit
„ foulée aux pieds."

„ *Auroit on pû croire*, s'écrie Mr. d'Auxerre,
„ *que l'égarement & la dépravation de l'eſprit, au-*
„ *roient pu être portés juſqu'au point d'attribuer à*
„ *quelques nouveaux Philoſophes l'hommage qu'on*
„ *rend à préſent à la Providence.*" Auroit-on pû
croire que quelqu'un eût l'eſprit aſſez faux pour
appercevoir dans le paſſage que je viens de citer
une prétention auſſi extravagante? Qu'ai-je dit
dans ce paſſage? Que la Providence a été foulée
aux pieds? & cela eſt vrai. Que cet attentat a
été commis par la plupart des anciens Philoſophes? & cela eſt vrai. Que ce fût une ſuite de
leur hypothéſe ſur l'origine du monde & ſur la
génération des Etres? & cela eſt vrai. Que,
quand les expériences nouvelles eurent renverſé
ce ſyſtême dangereux, on commença à adorer où
les anciens avoient blaſphémé? & cela eſt encore
vrai. „ *Mais vous avez dit plus haut que le com-*
„ *merce de l'âme avec le corps élevoit l'homme juſ-*
„ *qu'à la notion de l'Etre ſuprême: quel beſoin*
„ *aviez-vous donc des découvertes de ces Philoſo-*
„ *phes?*" Je n'en avois aucun beſoin pour me
convaincre de l'exiſtence de Dieu, mais bien
pour réſoudre une objection aſſez forte des Athées
contre la Providence. „ *Quelle objection! Après*
„ *que Dieu eut dit à l'homme & à la femme, croiſ-*
„ *ſez, multipliez; je vous donne pour nourriture*
„ *toutes les plantes & tous les fruits qui contiennent*
„ *en eux leurs ſemences; que reſtoit-il à découvrir?*
„ *la même propriété dans quelques petits inſectes,*
„ *dans quelques herbes? Celui qui n'appuye ſa foi*
„ *en la Providence que ſur une découverte qui n'a*
„ *donné qu'un peu plus d'étendue à ce que tout le*
„ *monde*

,, *monde fçavoit déja, ne peut-il pas être juftement*
,, *foupçonné de n'y pas croire?* " Loin de donner
pour bafe à la Providence, la découverte des
germes préexiftans, j'ai traité de blafphémateurs,
les Philofophes anciens qui contre-balançoient la
multitude infinie des merveilles de la Nature, par
les phénoménes prétendus de la putréfaction. Cela ne m'a pas empêché de faire cas de cette découverte, parce qu'aux yeux du Philofophe le
puceron n'eft pas moins admirable que l'éléphant;
que la production de l'un attribuée à un mouvement inteftin & fortuit des particules de la matiére, fembloit affoiblir la démonftration tirée du
méchanifme de l'autre; qu'il y a plus d'animaux
au-deffous de la mouche qu'il n'y en a au-deffus;
& que la bonne Phyfique apperçoit les grands
corps dans les petits, & non les petits dans les
grands. Mr. d'Auxerre eft fort le maître de penfer
autrement; mais celui qui méprife ce que tous
les autres ont eftimé & qui compte pour rien une
obfervation d'hiftoire naturelle qui anéantit une des
principales objections des Athées, en faifant rentrer
dans la loi générale de la Nature, une multitude d'efpéces d'Etres qui fembloient s'en écarter; celui-là,
dis-je, ne peut-il pas être juftement foupçonné
de quelque vice dans le cœur, ou du moins de
quelque travers dans l'efprit? ,, *Il eft vifible que*
,, *le Sieur de Prades s'eft gâté l'efprit en fe fami-*
,, *liarifant avec les Philofophes modernes, ou plutot*
,, *avec leurs Sectateurs, les Auteurs de l'Encyclo-*
,, *pédie.* " Il eft vifible que Mr. d'Auxerre n'eft
pas mieux inftruit des faits, que de beaucoup
d'autres chofes; qu'il fe croit en droit de difpofer de tout ce que les hommes ont de plus précieux; & qu'il hazarde des conjectures calomnieufes avec une témérité que la morale la plus relâchée profcriroit, & que la févérité des loix a
quelquefois pourfuivie. S'il perfifte à croire &
à publier que ma Théfe eft l'ouvrage d'une Société

ciété d'incrédules ; que leur façon de penser, quelle qu'elle soit, ait eu la moindre influence sur la mienne ; que j'aie jamais souffert que la Religion fût blessée en ma présence, soit par des actions, soit par des propos, je l'inviterai pour toute réponse à la lecture de la quinziéme Provinciale, & à s'appliquer du discours d'un certain Pére Valerien Capucin, tout ce qu'il croira lui convenir. J'en dis autant à tous ceux qui feront dans le même préjugé, ,, *ou produisez vos* ,, *titres, aut de mendacio ineruditionis tuæ confun-* ,, *dere.* ,, *Le premier article de la Thése qui nous* ,, *a occupé jusqu'à présent, est tiré mot pour mot du* ,, *Discours préliminaire de l'Encyclopédie, ouvrage* ,, *pernicieux.*" Travaillez bien, Auteurs de ce pénible & grand ouvrage; Editeurs, consumez-vous de fatigues & de veilles, afin qu'un jour le Chef isolé de quelque secte expirante, vous anathématise dans sa mauvaise humeur, & se ligue avec ses plus cruels ennemis pour se venger sur les Lettres du mal que ses adhérans ne pourront plus faire à l'Eglise. ,, *Le Bachelier a cité Bayle* ,, *avec éloge . . . il a outragé & calomnié Des-* ,, *cartes & Malbranches dont nous abandonnons la* ,, *vengeance à d'autres.*" J'ai loué Bayle le Sceptique de la sagacité avec laquelle il a dissipé les formes plastiques de Cudworth ; je ne m'en repens pas, & je suis tout prêt à louer le premier Appellant qui rendra quelque service à la Religion. Si je trouve que Descartes, Clarck & Malbranches n'ont gueres lancé que des traits impuissans contre les Matérialistes ; cela ne m'empêche pas de les regarder comme des Génies rares & de rendre à d'autres égards toute la justice que je dois à leurs connoissances & à leurs travaux. Ils n'ont aucun besoin de vengeurs, parce que je ne les ai point outragés ; je n'ai point de réparation à leur faire, parce que je ne les ai point calomniés ; j'ai seulement donné la pré-

férence aux découvertes de la Phyſique expérimentale, ſur leurs méditations abſtraites; j'ai crû
qu'une aîle de papillon bien décrite m'approchoit
plus de la Divinité qu'un volume de Métaphyſique; & ce ſentiment m'eſt commun avec beaucoup de perſonnes qui n'ont aucun deſſein d'ou-
trager Deſcartes, ni de calomnier Malbranches.
Pour Clarck, c'eſt un hérétique que Mr. d'Auxerre m'abandonne apparemment. Finiſſons cet
article en obſervant que Mr. l'Evêque d'Auxerre
n'a pas des notions bien préciſes de l'injure &
de la calomnie, s'il croit qu'il ſoit permis de calomnier qui que ce ſoit, & s'il prend pour un
outrage, le jugement qu'on porte d'un Auteur.

XV.

Je me ſuis ſervi en pluſieurs endroits d'un tour
de phraſe conditionel; j'ai dit: ,, ſi Dieu exiſte:
ailleurs, ,, ſi Dieu a créé la Nature: ,, dans
un autre endroit ,, ſi les miracles de Moïſe & de
,, J. C. ſont vrais. " *Quelle expreſſion*, reprend
Mr. d'Auxerre! *que ſignifie un langage ſi viſiblement affecté! On diroit en recueillant toutes ces propoſitions conditionelles que le but du Soutenant étoit
de repandre des nuages ſur tout.*

Je ne ſçai par quelle fatalité pour M. d'Auxerre & pour moi, les maniéres de s'exprimer les
plus innocentes & les plus ſimples dans tous les
Auteurs, ne lui préſentent jamais dans ma Théſe
qu'un ſens criminel ou ſuſpect. La prépoſition *ſi* ne
ſe met à la tête d'un membre de période ni comme le
ſigne du doute ni comme le ſigne de la certitude;
mais comme celui d'une condition qui peut être accordée ou niée, & ſans laquelle, dans l'un ou l'autre
cas, la propoſition qui forme le ſecond membre de la
période, ne pourroit avoir la force d'une conſéquence. Exemple: *Si la Bulle Unigenitus eſt une déciſion de l'Egliſe & une régle de l'Etat, celui qui per-
ſiſte*

siste dans l'appel qu'il en a interjetté au futur Concile est mauvais Catholique & mauvais Citoyen. L'Appellant & le Conſtitutionaire peuvent également accorder cette propoſition; l'Appellant, parce que la prépoſition *ſi* ne marque aucune certitude que la Bulle ſoit une déciſion de l'Egliſe & une régle de l'Etat; le Conſtitutionaire, parce que la prépoſition *ſi* ne marque pas le moindre doute que la Conſtitution n'ait été acceptée par le corps des Paſteurs, & que ce ne ſoit l'intention du Monarque que tous ſes Sujets s'y ſoumettent. Ainſi les membres de propoſitions conditionelles, ſi Dieu exiſte, ſi Dieu a créé la Nature, ſi les miracles de Moïſe & de J. C. ſont vrais, ne répandent par eux-mêmes ni clarté ni ténébres, ne marquent ni certitude ni doute: pour en juger, il faut les conſidérer relativement à ce qui précéde & à ce qui ſuit: voilà les premiéres régles de la Logique. Si Mr. d'Auxerre eût daigné s'y ſoumettre en ma faveur, il auroit vu que toutes ces demies phraſes qu'il a ſoupçonnées de Pyrroniſme, étoient autant de propoſitions qui contenoient un premier aveu & dans leſquelles la prépoſition *ſi* déſignoit l'avantage de cet aveu pour en obtenir un ſecond; & que, quand j'ai dit, s'il exiſte un Dieu, il exige notre culte ; c'étoit préciſément comme ſi j'avois dit au Sceptique ou à l'Athée tiré d'une premiére erreur: ,, Vous convenez à ,, préſent qu'il exiſte un Dieu, il faut donc que ,, vous conveniez encore d'une autre vérité, ,, c'eſt qu'il exige un culte." Il n'y a de différence entre ces deux périodes, ſinon que le tour de la premiére eſt ſyllogiſtique, & que le tour de la ſeconde eſt oratoire.

XVI.

Je ne répondrai point aux reproches qu'on peut voir dans l'Inſtruction, pages 163. & 169.

Mr. d'*Auxerre* trouvera dans mon Apologie des éclairciffemens fur les expreffions de *Religion révélée*, & de *Religion furnaturelle*, & fur la liberté qu'il étoit très-à-propos d'accorder aux Bacheliers, de difpofer dans leurs Théfes les preuves de la vérité de la Religion, felon l'ordre qui leur paroîtroit le plus démonftratif. J'infifteraï d'autant moins fur ce dernier article, que j'ai déjà pris la liberté de lui repréfenter que par cette conduite la Faculté de Théologie s'étoit fagement accommodée aux befoins de l'Eglife divifée par les Hérétiques, & attaquée par les Impies ; que la diverfité des adverfaires qui fe font élevés contre la Religion, avoit introduit fur les bancs une infinité de queftions inconnues il y a cinquante ans, & qu'on avoit été contraint d'adopter des expreffions peu communes, & de diftinguer des objets qu'on avoit fouvent confondus. Ainfi dans le nouvel ufage, on n'attache point au *Théifme* la même idée qu'au *Déifme*. Le *Théifte* eft celui qui eft déjà convaincu de l'exiftence de Dieu, de la réalité du Bien & du Mal moral, de l'Immortalité de l'ame, des Peines & des Récompenfes à venir, mais qui attend pour admettre la Révélation, qu'on la lui démontre; il ne l'accorde ni ne la nie. Le *Déifte* au contraire, d'accord avec le *Théifte* feulement fur l'exiftence de Dieu, & la réalité du Bien & du Mal moral, nie la Révélation, & doute de l'Immortalité de l'ame, & des Peines & des Récompenfes à venir. La dénomination de *Déifte* fe prend toujours en mauvaife part, celle de *Théifte* peut fe prendre en bonne. Le *Théifme*, confidéré par rapport à la perfonne, c'eft l'état d'un homme qui cherche la vérité par rapport à la Religion, c'en eft le fondement. C'eft par cette voye qu'il faut paffer pour arriver méthodiquement aux pieds de nos Autels : telles font les idées qu'on en a dans l'Ecole, telles font celles que j'en avois, lorfque j'en fis dans ma

III. Partie.   C   Thé-

Thèse un éloge que Mr. d'Auxerre auroit peut-être approuvé, s'il n'avoit eu besoin d'un prétexte pour rappeller la censure des *Mémoires de la Chine* d'un certain Pére le Comte. C'est au Jésuite Cathedi que les ouailles de Mr. d'Auxerre ont l'obligation des belles choses qu'il a débitées sur la Loi éternelle, & que je dois le reproche qu'il m'a fait d'en avoir sappé les fondemens: c'est au Jésuite le Comte qu'elles doivent ce qu'il leur enseigne ici sur le Théisme, & que j'ai l'obligation de ce qu'il m'impute de mal sur le bien que j'ai dit de ce système; nous sommes heureux en Jésuites. Quoique Mr. d'Auxerre ait toujours la vocation de jetter du ridicule sur ces bons Péres, il faut convenir que cette grace lui manque quelquefois; sans cela il n'auroit pas négligé quelques traits assez singuliers du Jésuite le Comte: on lit, par exemple, dans un endroit de ses Mémoires, „ *Que les Chinois lui proposèrent sur
„ notre Religion des difficultés très-fortes, auxquel-
„ les il répondit, comme tout le monde sait;*" &
dans un autre, „ *que ses compagnons & lui eurent
„ envie de faire quelques miracles en débarquant;
„ mais qu'après y avoir sérieusement pensé, ils re-
„ noncérent à ce projet.*"

Je renvoyerai pareillement à mon Apologie les reproches des pages 174, 8, 234, 5, 6, 7, 8, 9, 241, 2, de l'Instruction de Mr. d'Auxerre. On y verra si toutes les conjectures de ce Prélat impitoyable sont aussi bien fondées qu'elles sont cruelles; si j'ai anéanti les Mystères, en bornant le Christianisme à la Loi naturelle plus développée; si j'ai confondu la sainteté de notre Culte avec les abominations de l'Idolâtrie & du Mahométisme, en mettant d'abord toutes les Religions sur une même ligne; si je n'ai pu dire absolument sans blasphème, que tous les *Religionnaires* produisoient avec trop d'ostentation leurs oracles, leurs miracles & leurs martyrs; s'il est vrai

vrai que j'aye obfcurci les principaux caractéres du Chriftianifme ; fi Dom la Tafte, Evêque de Bethléem, Mr. le Rouge, Docteur de Sorbonne, & moi, nous avons dégradé les guérifons de Jéfus-Chrift, en les comparant avec celles d'Efculape ; fi nous avons affoibli la preuve de fa divinité, en faifant dépendre la force démonftrative de quelques-uns de fes prodiges, de leur concert avec les prophéties qui les ont annoncés ; & fi j'ai ruiné l'autorité du Pentateuque & des Livres Saints, en rejettant comme interpolées des chronologies qu'on regarde toutes comme corrompues.

Nous avons eu, Mr. l'Evêque d'Auxerre & moi, des procédés entiérement oppofés, lui dans fon Inftruction Paftorale, moi dans mon Apologie. J'ai regardé ces derniéres accufations comme les plus importantes, & je n'ai rien épargné pour m'en difculper. Mr. d'Auxerre au contraire, foit qu'il ne les ait pas cru affez bien fondées, foit qu'il ait porté de leur objet un autre jugement que moi, gliffe légérement fur elles, les renferme toutes en cinq ou fix pages d'un Ecrit qui en a plus de 250, & ne fait aucun effort pour me convaincre de les avoir méritées. On diroit prefque que Mr. l'Evêque d'Auxerre, fans aucun égard pour le plus ou moins d'importance des vérités attaquées, a penfé qu'il étoit moins à propos d'infifter fur des torts dont la Faculté de Théologie convenoit, que de lui en chercher d'autres, en me fuppofant de nouveaux attentats. Il m'en reproche une infinité auxquels la Sorbonne n'a fait aucune attention, & dont je n'imagine pas qu'elle eût grande peine à m'abfoudre : d'un autre côté, Mr. d'Auxerre m'abfout prefque de tous ceux que la Sorbonne m'a reprochés ; enforte qu'en ajoûtant foi également à ces autorités qui femblent s'être réunies pour me perdre, il paroîtroit que le Prélat fait assez peu de cas des griefs de la Faculté, & que la Faculté n'en a fait aucun des siens.

XVII.

Mr. d'Auxerre termine son Instruction Pastorale par une peroraison très-pathétique, dans laquelle il exhorte les Pasteurs de son Diocése à s'opposer de toute leur force à l'incrédulité & à ses progrès. Je n'ai garde de blâmer ce zéle. Je voudrois que la voix en retentît dans toutes les parties de l'Eglise, suspendît la fureur des Hérétiques qui la déchirent, & réunît les efforts des Fidéles contre le torrent de l'impiété. Mais comment un bonheur si grand, si longtems attendu, pourra-t-il arriver? L'Appellant reconnoîtra-t-il enfin que son inflexible opposition aux decrets de l'Eglise; que les troubles qu'il a fomentés de toutes parts, & que les disputes qu'il nourrit depuis quarante ans & davantage, ont fait plus d'indifférens, plus d'incrédules que toutes les productions de la Philosophie? Se soumettra-t-il? Mettra-t-il son front indocile dans la poussiére, & se repentira-t-il? O cruels ennemis de Jésus Christ, ne vous lasserez-vous point de troubler la paix de son Eglise? N'aurez-vous aucune pitié de l'état où vous l'avez réduite? C'est vous qui avez encouragé les peuples à lever un œil curieux sur les objets devant lesquels ils se prosternoient avec humilité, à raisonner quand ils devoient croire, à discuter quand ils devoient adorer. C'est l'incroyable audace avec laquelle vos Fanatiques ont affronté la persécution qui a presque anéanti la preuve des martyrs. L'impie les a vus se réjouir des châtimens que l'Autorité publique leur infligeoit, & il a dit, *un Martyr ne prouve rien, il ne suppose qu'un insensé qui veut mourir & que des inhumains qui le tuent*. C'est le spectacle abominable de vos convulsions qui a ébranlé le témoignage

gnage des miracles. L'Impie a vu dans la Capitale du Royaume, au milieu d'un peuple éclairé, dans un tems où le préjugé n'aveugloit pas, vos tours de force érigés en prodiges divins; vos prestiges, regardés, crus, & attestés comme des actes du Tout-puissant; & il a dit, *un Miracle ne prouve rien; il ne suppose que des fourbes adroits & des témoins imbéciles.* Malgré l'atteinte que le Protestant avoit donnée aux choses saintes & à leurs Ministres, il restoit encore de la vénération pour les unes, du respect pour les autres; mais vos déclamations contre les Souverains Pontifes, contre les Evêques, contre tous les ordres de la Hiérarchie Ecclésiastique, ont presque achevé d'avilir cette puissance. Si l'impie foule aux pieds la tiare, les mitres & les crosses, c'est vous qui l'avez enhardi. Quelle pouvoit être la fin de tant de libelles, de satyres, de nouvelles scandaleuses, d'estampes outrageantes, de vaudevilles impies, de piéces où les mystéres de la Grace & la matiére des Sacremens sont travestis en un langage burlésque, sinon de couvrir d'opprobre le Dieu, le Prêtre & l'Autel, aux yeux mêmes de la plus vile populace? Malheureux, vous avez réussi au-delà de votre espérance. Si le Pape, les Evêques, les Prêtres, les Religieux, les simples Fidéles, toute l'Eglise; si ses Mystéres, ses Sacremens, ses Temples, ses Cérémonies, toute la Religion est descendue dans le mépris, c'est votre ouvrage.

Mes yeux ne seront plus témoins de ces maux, mais mon cœur ne cessera pas d'en gémir: éloigné de l'Eglise par la distance des lieux, j'y serai toujours présent en esprit, & tous les momens de ma vie seront consacrés à la pratique de ses Préceptes, & à la défense de ses Dogmes. J'habite une Contrée où la vérité peut *aussi* s'exprimer sans contrainte, & où il me sera permis sans danger pour ma liberté, pour mon repos & pour ma vie, d'employer en faveur

veur de ma Religion, les armes que je croirai les plus redoutables à ses ennemis. Qu'on soit donc satisfait ou non de mon Apologie, qu'on y réponde ou qu'on n'y réponde pas, je ne perdrai plus de tems à me justifier d'une faute que je n'ai point commise. J'en ai trop fait pour moi-même, qui me suis témoin de mon innocence; j'en ai fait assez pour mes amis, à qui mes sentimens sont connus, & qui ont été cent fois les témoins de mon attachement au Christianisme & à ses devoirs; je ne dois rien aux indifférens; je n'estime pas assez mes ennemis pour espérer quelque chose des raisons qui me resteroient à leur dire. J'aurois beau faire, la Sorbonne ne reviendra jamais de ses injustices; Mr. l'Archevêque de Paris ne retractera pas son Mandement; le Parlement ne rougira pas de son Decret; Mr. l'Evêque d'Auxerre mourra dans ses préjugés; aucun de ces fougueux Ecclésiastiques qui ont porté l'allarme & le scandale de toutes parts, ne confessera son ignorance & son indiscrétion; & ces Jésuites qui n'ont été si ardens à montrer leur zéle, que parce qu'ils n'ont vraiement point de zéle, & qui n'ont crié les premiers & si haut, que parce que n'étant point offensés, ils devoient d'autant plus se hâter de le paroître; quitteront-ils pour moi ce masque de fer qu'ils portent depuis si longtems qu'il s'est, pour ainsi dire, identifié avec leur visage? J'ai vu que l'état de tous ces gens étoit désespéré, & j'ai dit, je les oublierai donc; c'est le conseil de ma Religion & de mon intérêt; je me livrerai sans relâche au grand ouvrage que j'ai projetté, & je le finirai, si la bonté de Dieu me le permet, d'une maniére à faire rougir un jour tous mes persécuteurs. C'est à la tête d'un pareil Ouvrage que ma défense aura bonne grace; c'est au devant d'un Traité sur la vérité de la Religion, qu'il sera beau de placer l'histoire des injustices criantes que j'ai souffertes, des calomnies atroces dont on m'a noirci, des noms odieux qu'on m'a prodigués, des complots impies dont on m'a diffamé, de tous les maux dont on m'a accusé, & de tous ceux qu'on m'a faits. On l'y trouvera donc cette histoire, & mes ennemis seront confondus, & les gens de bien béniront la Providence, qui m'a pris par la main dans le tems où mes pas incertains erroient à l'avanture, & qui m'a conduit dans cette Terre où la persécution ne me suivra pas.

FIN.

www.ingramcontent.com/pod-product-compliance
Lightning Source LLC
Chambersburg PA
CBHW051138230426
43670CB00007B/861